GUSTAVE GEFFROY

NOTES

D'UN

JOURNALISTE

VIE — LITTÉRATURE — THÉATRE

PARIS
G. CHARPENTIER ET Cie, EDITEURS
11, RUE DE GRENELLE, 11

1887

Tous droits réservés

A GEORGES CLEMENCEAU

Ces essais littéraires sont dédiés à l'homme qui a mis ses convictions de philosophe et son talent de politique au service de l'Humanité. Il y trouvera peut-être trace de cette pitié sociale, aujourd'hui éprouvée par les artistes, qui font de l'Histoire avec le Roman, et par les journalistes, qui sont les obscurs historiens de la vie de tous les jours. Qu'il accepte ces pages avec leurs indications, leurs tâtonnements, et aussi leurs insistances. C'est à lui, d'ailleurs, qu'elles doivent d'avoir paru dans ce journal *La Justice* où la pensée est libre, où l'expression n'est pas contrôlée. En même temps qu'un hommage intellectuel, qu'il reçoive donc ici le témoignage de la grande reconnaissance et de la profonde affection de

son collaborateur et ami

GUSTAVE GEFFROY.

GUSTAVE GEFFROY

NOTES D'UN JOURNALISTE

VIE — LITTÉRATURE — THÉÂTRE

PARIS
G. CHARPENTIER ET Cie, ÉDITEURS
11, RUE DE GRENELLE, 11
1887

NOTES D'UN JOURNALISTE

VIE

VIE

POUR LA VÉRITÉ

I

La Parisienne.

6 mai 1885.

La femme de Paris aura préoccupé, cette année, les auteurs dramatiques qui veulent mettre de la philosophie entre cour et jardin, et les peintres qui essayent de faire de la zoologie morale avec des traits et de la couleur. M. Henri Becque publie l'œuvre de fine analyse qui fut si bien refusée au Théâtre Français et si mal jouée à la Renaissance. M. James Tissot expose une suite de quinze tableaux très renseignants sur le féminin épars entre le rond-point des Champs Elysées et le parc de Versailles. L'écrivain et l'artiste sont tous deux très affirmatifs. « La Parisienne, » dit l'un. « La Femme à Paris, » dit l'autre. Certes, il y a dans ces toiles des élégances et des mystères de notre ville, et dans cette pièce, de la malice tranquille et de la sensualité gourmande de nos bourgeoises. La généralisation peinte n'est-elle pas pourtant appuyée de documents trop restreints? La comédie, qui pourrait se résumer en une trentaine de maximes justes de tous temps et sous toutes les latitudes, ne dépasse-t-elle pas l'étude locale pour arriver jusqu'à la « Femme, » jusqu'au « ménage? » Avons-nous, avec la brochure dans notre bibliothèque, et les gravures des tableaux dans nos cartons, une Parisienne capable de représenter la race dans toutes ses variétés ethnologiques, avec tous ses nuancements psychiques?

En toute sincérité, non.

Il y a eu erreur de titre chez l'auteur dramatique, et le peintre a trop accepté la légende parisienne mise en circulation par les intéressés. La femme qui vit tranquillement dans un adultère régulièrement administré, partageant sa personne et sa sympathie entre un mari satisfait et un amant dont les inquiétudes donnent une apparence dramatique à la banalité amoureuse, — la femme qui ajoute à ce programme, ordinaire comme un menu commandé par un pot-au-feu, l'addition des caprices calculés, des toquades sans trouble, des amours rencontrés et subis, — cette femme-là vit aussi bien dans l'atmosphère silencieuse d'une petite ville mêlée de vergers et de champs que dans la rue bruyante d'une capitale. Et les traînées des toilettes à tapages, les brusques apparitions de modes nouvelles, les conversations tenues à voix hautes dans les lieux publics, les soirées à intrigues et les soupers à champagne, les enthousiasmes au Cirque Molier et les déjeuners chez Ledoyen, les maquillages de l'Hippodrome et les mises en scène de la politique mondaine, — tout cela, c'est le boniment sur le pas de la porte, ce n'est pas la vraie pièce, c'est le décor trompe-l'œil, ce n'est pas la vérité des choses, c'est le masque, ce n'est pas le visage, — ce n'est pas Paris, c'est le Tout-Paris. Le peintre a d'ailleurs indiqué qu'il n'était pas la première dupe, en faisant défiler, au milieu des basses adulations et des charnels hommages d'hommes du monde essoufflés, la mince, noire, stupéfiante effigie de celle qu'il proclame « la plus jolie femme de Paris. » Il pourrait bien y avoir une curiosité sceptique chez cet iconographe, une raillerie sous tous ces étalages.

Pourrait-on, véritablement, le prétendre avec sérieux, que c'est la Parisienne, ce mannequin à esprit grêle et à passions malades qui promène avec une puérile et comique gravité les fantaisies costumières des tailleurs pour dames. C'est la Parisienne comme le boulevard est Paris, comme le café de Madrid est le centre du monde, en vertu d'une convention passée par quelques-uns et imposée aux autres par une publicité à grand spectacle. Il a été décidé que la poupée qui coiffe des chapeaux à cinq étages, qui met des gants longs comme des bas, qui rembourre sa robe de foin et de copeaux, était l'héritière de tout l'esprit du xviii⁰ siècle, la dépositaire de tous les sentiments sataniques découverts par la littérature. Et tout le monde l'a cru. Une femme de trente-cinq ans ne peut plus prendre la physionomie songeuse qui convient à l'évocation d'une note de modiste, sans qu'aussitôt il ne soit question d'irrémédiable et d'inconnu, de sphinx et d'énigme. Cette réclame sans mesure à des fatalités sans existence crée le romanesque et l'hallucination. Des pensées vides et des cœurs fermés en arrivent à s'imposer par des racontars de salons et des notes de journaux. Un menu de dîner par ci, une description de toilette par là, une citation à propos d'une première représentation ou d'un vernissage, d'une séance à l'Académie ou d'une exécution capitale, d'une soirée dansante ou d'une villégiature, une apparition dans un gala ou un bal blanc, et vous voilà, Madame, sacrée et couronnée Parisienne. Que vous veniez de la Roumanie ou de la Corrèze, du Brésil ou des Flandres, que vous ayez été élevée dans l'ombre moisie d'une boutique provinciale ou dans une maison de banque internationale, que vous ne compreniez rien aux livres que vous lisez, à la peinture que vous regardez, à la musique que vous entendez, peu importe. Vous représentez Paris, on vous l'a dit, et vous le croyez. Le rôle n'est d'ailleurs pas difficile à tenir. Continuez seulement d'aller dans les endroits où l'on est regardée, à envoyer des billets aux reporters, à changer de robes trois fois par jour. En vérité, il n'en faut pas plus. Nul besoin de vous inquiéter de l'art et du goût parisien tant célébrés : on vous garnira de tous les faux bibelots et tout le faux japonais nécessaires, on vous habillera à l'anglaise ou à l'américaine sans que vous ayez à intervenir. Nul besoin non plus de connaître la ville sur laquelle vous régnez : on vous dira où il faut aller. Les Parisiennes comme vous sont, par moments, déportées en masse, et Paris n'est plus dans Paris, il est dans un village grouillant, asphalté, éclairé au gaz, au bord de la mer, il est dans un château où l'on joue l'insipide proverbe, où l'on récite l'odieux monologue.

... Vraiment, il prend l'envie de charbonner un violent crayon véridique à côté de cette aquarelle délavée, de faire surgir, en face de l'être factice fabriqué par la mode, -- celle dont on ne parle pas, la vraie Parisienne de Paris.

La Parisienne, la seule, elle n'est pas en question dans la chronique, c'est tout au plus si on la cite dans les faits divers ; elle peut forcer la *Gazette des Tribunaux* à lui donner une place, elle ne fera pas autrement s'occuper d'elle les historiens au jour le jour épris des charmes frelatés et des distinctions convenues. Celle-là, c'est la première venue, la passante qui fait tous les jours le même chemin, qui sort à peine de la ville où elle est née, du quartier où elle s'occupe, de la rue qu'elle habite. C'est la Parisienne autochtone, et vous ne la trouverez jamais ni à Deauville, ni au Mont-Dore, ni même place de la Concorde, ni au bois de Boulogne. Elle est restée habitante des vieux quartiers et des faubourgs, et les rues où elle se tient sont battues

comme des îlots par le flot provincial. On ne la trouve
plus guère à Montmartre envahi par le cabotinage artistique ; elle séjourne encore tenacement entre la Chapelle et Ménilmontant, dans le quartier du Temple, autour des Gobelins, à Grenelle. La voici, c'est elle qui
monte la chaussée, avec sa physionomie de chlorotique réveillée par ses yeux chercheurs, de couleur indécise ; elle a les pieds dans des bottines étroites, et rien
sur la tête ; ses cheveux lui tombent dans le dos,
comme une floche de soie ; un ruban écarlate comme
un coquelicot, ou bleu comme un bleuet, met du tapage ou de la sentimentalité sur sa personne. C'est
cette petite, la mode de Paris. C'est elle qui a placé ce ruban, inventé cette coiffure, qui a taillé et cousu cette robe,
plissé ce corsage. Elle sait bien ce que produit l'assemblage de deux couleurs, elle sait bien harmonier son
teint avec une étoffe, et le chiffon dont elle enveloppe la
grâce malgre de son corps est mieux inventé que les plus
compliqués harnachements. Et c'est aussi, cette petite,
l'esprit de Paris. Si on ne lui a pas donné de conseils pour
s'habiller, on ne lui a pas non plus inspiré les paroles
qu'elle débite en chemin. La voix est aiguë, et la gaîté
ricane trop haut ; du mauvais goût et de la discordance,
il y en a ; des « vous savez, » des « oui, alors, » des
« pour sûr, » encombrent les phrases. Mais le mot a
aussi un son franc, et la répartie file comme une flèche ;
le monsieur qui se montre trop est bientôt « remisé ; »
un coup d'œil l'a vite dévisagé, une exclamation l'a
vite étiqueté. Et le jacassement continue, un jacassement
où défilent, sur le mode gai, toutes les tristesses de la
vie de l'ouvrière.

C'est ce qui domine chez ces fillettes, une indifférence sardonique, un va-te-faire-fiche à toutes les préoccupations, un besoin de danser devant tous les buffets
vides, un désir de joies bruyantes, de coquetteries
exaspérées, de plaisirs irritants comme des vinaigres et
des poivres longs. Elles aiment, avec toutes les bêtises
qui les font pleurer, toutes les gaudrioles qui les cha-

touillent ; le feuilleton qu'elles lisent dans leur journal et la romance qu'elles apprennent dans un cahier de chansons les consolent des vêtements trop lourds ou trop légers, de ce qu'elles mangent et de ce qu'elles boivent, de leur famille qui les engueule et de leurs amoureux qui les lâchent. Elles ne connaissent guère d'autres festins qu'un cornet de frites ou une glace à un sou ; leurs villégiatures se font à Vincennes, pendant les après-midi brûlées de juillet, au milieu des écailles d'huîtres, des tessons de bouteilles et des papiers graisseux ; leurs « raouts » et leurs « redoutes, » c'est un litre bu avec de sales voyous ou de prétentieux calicots, pendant un entr'acte au théâtre de Belleville, ou entre deux mazurkas, chez Debray ou chez Colbus. Tout ce qu'elles peuvent avoir de goût pour les courses se résout en une tournée de chevaux de bois ; elles adorent frissonner au drame et elles savent rire doucement à la comédie ; elles ont de la sympathie pour les orgues de Barbarie et elles accompagnent avec conviction les refrains chantés en plein air. Elles soufflent dans leurs doigts en hiver, et elles s'asseyent au bord des trottoirs en été. Elles sont un peu les sœurs des moineaux des rues : elles s'égayent de tous les rayons de soleil et prennent leur parti de toutes les boues.

Comment elles finissent, les pauvres lamentables ? Est-ce qu'on sait ? la mort les prend ou l'amour les perd. La fluxion de poitrine les emporte, le trottoir les retient, ou la maternité les assomme. L'apprentissage sensuel avait d'abord paru drôle, quand les ébats commencés à l'hôtel garni se continuaient dans la luzerne des fortifications, et la gosse dont on venait de tuer la virginité trouvait plaisant de dire qu'elle sortait « d'en donner une séance. » Mais les mines évaporées cessent à l'hôpital, dans les couvents de prostituées, dans le ménage dur à tenir.

Elle nous a mené loin du théâtre bourgeois et de la peinture mondaine, la fille de Paris !

II

Communiantes.

5 juillet 1885.

Toute cette quinzaine passée, les communiants et les communiantes se sont hâtés vers les églises, appelés par les carillons qui font comme un chœur de commères jacassières dans les clochers. On les a vus défiler le long des maisons, dans le rayon de soleil qui luit entre deux averses d'été. Les garçons, raides, noirs, dignes ; — les filles, blanches, nuageuses, pensives. Les petits sacs brodés de perles se balançaient au bout des doigts menus, gantés de peau glacée ; les petits pieds marchaient vite ; un bout de profil dépassait la coiffe. Et quand la cloche se ralentissait, comme égosillée et lasse — ou quand un nuage gris s'avançait sur le soleil — tout le petit monde prenait une course qui faisait au porche comme un afflux de vagues de mousseline, que suivait la lourde flottille des mamans tout engoncées dans le cachemire et la soie des grands jours.

Ce ne sont pas les communiants qu'il faut regarder. Les jeunes bonshommes de douze ans n'ont, ce jour-là, dans les vestons, les redingotes et les gilets piqués, que l'allure et la carrure des farauds garçons d'honneur qu'ils seront plus tard.. Frisés et gommés, odorant les vinaigres des coiffeurs, faisant crier leurs premiers souliers vernis, le coude en dehors pour que reluisent les franges de leur brassard — il ne s'agit pour eux que d'un endimanchement supérieur. A les voir, on croit assister à la mise en marche des mannequins de première communion des magasins de nouveautés, — les mannequins complets, avec la frisure, les souliers vernis, le brassard, le cierge, et le regard naïf, et la pâleur dévote.

Ce ne sont pas non plus les fillettes des quartiers riches qu'il faut observer descendre de voiture aux grilles de la Madeleine ou de Saint-Philippe-du-Roule. Les petites mondaines de douze ans sont déjà aux mains des couturiers, et avec le costume, a été fournie la manière de le porter. L'abaissement des paupières est en rapport avec le bas de soie qu'on laisse entrevoir. L'extase religieuse permise est en mélange avec le commencement de coquetterie recommandé. L'enfant tout en perles et en broderies, tout soie et tout satin, n'accomplit là que la naturelle transition entre la dernière poupée et le premier bal. On communiera, on renouvellera, — et on dansera.

C'est au faubourg qu'il faut se mettre sur le passage des communiantes ; c'est sur le visage des petites pauvres qu'il faut écarter les longs voiles pour chercher la rose d'une pudeur et le frisson d'une émotion.

Les figures rondes, ovales, anguleuses, apparaissent, dans le tour de tête du bonnet ruché, minces et rigides comme celle des saintes hypnotisées des tableaux de primitifs. Pâleurs d'anémies, empourrements de fièvre, taches de rousseurs, fatigues précoces, ennuis d'enfance, il semble que tout cela s'atténue et s'efface dans les ombres blanches et les transparentes étoffes. La bouche est sérieuse et ne sourit même pas ; les yeux regardent sans voir comme ceux des saintes Thérèses. La marche se fait sans bruit, comme un envolement qui sauterait par dessus les pavés sales et les flaques d'eau ; agile comme un oiseau, craintif comme une hermine, le nuage blanc file tout droit sans s'arrêter aux boutiques, sans remarquer un passant ; on l'a à peine vu, qu'il a passé, qu'il a effleuré le parvis, qu'il est entré dans la nef obscurcie d'encens, reluisante d'ors, bruyante de sons. Et maintenant, la petite est agenouillée, murmurant des prières qu'elle ignore, lisant des phrases qu'elle ne comprend pas ; elle se relève, elle s'assied, elle marche dans la procession de ses compagnes, un cierge à la main ; elle va vers l'autel, elle fait tous les mouvements ordonnés, ferme les yeux, ouvre la bouche, retourne à sa place avec sa main sur son cœur naissant.

Elle voit tout le défilé, écoute tout le latin qui s'enfle en grandes phrases jusqu'aux voûtes, traverse la nef, et descend les degrés pendant que l'orgue s'exalte et tonne de tous ses tuyaux. L'après-midi, sitôt le déjeuner où toutes les attentions, tous les attendrissements, toutes les tendresses auront été à elles, elle retournera dans l'église parfumée pour une nouvelle fête, et un évêque arménien aux yeux longs et à la grande barbe passera sur sa joue deux doigts où reluit l'éclat violet d'une améthyste.

Ce sera tout, et pourtant le soir, avant de s'endormir dans son étroite couchette, peut-être la petite fille croira-t-elle avoir passé une journée d'extase divine et avoir goûté un ravissement qu'elle ne retrouvera jamais -- jamais plus.

Est-ce mysticisme, ce trouble héréditaire de la communion que se transmettent les femmes avec les fatalités physiologiques de leurs infirmités sexuelles ? C'est possible. Les maladies mentales des siècles de foi peuvent avoir de ces aboutissements dans le nôtre ; il peut se trouver encore dans l'air intellectuel que notre esprit respire un peu du rouge amour des crucifiées et des stigmatisées pour le pâle dieu du Calvaire. Mais ce sont là cas spéciaux, vite reconnus et classés. Ce n'est pas la seule cause qui fait prosterner devant l'autel les rangs de fillettes, sous les regards attendris des mères indifférentes et des pères libre-penseurs.

On ne croit plus, mais l'idéal ancien tient encore la place. L'enfant désapprendra vite le catéchisme qu'elle n'a su que du bout des lèvres ; le père fait partie des sociétés où l'on se met une grappe d'immortelles rouges à la boutonnière. N'importe ! ce père veut que cette enfant marche devant lui dans le blanc costume du rite catholique romain ; et pour l'accompagner, il remettra le vêtement de drap noir de ses noces, et il passera sur ses dures mains des gants de filoselle. Habitude, pli du cerveau, obéissance mécanique de la chair ! Allons-y, bonne femme, donne-moi le bras et entrons à l'église ! On blaguera le curé en sortant, en déjeunant avec les camarades.

Pour la petite fille, avec ces raisons, il en est d'autres, et il semble qu'en son inconscience, elle les pressente, tant elle reste grave toute cette journée. C'est un temps d'arrêt dans sa vie. C'est une royauté bien à elle, qui durera un tour de cadran, et que personne ne lui disputera. Aussi, elle est comme changée, des pieds à la tête, et d'idées aussi. Elle marche lentement, avec une grâce subitement éclose, dans une atmosphère supérieure dont la découverte est une surprise. Il la lui faut complète, cette fête, avec tous les bibelots et toutes les fanfreluches des magasins ; un pli se creusera à son front s'il lui faut mettre des bottines noires qui devront servir ensuite à ses courses besogneuses. Non, non, elle veut être toute blanche, depuis le ruban de ses cheveux jusqu'à la pointe de ses souliers.

Et jamais plus le beau costume ne devra être remis. Qui sait, peut-être ce mariage, ce mariage blanc et fleuri auquel la petite fille pense tout le temps ce jour-là -- peut-être ce mariage n'aura-t-il jamais lieu -- peut-être jamais elle ne sera revêtue par la femme, la blanche robe de l'enfant — et peut-être la virginité est-elle enterrée à jamais dans la jupe de mousseline et dans le voile de tulle. Ce qu'il y a de sûr, c'est que c'était l'école communale hier, et que c'est l'apprentissage demain — c'est qu'on va se remettre à être mal vêtue, à manger mal, à travailler trop, à être grondée, à être battue.

Voilà pourquoi peut-être la mère est songeuse devant ces cérémonies de la communion qui ressemblent aux dernières amabilités faites par la vie. Voilà pourquoi, sans doute, c'est là une heure parfumée, lumineuse et musicale qui sonnera longtemps dans la jeune tête de la fillette - - et dont elle aura l'attendrissant ressouvenir quand elle se hâtera, à son tour, autour d'une autre communiante de douze ans, née d'elle, et où elle croira, la pauvre ancienne ! retrouver son portrait à jamais défunt.

III

Démolitions

10 mai 1885.

Rue des Filles-Dieu, le pic descelle les fondations, la pioche abat les murs. Les massifs tombereaux attelés de lourds limousins emportent les pierres tachées de la crasse, du vin et du sang de la misère et de la prostitution. A chaque pan abattu, le vent disperse une fade odeur de chair et une aigreur de parfums à bas prix, la lumière du pâle soleil de mai tremble sur les alcôves sales. Il ne restera plus rien bientôt de la situation paisiblement constatée, en 1883, par M. Mesureur, dans un rapport au conseil municipal : « Une scierie mécanique, des ateliers de menuiserie, de serrurerie, des débits de vins, des buvettes borgnes, où le commerce de la prostitution s'exerce ostensiblement en plein jour, sans aucune discrétion ni réserve, tout ce monde, dans cet espace étroit, vit pour ainsi dire comme en famille, dans les conditions hygiéniques les plus déplorables. » Aujourd'hui, la rue honteuse déménage, vaincue par l'enserrement du Paris commerçant.

Elle restera pourtant dans la mémoire. Pour l'avoir traversée une fois, la silhouette de ses maisons a été fixée dans le rêve de la vision, un peu de la fange de ses pavés a été gardée aux pieds. Qui avait la malsaine curiosité de ce passage qui dévalle entre la rue d'Aboukir et la rue Saint-Denis, hésitait un peu au seuil comme devant une bouche d'égout, puis brusquement entrait. La ruelle filait droit, s'élargissait jusqu'à former une place grande comme une cour de ferme, et s'en allait avec une courbe. A ne voir que la découpure des toitures et les angles sortants et rentrants, on aurait pu, aux heures indécises du soir, quand le crépuscule tombe en cendre fine, se croire dans la grand' rue irrégulière et étroite d'une petite ville. Les maisons avaient des avancées de murs, des inclinaisons de toits, des intimités de rez-de-chaussée, des solidités de volets et d'auvents, faits pour encadrer l'allée et venue monotone et le commérage tranquille d'une province bourgeoisante, de restreints négoces, de silencieux métiers. Mais les taches qui remuaient dans l'ombre, les voix qui sortaient des allées faisaient vite finir le mensonge du décor. Des jupes de soie bleu ciel, des tabliers de coton, de blancs empèsements, se promenaient le long de la rigole, des carcasses efflanquées et des écroulements de chairs, des maigreurs de louves et des graisses maladives, s'accotaient dans les coins, se profilaient aux portes, se penchaient des croisées. Derrière les rideaux, auprès des pots de rouges géraniums, les tignasses pommadées s'ébouriffaient, et souriaient les bouches sans dents. Des voix rauques sifflaient des appels amoureux et des promesses de volupté. Tout l'avachissement d'un sexe trônait là, dans la paix des boutiques d'amour, dans la joie des paresses sans fin.

Ce n'est pas parce qu'on est hors de la ruelle fétide, et qu'on trouve on ne sait quel bon goût à l'air de la rue Saint-Denis, qu'on en a fini avec le pavé gras, les maisons borgnes et l'inconscience animale de la prostitution pauvre. Les promenoirs des Edens, les figurations des théâtres, les cafés des boulevards, le quartier de l'Europe, n'ont pas encore absorbé tout l'amour ambulant qui se niche au creux des vieilles pierres parisiennes. Les décisions municipales, les alignements administratifs ont beau intervenir, les maritornes qui ont la charge des basses œuvres physiologiques restent à leurs places, auprès du ruisseau qui pue et du tuyau de plomb qui gargouille. L'offre reste parce que la demande subsiste. Les Jeannetons et les Margots séculaires sont des institutions maintenues par un afflux, sans cesse renouvelé, de clientèle. Qu'on abatte la rue des Filles-Dieu, les meubles à punaises et les faïences symboliques émigreront de venelles en impasses, — et l'humanité suivra.

Faites-la donc sur la carte, et avec les indications des statisticiens, cette promenade à la recherche des Vénus de carrefours, des pierreuses de coins de rue. Tout un Paris noir et brutal, caché sous l'autre, se lèvera à mesure que seront marqués les point de repère ; une ribauderie qui n'a pas changé depuis le moyen âge et la Renaissance, et qui parle encore l'argot de Villon et de Régnier, apparaîtra dans ses journalières fainéantises, ses fréquentes colères, ses tristes ripailles, derrière les murs humides et les croisées fleuries. Ce n'est, dans le cas présent, qu'un point central, cette rue des Filles-Dieu, et pour s'en tenir à la région qu'elle gouverne, ne voit-on pas les ramifications qu'elle pousse dans tous les sens : au sud, au nord, à l'ouest, à l'est, — par les rues Saint-Sauveur, Marie-Stuart, des Petits-Carreaux, vers la rue Saint-Honoré, par les rues Albouy, de Lancry, vers les boulevards extérieurs, — par les rues de la Lune, Notre-Dame-de-Recouvrance, Soli, d'Argout, vers le Palais-Royal, — par les rues du Vert-Bois, de Venise, de Bretagne, du Pont-aux-Choux, de Fourcy, des Nonnains-d'Hyères, Clocheperchée, du Roi-de-Sicile, Beautreillis, Jean-Beaussire, vers la Bastille et Vincennes. Oui, c'est vraiment une ville dans la ville, une ville qui longe les boulevards, entoure les places, par ses rues obscures, ses culs-de-sac déserts ; et tous les clignotements et tous les haut-le-cœur devant ses clartés de veilleuses et ses affichements cyniques n'y feront rien ; l'amour tarifé a pris rang parmi les nécessités tolérées par les gouvernements ; il est encouragé comme une fondation utile, catalogué comme un service public.

On peut ne pas passer dans les rues où la femme étale et vend sa chair faisandée, ses caresses ennuyées, son faux sourire, on peut paraître ignorer les conditions du marchandage, les dégrations de l'être, toutes les façons commerciales qui accompagnent la livraison du plaisir. Le plus pudibond contribuable, le plus austère bourgeois savent néanmoins que la protection légale couvre la maison close et l'hôtel ouvert à la nuit, qu'il y a quelque part, pour l'amour en carte, des comptabilités et des vérifications.

Et pourtant, qu'un écrivain vienne, qu'il veuille dire, dans un journal, dans un livre, ce qu'est la fille, la basse prostituée, celle qui gagne des journées de manœuvre, qui habite un taudis, qui boit un vin grossier ! Aussitôt, une clameur s'élève, toute l'hypocrisie en suspens dans une société civilisée s'émeut. Celui qui a osé s'en prendre à un tel sujet est injurié, sali. Il devient un spéculateur pour les hommes d'argent, un pornographe pour les hommes de plaisir. Il semble que l'immonde cassine qu'il a voulu mettre dans un livre avec l'animalité qui l'habite soit pour lui une fructueuse maison de rapport : il emporte avec lui un peu de l'infamie et du déshonneur des êtres innomables qu'il a osé nommer.

Ah ! si l'on en était resté à la poupée d'ancienne fabrication, qui pense et agit suivant une formule, — si l'on se bornait à remettre, une fois encore, sur son lit de brocart, la courtisane définitivement acceptée dans la littérature, si l'on se contentait de l'ancienne sentimentalité, de la grisette du temps de Mürger et de Musset, de la cocotte qui meurt poitrinaire au dernier chapitre ou au cinquième acte, — alors certes, devant tant de phraséologie distinguée, tant de verbiage pathétitique, il n'y aurait que des attendrissements et des félicitations. Mais entrer en plein vice et en pleine misère, prendre la fille au corps flétri, au cerveau vide, et en faire une héroïne de roman, la montrer dans l'abêtissement de tous les jours de sa vie, dans sa triste fonction sociale à la fois réprouvée et proclamée nécessaire ! ne la parer d'aucune poésie, d'aucun mensonge ! la mettre sous les yeux, laide et pitoyable, comme dans le fauteuil à bascule des médecins de la Préfecture ! C'est intolérable. Ces femmes-là n'ont pas le droit d'entrer dans le livre, d'être vues par l'œil de l'artiste, d'être interrogées par le philosophe. Elles sont au bagne, au lazaret, -- qu'elles y restent !

Et pourquoi ces fureurs et ces inintelligences ? Ne sommes-nous donc plus le siècle, tant célébré, des constatations sans préférence et des compréhensions sans limites ? Les fatalités physiologiques et sociales sont-elles donc sujets d'études seulement pour le médecin et le législateur, et va-t-on les interdire à ceux qui écrivent et à ceux qui lisent ? On admet pourtant que le livre et le journal montrent toutes les variétés de l'amour cérébral. Mieux encore, les plus criminelles abjections, les plus sanglants caprices pathologiques, défilent tout au long dans les récits des crimes célèbres et dans les romans judiciaires. Mieux encore, les faits divers et les comptes-rendus des tribunaux sont les boutiques à perpétuels renouvellements où passent toutes les immondices des passions bestiales et tous les ensanglantements des assassinats... C'est ici que les subtils professeurs de la critique interviennent et basent leur condamnation littéraire de la fille sur son infériorité intellectuelle, sur sa trop embryonnaire vie morale.

Il faut le dire bien haut à ces docteurs : c'est là non seulement une méconnaissance des droits de la littérature de ce siècle, c'est aussi et surtout une hérésie scientifique. Oui, les Goncourt l'écrivaient déjà, en 1864, en tête de *Germinie Lacerteux* : « Aujourd'hui que le Roman s'est imposé les études et les devoirs de la science, il peut en revendiquer les libertés et les franchises. » Et la science n'admet ni choix, ni calculs ; elle cherche le vrai, et c'est tout ; cette mission lui suffit. La fille publique a le même droit de figurer dans l'histoire de l'humanité que les espèces inférieures d'entrer dans les classifications de l'histoire naturelle. L'infusoire, l'invisible qui est autant de la pourriture végétale que de l'animalité vivante, sont classés dans l'inventaire des forces agissantes, aussi bien que les êtres perfectionnés. Qu'un ordre se soit établi, que des infériorités se soient déclarées, — d'accord ; mais que le silence soit fait sur ces infériorités, — non.

Le droit à l'art de la prostituée doit être reconnu, puisque son droit à l'existence est encouragé.

Ecoutez deviser, à la fin de l'*Education sentimentale*, Frédéric Moreau et Deslauriers, les deux bourgeois qui ont manqué leur vie. Ils se remémorent le seul incident de leur jeunesse, leur visite chez la Turque, derrière le rempart :

— « C'est là ce que nous avons eu de meilleur ! » dit Frédéric.

— « Oui, peut-être bien ! c'est là ce que nous avons eu de meilleur ! » dit Deslauriers. »

IV

Vivre vieux.

19 juillet 1885.

Tout ce qu'il y a de jeunesse studieuse dans Paris a décidé d'aller, tous les 5 août, porter des fleurs et réciter des compliments au « père Chevreul » entré dans

sa centième année. Les collégiens à képis, à tunique
et à passepoils rouges, les étudiants de toutes les
écoles, ceux du Droit, ceux de la Médecine, tous
les potaches, tous les potards, tous les clercs, vont
se diriger, en graves processions ou en gais mo-
nômes, vers le réduit tranquille où le vieux savant a
installé sa vie finissante. Figures imberbes, jeunes
visages à barbes, à binocles et à lunettes, apparaîtront autour de l'ancêtre, dans les verdures de
ce brillant été, au seuil de la tranquille maisonnette.
Quelqu'un de moins timide que les autres, mais
tout de même un peu tremblant et pâle, parlera au
nom de tous. Le bon vieux répondra quelque chose,
— des remerciements confus, des encouragements che-
vrotants, trempés de larmes, éclairés d'un sourire. Et
puis, une embrassade à l'orateur, des poignées de mains,
des souhaits, des « au revoir ; » — c'est ainsi que, dans
ce coin, seront honorés le travail, la science, — la
vieillesse.

C'est l'hommage rendu par un siècle qui va commencer à un siècle qui va finir. C'est le signe certain de
cette force invincible qui oblige l'homme à peine né à
regarder avec la même mélancolie l'avenir et le passé.
Cent ans ! On a, en cet homme qu'on célèbre, cent ans
devant soi ! On songe que c'est là la coupe réglemen-
taire adoptée pour mesurer l'histoire, — qu'il a été
convenu que les passions, les douleurs, les triomphes
de l'humanité, tous les espoirs fous et tous les vains
bruits, on les ferait tenir dans les années, les jours, les
heures d'un siècle. Et voilà que ces cent ans, ce siècle,
cette unité qui sert à compter la vie des nations, voilà
que tout cela apparaît visiblement incarné en ce doux
bonhomme qui va chaque jour de son logis de vieil
étudiant à sa chaire de professeur, — voilà que tout
cela passe devant les yeux en cette figure ridée,
malicieuse et tendre, voilà que tout cela marche doucement dans la rue, avec des gestes lents, des saluts
condescendants. Oui, c'est le siècle, le siècle qui a

éprouvé toutes les fatigues et qui connaît aujourd'hui toutes les indulgences, le siècle encore vivant, courbé, cassé, usé, appuyé sur une canne, n'ayant gardé du charme et de la vie d'autrefois que ce qui se réfugie dans les lumineux regards naïfs des vieillards redevenus enfants.

En même temps que l'homme qui reste, on voit revivre les événements accomplis et les hommes disparus. A contempler ce spectateur des choses anciennes, ces choses reviennent à la mémoire, réapparaissent dans le champ de cette vision spéciale des objets qu'on n'a jamais vus et qu'on ne verra jamais. Tout ce qui s'est entassé entre le jour de 1786 où l'enfant est né et le jour de cette année 1885 où le vieillard accueille les jeunes, tout prend place dans un défilé rapide comme une page de chronologie. Les rois disparaissent, les échafauds fonctionnent, les nations se jettent les unes sur les autres, les coups de feu éclatent, des accalmies se font, des statues se dressent, de grandes toiles, de grands livres surgissent au-dessus des foules, et encore des murmures, des cris, des tumultes, des fleurs, des amours, du sang, des printemps, des hivers, et encore, et encore, et toujours !

Mais n'y a-t-il dans ces hommages que le respect pour le sage travail et les utiles découvertes de quatre-vingts années, — que la curiosité devant l'évanouissement d'un siècle ?

Il y a autre chose.

Que certains le sachent, que d'autres le sentent confusément, que presque tous l'ignorent, ce n'est pas M. Chevreul, le bon savant, le consciencieux chimiste, l'administrateur du Muséum, le membre de l'Institut, l'honnête homme, dont on fête la naissance et dont on honore la vieillesse. Le fauteuil de l'Institut et le laboratoire du Muséum sont des prétextes. Les fleurs, les discours, les vivats, qui vont au travailleur et à l'homme en place, vont aussi et surtout au survivant, au vieux — au Centenaire.

Celui que l'opinion acclame, c'est l'homme de chair, de sang et d'os, l'homme semblable aux autres hommes, et qui a su ne pas mourir comme eux. On le loue, on l'exalte parce qu'il a échappé à toutes les morts prévues et à tous les guet-apens possibles, parce qu'il n'a pas reçu les balles des révolutions et les éclats d'obus des sièges, parce qu'il n'a pas été écrasé, foudroyé, massacré par les accidents, parce qu'il n'a pas été happé par les maladies, que ses poumons n'ont pas été dévorés par la phtisie, son estomac par le cancer, que son sang n'a pas été bu par l'anémie, ses muscles tordus par le rhumatisme, parce que la folie n'a pas fait sauter le couvercle de son cerveau. On lui rend des honneurs suprêmes, on le met dans une apothéose, parce qu'il aura cent ans demain, et qu'il est mieux portant que les grabataires des hôpitaux et que les passants des rues, parce qu'il est indemne de toute douleur et de toute infirmité, parce qu'il a ses deux bras, ses deux jambes, parce qu'il digère, qu'il entend, qu'il parle, — qu'il respire.

Et veut-on examiner encore de plus près ce sentiment, aller plus loin dans cette analyse? N'est-ce pas que la santé de l'intelligence et du corps, n'est-ce pas que la beauté fine et sereine du vieillard ne sont encore que pour la moindre part dans ces respects, dans ces admirations, dans ces envies? C'est la seule vieillesse qui en impose, ce sont les seuls cent ans qui attirent les désirs. La vieillesse quelle qu'elle soit, — les cent ans horribles! Certes, on est pour la vieillesse belle et respectable, pour les cent ans vertement portés; on trouve beaux les cheveux blancs comme de l'argent, on vénère les barbes longues et drues et neigeuses, on aime les yeux qui voient clair, les mains encore bien ouvertes, les pas encore sûrs. Mais on loue autant toute ténacité cramponnée à l'existence, mais on jalouse aussi ardemment le vieux qui s'acharne à user un reste de vie, celui qui ne marche plus, qui ne saisit plus, qui n'entend plus, qui ne voit plus, celui qui ne mange plus que des pilules, qui ne boit plus que des potions, auquel il faut desserrer les gencives pour lui faire avaler une cuillerée de bouillon. Celui-là, on l'honore encore dans le secret de son âme, on consentirait à être comme lui pour arriver à son âge, — on consentirait à être traîné dans une voiture d'infirme, à vivre avec des moignons, à n'avoir plus de cheveux, plus de dents, à être goutteux, tâtonnant, hébété, à être gâteux, à sentir mauvais, à souffrir de partout, à râler la nuit, à agoniser le jour, — à n'être plus qu'une ruine où tremblote une pensée.

A tout, on consentirait à tout ! Vivre, vivre n'importe comment, n'importe où ! — mais vivre !

V

Le cas de M. Pierre Loti.

28 octobre 1883.

Le dur jugement n'a pas été prononcé, au ministère de la marine, sur la situation de M. Viaud (Pierre Loti). Les journaux se sont trop hâtés d'annoncer la mise en retrait d'emploi du lieutenant de vaisseau qui a envoyé au *Figaro* le récit ensanglanté de la prise de Hué ; le ministre a simplement mandé son subordonné à Paris pour savoir de lui quelle dose de vérité contient sa narration et à quel mobile il a obéi en la publiant.

Il n'y a rien à dire contre cette façon de procéder ; il n'est pas mauvais d'écouter avant de frapper, et une nette affirmation par M. Viaud, lieutenant de vaisseau, des faits racontés par le littérateur Pierre Loti, viendra fort à propos dans le débat. Mais la question politique et la question d'humanité soulevées par la lettre écrite à bord de l'*Atalante* ne sont pas seules en jeu. Des faits d'un autre ordre sont soulevés. C'est sur la dualité entre le soldat et le littérateur qui constitue le cas de M. Pierre Loti, — c'est sur le devoir qui incombe à l'écrivain, sur le devoir qui incombe au soldat, qu'il faut se prononcer.

Il y a stupéfaction à examiner les attaques dirigées contre M. Pierre Loti. On ne s'en prend pas aux faits eux-mêmes, à tout le monstrueux et à tout l'ignoble qui accompagnent la guerre au xix° siècle, que cette guerre soit faite par des Français, par des Anglais ou par des Allemands ! Non, on s'en prend à la révélations de ces faits par quelqu'un qui a une triste autorité pour les décrire ; on s'indigne contre la mise en lumière de toutes les atrocités qui font cortège à la victoire. Tuez, tuez les hommes, tuez les femmes, tuez les enfants, achevez les blessés, violez, pillez, saoulez-vous de l'âcre odeur du sang ; mais de grâce, épargnez-nous le récit des crimes de lèse-humanité que vous avez vu commettre, que vous avez peut-être commis vous-même au nom du barbare droit militaire. On ne veut savoir ici de la guerre que les résultats, on ne veut voir que les entrées triomphales, on ne veut entendre que la fanfare qui accompagne la marche des victorieux. Tant pis si l'on marche sur des morts pour passer sous l'arc de triomphe élevé à l'entrée de la ville prise, tant pis si les cuivres empêchent d'entendre l'appel des blessés. Ce que l'on veut, c'est le bulletin officiel, avec les phrases toutes faites, les boniments convenus qui ont servi à Napoléon Ier et qui ont dû servir à Attila. Dites-nous que l'ennemi est en fuite, que notre drapeau flotte sur les positions conquises, que l'état sanitaire et le moral de l'armée sont excellents ; servez-nous toutes les niaiseries et tous les mensonges dont

on nous a toujours accablés comme si nous étions des
enfants craintifs et faibles. Mais ne nous montrez pas
la misère de l'homme et la honte de la guerre. Nous
sommes des sanguinaires raffinés et des civilisés hypocrites ; nous ne voulons entendre parler des massacres
dans lesquels nous nous vautrons, que dans cet immuable langage, tout fleuri des fausses fleurs de la rhétorique officielle, que se repassent à l'envi les Pru-
dhommes de la politique.

Eh bien ! non, cela est triste et abominable. Si nous
sommes des Français, c'est-à-dire des hommes ayant
appris à lire dans Pascal et dans Diderot, si nous
sommes ce que nous prétendons être, des soldats
combattant pour amener le règne de l'esprit scientifique, nous ne devons pas tolérer qu'on nous raille
et qu'on nous leurre, qu'on nous donne à contempler un décor grossièrement fabriqué, qu'on nous
nourrisse de la viande creuse de la sentimentalité. Oui,
nous sommes revenus de bien des choses, et en particulier de cette Gloire que quelques-uns s'obstinent à
voir planer, dans une vapeur de sang, au-dessus des
champs de bataille. Pour y avoir cru, à cette Gloire,
nous avons connu la honte des peuples vaincus, nous
savons que la guerre transforme le champ plein du
travail de l'homme en un sinistre abattoir. Le spectacle
du sang qui coule en rigoles, des membres hachés qui
pourrissent, des faces pâles des soldats assassinés par
les conquérants, ne nous met pas de fierté au cœur,
mais nous dégoûte et nous encolère. Si on nous parle
de la guerre, si on nous décrit le champ de bataille,
qu'on nous dise donc toute la vérité — qu'on ne nous cache pas les cadavres sous les lauriers.

Est-il donc besoin de répondre au reproche adressé
à M. Pierre Loti d'avoir trahi le devoir professionnel,
d'avoir étudié et révélé le milieu auquel il appartient.
Ceux qui font ce reproche à M. Pierre Loti oublient
que là où il y a un écrivain passionné, en possession
complète de sa faculté d'observation, de son talent

d'expression, cet écrivain imposera silence à l'autre homme qui est en lui, à celui qui trouverait des objections à présenter par intérêt ou par devoir.

Et c'est ici que le devoir de l'artiste apparaît, ce devoir qui a bien aussi sa raison d'être et sa valeur. Va-t-il, cet écrivain dont la pensée a trouvé sa forme adéquate, cet artiste qui sait magnifiquement mouler la réalité sous une phrase, qui peut, s'il le veut, mettre l'humanité et la nature dans la page d'un livre, va-t-il refuser de voir, fermer les yeux et se borner à noter, avec les mots vivants qu'il a à sa disposition, les imaginations qui pourraient naître dans son cerveau ? Allons donc ! c'est le milieu dans lequel il s'agite, c'est l'homme qu'il connaît qu'il va nous peindre. Il ne songera pas à évoquer le rêve qui pâlirait auprès de la vie ; il ne saura imaginer le monde qu'il ignore, expliquer les mœurs qu'il n'a pas observées, décrire les spectacles qu'il n'a pas vus. En quoi donc l'auteur du *Mariage de Loti* est-il coupable de prendre pour sujets d'études ceux que la fatalité de son état lui impose ? On ne condamne, en réalité, l'écrivain, qu'au nom de cette morale en vertu de laquelle on exige le silence du soldat.

Ne viendra-t-il donc pas un temps où dire simplement la vérité, pour la vérité, sera le devoir de tous ?

VI

M. le comte Horace de Viel-Castel.

5 février 1883.

Voici qu'on reparle des Mémoires de M. Horace de Viel-Castel. Le premier volume ayant été saisi en France, on a fait paraître le second à l'étranger. C'était la seule façon d'assurer la publication de ces notes prises sur « le règne de Napoléon III » par un Dangeau mal élevé qui complétait et expliquait volontiers les informations prises aux Tuileries par les on-dit qui égayaient les mauvais lieux de second ordre.

On n'a guère eu entre les mains que le premier volume de ces *Mémoires*, où sont relatés les grands et les petits faits de l'année 1851. C'est déjà fort intéressant. Bon nombre de récits qui ont couru dans les conversations, ont paru dans les journaux sous forme d'alinéas mystérieux, se retrouvent là avec une date et une signature.

On crie au scandale à propos de cette publication, on parle d'indélicatesse. Quelques-uns déclarent qu'il ne faut pas parler du livre, ni même le lire. Il n'y a là-dedans, disent-ils, que racontars, méchancetés, médisances, calomnies, les gens sont nommés crûment par leur nom, les anecdotes sont racontées cyniquement. Aucune enveloppe, aucun sous-entendu, aucun clignement d'yeux ; un chat est appelé un chat, et les points sont mis sur tous les *i*. On croirait entendre une conversation d'hommes après-dîner, alors que toute parole est acceptée sans vérification, que toute allusion graveleuse est saluée des rires de la tablée. Ce sont conversations de mauvais lieux et accusations sans preuves.

Pour l'auteur, c'est un cynique et un parasite. C'est l'habitué, non des salons, mais de la « salle à manger » de la princesse Mathilde. Il a ramassé les sujets de chapitres de ses Mémoires, dans les couloirs, dans les antichambres et à l'office. C'est l'homme qui flaire dans les alcôves et qui vide les cuvettes. Il rentre chez lui pour faire le tri de ses observations comme le chiffonnier analyse ce qu'il a recueilli sur les tas d'ordures. Ambitieux meurtri, déclassé jaloux des succès des autres, il attache ses compagnons à son pilori d'occasion et assure sa vengeance posthume.

C'est là le résumé des objections présentées contre la publication des mémoires de M. de Viel-Castel.

Tout cela est sans doute vrai, — et rien de tout cela ne supporte l'examen. Qu'importent les fréquentations, le style et le caractère de l'auteur ; qu'importe le motif qui l'a inspiré ; qu'importent les représailles qu'il a exercées, et les calomnies mêmes qui tacheraient son papier ! Il n'est pas seul à avoir la parole ; la discussion contradictoire est ouverte, et les intéressés peuvent s'expliquer. Cela s'est passé ainsi à toutes les époques, pour toutes les dépositions de témoins, et il ne sera pas fait exception pour M. de Viel-Castel ; cela s'est passé ainsi pour tous les écrits sur le dix-septième siècle, sur l'époque de la Révolution, dont tous les mémoires se complètent et se contrôlent les uns les autres.

Vraiment, nous serions bien renseignés si l'on avait eu de ces hésitations devant les Mémoires qui ont permis aux historiens d'hier de conclure sur la monarchie française. Combien de choses auraient échappé dans l'évolution de la société qui a clos une période et en a ouvert une autre, si l'on avait laissé de côté les confidences des grands seigneurs, des bourgeois et des bavardes, si l'on avait reculé devant les âpres réquisitoires et dédaigné les chroniques galantes.

« Littérature inférieure ! Documents frelatés ! — disent les critiques respectueux qui ne croient qu'à l'histoire officielle, — inutiles injures après décès, rancunes aigries, poches à fiel crevées dans des cadavres. » Lisez toujours : le livre aura bientôt fait de vous expliquer l'homme. A la persistance d'une attaque, à l'injustice flagrante d'un jugement, à la falsification d'un fait, vous aurez vite reconnu quelle part vous devez faire à l'animosité personnelle, en quelle proportion la déposition du témoin se complique de guet-apens. Et puis, encore une fois, l'écrivain de Mémoires a-t-il seul la parole ? Les partis et les individus qu'il attaque n'ont-ils pas laissé de testaments et de ripostes, et l'Histoire ne ressemble-t-elle pas souvent à une polémique d'outre-tombe ? Publions tout, lisons tout ; les contradictions se révèleront, les rectifications se feront jour d'elles-mêmes, naturellement, par la seule force de la vérité.

Mais il ne s'agit pas ici d'une étude sur la littérature de Mémoires. Il n'y a pas plus à rappeler, à propos de M. Horace de Viel-Castel, les notes piquantes des femmes d'esprit du xviii° siècle que l'œuvre formidable de Saint-Simon. Nul besoin d'analyser non plus le travail de reconstruction d'un Michelet cherchant le vrai au milieu de tous les témoignages passionnés sortant des tombeaux. Le cas actuel doit seul être scruté, mais encore faut-il l'envisager avec sang-froid et prendre un peu de reculée pour le définir et le classer.

Les informations ont appris que des morts et des vivants étaient malmenés et exécutés par cet austère comte de Viel-Castel, qui ne quitta guère la fête pendant les dix-huit ans du règne de Napoléon III. Parmi les morts on cite le docteur Véron, le maréchal Magnan, le prince Pierre Bonaparte, Jules Janin, Villemessant ; parmi les vivants, M. Dumas fils, le prince Napoléon. Eh bien ! le docteur Véron n'a-t-il pas laissé des Mémoires, lui aussi, les *Mémoires d'un bourgeois de Paris;* ne peut-on pas, avec ces deux documents, recomposer équitablement sa physionomie, et du même coup, celle de M. de Viel-Castel ? Le maréchal Magnan, M. Pierre Bonaparte, Jules Janin, Villemessant n'ont ils laissé ni descendants, ni amis, ni papiers qui puissent confirmer ou infirmer les articulations des Mémoires. Quant à M. Dumas et à M. Jérôme Napoléon, ils ont tout le loisir, le dernier surtout, de préparer des réfutations.

L'opinion a, d'ailleurs, un tact exquis pour démêler les mobiles et les intérêts ; les faits qui ne seront pas prouvés, ceux qui sont insignifiants seront vite rejetés et pour toujours ; les papiers en question seront rapidement expurgés. Mais on retiendra telle réflexion, telle anecdote frappantes par leur sincérité et leur caractère. On tiendra compte de la situation de l'écrivain faisant partie de ce monde dont il raconte les occupations, prenant position dans les luttes qu'il décrit.

C'est là l'intérêt du premier volume. M. de Viel-Castel écrit couramment, dans l'aimable style de Maupas et de Romieu : « Les rouges sont des scélérats. » Il pousse un cri de satisfaction quand on ferme le cours de Michelet. Il écrit ces mots sur le peuple de Paris : « Ce peuple est voleur. » Le 2 décembre, il résume ainsi son appréciation : « Dieu sauve la France !... En somme, la journée n'est pas mauvaise. » Il relate une conversation avec le colonel L'Espinasse, l'envahisseur du Corps législatif : le colonel raconte que les députés ont été emportés « comme des paquets », qu'il les a menacés de les faire fusiller, à leur « première violence » ; et M. de Viel-Castel ajoute pieusement : « Puisse une telle fin être celle du règne des bavards ! »

Et c'est ce même homme qui fait un réquisitoire de onze volumes contre l'Empire, qui raconte les vilenies et les ignominies du règne, qui en explique les choses et qui en déshabille les hommes ! Mais on est tout disposé à le croire ! Les opinions et le caractère du gentilhomme recommandent son travail au lieu de le desservir. Il y a de la naïveté chez cet effronté qui a, à la fois, les hoquets et la franchise de l'ivresse. Ce viveur, ce farceur, ce mystificateur qui a été de toutes les noces, rentrant le matin chez lui, consigne naïvement ses impressions, traite ses compagnons d'orgie de grecs et de proxénètes, de polissons et de drôles, en tire des portraits sans retouche, d'un réalisme brutal, et il faudrait considérer cette confession des autres et de lui-même comme non avenue! Il faudrait supprimer cet annaliste autorisé et attendu du second Empire !

Non, non, peignez la société dans laquelle vous viviez, peignez vos amis, peignez-vous vous-même, M. de Viel-Castel, avec la bonne foi et l'imbécillité du cynisme. Malgré les indignations de commande et les criailleries intéressées, vous avez travaillé pour l'Histoire : la Muse sévère abaissera son regard sur vos paperasses et ci-

tera, comme pièces à l'appui, quelques-unes des feuilles
maculées par votre chère boueuse.

VII

Cachez ce sein...

29 octobre 1883.

On pleure, on crie au scandale, on dénonce, chez
M⁽ˢʳ⁾ l'évêque, dans la sacristie, dans le bureau de
rédaction du pieux journal, dans le salon mondain. On
jure que nous assistons à la fin du monde, que toute
morale disparaît, que la société, qui chancelle depuis
si longtemps, s'écroulera enfin demain ! Et pourquoi
toutes ces indignations ? pourquoi ces faces voilées, et
ces abondantes larmes ?

Parce qu'il est donné avis aux mères de famille qu'un
cours d'anatomie fait par un interne va être ouvert
dans un lycée de filles.

Les journalistes qui écrivent à l'ombre de Saint-Sulpice ont raison d'être alarmés; ce cours d'anatomie est
un signe des temps.

On commence à reconnaître quels dangers fait courir
le non-savoir ; on s'est enfin avisé que se plaindre sans
cesse de l'insuffisance intellectuelle de la femme et ne
rien faire pour y remédier constituait un sot rôle ; on a
alors, très sagement, très logiquement, créé le lycée de
filles. Mais qu'allait-on y enseigner, dans ce lycée ?
Allait-on installer des classes, rassembler un auditoire
et faire déclarer aux professeurs que l'humanité était
divisée en deux classes bien tranchées, les hommes ici,

les femmes là ; que dire la vérité à ceux-là constituait le grand devoir des éducateurs, que dire la vérité à celles-ci était le pire des crimes ; que cela avait toujours été ainsi, et que les magnifiques résultats obtenus devaient faire désirer que cela ne finisse jamais ; qu'en conséquence, on allait mettre les élèves en rapport avec une Science expurgée, présentant des ratures au lieu d'explications, une déchirure de feuillets là où devait se trouver la conclusion nécessaire ! Allait-on être pris de pudeur devant les combinaisons chimiques et inventer une physiologie partielle défigurant ou passant sous silence des organes et des actes? Non, il se trouve que cette fois on a osé ; on a rompu avec le faux-fuyant et le mensonge, on a découvert que ce qu'il y avait encore de plus beau et de plus sain au monde c'était la vérité, et on a été droit à elle, on lui a arraché ses voiles.

Eh oui ! il se fera un cours d'anatomie aux jeunes filles ; on va ouvrir le corps humain devant elles, leur expliquer ce que l'on sait du système nerveux et des fonctions cérébrales, leur dévoiler le mystère de la génération, l'histoire douloureuse de la grossesse et de l'accouchement. Qui donc se permet de ricaner devant la grandeur et la sévérité de cet enseignement? Quels plaisantins viennent se gausser et s'indigner de cet acte courageux que l'on accomplit en mettant la jeune fille en face des réalités et des misères de la vie ? Ah ! c'est que le catholicisme a prêché l'horreur de la chair et soigneusement entretenu on ne sait quelle basse et honteuse équivoque sur les rapports sexuels et la naissance de l'être. La société moderne repose tout entière sur cette idée que la femme doit ignorer la vie ; toute l'éducation qui lui est donnée consiste à lui éviter la rencontre de la vérité sur sa route. Aussi, qu'arrive-t-il ? L'inquiétude ne tarde pas à s'emparer de ce jeune esprit qui se heurte à chaque instant à l'incompréhensible, qui s'affole du balbutiement vague et irritant des sens qui s'éveillent ; la curiosité remplace l'inquiétude, une curiosité dangereuse, qui se cache, qui se glisse, qui va à toutes les perversions, à toutes les obscénités, parce qu'on ne lui a pas tranquillement dévoilé la nature. Période inquiétante pendant laquelle le corps et l'intelligence risquent de s'atrophier dans la nuit bête de l'ignorance. La chair si tendre, le cerveau si malléable peuvent prendre et conserver, pendant toute une vie, les empreintes immondes; l'enfant peut succomber au danger qu'on ne lui a pas montré. Croit-on que cette naïveté que l'on veut prolonger indéfiniment chez la femme ne soit pas une des causes de ses erreurs et de ses chutes et qu'il n'y aurait pas bénéfice à l'avertir quand elle a atteint l'âge où elle est en péril? Certes oui, il faut lui parler l'honnête et simple langage de la réalité, il faut lui montrer le chemin dans lequel elle doit marcher, sans lui en dissimuler les obstacles et les fondrières. La belle avance, quand vous lui aurez dissimulé la manière dont se font les enfants, puisque la fatalité de son sexe la destine à les porter, à les nourrir de sa chair et de son sang, et à les mettre au monde!

Qu'on ouvre donc les cours d'anatomie, qu'on essaye de faire de la femme l'égale de l'homme en science et en raison. Et que les mères de famille se rassurent. L'interne qui viendra donner, aux élèves attentives, des explications scientifiques sur les phénomènes vitaux, parlera un grave langage qui n'aura aucun rapport avec les questions troublantes et les dissertations polissonnes débitées à voix basse par le prêtre tapi dans son confessionnal. La jeune fille qui aura reçu cet enseignement du vrai passera le seuil du lycée avec sérénité, sans une rougeur au front. Ce sont des femmes dévouées et des mères instruites qui se formeront là, et non des prostituées.

VIII

La Vie acceptée.

19 mars 1886.

La mode est peut-être revenue aux constatations morales, aux discussions philosophiques. Beaucoup s'arrêtent de vivre pour regarder la vie. Les événements sociaux et les crises intérieures de l'individu sont les objets de commentaires et d'interrogations où la curiosité l'emporte sur la passion. On observe sans avidité, on explique sans chaleur, et, ordinairement, on se tait aux conclusions. Non pas seulement aux conclusions affirmées de part et d'autre par les manuels et par les catéchismes, et qui prétendent à renseigner définitivement sur les origines et la destinée de l'homme. Il est légitime de les exclure de ses préoccupations, ces conclusions-là. Le prétendu calme apporté à l'esprit par la croyance fixée à des causes finales, religieuses ou philosophiques, ne peut même pas être cherché par la plupart des êtres nés en ce siècle. Que ceux qui croient posséder les explications définitives restent en paix ! Pour les autres, il est bien avéré qu'ils doivent rayer de leur programme intellectuel toutes les aventures, sous peine de choir dans les abîmes sans fond des spéculations sans objets possibles.

Mais il est des connaissances plus sûres, des expériences plus faciles.

En dehors des aventures, sur ce globe dont les limites sont à peu près touchées, dans ce temps compris entre la naissance et la mort, il semble que, le terrain reconnu et les conditions de durée acceptées, une manière d'être devrait s'imposer et ne provoquer aucunes réclamations, inutiles, d'ailleurs. Il paraît que c'est là le difficile, et que la part d'années dévolues à chaque homme, à chaque nation, se passera en hésitations entre des systèmes, en choix jamais définitifs entre des constitutions sociales et des règles de conduite particulières.

Ah ! oui, on répond que la vie est complexe, que les événements sont multiples, que les petits faits ont de grosses conséquences, que l'homme n'est pas libre. Il est vrai. Mais depuis le temps que tout cela dure, on devrait être édifié, s'attendre à tout et à rien, ne pas rester effaré devant l'imprévu, reconnaître que l'on n'assiste guère qu'à des recommencements. C'est ici que se pose le problème, et que s'entrecroisent les solutions. Faut-il agir ? faut-il ne pas agir ? Faut-il accomplir strictement une tâche, et ne rien tenter en dehors de l'action régulière, juste suffisante pour constituer la vie ? ou faut-il, au contraire, s'essayer à agrandir cette action, à étendre l'assimilation individuelle, au risque de remonter le rocher qui sans cesse retombe, de verser de l'eau dans le trou de sable qui toujours se dessèche ? C'est de cette façon nette qu'il faudrait formuler la question, au lieu de la faire tenir dans des mots comme optimisme et pessimisme, qui finissent par se déformer et par signifier tout autre chose qu'au début de leur emploi. Celui qui trouve tout bien et celui qui trouve tout mal ne font, au surplus, que donner des opinions d'ensemble sur la vie, — et il ne s'agit pas précisément de cela. Les jugements sont bien indifférents, et l'impression produite par la vie sur le cerveau de l'homme est de bien mince importance, alors qu'il faudrait trouver un mode de vivre, ce qui est autrement grave. La vie est, voilà ce qu'il y a de sûr. Qu'elle fasse rire aux éclats les uns, qu'elle en fasse pleurer d'autres, — qu'elle fasse sourire d'autres encore, cela peut être intéressant à noter comme manifestations. Il ne faut pas pourtant s'en tenir là, et on le voudrait qu'on ne le pourrait pas. Le chansonnier le plus national et le décadent le plus désespéré sont forcés, et pas seulement de temps en temps, mais toujours, de s'occuper des mêmes choses, de résoudre les mêmes difficultés, de trouver des arrangements pour toutes les matérialités et toutes les spiritualités, — de vivre, en un mot. Le rieur cesse alors de rire, l'attristé cesse ses lamentations, et tous deux agissent.

Il n'y a pas alors seulement à décider si c'est la gaieté ou la tristesse qui sort des choses, si la vie est bonne ou mauvaise. Certes, on établirait une balance, on comparerait la somme des aubaines avec la somme des déceptions, que cette dernière serait évidemment la plus forte, il n'est guère d'hommes ayant dépassé vingt-cinq ans qui ne soient prêts à en convenir. Malheur, amertume, difficultés, sont des termes d'un emploi plus courant que facilité, douceur, bonheur. Les uns et les autres sont, tout de même, tous prononcés, et équivalent donc à des ordres de faits dont on ne peut nier la réalité. Il y a des printemps après les hivers, des beaux jours parsemés dans les années mauvaises, de courtes joies au cours de longues périodes d'ennui. Qui songerait à nier ces concessions faites à tous ? Qui songerait aussi à nier le raisonnable de ces proportions ? Encore une fois, il est facile de se mettre d'accord sur ces premières investigations, et le travail d'enquête serait vite fait si l'on ne s'enrégimentait pas dans les casernes philosophiques, avec une sentinelle à la porte, qui demande le mot d'ordre et empêche de sortir.

Les partis-pris abandonnés et les faits réduits à ce qu'ils valent, il ne resterait plus qu'à se faciliter l'existence, qu'à s'installer aussi commodément que possible pour la traverser, qu'à se garer autant que faire se pourra des averses, des orages, des sautes de vent, qu'à essayer de profiter des bonnes brises et des rayons de soleil. Les hommes ne se prépareraient pas les cruels effondrements habituels si, bien convaincus que les trop vastes ambitions n'ont pas chance de se réaliser, ils se contentaient des bonheurs possibles et s'ils acceptaient les malheurs inévitables.

APPARENCES

I

Vie parisienne.

7 juin 1885.

L'hiver passé, les théâtres fermés, le Salon ouvert, il y a dispersion, vraie ou simulée, des promeneurs de boulevards, des regardeurs d'aquarelles, des assidus des soirées à musique. Il est de mode d'aller passer une saison entre deux montagnes, de stationner dans le casino de l'un des Saint-Mandé maintenant bâtis à profusion au bord de la mer. Le code de la distinction exige que l'on déserte ce délicieux Paris d'été dont certains coins prennent des aspects imprévus de province reculée. — Ce n'est pas la fin, pourtant, des amusements compliqués de la société parisienne. C'est l'heure où les historiographes entrent en scène, où les dames masquées expertes en réclames aux couturières et aux modistes, où les viveurs qui étudient le monde dans les romans de M. Arsène Houssaye, réunissent leurs racontars et leurs confidences en volumes, célèbrent les plaisirs rares et les batailles intellectuelles de la saison passée.

Depuis une quinzaine de jours, ces livres périodiques sont revenus aux vitrines. Et quelques-uns qui les achètent croient sans doute qu'ils vont connaître de façon certaine en quoi elle consiste, cette vie parisienne dont les faiseurs de Revues et les articliers mondains parlent avec des airs entendus, en initiés sûrs de leur fait, comme s'il s'agissait d'une religion peu ouverte, de rites spéciaux et mystérieux, de croyants restreints rassemblés en vertu d'une loi de sélection irrécusable. Sans doute le curieux va savoir à quoi s'en tenir, va être définitivement fixé par un commentaire des dogmes, par une interprétation des cérémonies. Sans doute les confectionneurs de ces notes prises sur nature, de ces carnets ouverts à tous les bavardages, vont donner une explication de tous les mondes où ils ont leurs entrées.

L'illusion dure peu.

Ceux-là se sont trompés qui ont cru avoir affaire à des fonctionnaires du bureau de l'esprit, sûrs de leur domaine et de leur autorité, bien renseignés, sachant regarder, accompagnant leur reportage de la sourdine d'une ironie, obtenant par la seule mise en ordre des commérages recueillis des effets d'une signification inattendue. Il n'y a derrière la couverture du volume que les appariteurs des plaisirs choisis, ceux qui frappent les trois coups des comédies de salons, les Dangeau des restaurants de nuit, les interviewer des concierges de théâtres, les messieurs qui vont chez les étrangers trop distingués pour compter les décorations, chez les banquiers et chez les filles pour inventorier les douteux bibelots. L'observation est esquivée, et les futilités sont célébrées solennellement. Le scepticisme boulevardier s'agenouille devant les retours de courses et les bazars de charité, s'attendrit aux toilettes du vernissage et aux sauces vertes des restaurants des Champs-Elysées, s'échauffe à propos des mariages et des séparations de corps des femmes de théâtre. Il paraît que c'est ça, Paris, la ville et le théâtre, les salons et les antichambres, les coulisses et les alcôves. Regardez.

Ce sont, devinés sous les énumérations d'invités, des défilés de dineurs, des faces d'hommes du monde

luisantes de foie gras, des estomacs en habits noirs
bourrés de sandwichs, des écrasements autour des
buffets, tout un personnel qui bâfre, qui graillonne,
qui figure dans des cotillons avec des grâces lourdes
de gros mangeurs, des pas traînards d'indigestionnés.
Diners à grand spectacle ! soupers de fins de soirées !
C'est là qu'il faut prendre l'exacte et inoubliable vision
du Tout-Paris en appétit. C'est là que se consacrent
les réputations, que s'inventent les succès. On peut
cataloguer la bande et numéroter les mâchoires. On
retrouvera partout les couperoses apoplectiques des
amateurs de pattes de homard et les pâleurs bien portées des assaisonneurs de salades nocturnes. Partout
où il y a un couvert mis, chez le plénipotentiaire d'un
Etat de l'Amérique du Sud et chez l'authentique grande
dame du Faubourg, chez le financier qui a réussi son
embuscade derrière une colonne de la Bourse et chez
le littérateur qui donne de la nourriture à la cohue
pour entrer à l'Académie, chez la princesse en exil et
chez la catin arrivée, partout vous le retrouverez, le
représentant de Paris, celui qui donne le ton à la mode,
le départ aux applaudissements, le signal aux sifflets.
De là, il évolue, il va à l'Elysée blaguer Grévy, et ce
qui était exquis n'importe où, devient, ici, vulgaire ;
il n'est plus question que de crins-crins, de charcuterie
et de limonade. De chez le président, on passe chez
l'aristocrate, chez le banquier. On visite les cuisines,
on se pâme devant l'écurie, on fait respectueusement
silence devant les casseroles de cuivre, on recueille
crottin du cheval. On célèbre la grâce de la maîtresse
de la maison et la livrée argentée du larbin. Encore plus
loin, encore plus bas, on se carre sur les bas divans
de la haute prostitution, on regarde le défilé des vieilles
gardes et les acoquinements des artistes et des écrivains, on enregistre la protection offerte par la femme
galante au romancier, la commande qu'elle fait au peintre de l'Institut.

On scrute les maillots des femmes d'escrime, on

décrit les hôtels des pastellistes, on passe des menus du carême mondain aux attractions des concours hippiques. Le joueur de baccarat et l'écrivain sont égaux devant l'information. Le toréador est un sujet au même titre que le philosophe. Les jambes de la figurante et le cours du professeur de morale fournissent autant de lignes et autant d'adjectifs identiques. La littérature est incidemment traitée. Le cabotinage prend toute la place. L'actrice qu'on lâche et l'actrice qui se marie ont droit à tous les développements. Et toujours, et toujours l'énumération, la liste, la citation, la réclame.

Les hommes de lettres apparaissent dans des groupes de gommeux, les femmes de sport donnent le bras à des savants spiritualistes, les vieilles races fraternisent avec des commanditaires de bookmakers, des poètes subtils fraternisent avec des soudards du second empire. Dans les réunions de choix éclatent des noms qui ont signé de compromettants prospectus financiers. Tout le monde est Parisien, le ténor espagnol comme l'ambassadeur anglais. Et le perron de Tortoni, — ces trois pauvres petites marches, — devient un inaccessible piédestal.

Est-ce qu'il ne se trouvera pas un jour un monsieur mystificateur, ayant du temps de reste et qui s'amusera à raconter une autre « Vie parisienne » que celle-là, un monsieur qui opposera gravement les arrière-boutiques des marchands de vins aux terrasses des cafés, qui racontera avec des enthousiasmes prolixes les soirées de la rue Turenne, les thés faibles, les gâteaux humides et les parties de lotos ? Où est-il, celui-là qui mettra, en regard des récits d'arrivées à l'hôtel de Bristol ou au Continental, des comptes-rendus détaillés d'installations bourgeoises ou prolétariennes dans les maisons meublées qui avoisinent les gares ? Va-t-il venir, le courriériste qui dira avec émotion les contrats signés au faubourg Saint-Antoine, les noces dans les restaurants de barrières et les promenades de mariées autour du lac, avec consommations à la cascade ? Est-il né le célébrateur des poules jouées au billard par des ferblantiers, des villégiatures commerçantes, des lunchs servis sur les verdures pelées des fortifications, des romances chantées au dessert, celui qui exaltera, à l'égal des fastueuses hospitalités, les repas à la bonne franquette.

Le jour où quelqu'un ferait cela, compterait les têtes du Paris qui fait semblant de s'amuser et celles du Paris qui ne fait pas semblant de travailler, — le jour où tous les ateliers, toutes les boutiques, tous les établis, tous les métiers qui font la rumeur de la ville avec des grincements de plumes, des bruits de marteaux, de limes, de rabots, de cisailles, le jour où tout cela deviendrait matière à reportage, par un caprice d'écrivain, — on verrait de belles indignations et on entendrait de jolis ramages, — il y aurait une belle levée d'encriers dans les feuilles où l'on compte le linge des femmes du monde.

Qu'on nous laisse donc un peu tranquilles. Qu'on ne nous ennuie pas de dissertations sur le chic et sur la tenue. Qu'on n'essaye pas de nous faire prendre les premières des Bouffes-Parisiens et du Vaudeville pour des fêtes de l'intelligence. Qu'on ne nous impose pas l'odieuse nomenclature des événements dont se compose la Vie parisienne, — la Vie parisienne que mènent les rastaquouères et qu'admirent les gobeurs.

II

Le Boulevard.

11 juin 1883.

Il y a en juin comme un regain de vie à Paris. Ceux qui vont s'enfuir vers les forêts et les plages vont, viennent, s'agitent sur place, se font voir, remplissent la ville de leur bruit et de leur caquetage. Le Salon, le Grand-Prix, les dernières séances de la Chambre, les expositions particulières, les dernières fêtes, ont amené les masses profondes des départementaux et des étrangers. Il y a chassé-croisé; les Parisiens, énervés, surchauffés par la vie hivernale, s'en vont se promener dans la Grand'rue, s'asseoir sous les quinconces de la place de l'Hôtel-de-Ville du premier chef-lieu d'arrondissement venu. Les provinciaux et les étrangers en vacances s'en viennent admirer l'escalier de l'Opéra, applaudir Mlle Dudlay, marcher sur le Boulevard.

Le Boulevard est l'un des attraits de la « capitale ». Si Paris est l'œil du monde, le boulevard en est la prunelle; si Paris est la tête du genre humain, le boulevard en est le cerveau. Il est convenu que tous les jours, à heure fixe, le Génie, le Talent, la Beauté, l'Argent, toutes les puissances qui étayent les sociétés civilisées, passent sur ce trottoir plus sacré que la voie romaine ; on peut les voir, les toucher du doigt, leur parler; elles se font familières, terre à terre, dans ce lieu d'élection où tout mot qui tombe est spirituel, où tout geste est éloquent, où toute tirade est neuve. On croit qu'il se fait là un remuement d'idées considérables, qu'il s'y forge des armes pour tous les combats, qu'il suffit de passer dans ce brasier intellectuel pour devenir invulnérable.

Il est des hommes, en effet, qui ont fait la fortune du Boulevard, et dont le Boulevard a fait la fortune. Ils se sont fabriqué une originalité, un tempérament dans la lutte des phrases, dans le cliquetis des mots, et ils sont sortis de là cuirassés du triple airain, la langue et la plume affilées comme des épées. Mais combien surtout sont restés échoués sur la terrasse d'un café, sur le coin d'un divan, regardant passer les autres, et n'allant, eux, jamais nulle part !

Ceux qui arrivent du fond de l'horizon par le chemin de fer et le paquebot n'ont pas grand'chance de voir errer sur l'asphalte les grands hommes d'aujourd'hui et de demain. L'orateur en travail de discours, l'écrivain en mal de livre, tous ceux qui portent un monde écrit, peint ou rythmé dans leur tête, y apparaissent, mais n'y séjournent pas. L'observateur ne se résout pas facilement à y devenir acteur.

Qu'est-ce donc que la foule qui se renouvelle sans cesse, que ce flot qui couvre la chaussée de son flux perpétuel ? Foule complexe, — flot mêlé. Il y a les passants ; il y a tous ceux, et le nombre en est grand, qui viennent, convaincus qu'il va surgir quelque chose, et qui s'en retournent persuadés qu'ils ont assisté au spectacle auguste de Paris en fonction ; puis, il y a ceux qui viennent jouer un rôle et qui croiraient enlever un rayon à l'auréole de la civilisation parisienne s'ils n'avaient fait les cent pas entre le café de Madrid et le café Américain. Ceux-là sont les forçats du devoir, les figurants héroïques du vaudeville boulevardier ; ils se rendent au boulevard comme le surnuméraire à son ministère, l'ouvrier à son atelier ; ils s'y rendent avec autant de conscience, autant de fatigue, comme s'ils avaient une feuille de présence à signer ; cela ne les empêche pas d'être très blagueurs et de se prendre pour d'affreux sceptiques et des inventeurs de ricanements.

La promenade commence au Faubourg Montmartre et finit à l'Opéra. Tout l'univers tient là, sur le trottoir à droite, quand on va à la Madeleine. Si vous prenez l'autre côté, c'est que vous êtes ignorant du code sacrosaint de la vie de Paris ou amoureux de la solitude. L'autre côté, c'est la scène de second ordre, l'Odéon du boulevard ; c'est à peine s'il est permis de traverser la chaussée pour entrer dans quelques cafés qui sont comme des ilots détachés, comme des refuges permis où l'on peut se reposer de la fête solennelle menée sur le côté droit.

La raison de cette mode ? C'est là le triste, ou le gai, comme on voudra. C'est que tous les cafés sont là, formant une file à peine interrompue de tables, de becs de gaz ; c'est que dans le fond des cafés, sur les banquettes déteintes, sont avachies les vieilles femmes, peintes et repeintes comme des devantures, qui sont chargées avec autorisation gouvernementale, de représenter la prostitution officielle aux yeux de l'Europe attentive. Depuis douze ans, depuis quinze ans, ce sont les mêmes ; nos aînés les ont vues là ; nos descendants les y verront encore ; les décamérons décrépits quelles forment font partie de nos institutions immuables et sereines. Et le défilé intellectuel, artistique, élégant, du spirituel Tout-Paris a lieu devant leurs yeux vitreux. Ah ! bon Paris gobeur !

Quant à ceux qui viennent de très loin pour apprendre à connaître Paris et qui croient que c'est fait quand ils ont arpenté quelques douzaines de fois le promenoir obligé, pourquoi les plaindre ? Qu'ils rompent donc le cercle où ils s'enferment sans y être forcés. S'ils veulent voir le Paris qui pense et qui travaille, qu'ils ne craignent pas d'aller le chercher parfois dans les rues et dans les faubourgs. Ils sont ravis de l'esprit qui se dépense autour des tables de café : qu'ils entrent chez le marchand de vin du coin, ils entendront dire des choses aussi spirituelles par des gens qui jouent au tourniquet sur le comptoir en mangeant des œufs rouges.

III

Haute noce.

12 juillet 1885.

Non pas la haute noce anglaise. Les tranquilles distractions charnelles auxquelles, ici, on a l'air de se tenir, seront seules évoquées. La ville impure, le mauvais lieu de l'Europe, l'auberge du monde, le Paris décrié est désormais découronné des roses fanées de l'orgie. C'est au-dessus de Londres que va errer lourdement le noir vol des cantharides. C'est dans le décor de ses parcs et de sa Cité, de ses jardins gazonnés et des rougeoyantes maisons de briques de ses faubourgs, qu'apparaîtront les grossiers marchandages, les ivresses lourdes, les accès de sadisme, les perversions sexuelles, les ruts féroces qui veulent des larmes, des cris et du sang.

Paris passe au rang des ordinaires villes départementales où toute la fête consiste à aller jouer au café et à finir la soirée par une licencieuse conversation avec les demoiselles. Et, par un singulier retour de justice, il se trouve que l'appréciation ainsi formulée n'est ni au-delà ni en deçà de la vérité, — il se trouve que ce n'est là qu'une juste remise au point de la légende noceuse inventée par la chronique ancienne et le roman de cabinets particuliers.

D'aucuns en souffriront sans doute, de cet écroulement des vices d'apparat et des perversités pour rire. Tous les adorateurs du chic, tous les Richelieu du quartier de la Madeleine, tous les Lauzun à la manque, tous les roués étiques, tous les grasseyants, tous les importants de la chaussure et de la cravate, sont déjà tombés du haut de leurs rêves de viveurs au récit des besognes qu'accomplissent silencieusement les lords de la Chambre haute et les évêques anglicans. Question de races. Variétés de tempérament. L'Anglo-saxon va à l'amour comme à une bataille, l'estomac empli de viandes noires, le sang brûlant de tous les poivres et de tous les alcools. L'hypocrisie de son protestantisme lui commande les allures silencieuses et les marchandages muets. Pas de gloriole dans sa passion, pas d'affiche à son vice ! Que la maison de débauche ressemble à un presbytère ! — que le souteneur susurre les paroles et esquisse les gestes d'un vicaire de Wakefield ! Pas de buveries en plein air, pas de flamboiement aux fenêtres ! C'est dans la chambre close qu'il faut déboucher les flacons et violer les vierges.

Il n'en est pas là, le pauvre petit qui achète une fleur à un kiosque et qui suce une glace tiède avec un chalumeau. Mal d'aplomb sur ses tibias, la queue de pie de son habit dépassant le pardessus-veston crème, il lit la *Pall Mall Gazette* à travers son rond de verre, il appelle à son secours tout ce qu'il sait de l'anglais des couturiers et des bookmakers, et il n'en revient pas ! Il a des ahurissements devant ces saoûleries à portes fermées et ces séductions ensanglantées. Lui qui croyait la connaître, la noce ! Lui qui se figurait qu'il n'y avait plus rien à inventer quand il avait déjeuné ici, dîné là, loué un strapontin pour une première, et soupé entre minuit et deux heures ! Ah bien oui ! Il s'agit bien de cela ! Est-ce que les mêmes pensées peuvent éclore dans la légère atmosphère parisienne et dans la jaune et épaisse brume qui engloutit les maisons et les hommes de là-bas ? Ici, on fait juste assez de noce pour pouvoir en parler. On ne recherche le vice que pour être vu avec lui; on l'emmène partout avec soi. On ne prend une absinthe, on ne va au théâtre, on ne soupe, on ne tourne

autour du lac, on ne joue, on ne dépense, on ne cause à
une actrice, on ne se met à genoux dans un boudoir devant une bête de fille, on ne se brûle la cervelle sur le
paillasson — que pour obtenir des petites notes dans
les journaux qui s'occupent de ça. Le plaisir des sens
n'aboutit qu'à de minces satisfactions de cervelle —
l'orgie n'a pour raison et pour épilogue qu'un « écho
mondain » où les convives sont désignés par des
initiales — tout finit par une réclame à un restaurant.

En doutez vous ? Et le monsieur du boulevard en
doute-t-il ? Qu'on mette donc, en regard des révélations
de la gazette anglaise, le récit d'un historiographe que
les intéressés ne récuseront pas. Qu'y a-t-il, en vérité,
dans cette *Haute Noce* qui fait partie des « Mémoires
d'un Parisien » de M. Albert Wolff ? Quelles folies ?
quelles singularités ? quels paroxysmes ? De l'argent
dépensé, oui. Des premières, des soupers, des krachs,
oui encore. Mais quoi, c'est toujours la même chose et
que l'ombre de Gramont-Caderousse le pardonne, mais
il est impossible de trouver là rien autre que la monotonie de tous les jours d'une vie d'employé. Tous, tous
des employés au « Boulevard », ces héroïques des
mangeailles de nuit et ces porteuses de diamants.
Travail de bureau, que celui qui se fait au cercle,
au casino, au théâtre, au Grand-Seize, dans les campements de filles et de rastaquouères, et même rue de
Suresnes et rue Duphot, chez les entremetteuses qui
fabriquent des fausses actrices et des fausses femmes
du monde. Et les figurants de la fête, qu'on les regarde
passer dans les phrases des articles d'autrefois. Tous,
les voilà — M. et Mme Musard, Markowski et la bouquetière Isabelle, Valtesse et Cora Pearl, Ismaïl pacha
et Troncin Dumersan, Demidoff et Nariskine, le duc
Hamilton et le prince Citron, Khalil bey et Philippart
— c'est un défraîchi et lamentable défilé d'incompréhensibles célébrités et de parures vieillies, à croire qu'on
voit s'animer d'une vie funambulesque un album
oublié où pâlissent les images des modes anciennes.

Mais qu'y a-t-il donc derrière cette nécessité de paraître et de se répandre qui a poussé les fantoches d'hier, qui pousse ceux d'aujourd'hui, qui poussera ceux de demain à se ruer à l'assaut des tables et à la conquête de la chair ? Qu'est-ce donc, en dehors de toute parade, que cet ébranlement de l'être qui fait à tous, à de certaines heures, désirer tous les festins et toutes les caresses ? Oui, il arrive que le travailleur et l'oisif, l'homme qui peine sur un établi et celui qui vide sa cervelle sur la feuille de papier, sortent de chez eux d'un pas brutal et veulent, d'un désir irrésistible, trouver place à la noce, mordre à même, prendre à pleines mains. On a cela comme une subite obligation de respirer, comme une faim, comme une soif. La bête parle haut, un déplacement d'idées se fait ; la raison se retire en on ne sait quelle obscure retraite ; les instincts chantent victoire.

C'est besoin d'activité, affirmation de la vie, revanche du corps. L'ennui ou la solitude, ou le travail sans relâche, font que l'homme, quelque jour, sent en lui des nerfs inquiets et des muscles inemployés, des curiosités non satisfaites et des ardeurs retenues. Faut-il pourtant qu'il meure de dessèchement et d'envie, que son système nerveux se détraque, que son sang l'étouffe, qu'il fatigue sa virilité par la marche et le bain, et qu'il se remette au labeur d'hier, trompé et non satisfait ? Hé non ! la vie n'a que faire de la fausse morale catholique, et le corps a droit à l'existence comme l'esprit. La machine saute si l'on cadenasse les soupapes de sûreté. Il y a des jours où il faut du vin pur au gosier, le choc des verres et la bruyance des conversations aux oreilles, des sourires de femmes sous les yeux, tout le plaisir et toute la passion.

Garde-toi donc, camarade, des horreurs qui empuantissent Londres et des vanités qui ridiculisent Paris. Garde-toi de l'obscénité qui casse la colonne vertébrale et qui liquéfie le cerveau. Garde-toi aussi des satisfactions de rien du tout que donnent le goût du paraître et l'adoration de la mode. Use des choses modérément sans trop les prendre au sérieux. Moque-toi des falbalas et des diamants, et de l'esprit falsifié, et des visages peints, ne t'en laisse pas imposer par les argenteries et par les cristaux qui font la cherté des cartes. Et si tu veux de temps à autre faire la noce, fais-la, fais-la hardiment. Accepte à dîner et ouvre ta salle à manger à tes amis. C'est à table que l'on cause haut et librement — les bons vins délient les langues et allument les regards. Et si tu aimes le champ et le bois, la rivière et la grande route, va-t-en, une belle fille à ton bras ; installe-toi sans honte sous la tonnelle raillée du cabaret français, et bois du vin clair dans des gros verres, et mange, dans l'assiette peinte, l'omelette que parfume l'estragon, le cerfeuil et la pimprenelle — toutes les herbes de la Saint-Jean !

IV

Jouets.

31 décembre 1882.

Décembre est aux jouets. Paris est envahi par le Lilliput de poupées, soldats, paysans, polichinelles, pierrots, clowns, animaux de ménageries et de fermes, qui grouille chez les petits fabricants dont l'usine occupe un coin de chambre, dans la plupart des hautes et noires maisons situées entre la rue Saint-Martin et la rue Vieille-du-Temple. Les parcs, les vacheries modèles, les vaisseaux de haut bord, canons braqués et chaloupes accrochées, les forteresses assaillies, les théâtres, les locomotives, les salons capitonnés, les cuisines reluisantes, tout cela minuscule, fait pour être mis à hauteur de bébé, pour être manié par des doigts frêles, tout ce monde en miniature occupe les boutiques luxueuses et les baraques qui couvrent Paris d'un campement, les bazars à deux étages et les éventaires tenus en équilibre sur la main d'un camelot.

L'ancien jouet, le jouet français à bon marché, taillé au couteau, enluminé comme les images d'Epinal, ce jouet-là est en baisse ; il disparaît des étalages savamment composés ; on ne place plus ses couleurs franches, qui poissaient les doigts et les lèvres, à côté des jouets, ou plutôt des bibelots modernes nuancés comme des tableaux de genre. C'est pourtant la simplicité des lignes, la naïveté des colorations qui semblent devoir être offerts à l'intelligence naissante de l'enfant. C'est commettre un non sens que de lui donner à regarder et à manier des mécaniques compliquées et des objets d'un art raffiné, alors qu'il ne fait que commencer à voir et à toucher. Au jouet scientifique, au jouet artistique, combien est préférable la jolie chose sans utilité et sans solennité qu'on appelle le joujou. L'enfant aura le temps d'étudier, quand son cerveau aura grossi et pourra supporter la fatigue de l'attention et de l'effort ; les yeux des petits de cinq ans n'ont pas besoin de fixer les pages d'un livre ; leurs fronts tendres et duveteux ne doivent pas être voilés par la migraine. C'est changer un plaisir en peine que de donner aux menottes bonnes pour crever la peau d'âne et des animaux de carton, des engrenages à faire marcher, des machines à remonter. Laissez donc les jeux géographiques, les jeux de patience à signification et à légendes, les téléphones et les phonographes, et donnez à la petite fille le service en zinc et en faïence dans lequel elle fera la dînette avec sa poupée, au petit garçon le cheval couleur lie de vin, aux naseaux en feu, à la crinière droite comme celle des bêtes solides qui galopaient dans la procession des Panathénées.

Le jouet est une distraction. Si l'on confond son objet avec celui de l'étude, on risque fort de dégoûter l'enfant de cette dernière. On aurait tort de vouloir identifier l'amusement procuré par le jouet avec les leçons de choses réclamées par tous ceux qui veulent, avec infiniment de raison, réformer la pédagogie actuelle. La leçon de choses a précisément pour but de rendre l'enseignement clair, intéressant, amusant si l'on veut. Il vaut mieux transporter, dans la mesure nécessaire, le jouet dans la classe, que de faire de la récréation un complément ennuyeux des heures d'école.

Ce qu'il faut à ce monde enfantin qui sera la génération agissante de demain, ce sont des occupations faciles et attrayantes, faites pour son goût qui naît, pour son intelligence qui s'éveille ; ce qu'il faut aux yeux qui viennent de s'ouvrir, ce sont des formes simples, des couleurs gaies et harmonieuses. Toutes les choses de la vie qu'il entrevoit intéressent l'enfant ; tout ce qui lui rappelle la vie dans les objets qui l'environnent, lui donne ses plus grosses émotions, éveille au plus haut point son intérêt : le gamin veut jouer au soldat ; la petite fille habille sa marionnette de cire, non comme elle-même, mais comme sa mère ; son ambition est de servir des dîners. Il n'est pas mauvais que tous les embarras, toutes les conventions, toutes les charges de l'existence, fassent d'abord naître chez l'enfant des joies et des rires. Une poupée vivante aux yeux vainqueurs fera peut-être un jour souffrir ce bambin ; laissez-le donc être amoureux de la petite femme émaillée, bourrée de son, qu'il embrasse du matin au soir, et qu'il couche dévotement avec lui, dans son lit aux rideaux blancs. Cet autre peut tomber sur un champ de bataille ; laissez-le brandir son sabre de bois et envoyer des bouchons avec son pistolet. Cette mignonne petite fille souffrira probablement de la maternité ; qu'elle dorlotte donc les bébés qui déteignent sous ses baisers. Que toute cette jeunesse fasse gaiement son apprentissage de la vie, et ne rions pas trop : ses jouets sont les emblèmes de nos ambitions et de nos amours.

Et surtout, que les parents, méticuleux et sévères, ne

cachent pas ces jouets et ne les prêtent pas seulement
par grâce, à des heures intermittentes, aux impatients de
joie et de mouvement. Tant pis s'ils sont trop beaux ; ils
ne tarderaient pas à devenir insignifiants ; mieux vaut les
briser tout de suite. Il n'est pas mauvais, d'ailleurs,
que l'enfant perde le respect et brûle ce qu'il a adoré.
Il est d'un esprit hardi et charmant de casser l'idole
pour savoir ce qu'il y a dedans, et on ne peut rien offrir de plus scientifique aux méditations enfantines que
la déception trouvée au fond du plaisir qui paraissait
éternel.

V

Mardi gras.

8 février 1883.

Il paraît que c'est bien définitif : nous ne reverrons
plus le bœuf primé s'en aller triomphalement à l'abattoir, entre deux bouchers déguisés en Hercules ; nous
ne regarderons plus la folle mascarade emplir les boulevards de ses cris et de ses couleurs, taper sur le ventre
des redingotes et donner des renfoncements aux chapeaux hauts de forme. La foule mélancolique qui erre
maintenant chaque année pendant trois jours, de la
Bastille à la Madeleine et de la Madeleine à la Bastille,
fait, depuis 1870, la même constatation : tout le monde
sort pour voir des déguisés, personne ne veut se déguiser. Et les chroniqueurs peuvent s'en aller chez eux
citer l'hémistiche fameux de Musset : *Le carnaval s'en
va....*

L'année qui suivit la guerre, par un accord tacite, on

supprima la promenade du bœuf gras et la mascarade qui l'accompagnait. Depuis, on n'a pas eu la pensée de les rétablir. Les questions qui se sont posées à tous, de tous les côtés, n'ont laissé à personne le goût ni le loisir de se grimer le visage et d'endosser des vêtements chamarrés. Bien plus que le carnaval, la gaîté s'en va ; on aurait toutes les peines du monde à trouver aujourd'hui un homme absolument gai. La littérature actuelle est le reflet exact des mœurs de notre monde de fer ; l'étude sociale seule intéresse le public, au théâtre et dans le livre. L'ancien journalisme, où un mot bien tourné et une nouvelle drôlement racontée dispensaient leurs auteurs de toute pensée et de toute étude, ce journalisme-là a à peu près vécu. La place est large faite aux problèmes que nous devons résoudre, sous peine de ne plus être, et les mots de la fin sont devenus des mots de combat.

C'est cet état général qui a tué le carnaval. La fumée des usines a noirci notre ciel. Nos vêtements portent le deuil de nos chimères. Et voilà pourquoi il n'y a plus par les rues, entre les maisons grises, que des vêtements gris, noirs, bleu foncé, marrons, « inventés, disait Théophile Gautier en le déplorant, par une civilisation peu coloriste. » Voilà pourquoi nous allons tous sur le boulevard pour regarder passer les masques, — qui ne passent plus.

C'est à peine si, d'heure en heure, un vêtement bariolé décroché chez le mauvais faiseur fait s'écarter respectueusement les porteurs de paletots et de jaquettes austères. On regarde avec un étonnement profond l'être héroïque et antédiluvien qui a osé se vêtir de rouge et de bleu pour divertir ses contemporains. Pour un peu, on acclamerait la pauvre créature qui passe en frissonnant dans son « collant, » en boitant dans ses souliers Louis XV, le débardeur et l'incroyable, le monsieur aux goûts simples qui a mis un faux-nez, la femme habillée en homme, cette chose égrillarde, et l'homme habillé en femme, cette monstruosité !

A l'Opéra, les jours de bal, la Folie agite ses grelots aussi tristement. On dirait que la direction des Pompes funèbres a voulu faire grand : un enterrement de première classe compliqué de musique de Strauss et de Métra. Une foule en habits noirs vient là sans un cri, sans une parole, sans un geste d'approbation ou de désapprobation, regarder danser les récidivistes du faubourg Montmartre et leurs « marmites, » spécialement engagés par l'Administration.

Il n'est resté qu'une tradition de l'ancien carnaval. On promène les enfants, les tout petits, — ceux de treize ans ont déjà un masque de réserve et d'ennui sur le visage, — déguisés en mousquetaires, en marquises, en pierrots, en bouquetières, en laitières. Les commerçants qui vont voir jouer du Pailleron et qui lisent des articles de Revues, sont eux-mêmes forcés de s'arrêter et de sourire au défilé de ce cortège de l'Illusion qui passe, devant les mines sérieuses, la gravité d'allures, que prend le bonheur de ce petit monde. Les joues de pêches effleurées d'un soupçon de poudre de riz, les cheveux blonds, brillants et lourds comme de la soie floche, sur lesquels a neigé la poudre à la maréchale, les bavolets de toile blanche et la dentelle bise, les robes de contes de fées couleur de soleil, les rubans couleur de feu, tout cela est resté intact et respecté à travers toutes les années en deuil. Il n'y a pas d'inconvénients, après la disparition des masques crottés, à garder cette annuelle promenade enfantine qui conserve tout ce que le carnaval a eu de grâce et de gaieté.

VI

Au Bal de l'Opéra.

24 février 1884.

Il y avait au dernier bal de l'Opéra, sous l'horloge du foyer, confortablement installé entre les coussins d'un canapé, dans la pleine lumière qui tombait des lustres, un monsieur, le monsieur en habit noir, qui dormait profondément, les jambes étendues, les mains croisées sur le ventre, un chapeau très haut de forme sur la tête. C'était le vrai sommeil, le sommeil de plomb de l'homme fatigué, que rien ne peut interrompre. Les traits étaient figés dans une immobilité absolue, la bouche était sérieuse. Il avait arrangé sa place, trouvé ses aises, s'était installé comme quelqu'un qui a pris un parti après de sages réflexions. Ni le tapage mené par Métra dans la salle, ni la marche des gens dans le foyer, ne donnaient un sursaut ou une contraction à ce dormeur symbolique. D'ailleurs, cette manifestation semblait si raisonnée et si sincère, l'attitude de l'homme était empreinte d'une telle modestie et d'une telle tranquillité, que, par un accord tacite, tous ceux que l'allée et venue de leur promenade ramenait vers cette banquette, ralentissaient le pas et baissaient la voix. On passait doucement, en jetant des regards d'envie vers le monsieur en habit noir.

Ces bals de l'Opéra, si courus, si encombrés par la foule, de minuit à quatre heures du matin, sont peut-être, en effet, la plus significative manifestation de la grande tristesse moderne. Chacun y allant avec l'intention bien arrêtée de s'amuser de la gaîté des autres, y apporte une préoccupation au lieu d'un contingent de rire et d'esprit. On attend trois heures, quatre heures, en se donnant l'assurance qu'il va se passer quelque chose d'extraordinaire. On est persuadé que, brusquement, la Folie va bondir avec un bruit de grelots et va forcer le monsieur qui s'ennuie à faire des mots à la Gavarni : la Folie n'entre pas, et on attend toujours. La salle est tumultueuse, mais le foyer est morne. Sans qu'un mot d'ordre ait été donné, par pur esprit de discipline, tous ces gens qui sont venus là pour y trouver le Plaisir irrégulier se sont mis, sans mot dire, les uns derrière les autres, gravement et cérémonieusement : un ordre parfait s'est établi, tout le monde marche en silence d'un bout à l'autre de l'immense galerie. Et quand on a fini, on recommence ; dans ce costume qui a été inventé pour exprimer visiblement le deuil de notre esprit, habit noir et cravate blanche, chapeau gibus à la main, on suit les femmes comme on suivrait des corbillards. Les heures passent ainsi. Rien n'arrive. On se décide à s'en aller et on descend le grand escalier en bâillant, avec des attitudes de blasés.

Il en est ainsi pour tous ceux qui vont aux bals de l'Opéra avec l'intention trop arrêtée d'être « tout à la joie. » Pour ceux-là, la polka de Fahrbach sonne bientôt comme un glas ironique, ce qui ne les empêche pas de venir, chaque année, donner l'appui de leur présence à l'immortelle institution consacrée par l'embêtement des générations. Et c'est le sentiment de cette majorité qu'exprimait avec tant d'autorité le monsieur qui dormait dans le foyer.

Mais d'autres se plaisent dans ces lieux désolés : ceux qui vont là, sachant qu'ils y trouveront l'ennui, qu'ils y apporteront leur ennui propre et qu'ils y contempleront l'ennui formidable du Paris qui s'amuse. Tout distrait ces derniers, tout les charme : la lumière qui emplit l'immense salle, le grouillement multicolore de la foule qui piétine, ondule, marche, court, saute, se meut en cadence, les envolées de notes qui s'échappent de l'orchestre comme les fusées bruyantes d'un feu d'artifice de fête populaire, la sauvagerie des mélodies qui règlent le besoin de crier et de se mouvoir de la foule dansante. Celui qui consent à ne pas venir là pour se livrer à la folle recherche de « la femme du monde qui vient au bal de l'Opéra tous les cent ans, » suivant le mot féroce des Goncourt, celui-là est pleinement satisfait quand il a vu, — d'un peu loin, — le spectacle des couleurs vives qui bougent, passent, repassent et finissent par se confondre en un tout bigarré et adouci, blond et lumineux. Il se retire, heureux comme le Tout-Paris ne l'a jamais été, avec le souvenir d'une valse ou d'une polka qui aura fait tourner ou sauter toute la salle.

L'autre jour, la fête musicale était plus distinguée que les années précédentes. Les Tziganes placés dans l'avant-foyer, retenaient le promeneur qui se soucie peu de mener une intrigue en règle avec la bonne qu'il rencontre tous les jours dans son escalier, sans domino et sans mantille. Nous nous rappelions, en écoutant les musiciens bohèmes de l'Opéra, les heures passées à l'Exposition de 1878, sous le toit de chaume de la csarda. C'étaient les mêmes airs que l'on écoutait là en buvant les vins couleur paille de Buda-Pesth ; c'était la même fantaisie savante, la même furie correcte. Les violons attaquent avec une brusquerie bizarre ; les transitions ténues, les arrêts soudains, mettent les reprises en valeur, et le flot harmonique vous assaille de nouveau, secoue, exaspère vos nerfs ; des airs nationaux résonnent avec des clameurs de voix humaines, des accents d'hommes égorgés, des joies débordantes de vainqueurs ; les cordes des violons pleurent sous les archets ; des éclats stridents jaillissent ; des phrases aux enroulements sans fin succèdent aux notes bien détachées ; au milieu des musiciens, le tympanon vibre avec des sons cristallins qui ajoutent leur charme tremblant aux brèves ....les... On peut rester là jusqu'au matin sans se lasser, — jusqu'à l'heure où le monsieur qui dort dans le foyer regarde l'heure à la pendule des rendez-vous, et s'en va avec la satisfaction que donne le devoir accompli.

Dans la salle on danse toujours, on danse avec rage: c'est le labeur forcené qui prend les allures du plaisir et qui fait songer aux paroles d'une amère gaieté que prononce l'homme du monde philosophe au premier acte de *Henriette Maréchal* : « Voilà deux mille femmes comme Diogène : elles cherchent toutes un homme. Il y en a trois cent cinquante-neuf qui ont leur montre au mont-de-piété, cinq cent quarante et une qui ont besoin de payer leur terme, six cent vingt-trois qui veulent se meubler en palissandre, cent vingt-deux qui ont envie de louer un coupé au mois... Il y en a, à l'heure qu'il est, douze cents qui ont soif, et demain matin sur le coup de six heures, les deux mille auront faim. »

7 mars 1886.

Peut-être bien que le carnaval s'en va, et que les roses vont éclore. Mais il n'y a jamais rien là de définitif. Toujours les roses se fanent, et toujours le carnaval revient. On peut empêcher le bœuf gras de sortir de l'abattoir, on peut rester en stupéfaction devant un masque rencontré sur le boulevard. Rien n'y fait. Ceux qui ne veulent pas démordre de la recherche traditionnelle du plaisir, se réunissent à huis-clos. Une Folie de 1832 sort du magasin des accessoires, le monsieur en habit noir suit avec un crêpe autour de son cerveau, le gouvernement met des municipaux à cheval à la porte pour protéger l'immuable manifestation du rire national. Et tout le monde entre, et l'on rencontre, sous l'horloge du foyer, ceux qui manifestaient, la veille, l'horreur la plus profonde pour ce genre de distractions, et l'on entend les gens qui remettent leurs paletots déclarer que, cette fois-ci, ils ne se sont pas trop ennuyés.

Sans doute ne s'est-on jamais amusé davantage, et ne manque-t-il qu'un moraliste et un dessinateur travaillant d'après nature pour trouver l'aspect et la signification du Plaisir de 1886.

C'est vrai qu'on danse partout, de l'Opéra aux boulevards extérieurs et de la rue Vivienne à Grenelle. Ou plutôt — on regarde danser. Le « monsieur », aujourd'hui, ne danse plus, qu'il ait les articulations rouillées, ou qu'il soit envahi par la timidité. Il regarde danser. Il s'incorpore le rythme par les yeux, et il déclare prendre assez d'exercice. Les choses se passent exactement, dans l'endroit public, comme dans le « monde ». Il y a comme un fil invisible qui sépare l'action de la passivité. Dans le monde, ce ne sont plus que les tout jeunes qui dansent, les vieux jeunes gens fument et parlent administration. Au bal masqué, il faut payer les danseurs par le droit d'accès, par des consommations choisies, — il faudra bientôt ouvrir un guichet, tenir une comptabilité, solder les valses et les mazurkas. Qui n'a pas vu les huissiers de l'Opéra ramener violemment au centre des opérations les Paillasses et les Colombines en rupture de quadrilles ? qui n'a entendu ces forçats du Tout à la joie s'épuiser en objurgations, faire valoir des heures et des heures de déhanchements et de grands écarts ? C'est à penser que bientôt ce seront les raflés du Dépôt et les condamnés de la Petite-Roquette qu'on amènera en voitures cellulaires aux greffes des lieux de plaisir, et qu'on attachera à des piquets, avec l'injonction d'obéir toute une nuit au bâton du chef d'orchestre ! Les choses prennent cette tournure. Les désœuvrés veulent bien regarder en orientaux, mais jamais plus ils ne consentiront à entrer dans la danse.

Iront-ils même regarder, dans quelque temps? Il est fort possible que non. A l'Opéra, le foyer et le couloir des premières loges sont autrement fréquentés que la salle. C'est que, dans le couloir surtout, les silhouettes et les occupations sont davantage intéressantes. Les éclats blancs et les taches noires se croisent, s'accrochent, se confondent. Des yeux prennent du charme au velours des masques, des sourires s'atténuent mystérieusement sous les barbes des dentelles. La lumière pas trop vive change un peu la vulgarité vivante en une crépusculaire promenade d'ombres. Des filles se sauvent avec des allures de très grandes dames poursuivies dans les corridors de la Tour de Nesle. Il y a des accotements et des conversations dans des coins qui font songer à l'installation d'un drame intime ou d'une comédie spirituelle dans une figuration bien réglée. Des portes de loges se ferment sur des gaîtés mal en train et sur des indignations pour rire. Des têtes de vieux font songer à des affûts de satyres dans des bois. Chérubin passe avec une fleur à la boutonnière et un chapeau mécanique sous le bras. Toutes les femmes ont le bénéfice de l'incognito. Chacune cherche à être autre chose que ce qu'elle est tous les autres jours de l'année ; elle s'est, avant de venir, essayée à conjuguer tous les temps du verbe intriguer. C'est la banalité costumée, mais c'est le geste composé, la raideur voulue, la voix changée, le regard retouché. Celles qui n'ont pas travaillé à styler leur personne sont rares. Les efforts veulent atteindre des distinctions ou des ingénuités admirées au théâtre. Des promeneuses classées et numérotées savent garder le silence et montrer des pudeurs. — Le couloir de l'Opéra est peut-être le seul endroit de Paris, où, quatre fois par an, la grossièreté s'apprenne à marivauder, où la galanterie consente à être aimable.

Ce sont là les réflexions qui viennent à ceux qui rêvassent une philosophie dans le bruit de la musique mêlé aux bruit des voix, dans le remuement des couleurs, dans le mince inconnu possible, dans la grâce qui peut subitement se lever de la mélancolie du plaisir. — Quelques-uns de ceux-là qui aiment, après ces fatigues des yeux, à causer longuement autour d'une table de restaurant, dans la fumée des cigarettes, s'étaient réunis à la sortie d'une de ces dernières fêtes masquées. Ils s'étaient mis d'accord qu'on pouvait feuilleter les anciennes collections et regarder les réalités d'il y a cinq minutes sans trouver d'appréciables changements. Ils s'en fournissaient comme preuve que dans tout ce qui était crié, dit, chuchoté, on trouvait de quoi accompagner les attitudes et les gesticulations, de façon à donner parfois l'illusion suffisante de l'esprit et de la gaieté. Cent phrases, mille phrases ineptes, certes, — mais de temps à autre, une légende possible. Et l'un citait le pierrot entrevu tout à l'heure, un pierrot pauvre, ratatiné et grelottant, filant le long des murs, tout blafard et tout funambulesque dans le gris du matin, et grommelant dans sa collerette un : « J'ai-t-y sué ! » si convaincu et si admiratif ! Et un autre racontait ce court dialogue entre deux hommes et une femme, les deux hommes vantant, ou réclamant, vaguement, la fermeté des gorges et des épaules, et la femme, une ironique et désenchantée personne, répondant simplement, d'une voix tranquille : « Routiniers ! »

C'est vrai que Gavarni aurait bâti deux beaux dessins au-dessus de ces deux mots !

VII

Le chapeau haut de forme.

28 janvier 1885.

L'Angleterre, productrice de sectes, est sollicitée, prêchée, exhortée par un M. Oscar Wilde et ses adeptes qui ont déclaré au costume moderne une guerre sans merci faite d'ardentes batailles livrées dans des salles de conférences. Il s'agit de prouver que les pardessus, les redingotes, les gilets, les pantalons, ne sont ni hygiéniques, ni commodes, ni élégants ; il s'agit de substituer la culotte courte et les bottes molles au pantalon, le pourpoint à l'habit qui ne couvre que le dos et au gilet qui ne couvre que la poitrine, le feutre à larges bords au chapeau dur et haut, dit tuyau de poêle. L'exemple est joint au précepte : M. Oscar Wilde conférencie revêtu de costumes relevant de son esthétique personnelle, et les sifflets et les rires n'arrêtent ni sa gesticulation ni sa parole ; aucun distributeur de bibles, aucun soldat de l'armée du Salut ne montrent plus résistante conviction, plus monotone et plus inaltérable patience.

Certes, les peuples placés à l'avant-garde de la civilisation n'ouvrent pas la marche par un défilé de somptueux costumes révélant le soin et l'amour du corps, la recherche du voluptueux et de l'utile. Les draps sont secs et sombres, les chaussures et les coiffures raides et blessantes ; le col, la taille, les membres sont serrés, emprisonnés sous les ceintures et les boutons ; une bizarre économie se révèle dans des lacunes, des échancrures favorables au développement des maladies de poitrine. Les ornements sont nuls ; aucune nuance n'est combinée avec une autre pour faire ressembler l'homme à une fleur vivante ; les fonds sont noirs ou gris, ou jaunâtres, ou verdâtres ; les rayures ou les pointillés révèlent les plus sales décompositions des couleurs ; aucune franchise de ton n'est arborée ; le jaune se complique de marron, le vert est glauque, le bleu est noir, le rouge est lie de vin ; ou bien, tout cela est mélangé et les vêtements semblent trempés dans une sauce uniforme, indéfinissable et innommable. — Mais quoi ! il faut que M. Oscar Wilde et les amoureux des lignes pittoresques et des tons chauds en prennent leur parti : les vêtements que nous portons sont les seuls que nous puissions porter et il doit être reconnu que cela est bien ainsi.

La saison des étoffes couleur d'aurore et de clair de lune est passée. A force de voir le soleil brûler comme une veilleuse dans un ciel ouaté de gris, nos yeux se sont faits aux demi-teintes et notre esprit aux indécisions. Notre pavé, nos maisons, nos arbres, tout est gris ; grise aussi notre philosophie désenchantée et notre politique soucieuse, gris notre art qui ne veut plus constater que des réalités ; les tirades retentissantes, les flamboyantes antithèses de mots ont fini leur temps et avec elles les illuminations des coloristes sont parties aussi. Les femmes seules ont gardé longtemps et essayent encore de garder les soies claires et les rubans de feu, mais peu à peu, elles en viennent à se mettre à l'unisson de notre deuil. Nous allons vers un temps où tout le monde portera des vêtements faits pour traverser toutes les mêlées et pour recevoir toutes les averses, des vêtements sur lesquels ne se verront ni la poussière ni la boue, des vêtements couleur de fer et de suie qui feront bien de nous les vrais acteurs pour le décor des usines et des quincailleries contemporaines. Ne saviez-vous donc pas cela, M. Oscar Wilde, pour être ainsi hanté par des idées bleues et roses, par des souvenirs de bas de soie et de bottes molles, ne saviez-vous donc pas que nos étoffes étaient de la couleur de nos pensées et que le hideux et torturant chapeau haut de forme que nous portons n'était que le significatif emblème de notre mélancolie ?

Nous le garderons, ce chapeau haut de forme que possède tout citoyen arrivé à l'adolescence, ce chapeau qui pourrait être pris pour l'indice d'une absolue égalité, puisqu'il est porté par le capitaliste, par l'employé à douze cents francs, par l'ouvrier même qui délaisse la commode casquette pour se parer du « tube » les jours de sortie. Nous le garderons, avec son poil luisant ou son drap terne, avec ses ganses, son cuir, ses bords qui nous font saigner les tempes, son absurde forme élevée, qui témoigne d'une abominable fantaisie dans le sinistre, de la plus fantastique et plus macabre imagination. Nous le porterons, nous le porterons toujours, et les revendications de Mlle Hubertine Auclert et le programme maximum de l'anarchisme auront été réalisés que nous le porterons encore. Mais regardez donc, M. Oscar Wilde, regardez donc vers l'Extrême-Orient : voici que les Japonais quittent leurs robes égayées de fleurs et semées d'astres et mettent des redingotes olives et des habits noirs, voici qu'ils quittent leurs coiffures de paille et de papier et qu'ils s'emparent avec une gravité triste de l'immuable, — de l'inéluctable chapeau haut de forme !

VIII

Catégories.

22 octobre 1884.

En Tarn-et-Garonne, à Montauban, l'outrage à la morale publique devenait journalier, le vice tenait ses grandes assises, la dissolution des mœurs, que consent à tolérer le gouvernement, ne régnait pas seulement dans les rues discrètes des quartiers perdus, mais s'exhibait dans les lieux publics, sous la lumière du gaz; les plaisirs raréfiés des habitants étaient menacés d'une absolue cessation; la vie intellectuelle était atteinte dans sa source.

On sait quel charme trouve la « société » d'un chef-lieu aux représentations dramatiques ou lyriques des troupes de passage. Il n'est pas de comédie ressassée, il n'est pas d'ancien opéra-comique, qui ne soient étudiés et pénétrés par les amateurs en quête de distractions théâtrales. Rien de tel que les auditions répétées d'œuvres de M. Scribe et de ses collaborateurs musicaux pour former le jugement et orner le goût des connaisseurs qui discourent chez le percepteur et chez la notairesse. On devient vite avisé à ce jeu souvent répété, et il est devenu commun de rencontrer, dans des petites villes, des dilettantes plus difficiles à contenter que le public des capitales ; une censure sévère est exercée contre l'orchestre et les acteurs, et toute nuance de l'exécution qui va contre le code artistique accepté par les fonctionnaires mélomanes et leurs dames change en orage le sommeil du département. La salle de spectacle est devenue un salon de bon ton, une assemblée académique, quelque chose comme une réunion de juges impeccables devant lesquels le ténor et le baryton comparaissent comme des accusés. Aussi, quel sentiment pénible s'empare de l'assistance quand elle s'aperçoit qu'il y a mélange, que l'ivraie a poussé parmi le bon grain, que les brebis galeuses sont entrées avec le troupeau choisi. Quels chuchotements, quels sourires jaunes, quelles longues grimaces si une femme illégitime est entrée au bras de son amant, si deux filles publiques s'attendrissent aux romances de *Mignon*. Ah ! il s'agit bien alors du droit qu'on achète en entrant, et de la signification des devises libérales inscrites sur les murs du théâtre ! Quel plaisir veut-on que l'on prenne en compagnie de ces espèces ? Va-t-il pas bientôt falloir inviter ces espèces aux bals de la préfecture et aux bézigues des soirées intimes ?

C'est alors que les influences sont mises en jeu, que les mères et les épouses confèrent avec la magistrature et l'armée, que l'émotion s'empare des familles, qu'un trottinement de visites va de toutes les maisons bien pensantes à la mairie et à la préfecture. Mais bientôt, tout le monde est rassuré. Les messieurs galonnés et décorés qui sont chargés de veiller à l'exécution des lois et de maintenir en santé la morale publique apaisent d'un geste et d'un sourire le caquetage tumultueux de la bourgeoisie alarmée. Le législateur a pourvu à tout. Les revendications de la bonne société de Montauban ont été prévues : que l'on affiche et que l'on applique l'article 27 de la loi qui régit les théâtres. Lisez-le, monsieur, et vous, madame, cet article 27, et dites si vos manies persécutrices et si votre basse taquinerie n'ont pas été devinées et servies à l'avance par les hommes prévoyants qui s'étaient constitués les prophètes et les servants de la future bourgeoisie.

« Art. 27. — Les femmes entretenues ne peuvent se placer qu'aux secondes ; les femmes publiques se placeront aux loges des troisièmes. Pour la location desdites loges, elles devront s'entendre préalablement avec le directeur qui reste libre d'en disposer comme il le jugera convenable. »

Et le maire de Montauban a signé, et le préfet de Tarn-et-Garonne a vu et approuvé. Mais il s'agit bien de Montauban, de son maire et de son préfet. Cet article 27 n'est pas appliqué seulement en Tarn-et-Garonne, et il n'est guère de petite ville jalouse, tracassière et rancunière où il ne soit rigoureusement observé. C'est un joli document, un de ceux qui mettent le mieux en lumière l'avilissement de la loi devant les mœurs. Entre ses six lignes s'épanouit l'hypocrite tyrannie qui se lève obscurément au fond des cerveaux empoussiérés ; tout le venin secrété dans les parlottages des soirées tristes, autour des tables de jeu à deux sous la fiche, des sirops fades pris avec des petits-fours vieillis, gonfle les niaises phrases de cet article 27. Le robin qui l'a rédigé a montré là une intelligence de romancier psychologue, une admirable connaissance des idées courtes et des méchancetés prudentes sifflées par un cercle de dévotes. Qu'il ait tenu à discerner entre les hystériques sentimentales abritées sous le pavillon du mariage et les filles inscrites sur les registres de la police, à cela rien d'extraordinaire ; la loge réservée et la maison spéciale clairement désignée à tous, sont évidemment proches parentes. Mais où l'observation

tourne à la subtilité, où le rédacteur de l'article 27 se
montre un maître railleur, c'est dans la distinction établie entre la femme entretenue et la femme publique. Du
coup, la prostituée bien protégée est sauvée de la promiscuité avec la prostituée pauvre ; celle qui se vêt de
fourrures et de soie ne subira pas le contact de la femme
à tablier. La loi assigne à chacune sa place. Elle envoie
avec la population ouvrière la rouleuse de la rue dont
les réflexions canailles pourraient choquer les bouti-
quiers vicieux et les épouses adultères. Les filles qui
font commerce avec les autorités, qui sont honorées
des sympathies de la finance, de la magistrature et de
l'épiscopat, ne sont pas confondues avec le vil bétail
immatriculé des troisièmes galeries. Les honnêtes gens
sont protégés, et leurs plaisirs sont respectés.

IX

Miss Booth.

18 juin 1883.

Quai Valmy et rue Roquépine, l'Armée du salut évolue. Les cadres, un peu dérangés en Suisse, se sont re-
formés à Paris. Maréchale, colonelles, officiers et soldats sont sous les armes, entonnant des Marseillaises
protestantes, faisant claquer leurs étendards ornés de
versets bibliques.
C'est la froide mise en scène évangéliste, l'odieuse
affectation de la simplicité. Quai Valmy, on se réunit
dans une sorte de hangar, Rue Roquépine, c'est dans
un temple aux murs mal blanchis, de cet affreux blanc
sale qui hésite entre le jaune et le vert ; des bancs, une

estrade, et en voilà assez pour nous donner la grande représentation de la lutte du bien et du mal. D'abominables pianos se dissimulant traîtreusement derrière des trophées de drapeaux tricolores et de là essaimant sur la salle tous les hurlements, tous les glapissements, toutes les aigreurs que peut comporter une gamme faussée, fournissent aux assistants un échantillon des produits de l'esthétique vertueuse. Ce bruit qui déchire le tympan et tord les entrailles, ce bruit qui crispe et qui assassine n'est que le prélude de l'odieux concert. L'instrument aux touches d'ivoire et d'ébène a des complices; grosses caisses, pistons, violons, triangles et guitares, poussent des cris, des soupirs, des beuglements à dégoûter à jamais de tous les assemblages harmoniques; une colonelle joue du cornet à piston; une autre conduit l'orchestre. Les voix humaines se mettent de la partie; des nez et des gorges chantent les cantiques à la mode dans cet Eldorado religieux. Le ravissement est à son apogée.

C'est à ce moment que le grand premier rôle, la maréchale Booth, fait une entrée savante. Son visage qu'éclairent de grands yeux très vifs et de grandes dents qu'elle semble avoir empruntées au piano de tout à l'heure, est auréolé par le chapeau antédiluvien, à auvent, à grandes brides, qui passe décidément à l'état d'institution britannique. Avec une singulière obstination de volonté, la maréchale prononce son discours en français, mettant ses défauts de prononciation, ses erreurs grammaticales en valeur d'un accent terrible, s'y complaisant, les soulignant de la voix et du geste, les soutenant de l'expression de son visage décidé, et arrivant, tant bien que mal, cahin-caha, versant ici, déraillant là, au bout de la tâche qu'elle s'est imposée. Ce n'est ni bien ni mal, ni vainqueur, ni larmoyant, ni mystique, ni ironique; c'est quelconque; une leçon à peu près apprise et à peu près récitée.

Le défilé qui suit est plus riche en éléments pittoresques; les jeunes filles dégoûtées de la vie, les voyous semblables à celui dont la silhouette a été tracée d'un coup de plume si bref et si exact par Alphonse Daudet dans l'*Évangéliste*, des vieilles dames, des gentlemen, viennent étaler devant tous, en un jargon spécial, des existences passées dans la dissipation et la méconnaissance de Christ, et confesser leur horreur présente pour le péché. Et en avant la musique ! L'effroyable orchestre qui ferait se cabrer les chevaux de bois et donnerait des attaques de nerfs aux joueurs de bonneteau du Point-du-Jour, recommence à hurler, à râler, les louanges de Dieu.

Ces petites fêtes ne paraissent point faites pour recruter des adhérents à l'Armée du Salut. Cérémonies pour cérémonies, mieux valent encore les offices catholiques chantés en mesure, accompagnés par les orgues majestueux, et dont les phrases s'envolent dans un nuage d'encens de première qualité. La religion d'outre-Manche que l'on veut implanter à Paris n'attirera pas un seul des croyants qui se fournissent ailleurs. Les gens dont c'est l'humeur de voir se promener devant un autel des messieurs superbement déguisés, couverts de chamarures et de dorures, ne feront pas la folie, quand ils ont à leur disposition quelque chose comme un Grand-Opéra religieux, d'aller s'enfermer dans la salle mal aménagée d'un théâtre de la banlieue protestante.

Et pour y entendre quoi ? Les concerts du quai Valmy, les homélies de miss Booth : une musique charivarique, une dissertation en langue anglo-française ! Mieux vaut encore le latin sonore de la décadence.

Ah ! miss Booth ! miss Booth ! renoncez à prêcher la Vertu, à combattre le Péché parmi nous. C'est là un langage que nous ne comprenons guère. Votre symbolique nous échappe, et nous sommes devenus difficiles en fait de définitions. Qu'est-ce que le Péché ? Qu'est-ce que la Vertu. Ici, il n'y a guère que les gens très riches qui puissent se donner le luxe de faire connaissance avec le Péché ; les autres n'ont pas trop de toutes leurs forces physiques et intellectuelles pour essayer de résoudre les terribles questions du loyer, de la nourriture et du vêtement ? Est-ce à ces derniers que vous voulez enseigner la vertu ? L'ironie n'est pas mince.

Tenez, si vous n'étiez pas si protestante, on vous donnerait à méditer le mot profond d'un esprit léger, ce mot du duc de Richelieu : « Il n'y a pas de vertu ; il n'y a que des circonstances. »

X

Ceux qui s'en vont.

28 juin 1885.

Voilà Olivier Pain mort au Soudan.
On ne sait si c'est la fièvre ou la fusillade qui a eu raison du journaliste échappé aux barricades de 1871, aux eaux de la Calédonie, au feu et au fer de Plewna, à la prison anglaise, au sable égyptien. On prend en pitié cette fin ignorée. On songe que, — la guerre finie, — des notes plein sa poche pour décrire des marches et des contre-marches, des paysages et des hommes, — de nouveaux projets sans doute dans la tête, — il a fallu au voyageur fermer les paupières pour le dernier sommeil.

C'est une activité qui a disparu. Il est peu, dans notre monde casanier, de ces cerveaux toujours hantés par le besoin de partir, de ces yeux qui veulent voir toujours au delà, par-dessus les foules, par-dessus les toits, par-dessus les arbres, les flots, les horizons. Les volailles de basse-cour ne fraternisent pas avec ces oiseaux voyageurs aux ailes toujours impatientes ; elles

clignent leurs yeux ronds devant ces espèces singulières agitées d'inquiétudes inconnues ; elles les regardent partir, se remettent à manger leur grain, se his-
sent sur leurs perchoirs et s'endorment avant la fin du
jour. — On lit les renseignements, les dépositions sur la
mort de Pain, on s'arrête quelques instants devant cette
vie toute en événements, on cite Raousset Boulbon, on
laisse tomber le mot « Aventurier, » et on reprend la lecture des faits-divers.

Oui, ceux-là qui aiment à courir sur les grandes routes, à enjamber les pays, à se perdre en barque sur les
flots, ceux-là qui veulent aller toujours plus loin, où
on se bat, où on meurt de froid ou de chaleur, où on
parle une langue ignorée, où les regards des femmes
ont des grâces inapprises, ceux-là qui veulent toujours
et quand même du changeant et de l'inattendu — ceux-
là sont des aventuriers. Il n'aiment pas le train-train
de tous les jours, le lendemain qui ressemble à la veille,
les métiers qui comportent de l'emprisonnement. Ils
ont horreur des feuilles de présence qu'il faut signer,
des caisses où il faut passer à date fixe, des répétitions
de paroles, des gestes semblables, des recommencements et des contraintes. Tout plutôt que le même
chemin fait deux fois par jour, que la même porte ca-
denassée sur les activités qui veulent se répandre, que
les mêmes voix dans les oreilles, les mêmes spectacles
devant les yeux, la même mangeaille au même râte-
lier, la même lampe éclairant les mêmes soirs. Mieux
vaut partir sans but, avec une chanson sans signification sur les lèvres et des espoirs sans précision dans la
tête. On est prêt à faire un détour pour rencontrer la
Mort, — cette Mort contre laquelle les autres se calfeu-
trent, arment toutes les pusillanimités et toutes les mé-
fiances, se défendent avec toutes les hygiènes contraires et tous les médicaments inutiles.

Du nouveau, il faut du nouveau, que ce soit l'embuscade ou la fièvre typhoïde, la pendaison, la faim ou la
soif. Toutes les tranquillités rentières sont données par

ces enfiévrés pour la minute où le cheval frappe la terre de ses quatre pieds et prend son galop vers l'inconnu — où le bateau, toutes voiles gonflées, sort du port, et glisse sur l'eau et s'envole dans le vent. Vivre n'est rien: s'il faut vivre où le sort vous fixe, des chaînes aux poignets et des entraves aux jambes. Vivre, c'est avoir le droit de chercher un autre air et un autre soleil, c'est marcher partout, c'est tout voir, c'est aller jusqu'au bord du connu.

Et c'est pourquoi les conquérants marchent anxieux à la tête des bataillons et pourquoi les voyageurs s'en vont tout seuls, une besace à l'épaule et un bâton à la main.

Que disent-ils, ceux qui reviennent, lorsque ceux qui n'ont pas bougé les interrogent ?

Ils racontent, ils parlent, ils dessinent de grands gestes, ils regardent avec des yeux mystiques les visions disparues... Mais disent-ils qu'après avoir tout cherché, ils reviennent au point d'où ils sont partis sans avoir rien trouvé ? Disent-ils l'inutilité de l'agitation et le néant de l'enquête, les effets de mirage et la réapparition, dans les lointains, de ce qu'on avait cru laisser derrière soi ?

C'est ainsi, pourtant. Au retour, seul devant la carte du voyage accompli, l'aventurier qui a traversé les mers et les continents, les solitudes inviolées et les vacarmes des batailles, peut confesser le restreint de ses trouvailles et la fin de sa curiosité. Les climats, les verdures, les flots, les astres, les nuages, les peuples se succèdent, s'opposent sans que le jugement puisse prononcer et le choix se fixer. Les ardeurs des tropiques sont aussi malfaisantes que les froids des pôles. Il n'y a aucune raison pour préférer l'oiseau en rubis et la fleur en velours au grisâtre rossignol et à la marguerite des prés. Les mers bleues sous le soleil n'ont pas de plaintes plus éloquentes que les colères des glauques océans. Les temples taillés dans les montagnes ne disent pas plus le mot définitif que la pierre mal dégrossie dressée dans la lande celtique. Les fétiches qu'on implore là-bas valent les mots qu'on adore ici. Les couples en amour donnent à entendre, sous toutes les latitudes, les mêmes phrases qui sanglotent et les mêmes mots qui bégayent.

Revenu de tout, après être allé partout, ne s'étant pas laissé abuser par les défroques et les paysages qui disparaissent et reparaissent comme les costumes et les décors d'une pièce à transformations, l'homme qui a marché toute sa vie avoue le peu de variété des animalités et des civilisations, et le mot de « Monotonie » lui vient pour résumer le spectacle de l'humanité déployée en panorama.

Partez donc — vous ferez bien. Restez — ce sera encore sagesse. Que les uns fouillent toute la terre, que d'autres s'enferment dans les quelques mètres carrés d'une chambre ou d'un champ — aucune opinion souveraine ne viendra les départager. Fuite à tire d'ailes ou blotissement dans le coin du poulailler, — que l'on coure après la fin de la vie ou qu'on l'attende — le résultat sera le même. Le camarade mort au Soudan n'a ni plus vu, ni plus appris, ni plus deviné que celui qui, pendant toute une existence, s'est assis sur la même chaise, a lu les mêmes livres, a mangé la même soupe, a regardé les mêmes visages. Le soleil qui se couche derrière une haie qui enclot un bout de jardin, donne les mêmes joies mélancoliques que les évanouissements des paysages de féeries. On peut se résigner à lire son journal au café pendant toute la semaine, et, le dimanche, à jouer aux boules au bois de Vincennes ou à pêcher à la ligne dans l'Oise.

Rappelez-vous, dans les vers de Baudelaire, les hiboux rangés, immobiles et méditants, sur une noire branche d'if :

> Leur attitude au sage enseigne
> Qu'il faut en ce monde qu'il craigne
> Le tumulte et le mouvement;

L'homme ivre d'une ombre qui passe,
Porte toujours le châtiment
D'avoir voulu changer de place.

Mais, hélas ! il faut trouver la place — il faut trouver la branche d'if.

AUTOUR DU CRIME

I

Aux assises.

22 mars 1884.

Une journée à la Cour d'assises ! une journée chaude, étouffante, tumultueuse ! une longue journée qui commence à onze heures du matin et finit à six heures du soir ! Il n'est pas de spectacle qui irrite et qui émeuve davantage. Les avocats en costumes moliéresques, le président, les assesseurs, le procureur, drapés d'étoffes rouges et noires, les municipaux rigides au milieu desquels blêmit et tressaille l'accusé, tous ces bonshommes placides et costumés donnent l'idée d'un Guignol gigantesque. On lit des formules; on ouvre le Code à des pages marquées; les trois robes rouges se lèvent, marchent, s'assoient, se consultent en même temps, comme si un maître des cérémonies invisible rythmait leurs mouvements et dictait leurs paroles. Au milieu de ces gestes compassés, de ces bouches de pierre qui parlent, de ces bras de bois qui se lèvent et s'abaissent, une chose tragique et inoubliable surgit : la silhouette frissonnante et remuante de l'assassin. L'entrée, parmi les gardes, fait songer à la bête qui débouche; l'homme ne marche pas, mais glisse et vient tomber sur le banc; les mains se crispent sur le bois, jouent des marches, s'immobilisent tout à coup ; le corps se tasse... Et tout alors disparaît dans la salle, les ondulations de la foule, les raideurs légales; on ne voit plus qu'une tête qui vacille dans l'enfoncement de deux épaules qui sursautent.

C'est surtout l'homme qui était assis sur le banc des accusés que l'on voyait, pendant cette après-midi là, dans cette salle de la Cour d'assises, éclairée à faux par le jour gris qui tombait des fenêtres haut placées ; lui seul était montré en pleine lumière ; chaque remuement de son corps dessinait des lignes d'une netteté extraordinaire sur les groupes qui l'entouraient. Un portrait en pied de Michel Campi ne saurait pourtant trouver place dans une rigoureuse description de cette audience ; le criminel énigmatique apparaissait au spectateur sous les aspects changeants et imprévus d'un être en perpétuel mouvement. Par moments, c'était un corps se redressant en une saccade ; l'œil plongeait droit dans l'œil du président ou du témoin. Ou bien un coin du visage, une tempe terreuse avec des cheveux noirs, une pommette saillante, une mâchoire de carnassier. A d'autres instants, un aspect inattendu : le visage tout entier, avec une expression de finesse gouailleuse, de méfiance ou d'ironie, qui passait fugitivement sur les muscles tendus. Puis, plus rien, la tête retombait plus bas que les épaules ; on ne voyait plus que la chevelure noire grisonnante, et trois doigts, trois doigts jaunes et noueux incrustés dans la joue grise.

L'interrogatoire, habile de la part du président, habile de la part de l'accusé répondant d'un revers de main qui écarte un amas d'inutilités, d'un signe de tête qui méprise, d'un monosyllabe sec, — l'interrogatoire était terminé. Terminé aussi le défilé des témoins, bonnes gens embarrassés de leurs bras, hésitants, bégayants, qui reconnaissent l'accusé et ne sont pas sûrs de le reconnaître, qui fixent des dates avec des circonlocutions, concierge qui racontant la journée du crime n'oublie pas de dire quel journal elle lisait dans le coin de sa loge, bonne au visage enflammé qui se trouble, contredit sa première déposition et laisse une inquiétude dans l'auditoire, jeune fille qui a croisé l'assassin un soir, à dix heures, et s'est retournée sur un sourire, petites filles qui, elles aussi, reconnaissent le « monsieur », toutes les variétés de comparses qui jouent le vaudeville obligé dans tout drame judiciaire. Et brusquement, avec la plaidoirie de M° Laguerre, voilà qu'un changement de décor se fait, que derrière l'assassin apparaissent des figures anonymes d'honnêtes gens, et qu'une émotion s'empare de tous devant ces inconnus, une femme, un jeune homme, que le verdict va frapper en frappant Michel Campi. C'est là le curieux de cette journée. Après tous les témoins à charge qui ont défilé devant la cour et le jury, un témoin à décharge se lève, et ce témoin, c'est l'avocat. Lui seul sait ce que tout le monde ignore; il sait le nom de l'accusé ; il connaît ses antécédents; il a visité la famille que la découverte de la vérité déshonorerait; il affirme que Campi se tait parce qu'il lui reste au cœur le respect des siens, et il vient, en face des suppositions du procureur général, mettre cette affirmation. Il continue, et il montre que le mobile du meurtre n'a pas été découvert, il somme l'accusation de faire la preuve de l'hypothèse du vol. Un silence frémissant se fait dans la salle à mesure que la parole de l'avocat fait entrer le doute dans les consciences, et donne à résoudre ce problème dont on ne dégagera sans doute jamais l'inconnue.

Le jury a passé outre. La peine de mort a été prononcée. Qui reconstituera la scène qui s'est passée dans la salle des délibérations, entre ces douze hommes sincères n'apportant « ni haine ni crainte » dans ce débat

sur la vie d'un homme ? L'attente est longue, dans la
grande salle où tombe la tristesse du crépuscule. Sur
le bureau, trois bougies brûlent avec des clartés sanglantes. Les minutes passent, longues comme des
heures. Un quart d'heure s'écoule. Puis un autre. Les
jurés méditent et discutent. Ils reparaissent ; le chef
laisse tomber les mots dans le silence et dans l'obscurité. C'est la mort. On coupera la tête de l'homme sans
nom dont le crime n'a pas été défini.

II

Fausse science.

14 juin 1885.

Pel, reconnu coupable, vient d'être condamné.
L'homme a été un an en cellule, et trois jours en cour
d'assises. Il a connu les après-midi passées dans les cabinets de juges d'instruction, les translations en voitures
grillées et cadenassées, les heures de solitude, la mauvaise nourriture, la recherche désespérée du sommeil.
Il a eu à subir les menottes des agents, les parties de
cartes avec les moutons, les interrogatoires qui creusent, qui fouillent, qui usent le cerveau, toujours à
la même place. Il a dû songer à établir une défense qui
ne laisse pas place à l'imprévu, une défense qu'un manque
de mémoire, un lapsus, ne compromettent pas irrémédiablement; les demandes ont dû être devinées et les
réponses arrêtées; tout l'échafaudage fragile des explications prudentes, des preuves sensées, des dates con-
cordantes, des infinis détails plausibles, des mots
nuancés, a dû être dressé, pendant les nuits formidables

de Mazas, au rythme des pas pesants du porte-clefs et du gardien en ronde. Et, hier, encore, vis-à-vis de ce président qui bavarde, de cet avocat général qui harcèle, de ces douze jurés qui se taisent, en pleine clarté, en pleine foule, il a fallu dire, en quelques instants, ce qui a été pensé pendant une année ; il a fallu savoir avancer hardiment, reculer doucement, improviser, interrompre et écouter, ne pas rire et ne pas pleurer, être éloquent sans insolence et humble sans lâcheté.

On pourrait donc faire le silence autour du blême et malade assassin vaincu par la bande des chats-fourrés pelotonnés dans leurs robes noires et rouges, engoncés dans leurs cols d'hermine, les yeux brillants au bord de leurs barettes de juges ; on pourrait se taire sur le chœur des gens de banlieue hurlant leurs commérages, venant voisiner devant le tribunal, s'expliquant sur l'accusé, comme ils le feraient sur le pas de leurs portes, avec des réticences aigres et des épithètes trempées dans le fiel.

Mais, en dehors de toute préoccupation de verdict, Pel est de la famille des êtres énigmatiques, d'organisation simple et d'existence compliquée, autour desquels rôde volontiers l'observateur. La cour d'assises l'a mis en lumière, et le voilà passé à l'état de cause célèbre. Ce n'est pas là, pourtant, qu'il faut le regarder. C'est dans la médiocrité enragée des années écoulées, c'est dans l'obscure lutte pour la vie menée au fond d'une impasse des Ternes et dans les maisons délabrées des villages suburbains, qu'il faut chercher à saisir les traits épars de cette physionomie morale avortée. Et, peu à peu, l'horloger sans travail passe chimiste d'aventure, sort de l'ombre en lignes indécises, avec la marche de somnambule de l'homme aiguillé par une idée fixe ; et ses gestes maniaques, et ses yeux vacillants sous les lunettes bleues, disent l'inquiétude et la dépossession d'une victime — une victime des dictionnaires, des manuels incomplets, des définitions sommaires, des expériences mal comprises, des mots mal digérés.

Il est ainsi, depuis les années d'apprentissage jusqu'à ce que sonne l'heure de son arrestation. Ouvrier par intermittences, les montres et les pendules qu'il dissèque de ses fins outils ne sont guère que des prétextes à établir des relations avec les âmes simples qui possèdent de chétives obligations et de restreints titres de rentes, avec les cuisinières qui épargnent leurs gages, les fil'es qui ont des idées entêtées d'économies. Il n'a qu'un souci : mettre devant sa vie cachée le décor d'une profession libérale ou artistique, d'une profession à redingotes, à cols droits, à boutonnières tachées de bleu, de violet ou de rouge. Il se pare à la fois, sur ses cartes, de situations généralement respectées et de titres considérés comme honorifiques; il gravit toute l'échelle des grades universitaires; il descend à tous les cabotinages ; il est, d'imagination ou en réalité, professeur de mathématiques à la Sorbonne et organiste à la Trinité, professeur de rhétorique au lycée Saint-Louis et commanditaire des Délassements Comiques ; — il est surtout docteur en médecine, physicien, chimiste, toxicologue, inventeur. Il a tour à tour le parler grave et le chapeau sur l'oreille ; on le salue dans les escaliers cirés et on le tutoie dans les cafés d'acteurs.

Puis, à de certaines heures, il quitte tout, rentre chez lui, s'enferme à double tour, met les verrous. Que se passe-t-il ?

Il fait, gravement, opiniâtrement, de la cuisine scientifique. Il classe, catalogue, étudie les poisons. Il s'occupe de crémation. Il cherche un remède au phylloxera. Il récure, polit, ajuste des appareils électriques, sans doute semblables à ceux qui fonctionnent sur des tables dans les fêtes des environs de Paris. Il adresse à la préfecture de police une demande d'autorisation de fabrication et de vente de substances vénéneuses. Rue Raynouard, à Passy, rue Doudeauville, à La Chapelle, passage Doisy, aux Ternes, dans la maison de Nanterre et dans la maison de Montreuil, les planches sont encombrées de fioles, de pots, de liquides, de sels, de poudres. Son cabinet est un laboratoire ; la salle à manger, où les repas sont irrégulièrement pris, est un champ d'expériences encombré de cornues et de fourneaux ; — le lit où il couche ses femmes devient une table de dissection.

C'est dans cette poursuite mal organisée des vérités scientifiques, c'est dans cet apostolat en chambre, c'est dans les lectures de vieux bouquins, c'est dans ces expérimentations mal faites, qu'il faut chercher la personnalité sans équilibre de Pel. C'est là qu'on aura l'explication de ses dédains et de ses prétentions, — de ses tirades sur l'arsenic, de ses distinctions à propos des doses de médicament, — de ses pronostics sur les maladies tuberculeuses, de ses rectifications des symptômes d'empoisonnements, de ses nettes affirmations sur les poisons minéraux qu'on retrouve toujours et les poisons végétaux qui s'éliminent, — de cette vantardise qui vient en droite ligne de M. Homais : « J'ai même vendu du cyanure de potassium ! » C'est là qu'on trouvera la raison de la vie solitaire, des voisins évités, des lettres passées par un vasistas. C'est là qu'on pénétrera le pourquoi des mariages, des liaisons, des engagements de vieilles bonnes, — du mariage avec Eugénie Buffereau, qui apporte 4,000 francs de dot et d'économies, avec Angèle Murat-Belliste, qui est riche de 5,900 francs, — de la tentative de liaison avec Eugénie Humbert, qui a 1,100 francs, — du concubinage avec Eugénie Mayer, couturière de l'Odéon, avec Elise Bœhmer, qui a du Foncier, 9 francs de rente française, et de l'Ottoman. C'est là la cause du désir d'argent, des âpretés au gain, des recherches sous les parquets, — du délire orgueilleux qui fait enfermer Pel à Sainte-Anne, — des vomissements, des coliques, des brûlures à l'estomac, des tuméfactions de la langue, des empoisonnements, des disparitions, des incinérations de la mère, des femmes, des maîtresses, des bonnes.

C'est le faux savant. Et ce Pel n'est pas seul.

Il y a, en cette fin du dix-neuvième siècle, une griserie dans l'air, une griserie mystique comme il y en a aux années de renouveau religieux. La science, la vraie, la science faite d'affirmations tremblantes et de sceptiques hypothèses, est adorée de loin par les têtes hallucinées qui se tournent vers on ne sait quel obscur tabernacle. Le même vent passe sur tous les fronts : les uns restent froids et immobiles, les autres s'enfièvrent, se penchent, se redressent, deviennent des boîtes qui enferment une folie. Ecoutez parler. Le mot de science est partout balbutié, comme le nom d'un Dieu entr'aperçu. Le vague désir de savoir, le besoin mal défini de précision, l'inquiétude des propriétés sans conscience de la matière, tout cela cherche confusément à se substituer aux idéalisations anciennes et aux vaines rhétoriques. Politiques, littérateurs, artistes, tous parlent de constatations, d'expérimentations, de combinaisons, de résultats. Et tout un monde s'agite, va, réclame, proteste, tout un monde de gens qui sont des savants à la suite et qui n'ont pas la prudence et l'effroi des maîtres, — qui, sous prétexte de science, prêchent une politique de satisfaits, écrivent des livres de fausse physiologie — qui vont sans savoir où, demandent des lunes qui ne seront jamais décrochées, s'impatientent, pontifient, divaguent.

Qu'on s'étonne après cela du cas pathologique de l'horloger dévoyé, qui a lu de travers, qui s'est émerveillé des insignifiances de l'abécédaire scientifique, — et qui s'en est venu heurter de son crâne de toqué, le bois, l'insensible bois du tribunal.

III

Père inconnu

18 août 1883.

La fille Henry, ainsi la nomme l'acte d'accusation, est née à Plérin (Côtes-du-Nord). Elle a quitté son pays et s'est mise au service d'un cultivateur de Garancières. Puis, elle s'est établie passementière. C'est la vie toute unie, toute simple, sans distractions ni événements, menées par les femmes sans instruction et sans ressources qui travaillent du matin au soir, et quelquefois du soir au matin, pour gagner le morceau de pain qui les nourrira et le lambeau d'étoffe qui les couvrira, juste de quoi ne pas mourir de faim et être vêtue. Cette « fille » Henry, qui s'est mise aux durs travaux des fermes et qui a vécu du travail peu rétribué de la passementière, paraît jusque-là être une fort honnête femme, très digne d'être appelée : « Mademoiselle », par M. le procureur général. Qu'est-ce donc qui est survenu dans son existence, et pourquoi est-elle sur le banc des accusés ? Ecoutez l'acte d'accusation : « Devenue enceinte dans le courant de l'année 1882... » Et c'est tout. Pas une ligne de plus sur ce sujet. Tout le roman d'une liaison, tout le drame d'un abandon tiennent dans cette simple ligne, froide, sèche et rapide comme le renseignement d'un signalement, et qui sous-entend pourtant le fait le plus considérable de la biographie de la pauvre fille Henry. Et bien ! et le monsieur qui a marqué ineffaçablement son passage dans l'atelier de l'ouvrière, celui qui lui a adressé des compliments sucrés sur sa gentillesse, qui l'a conduite au bal, qui lui a parlé d'amour sous les arbres de la promenade de Garancières, qui lui a promis de l'épouser, qui l'a séduite et trompée enfin ! Ce monsieur-là disparaît tout à fait ; c'est à peine si l'on soupçonne dans le fond de la scène sa silhouette de coq de village qui vole vers d'autres conquêtes. On ne sait, on ne veut savoir qu'une chose, c'est que la fille Henry est « devenue enceinte dans le courant de 1882. » Comment ? pourquoi ? par qui ? Cela ne regarde pas la Justice. Ce qui la regarde, c'est que le Code a ordonné à la femme d'être bonne mère, d'avouer sa grossesse, de bien recevoir son enfant, de l'habiller chaudement, de le bien nourrir, d'en faire, à elle toute seule, un être vigoureux et distingué. A l'homme il n'est rien demandé.

Il s'est trouvé que la fille Henry « dont la physionomie est insignifiante et qui passe pour avoir une intelligence assez bornée » comme dit éloquemment le magistrat qui a requis contre elle, n'a pas compris quels devoirs maternels lui étaient imposés par la société. Elle a fait ce que font beaucoup de misérables de son espèce quand elles se trouvent, dans la fièvre de l'enfantement, sans pain, sans feu, sans médicaments. Elle a tué l'être auquel elle venait de donner la vie.

Le jury a acquitté la fille Henry. Qui osera dire, en présence de l'odieux silence de la loi sur la responsabilité incombant à l'homme qui abandonne une femme et un enfant, que la cause a été mal jugée ?

Fille Henry, que ceci vous serve de leçon. Retournez à votre passementerie, travaillez seize heures par jour, et gardez-vous des hommes.

IV

Mort de fille

29 juillet 1885.

L'assassinée de la rue Bergère, Hélène Stein, a été enterrée l'autre jour. Toute une prostitution compatissante a suivi le cercueil. Les filles du quartier avaient tenu à faire cortège à celle que sa profession a tuée. L'étrangleur, peut-être, a été à l'église et au cimetière. Peut-être celle qui a bénéficié des bas à jour et des jupons de dessous de la morte tenait-elle un des cordons du poêle.

Et maintenant c'est fini. Le prêtre a dit les oraisons et le fossoyeur a remué la terre. Les assistants sont retournés à la soupe au fromage et au double bock des brasseries. Des échos attardés s'impriment dans les journaux. La chambre du crime est peut être déjà louée à une camarade pas superstitieuse. Le trottoir a le même aspect. Les recherches de la police continuent.

On ne trouvera rien, probablement. Qu'on se rappelle l'affaire Fellerath et l'affaire Jouin qui sont restées sans conclusion après des semaines de bavardages, des publications de plans, de dessins de bijoux, de signalements d'assassins. On ne s'intéresse à ces morts de filles publiques que d'une molle façon, comme s'il ne s'agissait que d'un roman-feuilleton de dernier ordre dont la fin importe peu. Il semble que, dans l'espèce, la commisération généralement de mise n'ait pas besoin d'être employée, et que la « vindicte sociale » doive être tenue en réserve. On donne ainsi un nouvel exemple de cette égoïste disposition de l'âme humaine qui nous fait prendre indifféremment toute chose qui ne réussit pas à nous affecter par analogie. Qu'un homme soit tué à ce coin de rue où celui-ci passe chaque nuit en rentrant chez lui, — qu'un assassinat ait lieu dans le wagon de chemin de fer où monte régulièrement celui-là, — qu'un crime inattendu éclate dans une maison bourgeoise, dans un intérieur clos, identiques au logis qu'habite cet autre, — qu'un accident même ait lieu sur le parcours d'omnibus ou de bateau journalièrement fait, — tout de suite voilà que ce lecteur de faits-divers prend un intérêt extraordinaire aux moindres détails racontés. Tout va au plus profond de son être? tout le passionne, tout le rend pitoyable, tout l'indigne, tout le fait nerveux d'inquiétude, tout le fait frissonnant de peur. Il pense au coup de couteau mortel, au foulard qui étrangle, au marteau qui assomme, — il y pense tout le jour, il en rêve toute la nuit. La victime s'identifie avec lui, — l'assassin devient son ennemi personnel, — le crime lui apparaît comme une chose dirigée contre son tranquille individu, qui aurait pu l'atteindre, qui s'est un peu passée dans la chambre où il habite. Aussi n'a-t-il pas de cesse que l'enquête n'ait donné des résultats, que la piste ne soit relevée, que l'assassin ne soit arrêté. Il ne fait plus de mots sur les mouchards. Il encourage les agents de la sûreté, il les aime, il les respecte, il les regarde comme des amis protecteurs, comme des sauveurs providentiels. Quand l'homme qui a fait le coup est pris, s'il se trouve sur son passage lors de l'arrestation, ou d'une translation, ou d'une confrontation, il essayera de se jeter sur lui, il ameutera la foule, il voudra appliquer la dure loi de Lynch.

Dans les crimes ordinaires, l'opinion publique prend hautement parti contre le criminel, — l'opinion publique collabore avec la police, accélère l'action de la justice.

Ici, pour cet étranglement de la rue Bergère, comme

il y a quelques années, pour le coup de poignard japonais du passage Saulnier, rien de pareil. On lit avec froideur, on commente sans passion. C'est du Montépin qui ne prend pas aux entrailles, du Richebourg dont la « suite au prochain numéro » est languissante. Jamais on n'aura à craindre pour soi-même dénouement semblable. Une fille ! un être qui est rangé dans les sous-catégories de l'humanité ! Cela peut disparaître sans que l'honnête bourgeoise ressente l'émotion soudaine que lui donnera le meurtre d'une de ses pareilles. C'est à peine si dans l'esprit du monsieur tranquille passera un frisson d'inquiétude avec le rapide souvenir d'une ancienne et nocturne débauche.

5 août 1885

Aujourd'hui, l'assassin d'Agathe Stein aura peut-être enfin été arrêté dans l'Orléanais, — la lutte qui dure depuis quinze jours entre le meurtrier et la police aura pris fin. Menottes aux mains, le fuyard sera ramené à Paris. Les confrontations, les examens médico-légaux, les interrogatoires commenceront. Même si tout est avoué, on organisera, dans la chambre de la rue Bergère, cette inutile représentation qui s'appelle la « reconstitution de la scène du crime. » Enfin, la justice « suivra son cours », la parole passera aux chroniqueurs judiciaires.

Mais il est permis, quel que soit le résultat de la chasse policière, cette chasse continue ou ait abouti[1], de noter curieusement quelques phases de cette agitation humaine, quelques allées et venues du poursuivi et du poursuivant.

Le poursuivi ! c'est une triste bête affolée, qui ne s'arrête pas pour retourner la tête ou pour réfléchir, qui ne raisonne pas sa fuite, qui ne choisit pas entre les moyens de sauvetage. Une fois le coup fait, une

---

[1] Elle n'a pas abouti.

seule idée s'implante dans sa cervelle : s'en aller, s'en
aller tout droit, en ne prenant que les enfantines précautions déjà usées par les prédéceseurs. L'homme
change de chapeau, se rase ou laisse pousser sa barbe.
Et voilà son imagination à bout. Il a caché sa tête
comme l'autruche qui entend derrière elle les galops,
les pas, les cris ; — il n'invente pas autre chose. Béné-
volement et stupidement, comme s'il suivait des ins-
tructions rédigées par les agents de la sûreté, il suit
un chemin tracé d'avance, s'arrête aux stations prévues, et se fait prendre au gîte.

Chez la victime il ne s'est pas contenté de mettre la
main sur l'or, l'argent et les billets méconnaissables.
Dans son trouble de tueur, il n'a pas vu quelquefois le
meuble, le tiroir, qu'il fallait ouvrir ; ses mains sanglantes ont erré au hasard avec des tremblements, et
ses doigts fébriles, ses pouces crochus se sont fermés
sur des objets saisis indistinctement. Il a pris des bijoux, il a pris des vêtements, et il est parti oubliant ce
qui aidera à le faire retrouver, un couteau, un marteau, une canne, un mouchoir. A peine débarbouillé, il
est allé — avec ses yeux peureux, sa mâchoire remuante,
sa figure de crime ! — il est allé chez la revendeuse et
chez le bijoutier. Il sait bien pourtant qu'il va être dévisagé et remarqué dans l'honnête boutique, il sait bien
que le recéleur est surveillé. Souvent, sortant de là, il
est arrêté. S'il franchit cette étape, qu'il s'en aille chez
lui ou qu'il prenne une chambre à l'hôtel, il ne va pas
tarder à reprendre ses habitudes, à se montrer aux camarades, à fréquenter les endroits où les assassins s'a-
musent, à sortir de l'argent, à boire, à s'acheter des
nippes. Une gloriole l'envahit, une nostalgie le conduit
là où il ne devrait pas aller, une fatalité le met en face
de l'agent, — le regard qui suit, la main qui happe, —
sur un point qui pourrait être déterminé presque mathématiquement par les routiniers de la Préfecture.
La police connaît les adresses des grinches et des
chourineurs comme les chasseurs connaissent les gîtes

des lièvres et les remises des perdrix. Il n'y a qu'à se déranger et qu'à prendre ; — le coupable et l'agent se rencontrent ; — la souris ne refuse jamais d'entrer dans la souricière.

Qu'on se rappelle tous les crimes et toutes les arrestations, on sera frappé de la mécanique répétition, de l'identité des marches, des gestes, des moyens. Qu'on se rappelle Gamahut, Gaspard, Mayer. Qu'on se rappelle Marchandon, se rencontrant à Compiègne avec les agents comme à un rendez-vous. L'étrangleur d'Agathe Stein n'a pas failli aux traditions criminelles : il a mal profité de l'apathie d'opinion qui accueille habituellement les morts de filles publiques. Il se promène avec l'ecchymose d'une égratignure sur le visage ; il vend de voyantes robes de soie verte et grenat aux marchandes du Temple ; il donne son adresse à l'hôtel de la rue Jacques Molay ; il prend le nom de quelqu'un qu'il a sans doute autrefois connu ; il indique comme lieu de naissance, un hameau de quelques feux, Grostenquin, en Alsace ; il voyage, et il s'arrête, pour coucher, dans des villages de rien du tout, où tout le monde remarque sa tête et la malle noire qu'il traîne après lui.

Il trace la route à la police et prend soin d'indiquer les points de repère.

Cette constatation de l'habituelle sottise de l'assassin poursuivi, des redites de sa défense, des grossièretés de sa finesse, — la solennelle niaiserie des souvenirs d'un haut policier récemment édités, — empêchent de crier d'admiration devant l'ingéniosité des chefs de la sûreté et de leurs limiers. En ce qui concerne l'affaire de la rue Bergère, on a particulièrement le droit de rester insensible au génie déployé sans résultats pendant quinze jours, alors que le faux Rœmer avait complaisamment donné tant d'indications suffisantes, — on a le droit de ne pas parler avec un trop grand sérieux des voyages annoncés par toute la presse, avec la désignation de la gare de départ, de l'heure, du nombre d'inspecteurs, du lieu de destination, — on a le droit de sourire de Michel Rœ-

mer interviewé à Paris, et de Jean Rœmer interviewé
à Grostenquin, de cette fausse piste suivie par le chef
de la sûreté qui voyage sur l'Est au lieu de voyager sur
l'Orléans, et qui tombe, à 32 kilomètres de Sarregue-
mines, sur un paysan travaillant aux champs, qui n'a
pas bougé de son village et qui s'ébahit aux insidieux
points d'interrogation qu'on lui pose.

Oui, tout cela est bien mince de conception de part
et d'autre. Il n'y a vraiment, ainsi que le disait un jour
un des grands romanciers d'aujourd'hui, « il n'y a vraiment que le crime qui soit gros. » Tout le reste, — fuites sans intelligence, — enquêtes au hasard, — cheveux
coupés, barbes rasées, bijoux vendus, — vestiges relevés, empreintes de semelles dans les sentiers, marques
de doigts sur la poussière des rampes d'escaliers, —
tout le reste, c'est de l'assassinat et de la police appris
dans les feuilletons des petits journaux, dans les romans judiciaires à un sou où finasse, intrigue, épie,
triomphe, l'immuable Monsieur Lecoq, — *Monsieur Lecoq*, — MONSIEUR LECOQ.

V

Maison de Campagne

22 août 1885.

Le crime découvert à Villemomble va jeter une défaveur sur la villégiature à la mode aux environs de Paris. La famille Mercier donnera, pour longtemps peut-
être, un mauvais renom au coquet village échelonné
sur la route de Montfermeil. Désormais, le commerçant
à la recherche d'une retraite ne passera plus qu'avec

appréhension devant les jardins fleuris, les maisons blanches, les grilles dorées. Voilà singulièrement compromis les massifs en rocaille, les bancs rustiques, les bassins à poissons rouges, les boules de jardins !

Le repos à la campagne prend vraiment une signification sinistre du fait de ce guet-apens conçu et accompli par la dame de compagnie, ce type généralement vêtu de gris et enveloppé d'honnêteté par les costumiers et les écrivains qui travaillent dans la comédie bourgeoise. On ne manquera pas de rapprocher le drame lentement déroulé avenue du Raincy, à Villemonble, de la tragédie jouée en une nuit dans la maison qui fait le coin de la rue de Sèze et du boulevard, — on associera le nom d'Euphrasie Mercier au nom de Marchandon, — on étudiera à nouveau la question de la domesticité. Les différences sont grandes, pourtant, et la brutalité animale du valet de chambre n'est pas à comparer à la rouerie féroce de la gouvernante. Ce n'est pas le hasard d'un bureau de placement qui a fait se rencontrer les deux vieilles filles. Il y a au début de l'histoire un malheureux chien perdu qui semble inventé par un ficellier de roman-feuilleton ou de théâtre de drame. A propos de la bête retrouvée dans une boutique — une bête qu'on imagine hideusement grasse et couverte d'un paletot, — il y eut un échange de confidences, puis de la commisération. Quoique Euphrasie Mercier ne plût pas outre mesure à Mlle Elodie Ménetret qui la trouvait trop grande, trop rude, vulgaire, « hommasse », un arrangement fut conclu, et l'installation eut lieu. Les premiers jours furent peut-être agréables, et Mlle Ménetret put se féliciter de sa trouvaille. Mais les bons services et les attentions durent peu, puisque, deux mois après la prise de possession de la maisonnette, la propriétaire disparaît.

Aux voisins inquiets, on raconte un voyage, une retraite dans un couvent du Luxembourg. Bientôt des Mercier arrivent par toutes les routes : un frère, Alexandre, quarante-deux ans ; deux sœurs, Honorine, quarante ans, Sidonie, quarante-quatre ans, — des quadragénaires ayant sans doute manqué leur vie et désireux de se fixer. Il y a aussi une jeune nièce, Jeanne. On se partage les chambres, on se nourrit, on jardine. Les rentes sont touchées avec des faux reçus et une procuration faite devant notaire. Bientôt on éprouve le besoin de s'agrandir, et deux pavillons sont annexés à la maison-mère. Malgré cela, on met de l'argent de côté. Euphrasie, entourée du respect, de la reconnaissance et de l'affection des siens, se prépare, dans ce décor léger, une sereine et riante fin de vie.

Le spectacle change avec l'intrusion des agents de la sûreté dans cette famille si étroitement unie. Les prévenus ne sont pas encore reconnus coupables, mais il a déjà été recueilli, sur leurs occupations, des renseignements qui transforment subitement la villa en coupe-gorge et le jardin en charnier. Le parterre émaillé de pâquerettes, garni de corbeilles, aurait pu être planté de cyprès et semé d'immortelles : sous ses fleurs et son gazon, à cinquante centimètres du sol, un cadavre brisé et calciné gisait sur un lit de chaux. S'il y a eu assassinat, les idées toutes faites vont être dérangées. La « maison du crime » que l'on montre volontiers au promeneur dans tout village qui se respecte, la maison noire, silencieuse, sans porte et sans vitres, cette maison-là s'écroule devant la jolie bicoque à marquise, à clochetons, à girouette. Et la dame de compagnie, qui passe toujours les yeux baissés, comme une personne qui a eu des malheurs, la dame de compagnie qui fait du crochet et qui lit la *Revue des Deux-Mondes*, celle-là va faire place à une virago qui sait creuser une fosse, repasser un couteau de cuisine, et saigner une rentière.

MORTS ET STATUES

I

In Memoriam

24 mai 1885.

Tant que le Poète mort hier sera encore présent parmi les hommes, tant qu'il dormira sur le lit où il a agonisé cinq jours, les voix ne s'élèveront que pour célébrer la longue gloire de l'homme, que pour dire la hauteur de l'œuvre accomplie, la sérénité de la vieillesse écoulée. Les violents ennemis politiques, les respectueux adversaires littéraires éprouvent devant le grand artiste enveloppé du linceul la même désolation que les fidèles qui n'ont jamais douté. L'universelle douleur n'admet pas l'investigation de la critique; une réserve sur un système philosophique ou sur une manière littéraire, sur une pensée ou sur une phrase, sonnerait en ce moment comme une injure. On a bien le temps de faire le bilan de l'œuvre qu'il a fallu un demi-siècle pour édifier. Il reste, à ce jour, assez de lendemains pour qu'on ait le loisir de peser la gloire et de dire son fait au génie.

Aujourd'hui, on a, dans ce Paris immense, convergeant vers ce lit funéraire, l'attitude inclinée et le silence pensif qui conviennent dans une chambre où repose un mort.

Le deuil est dans toutes les pensées ; il est marqué dans la préoccupation des visages, il tache de noir la feuille volante vendue dans la rue, il assombrit l'information du journaliste, la page de l'écrivain. On songe à la dispertion matérielle de cette pensée qui a fait de l'histoire depuis cinquante ans, on évoque tant de puissance et tant de gloire, on cherche à résumer la magnificence de cette vie dans une dernière journée triomphale, on rêve on ne sait quelle fête mortuaire qui serait le résumé apothéotique de cette existence : on y voudrait convier toutes les fleurs de la Nature, toutes les voix de l'Océan. On n'a d'autre idée que de tracer, par la ville, le chemin où passera cette voiture des pauvres dans laquelle Hugo a voulu faire monter son orgueil. On cherche un but au défilé, un domicile éternel, fait de granit et d'airain, pour l'enveloppe de l'intelligence envolée.

Tous, les lettrés et les politiques, les passants des rues et les ministres en conseil, imaginent des catafalques emblématiques, des processions indéfinies, des décors inoubliables. Toute puissance de l'Esprit ! Au-dessus des mesquines disputes, des fureurs vaines, des tapages d'un jour, l'écriture imprimée apparaît, et tous acceptent le despotisme de la pensée revêtue de la splendeur des mots. Il ne se trouve pas d'honneur assez éclatant, de lumière assez rayonnante, d'arche triomphale assez haute, de monument assez vaste. Une minute voit éclore dix projets, toutes les idées se pressent, tous les plans se succèdent. Oui, un parcours de tout Paris, du Paris luxueux et du Paris pauvre, avec toutes les lumières du gaze et de l'électricité brûlant tristement dans le grand jour, les lampadaires enveloppés de noires mousselines flottantes. Oui, des drapeaux cravatés de crêpe aux fenêtres. Oui, un voile de deuil sur Notre-Dame. Oui, les rues charriant des fleurs, et les musiques montant jusqu'aux nuées. Oui, le corps exposé sous l'Arc-de-Triomphe fait pour les capitaines et servant aux poètes. Oui, le Panthéon comme tombeau.

C'est cette idée-là qui rallie tout le monde.

Il serait bien que ce fût la main froide de ce grand mort qui reprît possession du monument adopté par la Révolution. Il serait d'un suprême esprit de justice de rendre à sa destination la vaste nef et la claire coupole. Les mystères de l'Eglise ne sont pas à leur place dans cette grande salle emplie de lumière, et il y a non-sens à conserver la sacristie et le confessionnal là où furent enterrés Voltaire et Rousseau. Le jour est sans doute arrivé de réaliser la pensée des hommes disparus, de faire de l'église Sainte-Geneviève le Panthéon, de mettre d'accord l'idéal aménagement de l'intérieur avec cette éloquente enseigne: *Aux grands hommes, la patrie reconnaissante!* Il ne serait pas d'un mauvais exemple que, sur la vieille montagne parisienne, se dressât définitivement un hommage de pierre à ceux qui n'ont exercé que le pouvoir de la pensée, à ceux qui n'ont ni trafiqué des consciences, ni versé le sang. Assez de colonnes, de statues, de piédestaux sont dressés aux porte-sabres et aux politiciens, à ceux qui ont passé leur vie à la poursuite des basses ambitions et des œuvres inférieures, à ceux qui ont asservi les hommes et qui n'ont cru qu'à la force. Ici, par cette porte, n'entreraient que les poètes et les philosophes, les écrivains et les artistes, les politiques qui ont découvert une loi humaine, les savants qui ont dégagé une vérité naturelle. Le conquérant serait supplanté par l'homme qui pense; l'épée serait vaincue par l'écriture et par la parole.

Qu'on porte donc Hugo au Panthéon. Qu'il en prenne possession au nom de ce siècle. Et que la solitude qui apparaîtra autour de son cercueil fasse songer aux morts qui n'ont pas eu de fêtes funèbres célébrées par tout un peuple. — Hélas ! quelques-uns auront-ils l'idée de mettre, en face du cercueil du poète, le cercueil de l'autre grand homme de ce temps, du grand oublié, mort à la peine, tué avant l'heure, en pleine floraison de génie, — Honoré de Balzac !

Qu'importe, après tout. Il faut encore te répéter, auguste vérité banale, mille fois dite et redite : c'est dans nos cerveaux que les grands écrivains ont leurs plus superbes et plus durables monuments ; c'est aux yeux et aux oreilles de notre esprit qu'apparaissent les plus belles couleurs et que résonnent les plus belles musiques. Toutes les émotions créées par tous les cortèges, toutes les dorures, tous les marbres, toutes les lueurs et toutes les fumées, ne valent pas le frisson sacré qui court sur le front d'un adolescent ouvrant les yeux sur le monde du Livre, — sentant sa pensée s'éveiller devant le remuement et l'amertume de la *Comédie humaine*, — grisé par le génie des *Châtiments* et des *Contemplations*, — rougissant d'émotion devant les vers tremblants de désir et parfumés de printemps :

Nous allions au verger cueillir des bigarreaux.

II

Sous l'arc de triomphe

1er juin 1885.

Toute l'humanité de cette fin de siècle défile depuis hier devant un cercueil. On est venu de toutes les rues de la ville, de toutes les villes de France, de tous les pays de l'Europe. Des bourgeois, des ouvriers, des artistes. Les classes confondues, les opinions réunies. Une promenade paisible tourne autour de la porte colossale obstruée par un catafalque. La rumeur que fait ordinairement la foule cesse auprès du monument comme la voix s'apaise au seuil des chambres mortuaires. Il y a comme une dispute de la vie et du néant autour de ce cadavre mis au centre d'une gloire. Toute la convenue mise en scène funéraire dit l'irrémédiable fin en son vulgaire langage ; — aucune inspiration n'a jailli d'une âme artiste pour célébrer le génie épris de la nature et de la lumière. Mais la clarté du soleil dore les lignes maigres de l'insuffisant cénotaphe, réduit au silence les mornes tentures noires, les lamentables velours violets, les grossières larmes d'argent. Une brise tiède courbe les flammes bleues des torchères, gonfle en drapeaux de victoire les étendards de deuil. Un vol de pigeons qui vient s'abattre sur la frise de pierres rouillées fait songer aux mouettes qui tournoient autour des rochers de Guernesey.

Le soir, la tristesse qui sort des choses est plus mystérieuse et plus solennelle. Les fautes de goût disparaissent. L'ombre dissimule la hâtive fabrication. La clarté qui tombe du doux ciel de mai est faite de mélancolies de crépuscule et de promesses d'aurore. Des étoiles scintillent à travers les transparents voiles de deuil déployés sur le ciel. Une sérénité se lève lentement au dessus des draperies sombres, des crêpes flottants, des flammes qui brûlent dans le noir des mousselines comme dans des veilleuses funèbres, des rougeoiements des torches que tiennent les cavaliers immobiles rangés en cercle. On en veut aux gens qui parlent trop haut, on voudrait arrêter les cris qui s'échappent, on demande le chuchotement et le silence. On a la sensation qu'un grand acte s'accomplit là, qu'une date est marquée par le séjour de ce fragile cercueil sous cette lourde architecture. Qu'on le veuille ou non, — qu'on entre dans le rang ou qu'on se tienne à l'écart de la procession, — qu'on soit des fidèles de l'homme, des admirateurs sans réserve de l'écrivain, ou qu'on regarde de loin cette manifestation qui fait songer aux adorations perpétuelles célébrées par les croyants au fond des chapelles obscures, — on reconnaît la grandeur du fait qui s'impose, on constate l'aboutissement inattendu des événements, on s'arrête devant cet obscur destin qui fait que cet Arc de Triomphe né de la pensée orgueilleuse d'un soldat est définitivement conquis par un poëte.

Bonaparte avait décrété la destination. Sous l'arche ouverte à l'entrée de Paris devaient passer les bataillons décimés, les drapaux déchirés, les canons noircis, les vainqueurs blessés, les vaincus prisonniers, les soldats devenus rois. Pas une pierre qui ne dût être marquée d'un mot ou d'une date célébrant une prise de ville, un champ de bataille, une tuerie d'hommes. La Guerre, et rien que la Guerre, devait faire résonner sous les voûtes ses bruits monstrueux, ses roulement d'affûts, ses fanfares de victoires, ses clameurs d'égorgements.

Et brusquement, voici qu'un mort arrive, fait tomber les chaînes qui défendent l'approche, monte victorieusement sur un échafaudage dressé au milieu des noms de généraux et des noms de conquêtes ; des palmes, un profil de République, deux initiales sous lesquelles tout le monde lit le nom d'un tout puissant de la pensée, — c'est ce qu'on oppose aux tambours battant, aux clairons sonnant, à la mitraille brutale, aux aigles éployés. Et, comme s'il fallait encore figurer plus clairement la signification de cette prise de possession, les canons inclinent leurs cous de bêtes rampantes devant le nouveau venu et lui rendent l'hommage tonnant réservé aux capitaines ; des soldats casqués, rigides sur leurs chevaux immobiles, le sabre au côté et une flamme au poing, montent la garde funéraire. Les noms de généraux et les noms de batailles gravés dans la pierre disparaissent, — on ne voit plus que les mots éloquents écrits sur des écussons improvisés, les mots qui sont des titres de livres, qui résument des années de travail cérébral, les mots qui sont les vrais gardiens de la mémoire de l'homme qui repose là après cinquante ans de labeur intellectuel.

Ce sont ces mots affichés qui constituent l'hommage suprême. Ce sont ces titres de livres qui donnent la vraie signification à cette station funéraire faite par Hugo sous l'arc de Napoléon. Le champ de carnage est vaincu par la page écrite ; la protestation de l'idée fait taire toutes les musiques guerrières.

Il faudra se souvenir de ce dernier service rendu par ce grand vieillard à la cause de l'humanité. Il aura été affirmé d'indéniable façon que la plus haute des puissances est dans le cerveau du penseur, qu'aucune arme ne peut prévaloir contre ces trois objets à portée d'une main d'écrivain : une plume, un encrier, une feuille de papier.

Quoi que réserve l'avenir, il y aura eu un jour dans notre histoire qui aura été la condamnation de l'Epée et l'apothéose du Livre, — un jour où ceux qui savent déchiffrer les emblèmes auront pu encore une fois lire les mots fatidiques : *Ceci tuera cela.*

III

La foule

31 mai 1885.

La Foule sera demain aux funérailles de Hugo.

Elle va, dès le jour, descendre la pente des faubourgs, sortir des gares de chemins de fer, courir comme une eau qui s'étale. A la voir du haut d'une colline ou du sommet d'un monument, elle apparaîtra, dans les longues rues qui percent les massifs de maisons, sur les larges places qui font des clairières dans la ville, en files pressées et en agglomérats d'insectes. Elle sera comme un être dispersé, dont se rassemblent enfin les innombrables parties, indéfiniment fragmentées ; ses atomes poussés les uns vers les autres par on ne sait quel mystérieux et électrique courant, se joignant, se touchant, s'agrafant, finiront par se réunir en cette ligne serrée et onduleuse d'humanité vivante qui bougera, frissonnera, clamera, le long des avenues et des quais, des ponts et des boulevards, — depuis l'arche trouée de ciel jusqu'au dôme embrumé de nuées. Elle deviendra alors une gigantesque chose inclassable, tenant de l'humanité et du rêve. Elle aura une tête, une queue, une musculature, un système nerveux, grossier d'ensemble, avec de ténues délicatesses. Et l'impression qui restera d'elle sera celle d'un remuement confus ne dépassant pas l'obscure ʳe embryonnaire, d'une rumeur éparse ne parvenant pas à être une voix.

Comment la définir, comment la deviner ? Comment dire avec précision le point où elle se résume d'une poussée, le geste en lequel elle s'esquisse, le cri qui est l'échappement de son âme tumultueuse ? Autant essayer de noter l'enragée musique des vagues qui, sans cesse, crèvent et se reforment, autant essayer d'enfermer dans un trait le fugitif linéament de la lame qui rampe, se dresse, retombe. Le bruit que fait la foule est en disproportion avec la restreinte acoustique de la phrase ; son mouvement continu, sa changeante expression s'accommodent mal de l'immobilité du dessin et du figé de la couleur ; les pensées et les sentiments qui sourdent en elle, qui la parcourent en traînées explosibles, donnent un assaut trop confus à l'observateur pour qu'il lui soit possible d'établir une équitable psychologie de la cohue.

On pourra mieux, sans doute, voir et comprendre, si, renonçant à scruter le vacarme, à cataloguer le grouillement, on se détermine à ne prendre qu'une unité de cette réunion d'hommes devenue un irréfléchi et aveugle élément. Allez donc droit au premier venu dans le désordre de cette mêlée, — à celui-ci, visage empourpré, geste brutal, voix hurlante, — ou à cet autre, face pâle, lèvres qui tremblent.

C'est un placide bonhomme. Il a lu, à propos de l'événement qui passionne, tous les renseignements que donnent les journaux ; il en a parlé tranquillement tout le jour avec ses camarades de bureau ou d'atelier ; il en a discuté, le soir, entre les cartes et le domino, au café où il a sa place. Il n'a rencontré que gens décidés à processionner, à acclamer, à aller voir. Il a vu des préparatifs, des échafaudages, des draperies, des fleurs ; il sait que des personnages, — des ministres, des académiciens, — seront dans le cortège ; les trains pris par des provinciaux éloignés l'émeuvent. Il y aura du canon, il y aura des discours, il y aura de la musique. Des besoins mal définis de manifester politiquement se mêlent dans sa tête tranquille au désir vague de rendre un hommage au génie. Le jour arrivé, il sort de chez lui emmenant sa famille en toilette, dans l'épanouissement des jours de fête et de promenade. Le voici au milieu de la foule, parmi ceux qui sont venus de partout, et qui lui sont semblables de tous points. Et soudain, voilà qu'en apercevant les panaches, les couronnes, voilà qu'en entendant le son des cuivres monter gravement dans l'air, un frisson court sur la peau de l'homme, une émotion lui serre la poitrine, lui dessèche la gorge ; il se découvre, son bras se lève, il s'exaspère en cris prolongés, il se rue à travers les femmes, les enfants, il bouscule, il écrase. Selon l'occasion, des colères ou des pleurs lui montent au visage. Il est capable de toutes les folies et de tous les héroïsmes. Il s'agenouillerait, il baiserait la terre, en fidèle fanatique. Il irait indistinctement des plus désintéressés sacrifices aux déraisons les plus sanglantes. Le brave homme à redingote et à parapluie de tout à l'heure est prêt pour toutes les besognes.

Il dételera les chevaux du corbillard, portera le mort sur son dos ; — il sera pris du subit besoin d'affirmer son amour exclusif d'une couleur, et il lacérera un drapeau, tuera celui qui le porte ; — il construira une barricade avec des pavés et un omnibus ; — il marchera sans armes contre une rangée de fusils crachant la mort ; — il assommera un passant.

Cette exaltation inattendue, ce changement à vue d'un état d'âme, qu'est-ce donc ?

L'homme entré dans la Foule, pensant, gesticulant, parlant avec un demi-million d'autres hommes, ne serait-il autre chose que l'homme enfermé dans une salle de spectacle, pris du besoin de crier aussi haut que le voisin, d'applaudir ou de siffler plus fort que lui ! Au fond, c'est le même respect humain, la même inconsistance d'opinion, le même instinct d'imitation. C'est l'émulation pour aduler ou pour démolir, c'est l'enivrement en commun. Si l'un dit : tue, l'autre dit : assomme. On va ainsi jusqu'au prosternement et jusqu'à l'injustice, jusqu'à l'extase religieuse du croyant et jusqu'à la destruction ignorante de l'incendiaire, jusqu'au courage du soldat et jusqu'à la lâcheté du tueur, jusqu'au sublime sacrifice d'une vie offerte à tous et jusqu'au hideux massacre d'un seul par cent mille. Les grandes journées des rues sont faites de ces courages sans arrière-pensées, de ces peurs exaltées, de ces timidités hors d'elles-mêmes, de ces lâchetés excitées jusqu'à la férocité, de cette poésie que dégage la multitude. Les irrésistibles envahissements de la marée humaine vont, à de certaines heures, vers on ne sait quel idéal tragique, poursuivent on ne sait quelle obsédante vision rouge. Les lendemains, hélas ! sont les plates accalmies, les délations empressées, les silences mornes, — les repos honteux, craignant le jour, qui suivent les débauches, — les prudentes et hâtives toilettes faites nerveusement après le crime.

La Foule est dispersée. L'homme se retrouvant seul essaie de reconstruire son enthousiasme, de définir son émotion, de s'expliquer sa sauvagerie, de retrouver le pourquoi de son audace ou le comment de sa fuite. Il doute, il se trouble, il tremble, il regrette, et tout l'acharnement de sa pensée est vain contre l'incompréhensible minute à jamais passée.

Les historiens philosophes qui cherchent les raisons sous les faits, constatent les accès de sensibilité et la perpétuelle présence de ce levain religieux qui fait encore fermenter au fond des âmes la foi ancienne et le mysticisme renié. Il est dans l'ordre que l'antique fétichisme se transforme et revienne en honneurs funèbres, en hymnes triomphales, en salves d'artillerie, en pluies de fleurs. Mais ceux qui passent leur vie à regarder fonctionner l'humanité n'accepteront pas comme lois sociales des fatalités physiologiques et des faiblesses cérébrales, ils diront de quels afflux de sang, de quelles réelles pusillanimités, de quelles joies de carnassiers mordant sans crainte, est faite la Foule ruée au meurtre ; et ils s'inscriront en faux contre les arrêts rendus par les masses délirantes, contre les exécutions faites par l'anonymat sûr de l'impunité. Les verdicts seront suspects, qui auront été pensés par des cerveaux enfiévrés, et prononcés par des bouches hurlantes, les verdicts où il entre de la férocité de la bête, de l'odeur de la poudre, de l'orage de l'air.

Une mélancolie ne prend-elle pas aussi devant l'unanime acclamation qui va tout à l'heure s'élever devant le cadavre du Poète qui a douloureusement et orgueilleusement, écrit que la gloire la plus haute était faite d'affronts ? Certes, il est beau qu'un peuple soit rangé en double haie pour saluer les Lettres en ce vieillard qui les a servies pendant cinquante années, et le cortège fleuri derrière cette voiture de pauvre fera plutôt songer à une fête de la pensée qu'à une conduite funèbre. Mais la gloire se décrète-t-elle par des chants et des vivats, par des emblèmes mortuaires et par des discours officiels ? Hugo serait-il amoindri, parce qu'il aurait été au cimetière sans musiques, sans académiciens et sans ministres, par les rues désertes où passent les cercueils des grands artistes que méconnaît la Foule ?

IV

Une statue à Balzac!

25 juin 1883.

Il a été écrit, à propos de la statue d'Alexandre Dumas père, qui va être dressée sur la place Malesherbes, quelques articles qui mettent en lumière une des grosses injustices de l'heure présente. Sous prétexte de faire l'éloge du conteur des *Mousquetaires*, on l'écrase sous tout le poids du bronze et des moellons du monument projeté : on ne craint pas, voulant grandir Dumas, de mettre en face de lui Balzac, de comparer à l'auteur de *Monte-Christo*, l'écrivain de la *Comédie-Humaine* ?

La question n'est pas de savoir si Balzac diminue pendant que Dumas père grandit, quels hommes de lettres racontent qu'ils n'ont pas lu Balzac et qu'ils connaissent Dumas par cœur. Ce qui arrête, ce qui stupéfie dans l'un des articles en question, c'est la singulière façon dont la balance est tenue entre les deux écrivains, et quel poids inattendu fait pencher un plateau en faveur de Dumas. « Balzac, dit un détracteur, c'est l'observation ; il a peint les mœurs de son temps ; mais ces mœurs ont passé de mode, et le romancier s'est démodé avec elles. Que nous importent des mœurs qui ne sont plus les nôtres ? Que nous font des costumes que nous ne portons plus ? Les photographies datant de vingt ans nous font rire, parce que les femmes y sont affublées de crinolines, et que cela nous semble ridicule. Eh bien ! la plupart des romans de Balzac ont des crinolines ! Dumas père, au contraire, c'est l'imagination, et l'imagination est très supérieure à l'observation. Les passions sont de tous les âges. La jalousie, la haine, la colère, l'amour, sont des sentiments qui passionneront toujours, etc. » Et il est ajouté que Balzac a été combattu par Sainte-Beuve et par M. Armand de Pontmartin. Tant pis pour Sainte-Beuve.

Donc, élevons une statue au Roman, cette grande forme de l'art et de la philosophie du xix° siècle, dans la personne de Dumas qui nous a amusés, et laissons de côté Balzac qui nous ennuie.

Eh bien ! il ne faut pas laisser passer sans protester cette signification donnée à la statue de la place Malesherbes. Tous ceux qui tiennent une plume aujourd'hui sont les débiteurs de Balzac ; il serait beau de les voir répondre au dédain de quelques-uns par une manifestation qui remettrait toutes choses en place et daterait dans notre histoire littéraire. Émile Zola a déjà écrit sur ce sujet un éloquent article. Que ne reprend-il de nouveau la parole ? Il serait écouté, il serait suivi par la génération nouvelle d'écrivains et de lecteurs qui se réclament de cette féconde doctrine de l'observation représentée par Balzac.

Balzac n'a peint que des mœurs passées de mode ! Les romans de Balzac ont des crinolines ! On croit rêver en entendant ainsi parler de l'écrivain qui a le plus étudié les dessous de l'homme, qui a le plus scruté l'être physiologique, qui s'est acharné à poursuivre les mobiles de nos actes, qui s'est usé à exprimer l'inexprimable : les nuances infinies des drames cérébraux. Mais Balzac a évoqué une humanité tout entière ! Dans son œuvre colossal vit une immense variété de types, de caractères, d'agents sociaux ; il a su discerner les causes qui poussent l'homme dans l'immense mêlée des intérêts et des passions, incarnant ces intérêts et ces passions dans des personnalités vivantes et agissantes, rigoureusement analysées. Et, ce qui est la merveille de son œuvre de psychologue, non seulement ces personnalités sont construites à l'aide du raisonnement philosophique le plus exact, le plus implacable, mais elles sont, chacune en particulier, la synthèse de tout un groupe, de toute une condition, d'une classe, d'un règne. Elles sont ainsi vraies d'une vérité générale qui est la vérité humaine, et d'une vérité particulière qui est celle de l'histoire. Balzac recompose l'homme physiologique, avec ses nerfs, son sang, ses intérêts ses passions, ses idées, il le place dans le milieu qu'il avait sous les yeux, dans cette société moderne, faite de complications, égale en misères et en grandeurs. Il remplit ainsi l'importante fonction du romancier ; il fait mieux, il révèle cette fonction, qui est d'être l'historien des mœurs ; il crée ce rôle qui consiste à mettre auprès des faits apparents de l'histoire officielle, l'agitation de la vie ; il démonte les ressorts qui font agir les masses et les individus ; il montre, fonctionnant auprès des pouvoirs établis, ces pouvoirs non moins grands qui sont les premiers acteurs dans le drame de l'Histoire, dans la comédie des mœurs : l'Argent, l'Amour, l'Ambition. Il réalise, avec son analyse de chirurgien, avec sa flamme de penseur, ces admirables peintures de tous les mondes ; il pénètre et éclaire la Finance, la Politique, la Femme. Il fait tant qu'il sera impossible de comprendre la Restauration et le règne de Louis-Philippe sans son œuvre, qui en éclaire les coulisses ; il donne les « pourquoi » et les « comment » de l'Histoire.

C'est cette façon de comprendre le roman qui est aujourd'hui, hélas ! reprochée à Balzac. Comme s'il n'avait pas, lui aussi, peint « les passions qui sont de tous les âges », — comme s'il avait ignoré « la jalousie, la haine, la colère, l'amour, les sentiments qui passionneront toutes les générations. » Les hommes et les femmes qu'il a peints ont des toupets, des faux-cols et des crinolines, soit. Mais ils expriment l'amour, la paternité, le dévouement, le sacrifice, l'avarice, l'ambition, l'intrigue, la droiture, le crime à l'égal des personnages de Shakespeare et de Molière.

On est libre de préférer les bonshommes vêtus de justaucorps à crevés, drapés de manteaux, ornés de raptères qui s'agitent dans les romans de Dumas père, et de proclamer que ceux-là représentent les passions éternelles, les sentiments humains ; on est libre de mettre au-dessus de l'œuvre de science et d'observation de Balzac les aventures à la vapeur et les contes des mille et une nuits de Dumas ; mais qu'on ne jette pas la statue de celui-ci sur l'œuvre indestructible de celui-là ; la statue se briserait contre le livre.

Puisque l'on veut élever une statue au Roman et que Paris est choisi comme emplacement, il y a peine à comprendre que l'on songe à un autre qu'à Balzac.

Oui, dussions-nous renouveler la querelle des villes qui se disputaient Homère, oui, c'est à Paris que Balzac appartient. C'est à Paris que son talent est né ; c'est Paris qui a révélé l'auteur de la *Comédie humaine* à lui-même ; c'est à Paris qu'il a souffert, qu'il a conçu ; c'est Paris qui l'a accouché de son œuvre formidable, qui en a fait un grand romancier social, le maître d'un art nouveau, l'homme du siècle. C'est à Paris que doit se dresser la statue de ce grand homme de génie.

Où ? Au cœur même de la ville, au centre d'un carrefour où se croisent les ambitions et les élégances, les richesses et les misères ; là où règne l'or, où passe la Parisienne, où la politique et l'art font se précipiter la foule. Toute notre génération battrait des mains s'il surgissait, drapé dans la robe monacale qu'il aimait à revêtir, l'œil bien ouvert, sa tête puissante orgueilleusement relevée, l'air doux et fort. S'il ne reconnaissait

pas les palais neufs et les voies nouvelles, il verrait
bien que si les décors sont changés, les acteurs sont
restés les mêmes. Les nuits de fête, quand la foule passerait à ses pieds, dans le flamboiement de la lumière,
il reconnaîtrait sans peine, allant à l'Opéra, Mme de
Maufrigneuse et Mme d'Espard, Esther et Delphine de
Nucingen ; il suivrait du regard les rois de l'esprit et
de la finance, les aventuriers de la plume et de l'épée,
les fortunés éphémères et les bohêmes détrônés, ceux
qui seront tout demain et ceux qui ne seront plus rien,
Rastignac et de Marsay, Rubempré et la Palférine, du
Tillet et Lousteau, Bridau, Bixiou et Blondet, tous allant d'un pas léger, le masque rigide, les uns au devant de la fortune, les autres à la catastrophe.

Et les bruits apaisés, les lumières éteintes, Balzac
ne serait pas encore seul. Là haut, au dernier étage
d'une haute maison de la place maintenant déserte et
silencieuse, une flamme persisterait comme une
veilleuse dans une chambre où tout dort. Et si le bronze
pensait, la statue pourrait se demander si cette flamme,
c'est la lampe expirante ou l'aurore de demain, si c'est
Bianchon qui veille ou Marcas qui meurt.

26 novembre 1883.

On pourra bientôt dire des statues l'équivalent de
ce qui a été dit de l'ordre de la Légion d'honneur : un
littérateur, un homme politique, un grand industriel,
un notable commerçant, seront singularisés s'ils n'ont
pas leur image sur une place publique ou dans un
cimetière. N'importe ! Parmi le peuple de statues
dont on est en train de couvrir le sol, il en est quelques-unes qui paraîtront plus hautes que les autres ;
au milieu des silhouettes banales, des ridicules apothéoses, des grands hommes d'un jour, des gloires
d'une heure, des réclames colossales et creuses érigées
par les coteries qui auront, par on ne sait quel triste
hasard, disposé du pavé d'une ville, quelques hommes

de bronze ou de marbre ébaucheront bien quelque geste souverain qui les fera reconnaître pour ceux qui ont le droit de parler, au nom du siècle, devant les générations à venir. Sur le socle de leur monument on pourra lire une des pages de ce livre idéal, jamais terminé, qui raconte l'histoire de l'esprit humain ; leur piédestal ne sera pas un simple assemblage de pierres et de ciment, mais une œuvre. Balzac est de ces hommes qui peuvent impunément attendre leur statue. Créateur d'une Littérature, historien d'un siècle, il s'est élevé à lui-même un monument superbe ; quelques parties s'écrouleront sans doute, quelques autres se couvriront de rouille et de mousses, mais avec la reculée du temps, la *Comédie humaine* apparaîtra, comme une masse imposante, aux lignes hardies, alors qu'on trouvera à peine la poussière de nos admirables racontars et de nos vaudevilles sublimes.

Qu'on élève donc une statue à Balzac ! Il y a trois ans, alors qu'un groupe de littérateurs ouvrait une souscription pour un monument à Dumas père, Emile Zola, seul, dans la presse, jeta un cri de protestation et demanda que Balzac passât le premier. Le cri n'eut pas d'écho. Il y eut accord tacite, dans le monde des lettres, pour que le nom de Balzac ne fût même pas prononcé. Il y a six mois, quand la statue de l'auteur des *Trois Mousquetaires* commença à sortir de terre, un ou deux journalistes reparlèrent de Balzac. Même silence. Et puis, tout à coup, ô merveille, à peine l'œuvre de Gustave Doré est-elle inaugurée, à peine les discours sont-ils prononcés et publiés, que l'accord se fait comme par enchantement. Voilà que tout le monde parle de Balzac, que des notes graves comme des communiqués paraissent dans les journaux, qu'il est question de l'achat d'un terrain, que le sculpteur est à peu près désigné ? Que s'est-il donc passé ? Les admirateurs de Balzac étaient-ils si bien groupés qu'ils aient pu répondre immédiatement à une manifestation par une autre manifestation ? M. Émile Zola avait-il réuni, à Médan, ses amis en un comité secret dont l'occulte puissance éclatait brusquement ? Point. Mais encore ? Eh ! n'êtes-vous pas au courant des mœurs artistiques et ne savez-vous pas quelle centralisation littéraire a été créée à Paris par quelques boutiques d'éditeurs, quelques journaux, quelques dîners et quelques associations ? Ce sont les mêmes qui ont fondu la statue de Dumas, qui vont en tailler une à Balzac, après avoir fait la sourde oreille pendant des années ! Un romancier, l'auteur d'*Esaü le lépreux*, M. Emmanuel Gonzalès, a reçu de M. Edmond About, l'auteur du *Nez d'un notaire*, la mission de former un comité, des invitations ont été envoyées, le comité sera constitué et réuni dans quelques jours, une place de Paris sera demandée au conseil municipal : dans six mois, si l'artiste y met un peu de fièvre, les mêmes qui ont discouru sur Dumas discourront sur Balzac. N'est-ce pas amusant et joli comme un chapitre gai d'*Un Grand homme de province à Paris*, ce clan de littérateurs qui élèvent des statues comme d'autres élèvent du bétail, qui les couvent, les dorlotent, les nourrissent au biberon jusqu'à ce qu'elles soient assez grandes pour être lâchées au milieu de la foule, qui les font sortir l'une après l'autre du magasin où ils les tiennent en réserve, au gré du sentiment public, qui connaissent le moment opportun pour organiser une manifestation, et les influences climatologiques qui peuvent nuire à une souscription !

Bah ! le temps fera son œuvre et remettra toutes choses en place. Il n'est pas déplaisant, en somme, de voir le Tout-Paris attelé à une œuvre pour laquelle il n'avait eu jusqu'à présent que d'aimables ricanements. Et s'il y a, dans le comité formé, comme il faut l'espérer, quelques consciencieux, peut-être empêchera-t-on cette chose grotesque : la statue de Balzac érigée sur la place Malesherbes, sans aucune espèce de raison, « en pendant » à la statue de Dumas père ; peut-être ne tentera-t-on plus, après M. Emmanuel Gonzalès, un

parallèle impossible ; peut-être, le jour de la grande
fête littéraire qui rassemblera Paris entier autour de la
glorieuse figure de l'écrivain des *Parents pauvres*, les
marchands de papier, les fabricants de romans-feuille-
tons, les aspirants à l'Académie, peut-être tout ce
monde s'écartera-t il pour laisser passer un homme de
lettres, Edmond de Goncourt ou Alphonse Daudet, qui
viendra raconter la vie et l'œuvre d'Honoré de Balzac ?

V

La statue d'Alexandre Dumas.

5 novembre 1883.

C'est fait. On avait à élever une statue à la littérature
moderne ; on avait à glorifier le combat qui s'est
livré depuis le commencement du siècle pour l'art et
pour la vérité ; on avait à mettre en lumière l'ardente
recherche, la profondeur d'observation, la sagacité de
critique, le raffinement d'art, qui caractérisent les
grands écrivains de notre âge. On devait faire cette
manifestation sur le nom du plus grand de tous,
Balzac ; on pouvait aussi honorer superbement l'Histoire, les Lettres, la Poésie, le Roman, en dressant
Michelet, ou Gautier, ou Baudelaire, ou Stendhal ou
Flaubert sur une place de Paris. Non. un comité s'est
rassemblé et a décidé d'élever un monument à Alexandre
Dumas père, à la gloire du roman d'aventures. Aujour-
d'hui, les voiles qui recouvrent l'œuvre de Gustave
Doré tomberont ; quelqu'un parlera au nom du minis-

tère des beaux-arts ; un autre, au nom des auteurs dramatiques ; un autre, au nom des gens de lettres ; puis chacun s'en retournera ; et aucun de ceux qui étaient là, une fois rentré dans sa maison, ne s'avisera d'ouvrir *Monte-Christo* ou les *Mohicans de Paris* pour y trouver la signification de la cérémonie de la place Malesherbes.

Certes, on n'a ni le loisir ni le goût d'étudier dans ses détails l'amas de livres qu'a laissés Alexandre Dumas père, mais qu'on lise avec attention tout ce qu'ont publié sur lui depuis quelques jours ses amis et ses admirateurs, qu'on cherche à surprendre, sous les fanfares et les enguirlandements des phrases, la raison de l'énorme apologie à laquelle nous assistons en ce moment. Il faut l'avouer, la stupéfaction est grande ; il est bien parlé de génie, d'imagination, d'extraordinaire production ; on affirme que ce roman, et cet autre, et celui-ci encore, et tous, sont dans toutes les mémoires. Les anecdotes pleuvent ; Dumas fut un homme charmant, épanoui dans la plus magnifique bonne humeur, débordant d'esprit, ruisselant de mots. Très bien ; nous savons en partie tout cela ; nous admirons la puissance de travail et nous aimons l'homme sur lequel jamais ne passa l'ombre d'une pensée malfaisante. Mais enfin, nous parlons littérature ; il s'agit d'une statue élevée, à Paris, non à un brave homme, mais à une œuvre. Qu'on parle donc de l'œuvre ; qu'on la raconte, qu'on l'étudie devant nous ; qu'on dise d'où elle vient et où elle va ; qu'on nous la fasse parcourir comme une construction marquée dans chacune de ses parties de science et de logique ; qu'on la résume en une synthèse lumineuse frappant tous les esprits d'évidence ; qu'on nous montre quelle philosophie et quel art elle renferme !

C'est là le difficile et personne ne le tentera. Personne, dans les courses faites par Dumas dans tous les sens à travers l'histoire, à travers la vie, à travers le monde, ne découvrira l'impulsion que l'idée donne à l'homme, personne ne dira ce que cet infatigable a rapporté de son voyage, quel aspect nouveau de l'être humain ou de la nature l'a frappé, personne n'osera prendre une page dans l'œuvre immense et affirmer que cette page vivra.

Qu'on cherche dans tous les romans, dans tous les drames de Dumas, qu'on les reprenne l'un après l'autre, qu'on les fouille avec acharnement, qu'on choisisse, pour les considérer, tel angle d'incidence que l'on voudra, qu'on épuise les prétextes à admiration. On trouvera de la verve, du mouvement, un amusement fugitif auquel on ne reviendra pas, une clarté banale ; mais on ne trouvera pas les hautes qualités qui font les grandes œuvres ; on ne trouvera ni la vérité d'observation, ni la science de reconstitution, ni l'intuition philosophique, ni le style.

La vérité d'observation ! cette grande chose qui dominera tout le mouvement littéraire de notre époque ! Dumas n'y a même pas songé. Il est aux antipodes du champ que labouraient Stendhal et Balzac. Il raconte, il écrit, il entasse les feuillets sur les feuillets, les livres sur les livres, mais il n'a pas un seul instant la pensée de s'arrêter devant le spectacle que lui offre la vie. Il conte pour conter, emplit la vie d'un homme d'une somme d'aventures que toute une génération aurait peine à mener à bonne fin, fait bifurquer l'action indifféremment à droite ou à gauche, certain de faire naître, de quelque façon que ce soit, assez d'incidents pour défrayer dix volumes. D'un bout à l'autre le hasard règne en maître, déplace les hommes, dénature les événements, se rit de la vraisemblance. Les héros de Dumas, ce sont ces mousquetaires, ces gentilshommes, ces conspirateurs qui enjambent les mers, tranchent les montagnes, font cent lieues sans qu'on s'en aperçoive, parcourent les continents en trois sauts, et tout en riant, tout en se livrant à d'effrénées culbutes, envoient des coups d'épée et des baisers de tous les côtés, si prestement que le lecteur stupéfait n'a pas le temps de demander le pourquoi et le comment de ce cauchemar gai. Si, par extraordinaire, le romancier quitte un instant ses d'Artagnan, ses Chicot, ses Coconnas habituels, s'il s'en prend à l'homme qui est son contemporain, dont il devrait connaître l'esprit et l'existence, il évoque cet extraordinaire Antony, étrange reflet des imaginations sataniques et fatales des poètes poitrinaires dont Gautier a tracé les amusants portraits. Et la nécessité d'arranger, d'amplifier, était si ancrée chez Dumas qu'il se produisait un étrange phénomène à propos de cet Antony vague, sans profession, mis comme un prince, qui se répandait en malédictions contre la société : la pièce comportait le développement d'une situation dans laquelle Dumas s'était trouvé ; amant d'une femme mariée et, dit-on, sérieusement épris d'elle, il avait vu sa passion diminuer peu à peu, puis s'évanouir, et la liaison formée se dénouer sans violence, dans une lassitude ennuyée. Mais il n'a garde de livrer bataille pour le vrai, de mettre des vivants sur la scène ; il imagine ce dénoûment baroque : « Elle me résistait : je l'ai assassinée ! » qui conduit tout droit son héros vivant, l'Antony superbe, en cour d'assises.

La science de reconstitution qui aurait pu être la gloire de Dumas, la posséda-t-il davantage? Hélas ! ceux qui croient avoir répondu à toutes les critiques en proclamant bien haut l'imagination de l'écrivain des *Mousquetaires*, ceux qui mettent avec une si risible candeur cette imagination en parallèle avec l'observation des grands écrivains, ceux-là n'ont-ils pas répondu d'avance à la question ? Dumas n'eut pas, certes, l'extraordinaire imagination d'un Eugène Sue qui faisait sortir de toutes pièces de son cerveau ces romans terriblement charpentés et touffus, le *Juif-Errant*, les *Mystères de Paris :* il lui fallut toujours un point de départ, un canevas. Il prit tout de l'Histoire, les personnages, les situations, le cadre, et se montra par là aussi peu inventeur que possible. Son imagination n'entre en scène que lorsqu'il a trouvé dans l'œuvre d'un autre, dans une chronique, dans des Mémoires, le sujet à exploiter. C'est alors qu'il en prend à son aise, qu'il coupe, qu'il allonge, qu'il jongle avec les dates, avec les personnages, avec les faits. En réalité, il n'imagine pas, il défigure, et le roman historique, pour lequel toute la science, tout l'art d'un grand écrivain sont nécessaires, le roman historique dont la *Notre-Dame* d'Hugo et le *Cinq-Mars* de Vigny offrent deux exemples, devient, entre les mains de Dumas, une farce joyeuse étrangère à la reconstitution matérielle et psychologique d'une époque disparue.

L'intuition philosophique n'a jamais été revendiquée pour Dumas. Les grandes qualités cérébrales qu'il mit en action pour faire se mouvoir la multitude de personnages qui grouille dans ses livres ne comportait pas l'étude attentive des phénomènes psychiques et du problème de la destinée ; elles ne comportaient pas davantage la vision nette du combat pour la vie et de l'organisation sociale. Républicain spiritualiste, Dumas confie tout bonnement les ficelles qui font se mouvoir ses pantins à la Providence ; il s'en remet au Dieu vague qu'il invoque de temps à autre pour tout ce qui arrête et fait réfléchir l'homme inquiet ; il explique ainsi tout changement, tout bien, tout mal, tout coup de théâtre, toute suite au prochain numéro. Pendant ce temps, Balzac, le légitimiste et catholique Balzac, faisait œuvre de socialiste ; dans la bataille humaine des passions et des intérêts qui emplit son œuvre, il ne fait en réalité apparaître le catholicisme que comme un facteur égal aux autres facteurs ; rien, chez lui, en dehors des fatalités naturelles et sociales, ne domine les hommes et les événements.

Reste le style. Mais à quoi bon peser et insister. Il n'y a pas, et tout le monde le sait, même ceux qui vont prendre aujourd'hui la parole devant la statue de la place Malesherbes, il n'y a pas un livre, il n'y a pas une page, il n'y a pas une ligne marquée au sceau de l'art dans tout l'œuvre de Dumas. C'est le racontage monotone, sans un accent, sans une couleur, sans une trouvaille de mot, c'est le parler banal dont rien ne survit.

La philosophie et l'art de notre siècle sont donc absents de l'œuvre de Dumas. Cet homme débordant de vie n'a pas su ramasser en un corps les dons qu'il possédait ; il est mort sans s'être concentré dans un roman, sans avoir marqué une page d'une empreinte souveraine. Il a gâché, comme à plaisir, sa gaité puissante, son esprit bien portant, toutes ses qualités, dans une production effrénée, au jour le jour. Son cabinet de travail fut une usine à feuilletons ; la table devant laquelle l'écrivain doit, aux heures calmes, s'asseoir solitaire, pour penser et parfaire son œuvre fut transformée par lui en une tablée encombrée de jeunes littérateurs réduits en servitude ; les romans, les drames, les comédies sortaient de là sans interruption. Vite, l'éditeur, le directeur, le public attendent ! Et les cerveaux de fumer, et les plumes de courir ; et Dumas, animé comme un Vulcain dans sa forge, de passer de l'un à l'autre, ajoutant ici, retranchant là, jetant à tous les vents les pages de son œuvre facile. Ce terrible métier de producteur, il l'exerça jusqu'au bout avec la même vaillance et le même sourire, mais aussi à quel prix ! au prix de l'avenir de son œuvre, au prix de son influence littéraire : pendant que Balzac ouvrait la voie aux écrivains qui devaient compléter et agrandir l'enquête qu'il avait commencée, de Dumas sortaient les romanciers qui n'avaient ni sa verve, ni son esprit, les Ponson du Terrail et les Xavier de Montépin qui ont inondé des générations de lecteurs des flots de leur écœurante littérature quotidienne.

L'homme seul était grand chez Dumas ; bon, prodigue, magnifique, jovial, avide de bruit, sa personne sympathique apparaissant à travers tout ce qu'il écrivait, il fit accepter comme les manifestations d'un écrivain de génie ces livres qui n'étaient que les preuves de son extraordinaire vitalité. Aussi, ce sont les aventures où il s'est mis davantage, où sa bonne humeur rayonne, où la vie se manifeste avec le plus d'exubérance, qui ont le mieux résisté à l'épreuve du temps, ses *Impressions de voyage*, ses *Mémoires*, son *Théâtre*, qui est incomparablement supérieur à ses romans. Aussi, l'impression d'une vie tumultueuse, une impression confuse de mouvement et de bruit sort-elle encore de tous ces livres comme l'écho d'une bataille.

Et maintenant que la fête est finie, que le grand amuseur des générations disparues se dresse sur Paris, après avoir été comparé aux plus grands, à ceux qui ont fait la langue française et la France, à Rabelais, à Molière, à Voltaire, aura-t-on l'idée et le loisir d'élever une statue au grand romancier du xix° siècle, à Honoré de Balzac ?

VI

Auguste Barbier

16 février 1882.

M. Auguste Barbier, de l'Académie française, vient de mourir à Nice. La nouvelle frappe peu : il y a si longtemps que l'auteur des *Iambes* est mort. C'est certainement un deuil qui ne dépassera pas le cercle de famille et d'amis. La foule pour laquelle les grands écrivains travaillent savait qu'elle n'avait plus rien à attendre du poète qui avait jeté en 1830 son premier — et son dernier cri. Le mot : *fin* était écrit depuis longtemps au bas de la *Curée* et d'*Il Pianto*. La mort ne vient pas de briser une plume vivante, d'arrêter une œuvre en plein essor ; elle se borne à dépouiller cet oublié de l'habit de cérémonie sur lequel on avait consu les palmes vertes de l'immortalité.

Il n'est peut-être pas, en effet, de plus singulier exemple des destinées avortées. Auguste Barbier a été, comme pas un, « le poète mort jeune en qui l'homme survit », dont parle Sainte-Beuve.

Le sort voulut qu'il eût vingt-cinq ans et qu'il fût étudiant lorsque vint la révolution de 1830. Il est bien évident qu'Auguste Barbier dut être effrayé, le reste de sa vie, par l'œuvre de sa jeunesse ; tout ce qu'il publia ensuite fait l'effet de ratures, d'adoucissements, de tempéraments apportés au premières pages révolutionnaires.

Le bruit avait été trop grand, l'applaudissement trop chaleureux, l'impression trop profonde ; ce belluaire effrayé paraît avoir passé sa vie à vouloir museler le lion qu'il avait déchaîné. Là a été surtout sa grande erreur ; le silence valait mieux que les amendements qui ont conduit Barbier à l'Académie.

L'effet fut prodigieux, en 1830, quand, après la bataille des trois jours, les vers de la *Curée* retentirent dans les rues encore sonores des coups de fusils de la veille, encore pleines de l'atmosphère cuivrée de la bataille. Tout se tut pour écouter cette voix haletante qui racontait les héroïsmes de la lutte et les lâches compromis du lendemain de la victoire : l'accent était rauque, le mot cru, la langue fruste ; les vers de longueurs inégales, ces terribles iambes flagellant comme des lanières, semblaient sauter par dessus les pavés bouleversés des rues.

Tous ceux que l'avènement de la « meilleure des républiques » avait déçus, tous ces fiers démocrates qui avaient pris le fer au poing et armé leur fusil pour jeter la monarchie à bas et qui voyaient une autre monarchie profiter du sang versé, tous ceux-là applaudirent aux dénonciations et aux anathèmes du poète. Ils crurent sans doute que tout n'était pas perdu puisque les jeunes gens trouvaient de tels accents. Cette poésie révolutionnaire, cette verve faubourienne, cette formidable satire, alors sans équivalent, étaient des armes avec lesquelles on pouvait recommencer le combat... Hélas ! les barricades de Saint-Merry et de la Croix-Rousse purent s'élever et s'écrouler ; les combattants purent tomber sous la fusillade ou mourir dans les cachots : la voix s'était tue ! jamais plus on ne devait l'entendre.

On attendait en 1832, en 1834, on attendait en 1848 que l'homme qui avait écrit le *Lion*, *Quatre-vingt-treize*, la *Popularité*, donnât de nouveau une expression aux rumeurs et aux cris de la multitude qu'il avait jadis célébrée.

On attendait au moins que celui qui avait dit, sur un rythme si mélancolique, avec des paroles si désolées, les tristesses de l'Italie morte, dans *Il Pianto*, les horreurs de la misère des ouvriers de Londres, dans *Lazare*, trouvât une plainte, moins encore, une larme, pour la misère des prolétaires des faubourgs de Paris. Rien ne vint. Si, pourtant : M. Barbier publiait un roman satirique : les *Mauvais garçons*; *Chants civils et religieux*; *Benvenuto Cellini*, opéra ; *Chansons et odelettes*, poésies anacréontiques. L'inspiration était banale, la forme médiocre.

L'empire vint et ne réveilla pas le poète enflammé de l'*Idole*. Celui qui, alors que tous les poètes étaient éblouis par la gloire napoléonienne, avait écrit, avec un si superbe courage moral, la pièce où se trouvent ces deux vers :

> Je n'ai jamais chargé qu'un être de ma haine.
> Sois maudit, ô Napoléon !

publiait sous le second empire: *Silves*, poésies diverses;

Trois passions, nouvelles. L'auteur des *Iambes* traduisait Coleridge.

Le châtiment vint, terrible. En 1869, Auguste Barbier fut élu académicien, en remplacement d'Empis. C'était bien fini. Depuis, il n'a publié que son discours de réception.

M. Auguste Barbier était, dit-on, devenu religieux. Mais à quoi bon vouloir éclaircir le mystère de toute cette vie de laquelle émergent seulement deux faits, deux dates : il écrivit les *Iambes* en 1830 et fut de l'Académie en 1869.

VII

Béranger

23 avril 1883.

Une cérémonie intime a réuni trois cents personnes environ au cimetière du Père-Lachaise. Il s'agissait de célébrer l'anniversaire de la naissance de Béranger. Cette modeste manifestation avait été organisée par les membres de la Lice chansonnière qui s'étaient cotisés pour déposer une couronne sur la tombe du poète. Le cercle Béranger, également venu au rendez-vous, a, lui aussi, déposé une couronne. Des discours ont été prononcés ; puis on s'est séparé après qu'un vieil ami de Béranger, M. Engelbauer, a exprimé le souhait de voir la statue du chansonnier élevée dans le square du Temple.

Si cette manifestation sur la tombe de Béranger a eu pour but de protester contre le genre qui fleurit aujourd'hui dans les cafés-concerts des Champs-Élysées, c'est là une démonstration bien inutile. Il n'est guère probable que la lecture des œuvres du chantre de Lisette fasse venir à résipiscence les fournisseurs ordinaires de l'Alcazar et des Ambassadeurs ; et l'aimable public qui paye sa place au concert aussi cher qu'au Théâtre-Français pour avoir le droit d'accompagner au refrain : « *Il a un œil qui dit : Je t'emmène à Paris* » serait bien dérouté si son ténor favori s'avançait sur le devant de la scène pour lui chanter les *Hirondelles* ou *Dans un grenier qu'on est bien à vingt ans.* La mode change. Les *Gueux* ne peuvent tenir contre la *Sœur de l'emballeur*, et Lisette, avec son petit bonnet et son jupon court, apparaît vêtue d'un costume ridicule et rococo aux dames d'aujourd'hui qui se mettent sur la tête un chapeau semblable à un clayon de fromage et portent des robes qui font poche sur la poitrine.

C'est une curieuse expérience que celle-là qui peut être faite à propos des œuvres de l'écrivain qui a été l'un des plus populaires de ce siècle, qui a été le chansonnier « national » comme M. Thiers a été l'historien « national », et dont la mort a été un deuil public. Tout ce qui était peinture et critique de l'actualité, tout ce qui correspondait à un état passager de l'opinion, tout ce qui concernait un de ces petits faits qui font un bruit immense pendant trois jours, tout cela se ride, se lézarde, tombe en poussière. Telle poésie qui fit autrefois fureur, qui fut chantée par tout Paris comme une sorte de chœur formidable, fait aujourd'hui songer à l'exhumation d'un vieux mirliton ; cela produit sur l'oreille et sur l'esprit le même effet que produisent sur l'œil les gravures de modes où revivent les faux-cols à guillotine, les pantalons à pont et les chapeaux à la Bolivar. C'est qu'il n'y avait pas là une observation assez profonde des mœurs du siècle ; c'est que le chansonnier s'était arrêté aux surfaces, satisfait quand il avait emprisonné dans un couplet le bruit qui était dans l'air, le chuchottement qui courait dans la foule.

Certaines chansons politiques, le *Roi d'Yvetot*, *Monsieur le Sénateur*, et les couplets qui raillaient la Restauration, vivent pourtant comme les pamphlets de Courier ; le sentiment qui les a inspirés était vif et sincère et les traits lancés, subtils comme des dards d'abeilles, sont restés dans les blessures ; les hommes et les choses sont encore visibles sous les vers gracieux et pétillants ; les inspirations légères ont pris rang parmi les documents historiques. Puis quelques strophes apparaissent, maintenant qu'elles sont débarrassées des airs de complaintes et de ponts-neufs qui les banalisaient, comme l'expression d'une douce et honnête philosophie, un peu terre à terre, qui aimait son chez soi, le coin du foyer, et se trouvait dépaysée dans les champs et dans la rue. La *Bonne Vieille* est une de ces jolies choses, moitié d'observation attendrie, moitié de rêverie. Il ne faut pas omettre de les porter à l'actif de Béranger.

Malheureusement, cet excellent homme, qui trouva parfois, pour célébrer « la liberté, le vin et les amours », les accents d'un Anacréon en redingote à la propriétaire, cultiva trop les fleurs de rhétorique qui poussaient alors dans les plate-bandes du centre gauche. Son « Dieu des bonnes gens » est un compromis destiné à satisfaire tout le monde, et l'alliance bizarre entre la démocratie et le césarisme qu'il préconisa, fut une des plus lourdes imprudences poétiques de ce siècle.

Les amis du chansonnier qui veulent lui élever une statue en plein Paris ne rendent pas un grand service à sa mémoire : c'est trop mettre en lumière la Muse, de bonne tenue, mais un peu vieillotte, qui inspirait Béranger à l'époque du chant d'asile ; c'est trop souligner la besogne funeste qu'il accomplit dans toutes les villes et dans tous les villages de France en célébrant Bonaparte comme le soldat de la Révolution. « *Il vous a parlé, grand'mère !* » a plus fait pour le retour de l'empire que toute la propagande des fidèles de Napoléon III.

Un buste sous un arbre suffit pour conserver les souvenirs du poète modéré et du maladroit honnête homme que fut Béranger. S'il est encore, de par le monde, une Lisette qui ne soit pas pervertie par les représentants actuels de la chanson française, elle saura bien trouver le bonhomme pour lui porter un bouquet de violettes d'un sou.

VIII

Aux Jardies

4 janvier 1883.

La maison est basse. Le mur blanc est recouvert d'un treillage où s'accrochent encore la vigne vierge et la glycine desséchées. Les fenêtres sont petites, les portes étroites. Devant le logis, une pelouse verte, parsemée de feuilles sèches, des plantes enveloppées de paille, des charmilles. C'est rustique et charmant, humble et doux à l'œil. A côté, sont les étangs si mystérieux le soir, les bois sombres que le bon Corot peuplait de nymphes et de dryades. L'orateur tumultueux, le président qui remplit, à certains jours, le palais Bourbon du faste de ses réceptions, avait trouvé là un coin de nature propre au délassement de tous les travaux de la politique, de tous les plaisirs parisiens.

On s'étonne de la simplicité de la maison, de la nudité des murs. On va, à travers les petites pièces, la salle à manger du rez-de-chaussée, la chambre à coucher du premier étage. Un escalier tournant grince et tremble sous les pas. On pourrait toucher les plafonds de la main. Un maigre tapis couvre le sol. Les rideaux des fenêtres sont en cretonne à fond rouge orné de palmes jaunes. Le bureau est minuscule, un de ces bureaux à tiroirs et à casiers, grand comme un cabinet japonais, sur lesquels on ne peut pas écrire. Dans la chambre à coucher, une commode, ce meuble qui tend à disparaître, un lit sans rideaux. Aucune harmonie entre les meubles, entre les tentures ; ameublement fait d'occasions, installation de soldat toujours prêt à entrer en campagne.

C'est la banalité de la chambre d'hôtel où séjourne à peine l'étudiant de vingt-cinq ans ; c'est le pied à terre de l'homme qui vit au jour le jour, sans souvenance du passé, sans souci du lendemain, prêt à toutes les éventualités, à toutes les défaites comme à toutes les victoires. A quinze ans de distance, on retrouve là, de l'aveu de ceux qui l'ont connu, le Gambetta vivant à Paris de la modique pension paternelle, passant des agapes du quartier Latin au pot au feu de la tante Massabie. On cherche instinctivement, au milieu de ce campement, la malle qui laisse voir l'habit noir et le linge indispensables au jeune homme qui vient à Paris tenter fortune dans les lettres ou dans la politique.

Et puis parmi tout cela, d'énormes trophées patriotiques, des souvenirs funèbres ou glorieux, des modèles de République, une vieille gravure révolutionnaire représentant Mirabeau à la tribune, des bustes offerts par des groupes d'Alsaciens-Lorrains, une photographie des 363, tout ce qui avait marqué les succès de l'orateur, les étapes de l'homme politique. Le goût de Gambetta pour les choses d'art s'affirme tant bien que mal par quelques gravures mal encadrées accrochées aux murs, des eaux-fortes de Flameng, de Legros, des dessins de Vierge.

Le portrait de la vieille mère morte à temps est aussi dans la maison des Jardies.

A travers l'Empire, la guerre, la lutte contre la réaction, le politique, le signataire du pacte de 1869 s'était transformé, avait conquis ou subi les fortunes les plus diverses, mais le jeune homme venu de Cahors à Paris pour faire son droit n'avait pu réussir à se créer un intérieur, à sceller les pierres d'un foyer. L'homme aux cheveux blanchis qui repose là, la tête penchée, l'œil fixe, le front blanc de la blancheur jaunissante de la cire, fait plutôt penser, dans ce milieu désordonné, dans cette tristesse banale de meubles étrangers les uns aux autres, au Z. Marcas, de Balzac, qu'à l'homme d'Etat qui sut, à certaines heures, réunir autour de lui le gros de l'armée républicaine.

Le nom de Balzac vient d'être écrit. C'est qu'un mystérieux rapprochement s'impose. Le puissant écrivain de la *Comédie humaine* est venu, lui aussi, essayer de calmer la fièvre de son cerveau au milieu de ces charmilles. Ce n'est pas la même maison, c'est le pavillon où Balzac logeait son jardinier que Gambetta habitait ; le reste a été détruit ou transformé.

Mais quel singulier hasard avait conduit là, dans le jardin où s'est promené le plus puissant observateur des mœurs du dix-neuvième siècle, l'homme singulier dont la vie dépasse en gloires et en amertumes tout ce qu'avait rêvé le cerveau du romancier.

A l'heure où le soir tombait, quand toutes les mélancolies de la nuit et de la nature venaient faire la paix autour d'Honoré de Balzac sorti des horreurs sociales qui bouillonnent dans la cuve parisienne, entrevit-il jamais, dans la surexcitation de son génie, destinée plus extraordinaire, fin plus sinistre que celle de Léon Gambetta, connaissant tous les triomphes et toutes les ironies, arrivant au sommet, touchant au fond de l'abîme, et mourant là, d'un coup de revolver stupide.

Les Jardies ! le doux nom rustique servira désormais à mesurer l'écart de deux existences et de deux œuvres : la pensée ira du romancier traqué par ses créanciers, mourant de son travail effréné, de la poursuite de son idéal, de la brûlure de son sang — à l'homme politique adulé qui connut tous les succès et toutes les apothéoses ?

IX

Le « Vieux »

9 août 1885.

Au Père-Lachaise, aujourd'hui dimanche, à deux heures de l'après-midi, c'est la funèbre inauguration de la statue d'Auguste Blanqui. La sœur dévouée, qui porte le deuil aux longs voiles comme une veuve et comme une mère, — les amis qui n'ont jamais douté, — les disciples qui croient, comme à un évangile, aux paroles dispersées dans les salles de réunions et dans les feuilles volantes, — tous seront là, attendant la foule, la grande foule humaine qui n'est jamais venue au vivant, et qui, sans doute, ne viendra pas au mort. N'importe ! ils resteront confiants dans leur culte philosophique, fixés dans leur religion sociale. Pendant que les promeneurs seront aux champs, que l'ouvrier fatigué s'attablera aux guinguettes, les fidèles du cimetière célébreront, avec toutes les tendresses et toutes les violences de leur langage de révolutionnaires, celui qu'ils appellent encore aujourd'hui, comme autrefois, — familièrement et respectueusement, — le « Vieux ».

Ce n'est point chose commune que de laisser ainsi, en s'en allant pour toujours, un tel souvenir immuable, une telle fervente mysticité, dans le groupe d'hommes au milieu duquel on a vécu. Présent, — absent, — homme d'action décidant un complot, préparant une journée, — proscrit fuyant l'échafaud ou le peloton d'exécution, — déporté voyageant enchaîné dans les voitures ferrées, grillagées, verrouillées, qui sont des prisons ambulantes, — condamné séquestré dans les cachots du Mont-Saint-Michel et du Château du Taureau, — malade caché pour mourir dans une haute maison d'un quartier ouvrier, — mort même, tombé pour jamais, enveloppé du rouge drapeau, dans le trou étroit qui est un gouffre infini, — Blanqui a toujours eu, sur les mêmes, la même influence égale et sans contestations, une influence où il entrait de la discipline militaire, du mystère diplomatique, du sacerdoce conspirateur. Debout, il eut une garde veillant sans cesse, — couché au tombeau, sa mémoire est comme éclairée par une lueur de lampe brûlant toute seule dans le silence et la nuit d'une crypte.

Ceux qui ont fréquenté les réunions publiques de ces dernières années ont pu chercher dans les allures et sur le visage de Blanqui les raisons de cette persuasion enveloppante et de ce despotisme intellectuel qui ont marqué son passage, — et qui lui ont survécu. L'observation était difficile. L'homme était immobile et fermé. Il allait partout où des organisateurs et des conférenciers l'appelaient : salle Rivoli, salle Ragache, salle Graffard, salle Lévis, partout où il y avait des bancs, une tribune, un trophée appliqué à un mur. Ce fut sa vie de chaque soir après sa sortie de Clairvaux. Il arrivait, entouré de quelques jeunes gens de physionomies sérieuses et volontaires. Un mouvement se produisait. Les premiers rangs reculaient pour lui faire passage, ceux qui étaient derrière se jetaient en avant pour le voir. Ou bien, il apparaissait brusquement à la place présidentielle, comme s'il avait surgi d'une trappe. Certes, ceux-là qui criaient d'enthousiasme, ceux-là qui applaudissaient dans le délire, ne voyaient pas l'être singulier qui restait rigide et attentif dans le fracas des bravos et des clameurs. Et même l'attention soutenue de ceux pour lesquels il n'est pas d'autre besogne que de voir, se brisait vite à cet indéchiffrable.

C'était une stupéfaction. Le corps petit, vêtu de

noir, — la main gantée de noir, dessinant des gestes courts, — la tête, blanche de cheveux et de barbe drus, coupés ras, — le profil écrasé comme une face de lion, — l'attitude tour à tour inquiète et tranquille, — auprès de lui un chapeau et un parapluie de savant pauvre, — il avait l'air d'un très ancien chef de bureau de l'émeute, d'un avoué de la Révolution. Pendant que les orateurs parlaient, que la foule remuait, il était là, tout petit, tout ramassé, sur la haute chaise où on l'avait placé, semblant se réchauffer sous le gaz fumeux, comme autrefois les petits bourgeois parisiens au bon soleil de la Petite-Provence. Il avait comme un soin de dissimuler le foyer qui était en lui. Bouche close, les paupières abaissées, la tête penchée, les mains dans les manches, écoutait-il, rêvait-il? Était-ce la juste appréciation des passagers triomphes et des fortunes adverses, des brusques arrivées et des reculs désastreux, des surprises du hasard et des chocs en retour, qui lui donnait ce calme résigné, ce vague sourire fait de bienveillance et de navrement? Par moments, on eût dit qu'il sommeillait au milieu des grondantes passions, des tumultes et des appels qui faisaient ressembler ces soirées à des veillées en armes.

Puis, son tour venu de prendre la parole, il se levait — et un silence d'église se faisait. D'une voix cassée, mais allant son chemin, il prononçait quelques phrases sur l'armée, sur le clergé, sur la bourgeoisie. Chaque fois, il revenait, avec une douceur entêtée, sur les mêmes sujets. Il insistait, il se répétait, il accentuait, et il s'arrêtait pour voir si l'auditoire avait bien compris. On sentait en lui comme un désir de maître d'études de faire répéter la leçon, comme une idée fixe de vieillard de laisser deux ou trois idées après lui. On l'acclamait, et il penchait davantage la tête. Il reparlait encore, comme pour se résumer, et parfois, alors, à la fin de cette causerie, un accent et un geste tragiques passaient subitement au-dessus des têtes, faisant courir un frisson et une ombre sur les fronts. On avait la sensation qu'un éclair avait lui, qu'une grande phrase s'était envolée. On regardait. Plus rien. On n'avait plus devant soi qu'un tranquille bonhomme, disant ses espérances, exprimant des doutes, donnant des conseils, du ton d'un commerçant qui tour à tour sourit et hoche la tête pendant un inventaire.

Et puis, il s'en allait, enfermé dans son pardessus comme un sac, — et c'est seulement à ce moment qu'on pouvait le voir de près dans ces petits cafés qui sont comme les coulisses des réunions et qui servent de sortie pour les orateurs et les organisateurs. Blanqui s'arrêta là, un jour, pendant qu'on comptait la recette, dans le bruyant « débit » attenant à la salle Lévis. Il s'assit un instant. Autour de lui, on buvait. Lui, l'ascète nourri de lait, de légumes et de fruits, ne prit rien, pas même un verre d'eau. Ici encore, il écoutait, il regardait. On put voir ses yeux, et cette fois, l'ascendant et le charme furent bien près d'être expliqués.

Ils étaient, ces yeux, grands, clairs, changeants. Doux et humides comme ceux de la gazelle, et, subitement, fixes comme ceux du fauve. Une bonté les éclairait, une méfiance les obscurcissait. On pouvait y lire toutes les déceptions ; on pouvait y apprendre le commentaire de l'existence de ce blessé des barricades, de cet interné de Belle-Isle, de Corte, de l'Afrique, de ce prisonnier des forts battus de la mer. Quarante ans de solitude, quinze ans d'efforts dans le vide, les accusations de trahison, la liberté venue sur le tard de la vieillesse, ne disaient-ils pas tout cela, ces yeux qui vivaient tristement dans ce pâle et anguleux visage, — et tout au fond, cette flamme muette, n'était-ce pas le souvenir de la femme morte et du lointain amour ?

Le malheur d'Auguste Blanqui fut qu'on ne vit pas l'homme sous le terroriste, le politique sous le conspirateur. Toute sa vie, un dédoublement se fit. Et aujourd'hui encore, combien connaissent le poète qui écrivit le beau livre sur l' « Eternité par les astres », le stratège qui dès septembre 1870 racontait les inévitables phases du siège de Paris, l'homme d'État qui mettait les circonstances au-dessus des programmes. Oui, l'homme d'État, — un homme d'État très fin et très décidé, capable de concevoir, et peut-être aussi capable d'exécuter, mais que la mauvaise foi de ses adversaires et l'exclusivisme de ses amis jetèrent dans la rébellion quand même, dans la violence au jour le jour. Ce fut la fatalité de cette existence. L'homme qui refusa d'être disciple ou chef dans une secte socialiste, l'homme qui écrivit ces phrases coupantes: « L'économie politique est le code de l'usure... Le pauvre est un besoin pour le riche... Il est impossible au communisme de s'imposer brusquement, pas plus le lendemain que la veille d'une victoire ; autant vaudrait partir pour le soleil... », — l'homme qui mettait « un point d'interrogation sur l'avenir », — l'homme qui résumait son plan de gouvernement en deux mots : « Dictature parisienne, » — cet homme-là restera un merveilleux critique, mais il passera à l'avenir avec la physionomie indécise d'un général sans armée. Et peut-être encore est-ce lui qui représentera le mieux la politique de ce siècle, — mesurant intelligemment la longueur du chemin, la durée du temps, et voulant brûler les étapes, — oscillant entre l'étude et le coup de main.

Heureusement, il y a l'Art. Un artiste est venu qui a couché sur la pierre un Blanqui de bronze qui aura l'éternité de la dure matière. Le « Vieux » est étendu comme un vaincu, comme un martyrisé, comme un mort. La calomnie tombe et la pitié vient au spectacle de ce visage douloureux, de ce maigre bras contracté, de cette main mourante et volontaire qui cherche une plume, qui veut saisir et commander.

Le promeneur solitaire s'arrêtera devant cette force usée, devant ce vaincu de la vie qui dort sous le linceul de métal et la mystique couronne d'épines.

LITTÉRATURE

CRITIQUE

—

I

Tentative

19 août 1884.

Constatons, tout d'abord, la différence d'attitude de la critique, et par suite du public, devant le tableau, la statue, la partition, l'œuvre théâtrale — et le livre.

Pour tous les artistes, les débuts sont identiques. Il est bien sûr que le peintre, le sculpteur, le musicien, l'auteur dramatique qui apportent une formule individuelle, une conception inattendue de la vie et de l'art, auront contre eux, non seulement tous ceux dont ils dérangent le commerce établi depuis longtemps, fonctionnant avec régularité, mais même les désintéressés dont l'idéal retarde et qui ne veulent pas se résigner à voir bousculer leurs habitudes intellectuelles. C'est là un fait humain indéniable. On n'admet pas que des aurores nouvelles se lèvent, que les jours succèdent aux jours. On a été un fougueux révolutionnaire, on a vaillamment combattu pour faire accepter un art contesté, on a conquis de haute lutte un peu plus de liberté pour le livre, pour le théâtre. Mais cela fait, on a une tendance à croire que tout est fait. La paix conclue, le calme revenu, l'insurgé de la veille devient le plus étroit et le plus féroce des conservateurs, il fait son lit là où les ennemis délogés faisaient le leur, il s'endort dans la même quiétude, il perd l'habitude du mouvement. Autrefois, il marchait en avant, toujours en avant ; maintenant, il monte la garde. L'homme qui doutait, qui examinait, qui raillait, n'est plus qu'un prêtre serviteur d'un dogme dont la vertu va chaque jour s'affaiblissant ; il ne s'aperçoit pas que le symbole qui apparaissait comme une vérité absolue dans la fumée et dans le bruit de la bataille n'est plus qu'une convention aussi vide que les autres parce qu'elle ne s'adapte plus aux conditions de la vie. Le symbole n'a pas changé, pendant que tout changeait autour de lui ; aussi n'exprime-t-il plus rien si on veut lui donner une autre signification qu'une signification historique. C'est alors que les hommes de la génération nouvelle se lèvent contre leurs aînés, les interpellent avec violence, leur rendent les coups qu'ils ont portés autrefois. Les maltraités s'en étonnent, car on n'admet généralement pas la violence des autres, car on croit volontiers posséder le monopole du goût et de la conviction. De là, les chocs, les résistances, les duretés de ceux qui occupent les situations, les intolérances incompréhensibles, les méchancetés noires, les silences mesquins et rageurs. Les producteurs dont la raison sociale est cotée et tous ceux qui vivent de cette production consacrée par le succès forment une association, avouée ou tacite, contre l'art de demain. C'est comme un syndical qui occupe tous les débouchés, qui garde toutes les portes. Les écrivains, les peintres et les musiciens arrivés, les gens de l'Institut, les influents de la Société des gens de lettres, de la Société des auteurs dramatiques, les jurys de Salons, les directeurs de théâtres, les acteurs autoritaires, les impresarios de concerts, les chefs d'orchestre, les directeurs de journaux et de revues, les éditeurs, tout ce qui tient à un art quelconque, tout ce qui vit de ce qui s'écrit, de ce qui se peint, de ce qui se sculpte, de ce qui se chante, tout cela s'entend tout naturellement, presque inconsciemment, pour faire la loi sur le marché, pour maintenir le cours élevé de ce qui est, pour gêner la circulation de ce qui veut être.

L'œuvre originale, quelle qu'elle soit, a donc peine à se produire. Si elle parvient pourtant à traverser la masse des hostiles et des indifférents, si la pièce de théâtre apparaît un jour sur une scène, si la partition est exécutée, si le tableau est accroché au mur, si le livre est imprimé, qu'arrive-t-il? Un même sort est-il fait à toutes ces manifestations diversement intéressantes? La discussion est-elle égale pour toutes? Rien n'est-il omis de ce qui doit être placé en lumière? A défaut de justice, trouve-t-on une passion toujours en éveil?

Les choses sont loin de se passer ainsi. Les anciens partis artistiques et littéraires, qui viennent d'être définis d'une façon générale, n'abdiquent pas plus que les anciens partis politiques. Ce qu'ils n'ont pas pu empêcher, ils le tiennent pour non avenu. Mais, par une singulière anomalie, il est des branches de la production qui sont favorisées d'une publicité énorme, d'une discussion complète, alors que d'autres sont à peine signalées, rarement étudiées. C'est ainsi que l'œuvre théâtrale, drame, comédie, féerie, opéra, opérette, vaudeville, saynète ou monologue, est, pendant ses répétitions, annoncée, commentée, et aussitôt après la première représentation, le lendemain même, racontée tout au long par tous les journaux à la fois, expliquée dans tous ses détails; on fait de l'esthétique à perte de vue; toute l'histoire morale, littéraire, sociale de l'humanité est mise en cause pour une revue des Nouveautés ou une comédie bourgeoise du Gymnase. Il en est de même pour l'œuvre d'art; il n'est pas d'exposition de tripot qui ne soit fouillée, décrite, célébrée par la presse tout entière; on s'épuise à décrire des paysages, à deviner les intentions des tableaux de genre. — Pour le livre, on agit d'autre sorte : ce qu'il est convenu d'appeler la critique littéraire sert à boucher des trous dans les journaux.

On connait les pratiques régnantes. Quand le littérateur a réussi à faire lire son manuscrit, à le faire imprimer, à le faire mettre en vente, ce qui est un travail autrement pénible et considérable que d'obtenir un morceau de muraille dans une exposition pour y accrocher un tableau, la moitié seulement de la besogne est faite. Quand, comment et par qui le livre sera-t-il lu ? Le journaliste qui ne dédaigne aucune soirée théâtrale, qui traverse Paris pour aller voir une aquarelle, va-t-il l'ouvrir, ce livre qu'on lui envoie? éprouvera-t-il la curiosité de savoir ce qu'il y a dans ces pages fraîches, encore scellées? Dira-t-il, — que les idées et les phrases lui soient amies ou ennemies, — quelles sont ces idées et comment sont faites ces phrases? fera-t-il un choix dans l'amas des volumes qui paraissent chaque jour ? distinguera-t-il entre les romans qui sortent des fabriques banales et les œuvres où se révéleront la nette vision, l'ardent travail de l'artiste, entre les compilations ennuyeuses faites de seconde où de troisième main avec des découpures et des démarquages et les pages vivantes qui évoqueront une époque ?

C'est le contraire qui est vrai. A part une demi-douzaine de convaincus qui travaillent dans des coins sans que personne fasse attention à leur travail sans tapage, personne ne lit les livres, personne n'en parle ; la note envoyée par l'éditeur et qui célèbre les mérites de l'ouvrage frais paru est insérée entre une annonce de machines à coudre et une réclame pharmaceutique, et il n'est plus question de rien ; l'homme de lettres indépendant, qui se met tout entier dans une œuvre, et le faiseur qui écrit comme un robinet coule, sont traités de même façon. Si le journaliste fait cet effort de parcourir le livre et d'écrire un article, des considérations étrangères interviennent ; les soucis d'école, les calculs politiques, les préoccupations personnelles, ont trop souvent une influence sur la distribution des éloges et des blâmes ; le livre devient un prétexte à article ; il peut disparaître, selon les circonstances, sous un éteignoir ou derrière un feu d'artifice.

Est-il possible de se joindre à ceux qui ne peuvent se résigner à traiter indifféremment les choses de la littérature et qui veulent noter d'une plume indépendante les phases de la production littéraire. Il sera toujours essayé de rompre avec l'habitude des comptes rendus tout faits, des insertions sans contrôle, des réclames commerciales. Ce que l'exercice de la critique littéraire peut comporter de partialité et de pédantisme ne peut être évité qu'en lisant les livres, qu'en s'appliquant à en parler sans préoccupations d'aucune sorte, qu'en mettant tous les soins à vérifier les rapports qui existent entre l'œuvre et la réalité qu'elle prétend représenter, entre l'œuvre et l'observation philosophique qu'elle veut mettre en lumière. Il faut avoir, autant que faire se pourra, présents à l'esprit les erreurs et les partis pris de la critique mal accueillante pour les hardiesses, pour les tentatives, pour tout ce qui est neuf, enfin. L'ambition doit être de parler des époques littéraires qui ont précédé la nôtre avec l'impartialité des historiens renseignés, et de prendre parti dans les combats que livreront les « apporteurs de neuf » avec l'ardeur et le désintéressement d'un soldat volontaire.

II

Les Goncourt

La Faustin. — En 18... — Chérie. — Les lettres de Jules de Goncourt. — Actrices du XVIII° siècle.

I

21 mars 1882.

Voici donc un livre qui aura suscité autre chose que les réclames rédigées par les éditeurs et insérées à la quatrième page des journaux, qui constituent presque seules, à l'heure qu'il est, la critique littéraire. Chacun prend parti, attaquant avec acharnement l'œuvre nouvelle, ou l'admirant avec passion, ou l'analysant, l'expliquant scientifiquement. On cherche à dégager la somme de réalité qui y est contenue ; on étudie curieusement la langue complexe qui y est parlée. On sent que l'on assiste au développement logique d'un talent d'observateur et d'écrivain doublement intéressant, par sa nature, et par l'influence qu'il aura exercée sur le roman moderne ; on comprend qu'il faut enregistrer une œuvre qui donnera à l'avenir la sensation vécue de la nervosité artistique et passionnelle du dix-neuvième siècle.

La *Faustin* est, en effet, plus qu'un roman dans le sens que le mot a gardé pendant longtemps. On comprend la stupéfaction et la colère de certains critiques et chroniqueurs, habitués à louer des romans très composés, coupés en actes, avec des effets cherchés pour exalter l'imagination, pour amener l'esprit à courir après une action émouvante et fausse, avec un dernier chapitre qui ressemble au mot de la fin d'une comédie ou au cinquième acte d'un drame. Rien de tout cela ici. Une analyse très fouillée d'un tempérament, une peinture des milieux, des influences qui agissent sur ce tempérament, — nul prologue, nulle intrigue, nul dénouement, — quelques pages racontant une phase caractéristique de l'existence d'une femme de théâtre, commençant et finissant brusquement, en pleine vie, ou plutôt ne commençant ni ne finissant, laissant percevoir au-delà du dernier mot la continuation des allées et venues, de l'agitation des vivants. C'est là tout, — une équivalence des idées dirigeantes, des fatalités subies, des impressions reçues, des mots prononcés, des actes accomplis, obtenue par la page écrite, à force d'entêtement d'observation, d'acharnement visuel, de notations psychologiques, à force de conscience et d'art.

Transposition presque littérale de la vie dans le livre, la *Faustin* appartient par le choix du sujet pris en pleine modernité, comme par la simplification du procédé de composition, ou plutôt par l'absence presque complète de composition, à cet ordre de romans qui compte deux chefs-d'œuvre : *l'Education sentimentale et Madame Gervaisais*.

A ne prendre que les faits de la *Faustin*, les quelques points de repère autour desquels rayonnent des analyses qui vont jusqu'à l'épuisement, des descriptions atteignant à la vibration du son et de la couleur, on peut faire tenir le livre en quelques lignes.

La Faustin est une des variétés de l'actrice moderne, une tragédienne éprise de son art, une femme dont les nerfs et le cerveau veulent de l'amour en pâture. L'intérêt est dans la lutte que se livrent en elle l'art et l'amour, ou mieux dans le parallélisme de ces deux influences.

La Faustin doit jouer Phèdre : le rôle l'inquiète ; elle le cherche, allant de Racine à Euripide, avec toute son intelligence d'artiste. Elle recrée donc, le soir de la première représentation, la Phèdre de la tradition, sauvage et classique. Mais elle a rêvé mieux, elle voudrait mettre dans le rôle la brûlante passion, la flamme incestueuse de la fille de Pasiphaé. Le corps brisé, le cerveau à bout de réflexions, elle croit qu'elle trouvera cette flamme dans le détraquement nerveux d'un amour qui l'absorbera, l'emportera et la jettera le soir sur la scène, meurtrie, endolorie, dans un alanguissement de malade, dans une révolte de sa volonté d'artiste. C'est alors qu'elle retrouve celui dont elle a été autrefois séparée et qu'elle aime toujours, lord Annandale ; elle le reprend violemment, indifférente à tout le reste, ayant à peine une gravité dans la voix quand elle apprend le suicide de l'homme avec lequel elle vit, un homme de finances, travailleur acharné, timide et très épris sous sa vulgarité d'homme pratique.

Elle joue Phèdre comme elle l'avait rêvé, avec des douceurs mourantes, des frissonnements d'agonie, des emportements de souffrance et de passions. Puis l'amour, ou plutôt, car tout ici est subtil et indéfinissable, la reconnaissance qu'elle éprouve pour l'homme qui l'aime, fait à la Faustin abandonner le théâtre. Brusquement elle quitte Paris et s'en va installer la monotonie de son affection heureuse aux bords du lac de Constance. Là, par une gradation notée avec une sûreté remarquable par l'écrivain, le souvenir reprend, tantôt doucement, tantôt avec de brusques déchirements, possession de son esprit. Et lord Annandale la voit se lever la nuit pour dire ses rôles avec de grands gestes somnambuliques. Et quand lord Annandale meurt, d'un terrible mal, un foudroiement qui s'abat sur lui, prend ses jambes, remonte jusqu'à sa face, où il détermine une « agonie sardonique », il voit avec effroi, avec colère, sa maîtresse se pencher sur lui, non pour le défendre, non pour gémir, mais pour étudier le rire qui s'épanouit sur son visage d'homme mourant, — il la voit se retourner vers la glace pour imiter inconsciemment ce rire funèbre, — et le lord jette à la Faustin ces mots, entre deux hoquets : « Une artiste... vous n'êtes que cela... la femme incapable d'aimer ! »

On le voit, ces faits, ni nombreux, ni bien compliqués, constituent un drame cérébral, et non une série d'aventures ; mais, autour d'eux, viennent se grouper des descriptions d'états successifs, des notations de sensations qui font que, peu à peu, un être de chair et de sang s'anime et se met à vivre devant nous, en proie à toutes les fatalités physiologiques, à toutes les exigences de la vie sociale. C'est, suivant un mot sur ce que doit être le roman moderne, une suite de procès-verbaux ; les crises de l'esprit, les faits principaux, sont entourés de toutes leurs causes, de toutes leurs conséquences, de l'histoire des phases qu'ils traversent.

C'est, au début, ces confidences de la Faustin, rêvées la nuit, au bord de la mer, et qui sont des pressentiments en même temps que des souvenirs. C'est cette visite au vieil Athanassiadis, où le tact délicieusement puéril de la femme ajoute sa grâce à l'inquiète attention de l'artiste, se faisant expliquer le caractère et les nuances de la Phèdre d'Euripide par le vieux grec qui vit solitaire à Paris, entre des livres et des oiseaux. C'est la fièvre de travail de la tragédienne créant un rôle en elle, emportant partout sa préoccupation, subissant avec une sorte de rébellion les brèves et sûres indications du metteur en scène, attendant dans une souffrance physique l'étincelle qui doit mettre le feu à son tempérament et à son talent. C'est cette scène de la salle d'armes, une des plus réalistes, des plus osées du livre, où un emportement de bête amoureuse manque jeter l'actrice dans les bras d'un maître d'armes, et le retour de la femme, rendue à elle-même, et sa rapide compréhension du côté physiologique de Phèdre. C'est l'apparition de lord Annandale, le ravissement de tout l'être chez la Faustin, le despotisme caressant, la délicate ingéniosité s'épanouissant chez la femme amoureuse, le talent battant son plein chez l'actrice. C'est dans la vie heureuse d'amour et d'art, un nuage qui se forme : l'amant jaloux du théâtre, des camarades, des complimenteurs, du public... et le brusque départ pour le lac de Constance, une nouvelle vie matérielle créant une autre femme chez la Faustin, « faisant remonter sur son visage de trente ans, la jeunesse d'une fillette ». Puis l'actrice se réveillant peu à peu chez elle, entendant, d'abord avec surprise, comme un écho lointain des représentations passées venir lui battre les oreilles, écoutant attentivement les voix qui lui parlent maintenant très haut, voyant nettement sa loge, la scène, la salle, jouant en esprit, redevenant la comédienne qui observe, — se détachant instinctivement de lord Annandale dont l'élégance anglaise, le masque de correction laissent subitement entrevoir une inquiétude spleenetique, une dépravation allant jusqu'à la recherche du monstrueux, jusqu'aux goûts anti-physiques, — et soudain, dans la terrible nuit où meurt lord Annandale avec un rire aux dents, redevenant la comédienne qui crée par une fatalité admirablement expliquée par Edmond de Goncourt : Faustin, restée seule, incapable d'appeler, se voilant les yeux pour ne pas voir le visage effrayant de l'homme qu'elle a aimé, et malgré elle dans la terreur de la nuit silencieuse, regardant avec effroi, puis avec curiosité, penchée en avant, les mains sur les genoux, et enfin copiant machinalement ces crispations joyeuses, riant elle aussi, riant au visage de son amant, déjà voilé de l'ombre terreuse de la mort.

Tout cela est entremêlé de courts chapitres qui concentrent une sensation ou posent un décor : des portraits physiques, des esquisses de caractères, — des singularités de femme, des caprices superstitieux d'actrices semblables à ceux des joueurs, — une description du monde interlope qui a tant de points de contact avec le monde du théâtre, où Bonne-Ame, la sœur de la Faustin, son « vice honnête », l' « égout de son cœur », est tout entière enfoncée, — souper, après la première de *Phèdre*, où le décousu, l'effleurement de conversations notées successivement cherchent à donner l'impression vraie d'un ensemble, — un retour des amants, en voiture, la nuit, où il ne se dit rien, mais où tient en quelques lignes, par le choix des mots, par le sens pénétrant de la phrase, toute l'intensité du désir, toute la plénitude d'un amour heureux, de l'union de deux corps et de deux esprits. — des frissons, des rêveries, les confidences d'un bout de lettre, —des coins de théâtre : la salle déserte des répétitions, les corridors délabrés conduisant à l'éclat de la scène, une porte brusquement ouverte sur la rumeur d'une salle, des visions de l'actrice en scène, le dessin d'un geste, une pâmoison du visage... tout cela rendu avec des effets vrais de silence et de bruit, de lumière crue ou d'ombres transparentes, que l'on sent notés sur place par l'homme de lettres, et qui ont toute la vérité inattendue de couleur et de dessin des études de peintres et des croquis de maîtres.

On le voit, la simple action qui est au fond de ce livre pourrait renouveler les discussions auxquelles a donné lieu le Paradoxe de Diderot sur le comédien. On aurait tort de nier, d'un côté, la vérité du cas de la Faustin, et, d'un autre côté, de vouloir l'ériger en dogme. Oui, la *Faustin* est un livre vrai, oui, la dualité qui en fait le sujet est vrai, oui, l'artiste qui a plus de tempérament que de puissance cérébrale peut arriver à la création par l'excitation de la vie. Mais autre chose peut exister et existe ; il est de grandes artistes qui vivent en bourgeoises, ne sacrifient à aucune autre fièvre que celle de leur art, qui sont ménagères de leurs fatigues, et arrivent par l'étude sans relâche bien dirigée, à la vérité et au génie. « L'inspiration, c'est le travail quotidien, » a dit Baudelaire. Un poète qui trouve de beaux vers dans l'alcool ou le haschisch, une artiste qui, les yeux et le cerveau obscurcis par la satiété amoureuse, réalise certains côtés de ses rôles, ne peuvent constituer une règle, à coup sûr. Mais, en somme, la Faustin fait marcher de pair l'étude et les influences immédiates de milieux de sensations. Intelligente et sensible, elle peut certes être une grande artiste.

Quand il n'aurait pas été un des historiens passionnés et raffinés de la femme du dix-neuvième siècle, l'auteur survivant de *Charles Demailly* et de *Manette Salomon* devait, épris d'art et de féminilité, étudier l'actrice, après avoir étudié l'écrivain et le peintre. Il a réussi. Celle qui pense, rit, souffre, aime, va et vient à travers ces pages livre bien toute sa nature de femme et de comédienne. Gaietés enfantines, prostrations du découragement, soucis de métier, troubles du désir, quiétudes de la femelle apaisée, on lit tout cela dans son cerveau et dans son cœur, à travers la transparence délicate des mots ; les attitudes même de la femme, les plis que son corps souple donne aux étoffes, les changeantes expressions de son visage, les inflexions de sa voix, sont rendus perceptibles par le contournement des phrases et la magie des consonnances.

Partout où la Faustin pense, parle, agit, l'œuvre a l'accent de la vérité. Elle est tout le livre. Les personnages qui vivent auprès d'elle ou qui passent dans l'air qu'elle respire, font comprendre une particularité de son caractère ou de sa vie ; le milieu où elle vit la complète, compose avec elle un tableau où tout est logique comme dans la réalité elle-même ; les endroits où le hasard la mène renseignent sur sa nature inquiète et diverse, et mettent soudain en lumière un peu de ce qui était jusque-là resté obscur.

C'est bien là une œuvre produite par l'esthétique moderne, qui fait à la vérité analytique l'emporter sur le beau synthétique. L'art ne s'emploie plus à créer des types idéaux représentant la plus haute expression d'une vertu ou d'un vice, mais à donner la sensation de la vie.

La langue est faite d'observations, de mots ayant le son de la réalité ; elle s'épuise à rendre l'aspect, la musique et le parfum des choses : elle y arrive souvent, par un effort que peuvent railler quelques-unes, mais dont on ne peut guère nier le résultat. Sans doute, cela ne va pas sans difficultés : on peut signaler l'abus de la conjonction, un greffement presque pas interrompu d'incidentes, de bizarres élisions. Mais l'écrivain sait mouler cette langue sur les choses et la rendre fine et pénétrante, avec des retours comme en a le raisonnement, pour analyser les sentiments internes. Presque toujours, le mot est juste, le style a une saveur, une musique, une couleur qui identifient la page écrite avec la scène évoquée.

On peut s'élever contre cette orchestration ; on peut dire que c'est là sophistiquer la langue française, que cet art, si étendu qu'il soit, n'en est pas moins un art de décadence, qu'il y a loin de cette préciosité du style à la forte simplicité des anciens chefs-d'œuvre. Mais qu'y faire ? comment rendre autrement la complexité de la vie moderne ? Peut-on soutenir que l'art et le langage doivent avoir des formes fixes ? N'est-il pas évident, au contraire, que chaque génération littéraire doit pousser plus avant sa recherche et trouver un art nouveau pour exprimer des mœurs et des idées nouvelles ?

Deux réponses ont été trop bien faites à ces questions pour n'être pas transcrites ici. L'une est d'Edmond de Goncourt, dans la *Faustin* même :

> La langue française me fait l'effet d'une espèce d'instrument, dans lequel les inventeurs auraient bonassement cherché la clarté, la logique, le gros à peu près de la définition, et il se trouve que cet instrument est à l'heure actuelle, manié par les gens les plus nerveux, les plus sensitifs, les plus chercheurs de la notation des sensations indescriptibles, les moins susceptibles de se satisfaire du gros à peu près de leurs bien portants devanciers.

Voici maintenant Théophile Gautier défendant Baudelaire dans la notice placée en tête des *Fleurs du mal* :

> Les grands maîtres du passé avaient eu ce bonheur d'arriver dans la jeunesse du monde, à l'aube, pour ainsi dire de l'humanité, lorsque rien n'avait été exprimé encore et que toute forme, toute ime , tout sentiment avait un charme de nouveauté vir-

ginale. Les grands lieux communs qui composent le fonds de la pensée humaine étaient alors dans toute leur fleur, et ils suffisaient à des génies simples parlant à un peuple enfantin. Mais, à force de redites, ces thèmes généraux de poésie s'étaient usés comme des monnaies qui, à trop circuler, perdent leur empreinte; et, d'ailleurs, la vie devenue plus complexe, chargée de plus de notions et d'idées, n'était plus représentée par ces compositions artificielles faites dans l'esprit d'un autre âge.

Autant la vraie innocence est charmante, autant la rouerie qui fait semblant de ne pas savoir vous agace et vous déplait. La qualité du dix-neuvième siècle n'est pas précisément la naïveté, et il a besoin, pour rendre sa pensée, ses rêves et ses postulations, d'un idiome un peu plus composite que la langue dite classique. La littérature est comme la journée : elle a un matin, un midi, un soir et une nuit. Sans disserter vainement pour savoir si l'on doit préférer l'aurore au crépuscule, il faut peindre à l'heure où l'on se trouve et avec une palette chargée des couleurs nécessaires pour rendre les effets que cette heure amène. Le couchant n'a-t-il pas sa beauté comme le matin ? Ces rouges de cuivre, ces ors verts, ces tons de turquoise se fondant avec le saphir, toutes ces teintes qui brûlent et se décomposent dans le grand incendie final, ces nuages aux formes étranges et monstrueuses que des jets de lumière pénètrent et qui semblent l'écroulement gigantesque d'une Babel aérienne, n'offrent-ils pas autant de poésie que l'Aurore aux doigts de rose... »

Répondra qui voudra.

II

10 novembre 1884.

On peut aujourd'hui étudier et juger d'ensemble l'œuvre de romanciers des Goncourt. On peut suivre la progression philosophique et artistique des deux esprits, depuis la première œuvre : *En 18...*, — à travers les livres fait en collaboration : *Quelques créatures de ce temps, Sœur Philomène, Germinie Lacerteux, Renée Mauperin, Charles Demailly, Manette Salomon, Madame Gervaisais*, à travers les livres du survivant *La fille Elisa, Les frères Zemganno, La Faustin*, — jusqu'à *Chérie*, « dernier volume du dernier des Goncourt. » La rigoureuse analyse des observations présentées, des idées émises, des sensations artistiques exprimées, des jugements sur la vie formulés dans ces douze volumes, n'équivaudrait pas seulement à l'histoire cérébrale des deux écrivains, mais serait aussi l'histoire des mouvements d'âmes et la figuration véridique de la gesticulation de l'humanité, à Paris, en cette seconde moitié de siècle. Il y aurait à raconter, à l'aide de ces livres qui seront l'honneur de notre littérature et qui ont été accueillis avec des mépris affectés ou avec des colères sans pudeur, il y aurait à raconter l'art et la religiosité, le bourgeoisisme et le mal de misère incarnés dans les figures de ce vivant musée.... Qu'il ne soit question, cette fois, que de déterminer, par les deux volumes récemment parus : *En 18...* et *Chérie*, le point de départ et le point d'arrivée,

L'histoire de *En 18..* vaut d'être dite.

Le roman était livré à l'impression le 5 novembre 1851. La mise en vente devait avoir lieu le 2 décembre. Mais pas plus que les représentants qui délibéraient en paix, pas plus que les hommes d'action qui déchargeaient leurs pistolets, l'éditeur, l'imprimeur et les auteurs n'avaient prévu le coup d'Etat. Le 2, au matin, les Goncourt étaient réveillés par un parent à eux, « le cousin Blamont, un ci-devant garde du corps, devenu un conservateur *poivre et sel*, asthmatique et rageur », qui dut produire sur eux le même désagréable effet que les commissaires de police apparaissant aux républicains imprévoyants et aux orléanistes présomptueux. Les jeunes écrivains descendaient dans la rue, et ne trouvaient pas les affiches annonçant la publication de leur livre au milieu des frais imprimés qui transformaient déjà, pour les badauds, le coup de force en opération légale. Gerdès, l'imprimeur du livre, qui imprimait aussi la *Revue des deux-mondes*, avait vu sa maison occupée par les soldats du prétendant ; aucune inquiétude ne lui avait été, évidemment, inspirée par le numéro de la « Revue » en composition, mais il avait aussitôt pensé avec effroi au titre mystérieux du livre des débutants et aux irrévérences religieuses et politiques qui éclataient dans chaque paragraphe. Il avait déjà exigé des suppressions ; mais, à l'heure du rétablissement de l'ordre dans la rue et dans les esprits, il ne s'agissait plus de demandes de concessions. Toutes discussions étaient closes. Gerdès, lui aussi, rétablit l'ordre dans son imprimerie en brûlant les affiches qui annonçaient l'apparition du livre.

Un éditeur s'était trouvé pourtant pour mettre son nom sur la couverture : Dumineray. Un journaliste se trouva aussi pour écrire un compte-rendu : le capricieux prince de la critique, le lourd clown qui cabriolait au rez-de-chaussée des *Débats*. Dans le feuilleton où Janin mélangea, avec ses insipides grâces habituelles, *En 18..* à la *Dinde truffée*, de M. Varin, et aux *Crapauds immortels*, de MM. Clairville et Dumanoir, dans ce feuilleton il n'y eut pas plus d'analyse, de pénétration, d'art, que dans les feuilletons précédents, mais le même sautillement fatigant, le même insupportable jacassement à travers l'art et les idées des autres. Il était question de « folies du style en délire », de « breuvage frelaté », d' « audaces stériles », de « tentatives coupables », de « défi cruel aux maîtres », d' « injure aux chefs-d'œuvre », mais aussi il y avait une sympathie pour les « deux jeunes gens que l'ardeur généreuse du travail et le zèle ardent de l'inspiration pourraient placer si haut ! »

Le résultat, c'était soixante exemplaires vendus en décembre, puis un avis de l'éditeur aux auteurs les priant de reprendre les mille exemplaires de l'édition qui encombraient les magasins de la rue Richelieu. Deux ou trois ans après, les deux frères relisaient leur premier livre, et après lecture, brûlaient les mille exemplaires, comme l'imprimeur de la *Revue des deux-mondes* avait brûlé les affiches.

C'est seulement en 1884 qu'Edmond de Goncourt a consenti à laisser réimprimer ce premier livre, accompagnant cette réimpression d'une préface, présentant l'œuvre comme une curiosité, et priant son lecteur de lire sur la couverture du volume, au lieu de *Kistemaeckers*, 1884, la date de la première édition : *Paris, chez Dumineray, éditeur, rue Richelieu, 52, 1851*.

Dans la préface de cette édition nouvelle du livre mal parti en 1851, Edmond de Goncourt fait lui-même, avec une rare impartialité, la critique du fond et de la forme de son premier ouvrage. « Oh! ce qui fait le livre mauvais, dit-il, je le sais mieux que personne! C'est une recherche agaçante de l'esprit, c'est un dialogue dont la langue parlée est faite avec des phrases de livre, c'est un caquetage amoureux d'une fausseté insupportable, insupportable. Quant à notre style il est encore bien trop plaqué du plus beau romantisme de 1830, de son clinquant, de son *similor*. On y compare le plus naturellement du monde la blancheur de la peau des femmes avec l'amalgatolithe et les reflets bleuâtres de leur chevelure noire avec les aciers à la trempe de Coulauxa, etc., etc. » Et c'est vrai : phrases de livre, faux caquetage apparaissent au milieu des spirituelles tirades. L'amoureux dit : « ... Si son cœur prêtait l'oreille à ce que dit la feuille qui remue, l'oiseau qui chante, le vent qui passe, à toutes ces voix qui nous disent : Aimez-vous! aimez-vous! » Il est question de l' « heureuse vie à deux sous les saules » ; on évoque « une brune tête de jeune fille. » Autre vice : deux styles disparates, le style de Janin, le style de Gautier. Et enfin, le défaut capital : « La grande faiblesse du livre, veut-on la savoir ? la voici : quand nous l'avons écrit, nous n'avions pas encore la *vision directe* de l'humanité, la vision sans souvenirs et réminiscences aucunes d'une humanité apprise dans les livres. Et cette vision directe, c'est ce qui fait pour moi le romancier original ». Il y aurait mauvaise grâce à s'inscrire en faux contre ces observations. *En 18..* est en effet une fantaisie romantique coupée de digressions, d'apostrophes, à la façon de l'*Ane mort* et des romans de Gautier ; les personnages s'effacent pour laisser passer des réflexions bariolées qui dansent à cloche-pied et qui tirent la langue ; c'est une perpétuelle course après l'inattendu, une sorte de cauchemar de mots mis en scène comme par gageure. Mais à quoi bon insister sur tout cela après l'avertissement mis en tête du livre par l'auteur. Il vaut mieux dire, en quelques mots, quelle action recouvre le titre énigmatique, — et quelles promesses étaient incluses dans les pages singulières du premier livre des Goncourt.

L'action ? elle consiste en un double amour éprouvé par un sceptique ; l'illusion s'est implantée chez un homme qui voit habituellement les dessous des choses et dont la confiance se place difficilement. Indécis entre la jeune fille rencontrée dans un théâtre populaire, puis au Bas-Meudon, et la mondaine qui a fait sa conquête pendant un dîner, il passe ses jours sans savoir prendre de décision jusqu'au moment où le hasard lui dévoile que la jeune fille brune est un modèle et la jeune fille blonde une espionne. L'amoureux disparaît : il ne reste qu'un collectionneur.

C'est tout. Mais autour des trois ou quatre faits qui constituent le livre, des goûts se déclarent, des opinions s'affirment. Le XVIIIe siècle et le Japon sont célébrés alors qu'on ramassait les dessins de Watteau et de Boucher sur les trottoirs, dans le fouillis des étalagistes, alors que la japonaiserie était dédaignée. Les littérateurs et les systèmes littéraires sont mis en discussion sans ménagement ; le verbe hautain réclame pour notre siècle une gloire de démolisseur ; la phrase alerte court à l'ennemi. Lisez le chapitre intitulé : *Victuailles et menus propos*, où le grand siècle est cherché sous ses pompes et ses formules, et écorché, et disséqué d'une plume assassine, avec une grâce et une légèreté incomparables. Lisez ces alinéas envoyés comme des flèches à la pesante Administration endormie sur son rond de cuir :

« Il alla à la bibliothèque et demanda *Tristram Shandy*. — On lui répondit qu'on ne donnait pas de romans (*sic*).

» Il demanda le *Prométhée* de Jean-Paul. — On lui répondit qu'on ne donnait pas de traductions (*sic*).

» Il demanda les *Mélanges* publiés par les Bibliophiles français. — On lui répondit qu'on ne les communiquait point (*sic*).

« Il demanda la *Revue archéologique*. — On lui répondit que la première année était encore à la reliure (*sic*).

» Il demanda la *Physiologie des passions*, par Alibert. — On lui répondit qu'on n'en avait qu'une traduction en espagnol » (*sic*).

Lisez maintenant le chapitre intitulé : *Original ! oh !* lisez : l'*Atelier*, lisez l'admirable lettre de Charles à Edouard où contrastent l'étal de chairs du Rideck et un calme paysage de la Briche, lisez presque toutes les pages de ce curieux volume, et dites si déjà n'apparaît pas dans les hardiesses et dans les nuances des phrases, l'ironie supérieure des livres futurs, la poétique, la profonde, la meurtrière ironie d'*Idées et sensations*, de *Charles Demailly*, de *Manette Salomon*.

C'est la constatation de cette liberté d'esprit qui devait être faite à propos de *En 18..* ; c'est l'ébauche de cette barricade littéraire sur laquelle Edmond de Goncourt fait encore le coup de feu après trente ans de bataille, qu'il fallait mettre en lumière. Il reste à montrer que ce qui a été promis a été tenu, que l'un des débutants railleurs de 1851 est devenu l'artiste révolutionnaire, l'historien animé de la seule passion du vrai.

Chérie servira surabondamment à cette démonstration.

III

2 février 1885.

Le premier roman des Goncourt, *En 18..*, affirmait déjà, dans le décousu de l'action et des caractères, le goût de la vérité et la bravoure intellectuelle que voici, identiques, mais développés par un art supérieur, dans le dernier livre du survivant des deux frères : la *Chérie*, d'Edmond de Goncourt. Aussi bien, il serait facile de montrer la double personnalité littéraire des deux écrivains se développant à travers l'étendue de l'histoire artistique et sociale qu'ils ont écrite. Mais la démonstration, pour être sommaire, ne sera pas moins concluante, si l'étude d'un des côtés du complexe roman qui clôt la liste fait apparaître l'œuvre dernière comme une conclusion logiquement liée à la préface fantaisiste écrite au temps de la jeunesse.

Chérie est, dit Edmond de Goncourt, une « monographie de la jeune fille observée dans le milieu des élégances de la Richesse, du Pouvoir, de la suprême bonne compagnie... » C'est donc un enfant riche, une jeune fille du monde qui est le « sujet » du livre. Il était permis à l'un des auteurs de *Germinie Lacerteux*, ce noir chef-d'œuvre écrit sur les misères et les fatalités physiologiques de la fille pauvre, d'aborder une figure rose, brillante et bien vêtue, sans pour cela être accusé de goûter les fadeurs et de rechercher les histoires parfumées. L'important, c'était que la conscience littéraire de l'écrivain restât intacte, c'était qu'il fût, dans le monde nouveau où il entrait, historien véridique, enquêteur sans dissimulations, philosophe sans réticences. L'écueil, c'était que l'histoire plût à la société intéressée, que la grâce du sujet induisît le narrateur à forcer les nuances tendres, à atténuer les nuances sombres, à mettre du convenu et du joli mondains à la place de ses habituelles rigueurs. Il n'en a pas été ainsi : l'écueil a été évité, Edmond de Goncourt est sorti vainqueur de l'ardue et délicate tâche entreprise. L'histoire de la mondaine constitue un livre aussi renseigné, aussi exact, aussi philosophiquement indulgent aux faiblesses, aussi cruel aux mensonges et aux désenchantements de la vie, que l'histoire de la servante hystérique. *Chérie* n'est pas, ne sera jamais le bréviaire accepté de la société qui veut de l'illusion dans le roman, de l'enguirlandement dans l'art.

Les phases délicieuses de la vie de l'enfant sont contées en détails après un début retentissant et tragique : l'aïeul, le grand-père, le père traversant des champs de bataille et s'arrêtant dans des hôpitaux, la mère devenant folle de la mort de son mari. Chérie est élevée à la campagne, au Muguet, en Lorraine, près de son grand-père, le maréchal Haudancourt ; et déjà, ce sont, pour reconstituer ces années enfantines, des recherches infinies, des notations de tours de phrases, des croquis de gestes ; la petite fille devient vivante sous nos yeux, semble grandir, apprendre à parler, à marcher, à chaque page. Son caractère se révèle dans ses colères, ses sensibilités, les ménages qu'elle fait avec ses poupées ; son être physique apparaît en développement dans ses jeux, ses courses, ses fatigues ; nous entendons les rires de son sommeil, nous voyons son « mince corps serré dans une robe étroite moulant sa délicate maigreur, pendant qu'elle court, les cheveux envolés au dos, avec la projection en avant d'une petite Atalante » ; un ferme dessin d'une étonnante justesse nous la montre « épelant son premier conte de fée, assise sur un haut banc de jardin, les jambes ballantes, une main soutenant le coude du bras qui tient le livre, dans une immobilité gracieusement remuante. » Dans les sous-bois du parc, bleus de pervenches, elle passe doucement avec l'étrange Mascaro, serviteur libre de son grand-père à qui elle a dit : « Emmène-moi donc voir des bêtes... qui ne savent pas qu'on les regarde. » Elle a des instants de tristesse, assise sur les genoux de sa mère folle, « cette maman qui n'embrassait pas ». Puis, c'est la transplantation à Paris, les spectacles, les dîners de petites filles présidés par Chérie qui a déjà « des yeux de femme dans sa frimousse d'enfant », enfin, les amourettes du premier âge baptisées par Edmond de Goncourt du joli et significatif nom de « passionnettes » ; au plus profond de l'être sont découvertes et montrées les « irrésistibles attaches que la nature a mises dans un sexe pour l'autre, » le « magnétisme mystérieux qui pousse la petite fille vers le petit garçon » ; la petite fille est déjà, à son insu, rouée, fiévreuse, provocante. C'est le développement de tout cela par les fréquentations du pensionnat, par les lectures, par les rêveries pianotées ; la première communion se fait « proprement » ; pour la première fois, les tirades mystiques n'apparaissent pas ; la cérémonie religieuse est indiquée avec son vrai caractère en quelques phrases d'une bonne solidité d'ironie : « Quoiqu'elle fît, la pauvre petite ne pouvait se forcer à croire à la présence réelle ». « Enfin, Chérie se surprenait en état de grâce... » « Mais ce qui, avant tout, avait conquis la petite fille de douze ans, c'étaient les choses amoureuses, les tendresses, la langue chatouillante de la religion... » « La première communion, c'est le don du premier sentiment d'amour humain éclos en la petite fille, sous le moite calorique de la dévotion, et qu'elle offre inconsciemment à son amant céleste... » « Sa toilette de mariée la faisait tout à coup songer à la toilette d'une mariée, de l'épouse d'un homme..., et la toilette de mariée menait sa pensée au mariage et à ce que ses idées enfantines, non encore débrouillées, supposaient dans l'union des deux sexes. » Et la religiosité s'en va, sous l'influence du grand-père indifférent et des pratiques mondaines. Les métamorphoses s'accentuent, la fillette devient garçonnière, hésitante, a « les mains bêtes », l'indécision du sexe apparait dans le mot et dans le geste.

Edmond de Goncourt se montre physiologiste singulièrement compréhensif en racontant les préliminaires et les suites du changement de la petite fille en femme ; il suit parallèlement, avec une absolue rigueur, la transformation physique et l'éveil de sentiments ; il note le trouble moral, les dégoûts, la peur de la mort, la gloriole du secret à cacher, la naissance de la pudeur féminine, l'effroi de l'homme, tout cela étroitement lié à l'élaboration du sexe, au développement de la sensibilité. C'est le moment des lectures défendues, les feuilletons sanglants et passionnés, et des lectures permises, plus dangereuses, les histoires d'amours mystérieuses, enveloppantes et chuchotantes, qui arrivent aux sens à travers l'imagination. C'est enfin, au moment de la crise, un retour au Muguet, la surprise d'une conversation amoureuse entre deux filles de campagne, et les ferments développés par l'air de l'été, par la fièvre, née de l'odeur des foins et de l'odeur des roses.

Revenue à Paris, la fillette n'existe plus ; c'est la jeune fille, vêtue chez le couturier à la mode, parée, décolletée, qui entre dans le monde ; c'est la jeune fille qui tient un journal intime, la jeune fille qui est ingénûment amoureuse des trois cents jeunes gens rencontrés. Rien d'extraordinaire dans son intellect ; son goût va jusqu'au « distingué », mais pas jusqu'au « supérieur ; » c'est la femme «article-Paris », un être de nature gracieuse, ayant son originalité au milieu de ses amies. Et les amies aussi, en quelques mots, en quelques phrases, nous sont montrées avec leurs mouvements d'accord avec leurs pensées ; la double analyse physiologique et psychologique, qui fait le fond du livre, est employée pour nous représenter le groupe charmant et effrayant de ces jeunes filles spirituelles, sensuelles, dont les unes ont les idées rancies des dévotes, les autres les instincts en germe des lorettes. Dans ce milieu, Chérie devient « déraisonnablement mondaine » ; elle veut être remarquée ; les journaux donnent ses toilettes ; le besoin du mariage s'affirme dans sa chair et dans sa pensée : « Elle ne pouvait défendre aux rêves voluptueux de violer la chasteté de ses nuits... »,— et si elle ne faillit pas, ce n'est pas que la religion et la morale interviennent, c'est qu'en elle le souci est grand de se conserver intacte et bien parée, sans dérangement de son extériorité et de son esprit. Mais l'équilibre ne se retrouve pas chez l'inquiète jeune fille ; elle prend le goût des parfums forts, des crudités ; ses fantaisies, son manque de dot effrayent les prétendants ; les mariages de ses amies l'attristent ; les tableaux d'intérieurs, les soins de la maternité en arrivent à prendre, aux yeux de la désolée Chérie, « l'aspect d'un phallus dessiné sur un mur ». La lettre, d'un détail cynique, d'une de ses amies mariée, achève la morbide éducation de son esprit, l'anémie s'empare de ce pauvre corps enragé de son inutilité, les accès d'hystérie et les syncopes alternent... Une admirable fin de roman : un grand dîner, auquel Chérie a invité sa plus ancienne amie, longtemps délaissée ; des pleurs, des révoltes, dans la chambre où la jeune fille se fait habiller et farder pour la représentation des Italiens : « Que pour les autres, dit-elle, j'aie l'air vivant ce soir encore ! » Au théâtre, un enivrement à l'entente des airs d'amour et de mort de *Lucia*, des souvenirs du Muguet qui reviennent, l'histoire racontée d'une femme à laquelle on doit couper un sein le lendemain et qui resplendit, et qui sourit dans une loge, une syncope, une reconduite de l'amie, un « Adieu !... » Et le livre est clos par un billet de faire-part : Marie-Chérie Haudancourt est décédée à Nonains-le-Muguet, dans sa dix-neuvième année.

Tel est, brièvement résumé, ce livre d'analyses naturellement amenées à la synthèse, par le seul fait que tous les détails sont essentiels et mis à leur place, ce livre où la banale intrigue pas vraie ne vient rien déranger, où la note prise sur la vie et la mise en œuvre de l'art sont les deux seuls éléments admis. Tout a été fait avec des « causeries », des « confidences », des « confessions », et c'est ainsi que cette difficile, cette complexe étude d'un être peu connu, presque muet, presque fermé pour l'observateur, — la jeune fille, — a pu être menée à bonne fin. D'un bout à l'autre du livre, l'observation est médicale ; la littérature n'est que l'outil employé pour mieux faire voir et mieux faire comprendre ; à ce point qu'on oublie volontiers le style, ce style souple, pétri, coloré, sculpté, animé, on l'oublie pour regarder vivre, pour entendre parler et respirer les personnages. Oui, certes, Edmond de Goncourt a fait un roman « sans plus de complication que la plupart des drames intimes de l'existence », un livre « de pure analyse » pour lequel il faudrait « une nouvelle dénomination, une dénomination autre que celle de roman. » Et, dédaignant le gros succès, l'acclamation mondaine qui salue les livres menteurs des fabricants de sentiments faux et d'élégances douteuses, l'écrivain s'est refusé à faire de sa jeune fille « l'individu non humain, la créature insexuelle, abstraite, mensongèrement idéale des romans *chic* d'hier et d'aujourd'hui » ; il n'a rien gardé de son sujet, il a tout donné, il a tout dit : les enivrements des lectures chastes, les ridicules des pensionnats riches et des soirées à musique, les abandonnés et terribles commentaires faits par la froide et spirituelle Tony Freneuse après la première union charnelle, les troubles physiques et les rêves précis de la puberté.

Chérie est indiquée, dans la fière et mélancolique préface, comme le « dernier volume du dernier des Goncourt. » L'arrêt sera-t-il maintenu ? l'homme de lettres qu'est Edmond de Goncourt, travaillant, se modifiant, progressant sans cesse, posera-t-il la plume avant l'heure ? Quelle que soit la décision prise et gardée, l'auteur de la *Faustin* et de *Chérie* peut avoir foi en la survie de son œuvre : sa vieillesse solitaire aura connu la sympathie du monde lettré, la joie et l'amertume de la gloire tardive.

IV

17 mai 1885.

Hommes de lettres ! c'est l'appellation qui vient immédiatement à la pensée si l'on songe à ce tant regretté et tant pleuré Jules de Goncourt, dont on a réuni les « Lettres » en un volume précieux, qui est en même temps l'histoire d'un esprit et l'histoire d'une période littéraire. Homme de lettres ! c'est le seul titre, le seul signe particulier, avec lequel le nom du plus jeune des deux frères fasse route pour la postérité. Et certes, le passe-port sera visé et revisé par des lecteurs qui ne sont pas encore nés. Mais les hommes du monde qui fréquentent la Bourse, les hommes d'affaires qui hantent les Chambres, les masses qui se passionnent pour M. Sardou et pour M. Ohnet, tout ce monde voudra-t-il entrer en contact avec le rare écrivain ? Il faut prévenir les gens. Les notes du livre, notes sans habiletés et sans concessions, sont d'Edmond de Goncourt. L'introduction, qui fait revivre le disparu par l'ardeur de la sympathie et la pénétration de la critique, est d'Henry Céard. La mémoire de Jules de Goncourt est gardée de la façon qu'il aurait voulue par la tendresse de son aîné, par l'indépendance de caractère et la bravoure d'opinion d'un ami inconnu. Est-ce dit, et sait-on ce qu'on trouvera dans ce livre ?

La Littérature, entendez-vous, et encore et toujours la Littérature.

C'est elle qui est le sujet, toujours repris, toujours présent, de cette correspondance ; c'est elle qui transparaît sous toutes les phrases, depuis les premières lettres à Louis Passy, datées de 1848, jusqu'à cette dernière, à la princesse Mathilde, du 7 octobre 1869 ; c'est elle, mélangée à la vie, qui fait se dégager les enthousiasmes et crier les ironies ; c'est elle qui détermine les antipathies et qui fait éclore les subites et inaltérables amitiés ; c'est elle enfin qui a ajouté à la fraternelle amitié l'extraordinaire collaboration mêlant les pensées et confondant les talents.

Elle règne donc en maîtresse dans ce livre posthume, et les courts billets comme les longues lettres la célèbrent. On a véritablement la sensation d'une correspondance d'amour racontant la fidélité d'une unique passion. Il y a les ennuis et les souffrances de la fréquentation, et il y a aussi les joies de l'ivresse retrouvée, les violences des repossessions, les recommencements de bonheur. Cette agitation nerveuse, cette lutte de la pensée de l'écrivain avec le papier, l'encre et la plume, les accès de vie et les découragements, tout ce drame cérébral émeut comme un roman de cœur. Une concentration d'intérêt se fait, une unité s'établit. Bientôt les noms des destinataires importent peu : les papiers qui leur sont envoyés ne sont plus que les chapitres détaillés ou les courts alinéas d'un livre qui raconte une intelligence et une passion. Il y a un début, un milieu et une fin, et bientôt, on ne sait quelle obsédante illusion s'impose que l'on a sous les yeux les pièces justificatives de *Charles Demailly*, — l'histoire vraie après le récit composé.

Voilà donc la preuve que la vie écrite et imprimée l'emporte sur les plus artistiques inventions, et qu'un être qui se raconte prend votre attention, vos sourires et vos larmes aussi bien que les plus complets héros de roman. N'est-ce pas à l'honneur de ces « Lettres » et à l'honneur du beau livre qu'elles rappellent, que cette confusion entre l'art et la vie puisse être faite, et ne voit-on pas surgir ici l'alliage nouveau d'observation et de forme cherché dans les œuvres récentes du dernier des Goncourt, dans celles de ses amis, dans celles de ses suivants? Oui, des rencontres avec les êtres et des stations devant les choses, des incidents espacés et des discrètes péripéties, voilà toute l'extériorité de la vie mise au jour par cette correspondance. Ce qui occupe toute la place entre ces points de repère, c'est la vie interne, l'incessante manœuvre de la pensée. Et cela suffit. On pénètre un homme, — on entre dans un monde.

Les événements? Ce sont les voyages, la Chartreuse, l'Algérie, l'Italie, la Normandie, les repos à la campagne, les fluctuations d'opinions du jeune homme qui va de Hugo à Balzac, l'apprentissage de l'eau-forte et de l'aquarelle, les essais de vaudevilles. C'est un procès, un passage sur le banc sale de la correctionnelle pour avoir cité des vers de Tahureau déjà cités par Sainte-Beuve. C'est une lecture de Henri Heine, la mort de Nerval, des relations nouées avec les poètes, les prosateurs, les critiques, des confidences échangées avec Louis Passy, Armand Baschet, Aurélien Scholl, des conversations tenues avec Sainte-Beuve, avec Gautier, avec Renan, avec Berthelot, avec Saint-Victor, une sympathie qui se rencontre avec celle de Zola, de grandes amitiés et de grandes admirations qui vont à Gavarni, à Flaubert, à Michelet. C'est encore de mélancoliques amours de passage et la douceur d'amitiés persistantes pour des fillettes. C'est surtout le livre paru ou plutôt celui qui est en train, le roman essayé, l'Histoire examinée, le théâtre abordé. Oui, voilà les vraies subdivisions de cette existence: *En 18...* et *Sœur Philomène*, — les *Hommes de lettres* et les études sur le xviii° siècle, — *Renée Mauperin* et *Germinie Lacerteux*, — *Henriette Maréchal* et *Idée et Sensations*. Tout tourne autour de ces faits principaux qui sont des œuvres, les conversations en fumant et les mots échangés au coin d'une rue, les voyages à la vapeur et les rêveries devant un paysage, les rires enfantins et les tristesses féminines. Tout vient au livre, tout lui fournit une page, un mot, tout lui donne une force nerveuse et une atmosphère intellectuelle. Et la vie de Jules de Goncourt en arrive à tenir entre deux dates: — en 1851, paraît le premier livre, une brave entrée en littérature; — en 1870, la mort vient après la production d'un chef-d'œuvre : *Madame Gervaisais*.

L'homme que fut Jules de Goncourt vaudrait pourtant d'être isolé du littérateur. Mais, est-ce possible? Peut-on essayer de recueillir, à travers ces trois cents pages, des notes sur la manière d'être qui ne soient pas en même temps des renseignements sur le mode de travail? Tous les traits de caractère ne vont-ils pas devenir des marques de personnalité artistique? Lisez plutôt.

Le 29 septembre 1849, Jules de Goncourt écrit à son ami Passy et lui dit son dédain de toute attache, son goût de liberté : « Ma résolution est bien ferme, et rien ne m'en fera changer, ni sermons, ni conseils.... *Je ne ferai rien*, pour me servir d'une expression fausse, mais usitée.,. Je n'ai nulle ambition... La plus belle place du monde, la mieux appointée, on me la donnerait que je n'en voudrais pas. Pour moi, je trouve que les fonctions publiques, si recherchées, si encombrées aujourd'hui, ne valent pas une seule des courbettes qu'on fait pour les obtenir. C'est mon opinion, et comme la chose me regarde, j'ai le droit de m'y tenir. » Pendant l'hiver de 1855, c'est à Scholl qu'il raconte l'ennui de l'existence et la difficulté de la lutte : « Pas une main tendue ; — les médiocres et les vieux régnant ; — pas un courant, pas un mouvement ; — la mer littéraire endormie comme un lac d'huile ; — l'éditeur, un mythe ; — quelques titres, une défaveur ; — le théâtre possédé par des vaudevillistes infects ; — le public lisant tout ; — la critique, une accoucheuse, qui ne fait que des avortements ; — les petits journaux ne révélant personne ; — les grands toisant les jeunes gens ; — l'inimitié et l'insolidarité poussées au plus haut point dans la république des lettres ; — des alliés ridicules ; — et vos luttes, et vos fièvres, et vos angoisses, et votre furie d'avenir, enfin tout ce cœur que vous mettez dans votre tête, ne servant de rien, ne menant à rien... Allez, je vous le répète, nous fatiguons une mer d'huile ! » Le 12 octobre 1856, autre lettre à Scholl ; l'amertume s'est changée en sérénité : « Poussez-vous avec courage dans quelque grande machine ; oubliez avec la plume. Faites-vous un beau jardin d'imagination, déliez-vous de votre vie le plus tôt possible, vivez un roman que vous écrirez. Je crois que c'est une providence que nous autres malades, maudits et meurtris, nous puissions, au-dessus des choses et des faits, monter et nous asseoir dans une œuvre, un rêve, un château en feuilleton fait de musique et de mots, et peuplé d'idées volantes.... » Et toujours ainsi, le mal de chaque jour et la tâche qui fatigue ou console, la tristesse de vivre et la joie d'écrire se mêlent, s'identifient, prennent corps, deviennent des livres... Les qualités natives se transforment en dons d'observateur ou en facultés d'écrivain, et l'on ne sait bientôt si c'est l'homme qui était raffiné ou l'artiste qui était loyal.

Mais ce que l'on sait bien, par les feuilles écrites qu'a laissées celui qui est parti, et par la vivace et pensive affection de celui qui est resté, c'est que Jules de Goncourt fut tout esprit et tout bonté. Blessé par les hommes, vaincu décidément par l'indifférence publique et par l'agression de la fausse littérature, arrêté par la maladie en pleine progression de maîtrise, mettant un an à mourir et n'ayant pas senti la caresse de la gloire sur son jeune front, quittant à trente-neuf ans tout ce qu'il aimait, il n'a pas laissé après lui le souvenir de la plus mince vilenie, la plus légère ombre de méchanceté; le pauvre grand artiste a été le frère le plus aimant, et le plus fidèle camarade.

Aussi, il n'y a pas que des regrets pour le talent disparu, dans l'esprit de ceux qui sont accueillis dans la maison où vit, seul, Edmond de Goncourt. Le mort est resté présent, même pour ceux qui ne l'ont pas connu. Il y a tant de lui, dans le goût de ces encadrements, de ces tentures, de ces reliures, la table de travail est si grande, que l'on se prend à évoquer son ombre triste et souriante. Aux jours tristes d'hiver, quand l'après-midi n'est qu'un long crépuscule, on se prend à songer à celui qui fut si longtemps à la peine, — et qui n'est pas au triomphe.

V

19 Novembre 1885.

Edmond de Goncourt a repris, pour la satisfaction de ceux qui aiment la vérité dans les études historiques, le travail inauguré par son frère et par lui sur l'existence privée et publique des actrices du XVIIIe siècle.

Le premier volume de la série, *Sophie Arnould*, a reparu avec une documentation nouvelle, avec tous les éclaircissements, tous les fragments de mémoires et de lettres, tous les témoignages qui ont pu être retrouvés, en ces dernières années, dans la poussière des archives, au hasard des rencontres où excellent les chercheurs passionnés. *Madame Saint-Huberty* a suivi. Après les deux grandes chanteuses, viendront les tragédiennes, Clairon et Lecouvreur, les danseuses, Camargo et Guimard, les comédiennes, Contat et Favart.

En ces huit volumes, et c'est sur ce point qu'il sera insisté, tiendra, en dehors de l'histoire de ces huit femmes différentes, non seulement l'histoire du théâtre au XVIIIe siècle, — mais une histoire spéciale et véridique du siècle lui-même. La démonstration peut être facilement tentée.

La femme! d'abord. Par les deux volumes publiés, la méthode de travail du biographe s'aperçoit clairement. Tout ce que la paperasserie peut fournir de vie est extrait, mis en ordre, placé au bon endroit du récit. Ce n'est pas un alignement de pièces justificatives. L'écrivain sait à merveille à quel moment il doit paraphraser le récit mal fait d'un contemporain ou résumer l'amas des manuscrits ; il sait aussi suspendre le jeu de ses phrases pour laisser toute son éloquence à l'acte brutal parafé des commissaires et des notaires ou à la lettre qui n'avait pas été écrite pour être publiée. A ces lettres, à ces actes viennent s'ajouter les procès-verbaux de la police, les rapports d'inspecteurs, les certificats de médecins, les feuilles d'amendes enregistrées dans les théâtres, — tout ce qui peut montrer, expliquer un état de l'être physique, une manière d'être intellectuelle et morale. Ce sont là, dit avec raison M. de Goncourt dans un court programme, les documents « qui permettent à un auteur de ce temps de reconstituer l'existence de ces femmes d'un autre siècle, comme s'il écrivait la vie de contemporaines qu'il aurait connues et fréquentées. »

Cette scrupuleuse attention, ce fier souci donnent bien les résultats attendus. Dès la première ligne de l'un de ces livres, la crainte de l'ordinaire monographie disparaît. Ce n'est pas là le chiche travail d'à peu près qu'exécutent habituellement les historiens qui regardent dans l'histoire comme dans un herbier. Le verbe exerce encore une fois ici sa toute-puissance. La ligne souverainement dessinée qui court à travers les phrases et les alinéas, la recherche et la trouvaille du mot exact, l'épithète posée juste dans le paragraphe comme une mouche sur un visage, le parfum d'actrice et l'odeur de femme qui flottent au-dessus de chapitres courts comme des apparitions, — c'est tout cela qui fait la netteté de la vision, c'est tout cela qui, des lettres jaunies, des fleurs et des dentelles fanées, des Mémoires écrits par des morts, fait se lever les figures animées, aux joues roses, aux yeux brillants. Figures qui semblent sortir des mains d'une habilleuse de génie connaissant les toilettes éternellement jeunes et les fards qui jamais ne s'effacent! Ce sont des femmes, avec leurs grâces, leurs faiblesses, leurs infirmités. Leur esprit sourit, leurs yeux pleurent, leur bouche s'entr'ouvre et chante. Les voix des princesses de théâtre remplissent les salles, troublent les cœurs, chauffent les amoureuses ardeurs. Les lumières sont éteintes, les costumes sont quittés, les joueuses de comédies rentrent dans la vie. Les voix changent ; des âpretés sonnent sur les cordes rauques. Les nuits sont toutes bruyantes de sons d'or, de chocs de verres, de roucoulements de baisers. Les jours retentissent des disputes des amants et des éclats des créanciers. On a le spectacle de toutes les blessures faites à la femme, de toutes les fatalités sexuelles qui l'accablent depuis la puberté jusqu'à la maternité, jusqu'à la mort. Des rêves monstrueux et stériles s'accomplissent dans les alcôves obscures.

C'est donc la femme, — et c'est la femme de théâtre. Les allures sont particulières et les occupations sont spéciales. Les Goncourt, dans ces livres, ont dû songer à augmenter leur art et à s'improviser peintres de décors. Par une singulière magie de compte-rendu a plus d'un siècle de distance, ils ont recréé les fonds et les portants de peinture artificielle, les atmosphères de chaleur et les embrasements de lumière crue où se meuvent leurs héroïnes. Ils connaissent les dédales des coulisses et les chemins des loges. Ils savent quels désœuvrés on rencontre sur ces escaliers branlants et dans ces couloirs éclairés de quinquets. Ils savent aussi toutes les professions qui s'y exercent, et quelles liaisons les déesses des premiers rôles peuvent contracter avec les friseurs de perruques et les moucheurs de chandelles. Ils n'ont garde d'oublier la salle : ils ont consulté les feuilles de locations, et les spectateurs sont pour eux des connaissances auxquelles des bonjours peuvent être adressés du bout des doigts et des sourires du coin des lèvres. Ils n'ignorent pas le nom de l'actuel envoyeur de bouquets et pourraient dire si l'actrice va s'en aller tout-à-l'heure dans le carosse du grand seigneur ou du financier, ou dans le fiacre du sans le sou. Les archives du théâtre leur sont familières : ils ont additionné le chiffre des amendes et suivi la marche des appointements et des gratifications. La moindre dispute avec un administrateur, un régisseur, ou une camarade, leur a été racontée. Il y a approfondissement complet des caractères, des relations, — études des rôles, des costumes. La querelle avec le compositeur est suivie, — le piètre cas fait du librettiste est bien connu, — tout ce qu'il peut y avoir de dépit et de violence contenue dans les regards croisés avec ceux du chef d'orchestre est démêlé. La part de succès de la chanteuse est établie chaque soir, et aussi la part de succès de la musique nouvelle. A l'histoire d'un être se mêlent l'histoire d'un art. Les bravos et les sifflets sont enregistrés en partie double. Sophie Arnould raconte la fin de Rameau et les commencements de Glück, les combats de la musique française et de la musique allemande. Une nomenclature de rôles devient un fragment de l'histoire d'un théâtre.

Faut-il encore maintenant beaucoup dire pour achever de prouver que ces femmes, ces loges d'actrices, ces salles de spectacle servent à éclairer, à raconter le siècle passé. Qu'on y regarde bien. Chacun de ces livres est un microcosme. Des caractères différents d'humanité, des classes tranchées de la société viennent s'y refléter en des raccourcis hardis et véridiques. Lire ces pages, c'est parcourir un peuple de long en large, de bas en haut. — L'actrice sort d'une famille d'artisans, — ou d'un milieu artiste, — ou d'une bourgeoisie de boutique, — ou d'une bourgeoisie rentière. — Elle passe par la bohême théâtrale, par le monde des dessinateurs, des costumiers, des architectes. — Elle chante à la cour. — Elle prend des amants dans l'aristocratie et dans la finance. — Son libre salon est le lieu d'élection des philosophes et des artistes. — Sa voix, sa jeunesse, sa beauté perdues, elle n'a plus que les visites des amitiés persistantes. — Enfin, plus rien, la chute complète, la vieillesse, la mort dans un village perdu, dans une maison délabrée. — Et tout cela tient près de cent ans de la France : la fin de Louis XV, tout Louis XVI, la Révolution, le début de l'Empire. Ces femmes « qui, vivantes, sont le scandale d'un siècle, — et mortes, son sourire » ces femmes n'ont-elles pas tout vu, tout usé, tout subi, et l'histoire de leur vie n'est-elle pas l'histoire de ceux dont elles sont sorties, de ceux qu'elles ont ruinés, de ceux qui les ont abandonnées, de tous ceux qui les ont aimées de près ou admirées de loin, — oui, vraiment, l'histoire d'un siècle !

Edmond de Goncourt a pu renoncer à écrire des romans. Aussi bien depuis longtemps, le mot ne convenait plus à la chose. La gloire des deux frères, la gloire qui est aujourd'hui celle du survivant, c'est la neuve et superbe confusion qui existe entre la vérité de leurs œuvres d'imagination et l'art de leurs scrupuleux récits de la vie d'hier qui arrachaient à Michelet une attestation enthousiaste. — Sur tous ces livres indistinctement, sur ceux qui racontent les misères d'aujourd'hui, comme sur ceux qui font revivre les grâces disparues, on pourra vraisemblablement écrire le titre général définitif: *Œuvre historique des Goncourt.*

III

Alphonse Daudet.

L'Evangéliste. — *Sapho.*

7 Avril 1883.

Le livre est dans toutes les mains. Le sujet est dans toutes les mémoires : il peut tenir en quelques lignes. Au début, trois femmes sont en scène : une jeune fille, Eline Ebsen, sa mère, et sa grand'mère, trois danoises échouées à Paris. La grand'mère meurt. Celles qui restent, la mère, une bonne femme niaise, la fille, une nature nerveuse et sensible, se jurent de ne jamais se quitter. Un employé d'administration, Lorie-Dufresne, pauvre diable de sous-préfet en disponibilité, veuf, père de deux enfants, a su toucher Eline qui consent à devenir sa femme, à devenir surtout la mère de la petite Fanny. Mais la fatalité du tempérament et la nécessité de gagner le pain quotidien en décident autrement. Eline Ebsen traduit des prières, « Heures du matin », pour Mme Jeanne Autheman, une protestante agissante, fondatrice d'œuvres, propagandiste effrénée, organisatrice d'une « Armée du salut » dont les cadres sont surtout formés de femmes, de jeunes filles, prises dans tous les rangs, arrachées à tous les devoirs sociaux, femmes enlevées à leurs maris, mères séparées de leurs enfants, jeunes filles détachées de leurs mères. Eline Ebsen subit l'influence de ce pasteur en jupons, aux dehors rigides, mais toute consumée de fanatisme, cœur desséché, cerveau obscurci. Elle accepte d'abord de faire un cours, trois fois la semaine, dans la colonie évangéliste de Port-Sauveur; puis un jour elle y reste, entre en retraite, s'enrôle dans l'armée des mystiques prédicantes, sans rien dire à sa mère, sans trahir par un mot, par un geste, par un regard, par un battement de paupières, l'émotion intime que devait lui causer sa résolution.

Elle écrit à sa mère une lettre qui ressemble à un billet de faire part et qui exprime en quelques phrases inertes, tristement fleuries du pauvre jargon protestant, la décision qu'elle a acceptée. La bonne femme ne comprend pas, se lamente, s'irrite, vient réclamer sa fille, met en jeu ses relations et toujours se heurte à la volonté silencieuse et implacable de Mme Autheman, à sa fortune et à sa considération de femme de banquier. Eline a disparu, ses lettres arrivent par Port-Sauveur, sans que rien trahisse le chemin qu'elles ont parcouru.

Un seul s'émeut du malheur de cette mère, le pasteur Aussandon, un sincère et un austère, isolé parmi les hypocrites et les hystériques : il flétrit, du haut de la chaire de l'Oratoire, l'acte de Mme Autheman, il refuse la communion à la dure évangéliste. Aussandon est vaincu comme Mme Ebsen, il perd sa place à la Faculté de théologie, est forcé de quitter Paris. Eline revient passer quelques jours chez sa mère, pour bien prouver à tous qu'elle est libre, puis elle repart pour toujours.

Ce drame intime a été pris en pleine réalité, ces scènes de la vie mystique ont été observées par l'écrivain comme les phases d'une maladie par un médecin. C'est chez lui, subitement, dans le plein du travail d'un roman qui le prenait tout entier, que la grande douleur de la mère s'est révélée à Daudet. Il avait remarqué la tristesse de la femme qui enseignait l'allemand à son fils : il l'interroge un jour sur la cause de ses larmes, et voilà que l'histoire d'Eline, de son détournement, de l'affreuse désunion, passe du cœur de la mère dans le cerveau de l'artiste. Daudet essaye d'abord des démarches pour retrouver la jeune fille. Peines perdues. C'est alors que cette simple histoire, cette violente révolution dans un intérieur paisible, ce développement psycho-physiologique d'un tempérament de jeune fille, et aussi cette action occulte et inexorable de la religion incarnée en une fanatique, s'emparent du romancier, le hantent, lui font quitter l'œuvre commencée, le jettent tout entier, encore tout vibrant du récit entendu, dans le labeur d'une œuvre nouvelle.

Nul point de départ n'est plus conforme à l'esprit d'observation et d'expérimentation qui doit finalement triompher dans la science, la philosophie, la politique et l'art de notre siècle. Alphonse Daudet avait à faire en même temps qu'une étude philosophique générale du fanatisme religieux, une étude particulière du fanatisme protestant, et des phénomènes différents produits sur des tempéraments différents par la même cause. Il possédait l'idée-mère de son livre, celle qui devait présider à l'élaboration de chaque chapitre, de chaque page, et courir de la première à la dernière lettre, dans les phrases, sous les mots, comme le sang circule sous les tissus et dans les veines. Il connaissait la succession des étapes à franchir, l'établissement des plans, la marche véridique et logique de l'action. Il se mit alors à étudier les milieux, les influences de toutes natures, à refaire l'histoire des idées. Comme un savant, il créa une chair, recomposa un système nerveux pour le squelette du livre. Comme un peintre, il ajouta à sa préparation la flamme du regard et la vie intellectuelle.

Il parcourut les milieux dans lesquels allait se dérouler son livre, il étudia les personnages qui devaient passer et repasser au second plan de la scène, derrière les personnages principaux, agissant sur eux, entrant pour une part dans leur état d'esprit, intervenant, par le seul fait de leur existence, dans leurs déterminations. L'Armée du Salut venait précisément d'arriver à Paris, chantant et prêchant. Daudet vit ces soldats étranges s'arrêter sur les boulevards et dans les carrefours, lisant la Bible, psalmodiant des cantiques d'une voix véhémente, gardant une physionomie froide et fermée, insensibles aux sourires des passants et aux quolibets des enfants. Puis il pénétra plus avant, visita les officines où l'on distribuait les bibles pour rien, assista à des « témoignages » dans les boutiques du boulevard extérieur, visita l'immeuble du quai Valmy, un des sièges sociaux de ce commerce mystique, se plongea tout entier, gardant ses yeux bien ouverts, dans l'hallucination protestante.

Il revint de ce voyage avec la vision d'une humanité spéciale, jetée hors de ses gonds, ayant perdu son équilibre, à la suite d'un accès de fièvre religieuse. Il avait noté, sur les prêcheurs et les prêchés, les phases de la maladie qui fait le vide dans les cerveaux, ferme les yeux aux réalités et les ouvre sur le monde des cauchemars, rend l'être insensible aux secousses des sentiments comme il le ferme à la persuasion, à la pénétration du raisonnement. Il avait trouvé, enfin, le ton général du livre, le ton sur lequel devaient être dits les mouvements, les sensations, les actions des personnages. Rappelez-vous *Madame Gervaisais*. Les Goncourt, avec raison, pour peindre le détraquement cérébral de la femme sous l'influence catholique, avaient décrit, à l'aide de tous les raffinements du style, les pompes, les mises en scène des églises romaines; ils avaient fait passer, dans une phrase compliquées, peinte, sculptée et parfumée, toutes les couleurs, toutes les musiques, tous les encens, qui prennent les nerfs et troublent l'esprit dans la solennité d'une messe à grand orchestre ou dans les tristesses de la semaine sainte; telle page était éclatante et dorée comme une nef traversée de lumière et de chants ; telle autre était mystérieuse et sanglante comme la chapelle obscure où l'on célèbre l'office de « Ténèbres. »

Eh bien ! l'*Evangéliste*, et c'est le haut éloge qu'il faut adresser à Alphonse Daudet, l'*Evangéliste*, donne, d'un bout à l'autre, la sensation du protestantisme, de son affectation d'austérité. L'écrivain, qui connaît tous les enchantements mélodiques de la phrase, tous les sons des mots, toutes les arabesques et toutes les fleurs de l'écriture, a cherché et a trouvé l'unité de son livre, la parfaite parité du fond et de la forme, dans la simplicité et dans la transparence d'un style contenu, sobre, à la fois émouvant et glacial comme l'événement qu'il raconte. Des descriptions sont monotones et graves comme des chorals, des pages sont nues comme les murs d'un temple.

Il faut aller maintenant au reproche qui tient au cœur, que l'on regrette d'avoir à formuler sur cette œuvre presque parfaite qui marque une intéressante évolution dans la pensée et le talent d'Alphonse Daudet. Il semble que l'auteur de l'*Evangéliste* aurait pu amener plus savamment, plus logiquement, la volte-face d'Eline Ebsen, d'abord intelligence nette, fille aimante et dévouée, puis religieuse extatique, fille insensible et égoïste. Le changement est trop brusque. On comprend qu'il ne puisse y avoir de lutte entre Eline et sa mère, brave femme bornée et orgueilleuse, qui conduit elle-même sa fille à l'ennemi ; ni entre Eline et Lorie-Dufresne, caractère effacé, mécanique officielle sans volonté. Ce qui intéresse, c'est la lutte d'Eline avec elle-même ; on voudrait mieux voir le trouble des vingt ans, l'indécision de cette charmante fille entre l'amour et la religion. Mais non. Un jour, Eline rudoie la petite Fanny, renvoie Lorie ; un soir, elle ne rentre pas chez elle ; elle refuse de revoir sa mère, elle qui était fille, fiancée et mère ! C'est étape par étape que l'on voudrait suivre le chemin fait par Jeanne Autheman ; c'est à la lente prise de possession d'Eline que l'on voudrait assister. Le livre est trop muet sur cette révolution intérieure ; en deux pages, le changement est fait ; le roman tourne tout à coup ; tout se transforme comme au coup de sifflet d'un machiniste.

Pour le reste, il ne faut que louer. Ce livre est bien « une observation », c'est-à-dire que l'invention romanesque, l'intrigue contournée, le dénoûment semblable à un cinquième acte, sont absents. En transformant son talent, Alphonse Daudet est en passe, avec Edmond de Goncourt et Zola, de transformer le roman, d'en faire comme un feuillet détaché de la vie. L'art, un art immense, est employé à mettre les personnages à leur plan et dans leur milieu, à fixer les impressions de nature et de vie sociale dans des tableaux d'une rigoureuse exactitude. Mais la grande préoccupation est celle de la vérité. C'est la vérité qui doit faire frissonner le lecteur ou le charmer, l'attendrir ou le faire sourire. L'œuvre est composée, à ce point de vue, avec un tel soin, une telle rigueur, que la moindre invraisemblance, le plus petit mensonge, l'ombre d'une concession, y doivent détonner comme une fausse note dans une symphonie. Cette fausse note n'existe pas dans l'*Evangéliste*. Les situations, les descriptions, les conversations, sont vraies. Quelles impressions fortes ou délicates, toujours justes, nous donnent la mort de la grand mère, le retour du cimetière, l'intimité des Lorie et des Ebsen, l'apparition d'Anne de Bueil aux deux enfants, la lecture par Lorie des lettres de sa femme, le conseil donné par la morte dans sa dernière lettre : « Choisis-la-bien... », lu pendant qu' « un pas tranquille » va et vient au-dessus de Lorie, la stupeur d'Eline chez Mme Autheman, le caractère de cette Autheman, une Lyonnaise, sans mère, ayant reçu la blessure d'une déception amoureuse, le tableau frais de l'écluse, la déclaration à la fenêtre, déclaration si douce, si tremblante d'affection, d'un charme si inexprimable, avec ses silences, et ce paysage doux et lumineux de la Seine et des côteaux, la conquête du village par Mme Autheman et ses acolytes, le témoignage de Watson, le parc où les « ouvrières » mystiques errent comme des folles, les démarches de la mère auprès de l'avocat, du consul, des femmes du monde, et ces mots : « trop riches » contre lesquels se brisent tous les bons vouloirs, tous les efforts, le sermon d'Aussandon à l'Oratoire, et le refus violent de la communion, le suicide du banquier Autheman qui, repoussé par sa femme, va poser sur un rail son visage rongé par une lèpre, enfin la dernière entrevue de la mère et de la fille, et le mot qui termine tout : « Elles ne se sont plus revues.... Jamais. »

Les petites gens sont admirablement pénétrés et exprimés, avec leurs sentiments, leurs émotions. La bonne des Lorie, Sylvanire, et son mari Romain, sont comme le sourire rustique de ce livre triste. Quel tableau exquis que l'arrivée de la bonne et des enfants à la gare, et leur réception par Lorie, le fonctionnaire tout en surface, qui bégaye en réclamant les paquets et les caisses ! Avec quelle vérité sont peints le portrait épais, boursouflé de la bonne et naïve Mme Ebsen, le portrait rigide et froid de Mme Autheman !

La phrase est souriante ou mouillée de larmes ; elle est parfois interrompue, faisant un arrêt dans l'émotion, comme si les mots devenaient impuissants à l'exprimer. Et toujours, le romancier use de ce mode de traduction de la pensée, fécond en effets puissants, qui consiste à exprimer les actions et les pensées des personnages dans leur langage : le voyou « se carapate » : la berrichonne Sylvanire est « ébervigée » ; le protestantisme d'Aussandon ne parle pas la même langue que celui de Mme Authemam.

La critique catholique a condamné l'*Evangéliste*, elle a senti que les couvents et les missions étaient en jeu aussi bien que les retraites et les prêches, que le livre n'était pas seulement une étude et une condamnation du fanatisme protestant, mais de tous les fanatismes.

L'*Evangéliste* devait soulever ces attaques, parce que c'est un livre de bonne foi ; le libre-penseur qui joue au prêtre y est dessiné d'un trait léger entre la protestante illuminée et la folle catholique ; une thèse humaine y est développée sans qu'une partialité apparaisse. Les faits et les analyses parlent plus haut que les sermons et les tirades. Signaler une plaie, poser un diagnostic, n'est-ce pas là le rôle social du roman ?

Le talent d'Alphonse Daudet est en pleine évolution. Parti des jolis vers et des contes gracieux, des *Aventures d'un Papillon et d'une Bête à bon Dieu*, de la chanson des *Amoureuses* et des fantaisies des *Lettres de mon Moulin*, il en est arrivé, par le *Petit Chose*, *Tartarin de Tarascon*, à *Fromont jeune et Risler aîné*, à *Jack*, à l'*Evangéliste*. Il jette par le monde une œuvre de combat, il réalise, à son tour, ce qu'Edmond et Jules de Goncourt demandaient, et faisaient, dès 1864, en publiant *Germinie Lacerteux* : « Aujourd'hui que le Roman s'élargit et grandit, qu'il commence à être la grande forme sérieuse, passionnée, vivante, de l'étude littéraire et de l'enquête sociale, qu'il devient, par l'analyse et par la recherche psychologique, l'Histoire morale contemporaine, aujourd'hui que le Roman s'est imposé les études et les devoirs de la science, il peut en revendiquer les libertés et les franchises. Et qu'il cherche l'Art et la Vérité... ; que le Roman ait cette religion que le siècle passé appelait de ce large et vaste nom : *Humanité ;* — Il lui suffit de cette vaste conscience : son droit est là. »

II

3 juin 1884.

Le chemin parcouru depuis les *Amoureuses* et les *Lettres de mon moulin* jusqu'à l'*Evangéliste* et *Sapho*, est long et marqué par des stations glorieuses. Si Alphonse Daudet n'aimait la littérature pour elle-même, s'il n'était uniquement soucieux d'exprimer des sensations, de vivre par la phrase écrite, il aurait pu, à chaque nouveau livre publié depuis *Fromont Jeune et Risler aîné*, se croire en sécurité dans le genre qui provoquait tant d'applaudissements de la critique et du public. Mais non. L'œuvre qui suivait prouvait que les critiques, que les éloges, avaient été pesés et jugés, que le romancier n'avait pas hésité à se défaire de procédés qui avaient été acclamés, fêtés par presque tous comme des qualités de premier ordre, qu'il affirmait, au contraire, une vision de la vie de plus en plus nette, une allure de phrase de plus en plus simple, sans trompe-l'œil, sans attifement, — une vision et une phrase qui finissaient par inquiéter la critique bien pensante et le lecteur qui n'aime regarder que des images roses. Il fallut reconnaître que l'on perdrait son temps à vouloir faire de l'observateur et ironique romancier qu'était Daudet une sorte de prosateur poétique, placé à mi-côte de l'idéalisme, trop prudent pour abandonner ce poste commode, il fallut constater que l'on était en présence d'un écrivain qui obéissait à une loi de développement logique, qu'il se passait là, dans l'ordre intellectuel, un phénomène semblable à celui de la croissance physique.

Le cerveau avait été d'abord celui d'un poète, une jolie machine, bien agencée et bien sonore, où les impressions se transformaient en pastels légers, en phrases coquettes, en musiques capricieuses. C'est le temps des *Amoureuses* et des *Lettres de mon moulin*, des tercets, des rondeaux, des stances, des couplets en prose, des poursuites après les papillons et les bêtes à bon Dieu, des contes emblématiques et des récits de légendes ; c'est le temps des promenades dans le verger avec la cousine ; c'est le temps de la cueillette des prunes. Ah ! ces prunes ! leur odeur de sucre a longtemps flotté au-dessus des livres de Daudet, et plus d'un veut encore retrouver leur goût musqué dans les pages de la plus amère saveur. Quel est celui qu'elles n'ont pas longtemps obsédé? Si peu mondain que l'on soit, a-t-on jamais pu prendre place dans le cercle qui se forme autour d'une cheminée, ou dans le groupe compact des messieurs en habits noirs qui s'encadre dans le chambranle d'une porte, sans entendre aussitôt un futur prix du Conservatoire ou un mélancolique pensionnaire de la Comédie-Française, annoncer, avec un regard très autoritaire : « *Les Prunes*, de Daudet. »

On en arrivait à ne plus accepter d'invitations, dans la crainte où l'on était de la cousine, du verger et du prunier. Et la mauvaise opinion que quelques-uns se sont formée de l'esprit de justice et du goût littéraire en retard de leurs contemporains, vient en partie de là, de ce chœur de jeunes gens récitant les *Prunes*, pendant tout l'hiver, à la même heure, dans toutes les maisons de Paris où l'on prend du thé, un jour de la semaine. Eh! bonnes gens! il y avait longtemps qu'elles étaient cueillies et mangées, les prunes! Et d'autres arbres avaient été plantés et avaient poussé droit, et donnaient l'ombre d'un feuillage épais et sévère, que vous vous attardiez encore dans le verger d'autrefois !

C'est ainsi. On fut longtemps à comprendre qu'une évolution se faisait dans la pensée de Daudet. Comme c'était visible, pourtant! et comme on pouvait deviner, non seulement dans le *Petit Chose* et dans les *Contes du Lundi*, mais dans les *Lettres de mon Moulin*, l'observateur apte à tout voir et prêt à tout dire, le moraliste très renseigné par la vie, l'écrivain chaleureux et hardi de *Jack*, du *Nabab*, de l'*Évangéliste*, de *Sapho*. Oui, même dans les premiers contes, dans les courts récits où l'intérêt et l'émotion étaient concentrés en quelques pages d'une prose savoureuse et ferme, dans la *Diligence de Beaucaire*, dans l'*Arlésienne*, dans les *Vieux*, dans les *Deux auberges*, dans le *Portefeuille de Bixiou*, et même dans ces histoires symboliques qu'affectionne Daudet, où la fable est si saisissante et commente si bien la vie réelle, dans la *Chèvre de M. Séguin*, dans la *Légende de l'homme à la cervelle d'or*, dans *Nostalgie de caserne*, oui, dans tout cela, on aurait dû voir quelle volonté était en éveil, quel talent était en marche.

Et cette observation est si vraie, la parenté entre le conteur et le romancier est si étroite, que le *Nabab* est en germe dans l'un des *Contes du Lundi*, — que les documents qui ont servi à construire *Sapho*, ont la même provenance, à n'en pas douter, que les notes rassemblées dans les *Femmes d'artistes*. Les fortes qualités mises en évidence dans les derniers livres, les vérités dites sur les milieux traversés, sur les personnages coudoyés, sur l'humanité regardée par l'artiste clairvoyant, par le philosophe apitoyé, ont pour précédents le souci d'exactitude, l'inquiétude rêveuse des pages jetées au vent, aux heures de la toute première jeunesse.

On s'était trompé sur l'écrivain : on devait se tromper sur l'homme.

Parce qu'il avait la grâce et l'esprit, on lui refusait la force ; parce qu'il avait les nerfs vibrants d'une femme et d'un poète, on lui refusait les muscles du mâle ; tous les faux hercules qui soulèvent des poids en carton et mordent dans des barres de fer en caoutchouc s'ingénient encore à représenter Daudet comme un Girondin de la littérature, ménageur de chèvres et de choux, mettant des faveurs roses et des bouquets tendres aux loups apprivoisés qu'il mêlait habilement aux agneaux de sa bergerie !

En vérité, ceux qui jugent ainsi Daudet le voient toujours à travers ses premières pages, et sautent des chapitres entiers de ses livres. Ils ne veulent pas s'apercevoir qu'à côté du charmeur il y a un ironique, un terrible irrespectueux que rien n'arrête. Oui, dans *Fromont jeune et Risler aîné*, il y a des mignardises et des attendrissements, mais il y a aussi la cruelle peinture du monde des parvenus, les bourgeois devenus riches, l'ouvrière devenue bourgeoise. Dans *Jack*, il y a des coins d'idylle, des explosions de sentiment, des envolées de colères, mais il y a aussi l'usine d'Indret, la chambre de chauffe, et Ida, et d'Argenton. Dans le *Nabab*, il y a la famille Joyeuse, mais il y a le couple Hemerlingue, il y a Moëssard, il y a Bois-Landry, il y a toutes les vilenies et toutes les purulences parisiennes. Dans les *Rois en exil*, si Frédérique est poussée au type et représente l'Idéal mourant rêvé par les derniers royalistes, avec quel bras vigoureux le romancier a fouetté le misérable défilé des rois cabotins, des princes qui règnent sur une cour de gommeux et de filles, de tout le personnel ambulant qui escorte les majestés de tables d'hôte. Pour l'*Évangéliste*, on a encore dans les oreilles la clameur furieuse, faite de sales injures, soulevée dans tous les mondes religieux par ce livre superbe.

Contre *Sapho*, les manifestations ont été les mêmes. On a vu sourdre les colères, on a entendu siffler les haines. Ceux qui célèbrent le vin doré qui pétille et qui grise veulent ignorer la lie qui barbouille le fond de leur verre et dont ils ont l'amertume dans la bouche. Ceux qui fêtent l'illusion n'aiment pas les diseurs de vérités.

Le sujet du livre, c'est la liaison d'un jeune homme, — Jean Gaussin, — avec une femme, — Sapho, — qui, par ses fréquentations, ses amants, ses goûts, a pris place dans le Paris artistique. Liaison de cinq années, faites d'humiliations, de dégoûts, de colères, liaison dont la rupture laisse l'homme seul, vieux avant l'âge, avec des souvenirs salis, sans espérances pour l'avenir. Liaison poursuivie à travers les décors changeants de la vie de Paris, depuis la conversation dans la serre de Déchelette, un soir de fête, et les rendez-vous dans la chambre de l'étudiant, jusqu'au ménage installé rue d'Amsterdam, puis dans la maison basse de Chaville. Il y a des portes ouvertes sur cette intimité ; des gens traversent la chambre close pleine d'une énervante odeur d'amour ; des éclats de voix retentissent ; des artistes sont rencontrés ; avec un ménage de voisins s'établit une communauté de repas et de plaisirs ; des conversations s'engagent à des coins de rues ; des lettres jaunies racontent des jours et des années. Et peu à peu, à travers les mots, à mesure que les phrases s'ajoutent aux phrases, sous la plume qui effleure ou qui appuie, se dégage, se dessine, s'affirme un groupe qui reste devant les yeux de l'esprit, un groupe aux enlacements de fièvre, aux tendresses souffrantes, aux colères voluptueuses : — la maîtresse et l'amant.

L'art du livre est complet et exquis. La mélodie passionnée qui court du premier au dernier mot est enfermée dans une construction harmonique où ne détonne pas une note. Les lignes des profils, les gesticulations, les lueurs qui passent au fond des yeux changeants, les sons de voix, les suspensions de dialogues, les subites montées de fureurs, les mots étouffés dans un flot montant de passion, tout cela est vu, entendu, noté par un écrivain, peintre et musicien, qui pense avant de joindre deux mots et d'ouvrir une phrase. Les paysages surgissent comme sous une subite évocation ; de grands ciels courroucés ou mélancoliques se déploient au dessus des gens qui passent ; des odeurs de champs et de bois, contenues dans un mot, envahissent des pages, comme une goutte de parfum embaume une maison. Chaque chapitre, chaque alinéa, est façonné, taillé comme une œuvre d'art avec une délicatesse qui n'aboutit jamais à l'inutile détail, avec une recherche de l'impression sommaire qui ne s'égare jamais dans la fausse synthèse.

Et pourtant, cette perfection d'exécution atteinte par Daudet ne se perçoit qu'à une lecture attentive, qu'à une seconde lecture faite en dehors du sujet, avec le seul souci de la littérature. C'est le grand éloge à faire de ce livre : l'humanité y est plus forte que l'art. La femme qui est là, devant vous, cette Fanny Legrand, orgueilleuse et souffrante, cette Sapho animale, cette inconsciente, est tellement animée de vie, tellement respirante, qu'on perd tout intérêt du ton des phrases et de la couleur des adjectifs. On ne voit plus qu'elle, sa poitrine soulevée, son sourire indécis, son regard clair ou voilé, on n'entend plus que sa voix « meurtrie et passionnée. » Dès qu'elle apparaît, il ne s'agit plus d'écriture sur du papier : il semble qu'on voie pleurer et crier les pages, et que des frissons passent sur les caractères d'imprimerie. C'est elle, la figure principale du groupe, la souple nudité qui s'agrandit par moments jusqu'à représenter la Femme, et le doux, inquiet et indécis Jean Gaussin n'est plus que l'amant asservi, l'homme conquis par les baisers qui troublent et par les bras qui bercent.

Tout vient de Sapho, tout retourne à elle. Tout sert à expliquer sa personne, l'amour qu'elle ressent, l'amour qu'elle inspire. Tous ces amants qu'elle retrouve sur son passage, tous ces amants qui donnent à Gaussin une humiliation et une souffrance, ce Caoudal qui a coulé en bronze la nudité de la femme, ce Le Gournerie qui a mis ses cris de luxure dans des vers, ce Déchelette qui l'a gardée une nuit, ce Flamant qui a été en prison pour elle, tous, ces amants d'un an ou d'un jour, tous ont gardé un peu de sa vie et lui ont donné un peu de la leur, une tournure d'esprit, une habitude physique, un mot, un geste. Même ceux qui ne lui sont rien, ces voisins, ces passants, éclairent sa vie, en sont des commentaires de hasard. Cet Hettéma qui a été chercher sa femme au lupanar, est un Gaussin sans nerfs, sans jalousie, sans conscience ; cette madame Hettéma est une Sapho sans affinement. De Potter, le glorieux musicien qui attrape des mouches pour le caméléon de Rosario Sanchez, sa maîtresse, de Potter, qui pleure sur la dégoûtante bête morte et qui refuse de voir son enfant malade, de Potter est un

Gaussin qui a persisté, comme les vieilles Parques se promenant sur le lac d'Enghien sont des Saphos d'autrefois. Cette famille de Gaussin qui vit dans le Midi, dans ce patriarcal Castelet, n'est qu'une opposition à la manière d'être et de faire de la fille. La passion innée chez l'oncle Césaire, le Fénat toujours amoureux, est un point de contact de la famille lointaine avec l'ardente nature de la femme. Et l'amour d'Alice Doré, la fille abandonnée qui se jette par la fenêtre, ne sert-il pas à mieux marquer la qualité de l'affection charnelle de Fanny? Et le petit morvandiau, l'enfant sans mère, n'est-il pas bien placé auprès de la femme sans enfants? Cette fille même, que Gaussin regarde un soir dans une taverne, cette fille « à tête de mort qui dévorait du saumon fumé, sans boire », ne fait-elle pas mesurer au jeune homme toute la profondeur de la misère des femmes, et son dégoût pour sa maîtresse n'en va-t-il pas se changer en pitié?

Ces grandes lignes, ces parallèles qui entourent et enserrent Sapho, une fois relevées et mesurées, regardez maintenant cette femme, le centre de ce monde de l'amour enfermé dans un livre, écoutez-la parler, voyez-la vivre. L'observation et la logique sont d'accord. Sans cesse elle agira en fille complexe, faite de bonté et de méchanceté, simple d'allures, avec des dessous qu'elle ignore. Ce nom de « m'ami » qu'elle a donné à tous, elle le donne à Gaussin avec un élan de tout son cœur et de tout son corps, elle le lui donne sans s'avouer qu'elle n'aime que le faussaire auquel elle a jeté un brave et frémissant adieu en cour d'assises. Elle aime les vingt ans de Jean, elle est émue, elle implore comme une servante amoureuse, elle a oublié tous les « autres, » elle ne songe ni à hier, ni à demain. La courtisane est une garde-malade, la nonchalante met le tablier de la femme de ménage. Elle brûle les lettres d'amour, les sacrifie au jeune amant; pour lui, elle se place, elle s'assied au comptoir de gérance d'un hôtel, elle se confine à la campagne. Après la rupture, elle revient, dans l'escalier de l'hôtel, implorer celui qui l'a quittée, elle embrasse sa porte, elle s'en va lentement, sans une réponse, la tête vide et les mains abandonnées.

L'écrivain a montré un rare courage. A cette héroïne de roman, le romancier a refusé la grâce de jeunesse des Manon Lescaut et des Marguerite Gautier. Fanny Legrand, dès les premières pages, a trente-sept ans ; son nouvel amour lui refait seul une beauté nouvelle ; et ses étreintes, ses sourires, ses regards, la souplesse de ses bras, les mouvements alanguis de sa taille, ne sont que les ardeurs et les beautés finissantes de la femme. Quand elle apparaît à Gaussin sous la lampe, après les révélations entendues au café, elle est « belle et douloureuse »; toutes les marques que laisse le temps, toutes les salissures qu'inflige la vie, creusent et tachent son superbe visage; ses paupières sont rougies, ses traits détendus; tous les aveux se lisent, « son âge, son histoire, ses bordées, ses caprices, et Saint-Lazare, les coups, les larmes, les terreurs, et les meurtrissures violettes du plaisir et de l'insomnie, et le pli de dégoût, affaissant la lèvre inférieure, usée, fatiguée, comme une margelle où tout le communal est venu boire. » Rien d'elle n'est dissimulé, ni son père le cocher, ni sa mère la servante, ni ses colères grossières, ni les brutalités de ses caresses, ni ses perversions sexuelles. Au milieu des langueurs féminines, emplissant les nuits et les après-midi, entre les mots passionnés et les longs regards, les hontes anciennes réapparaissent, le lit se creuse en ruisseau fangeux.

C'est ainsi jusqu'à la rupture, cette effroyable scène pleine de cris déchirants et de tristesses mourantes. Là, dans le bois de Chaville, rouillé par l'automne, dans le creux de vallon où sont couchés les arbres ensanglantés par la hache, la triste Sapho n'est plus qu'une victime, une bête qu'on tue, et qui a des rires douloureux, des débordements d'injures, et des sanglots et des demandes de grâce, et des « Qu'est-ce que

tu veux que je devienne ? » qui attendriraient les pierres.
Elle tombe le buste en avant, elle se traîne, elle s'accroche, elle s'agenouille dans la boue, elle appelle au secours, elle pleure, elle pleure. Elle change de visage, une face que l'amant n'oubliera jamais apparaît dans le crépuscule qui assombrit le bois, une face terreuse, avec une bouche ouverte, et dans cette bouche le trou noir et tragique d'une dent cassée. Et encore des plaintes, et encore des pleurs, et encore des hoquets jusqu'à ce que le silence se fasse. « Plus rien, c'est fini, la bête est morte. » La dernière soirée se passe. Sapho, en un soir, a vieilli de dix ans, ses paupières sont « gonflées et sanglantes », il y a de la boue sur sa robe et dans ses cheveux. Puis, la solitude, l'hiver, la pluie, la neige, le noir.

Pour Gaussin, le travail de psychologie est le même. Le jeune homme, travailleur, sérieux, est peu à peu enveloppé par le dernier amour de la femme. On voit naître, à une minute précise, la fureur sensuelle et le goût du malsain, on suit la progression du désespoir, les réticences et les lâchetés de la passion, on voit s'opérer le mélange des hontes avec les fiertés, on est envahi par les mêmes afflux d'humanité apitoyée, on constate le trouble grandissant, la brûlure des sens, la gangrène morale, les capitulations des dédains, l'effacement des jalousies. Un autre amour, né de la rencontre d'une jeune fille, n'y peut rien. Après la rupture, Gaussin ne voit plus que « la pauvre figure levée vers lui, toute fripée et molle de larmes, cette bouche qui s'emplissait d'ombre à crier, ce sourire troué. » Il est tout à « la créature contre qui il avait dormi si long-« temps » ; il se sent usé, fini, lâche pour recommencer la vie ; il retourne à Chaville, trouve la femme tiède des caresses d'un autre, la frappe au visage et retombe sur le lit qu'il avait fui. C'est la conclusion. Sapho qui ne veut plus de Gaussin, qui lui préfère l'amant sorti de prison, lui écrit la lettre mélancolique et maternelle : « Eh bien, non ! je ne pars pas... » et elle le laisse en effet partir, seul, sa vie brisée, le cœur à jamais blessé, l'esprit à jamais flétri.

Le roman d'amour est fini. L'homme disparaît à l'horizon sur le bateau qui l'emporte. Sapho tombe à on ne sait quelle paix de néant. Il n'y a plus d'elle que des goûts de baisers et des bruits de sanglots.

Telle est cette dissection féminine.

Toutes les rêveries sur les philosophies et sur les organisations civilisées reviennent et se déconcertent devant la misère physiologique et la fatalité sociale comportées par le sexe qui fait songer à une incurable blessure au flanc. Par moments, des finesses et des cruautés, des volontés et des hypocrisies, font croire à un être fort et raffiné, qui règne au-dessus de tout, qui mène tout en riant, qui martyrise et se moque. Et, tout de suite, l'entrée ignorante dans la vie, et la conclusion sans miséricorde affichée sur le visage vieilli et sur le corps fané, imposent l'évidence de la faiblesse et de l'asservissement de la femelle.

C'est l'honneur de Daudet de faire naître ces pensées et ces doutes. Jamais il ne fut plus humain et plus fort. Jamais plus large compréhension, plus sereine tolérance, ne se montrèrent dans un livre d'artiste. La femme qui a broyé sous elle l'homme qu'elle a rencontré, qui lui a vidé le cœur, qui a assassiné son courage, cette femme irresponsable qui fait le mal et qui est bonne, qui a été, elle aussi, pendant vingt ans, martyrisée et salie par ceux qu'elle a aimés, cette femme, Daudet ne la condamne pas, ne l'exécute pas férocement. Finalement, c'est même la pauvre créature flétrie et abandonnée qui abandonne à son tour, et qui triomphe, avec un sourire et un visage en larmes, sur les ruines qu'elle a faites. *Sapho* n'est pas un réquisitoire contre la passion, un pamphlet contre la femme; ce beau livre douloureux ne fait que raconter avec simplicité, avec éloquence, la vie, la triste vie, sinistre comme un champ de bataille où tous les combattants seraient blessés.

IV

Emile Zola

Germinal. — L'Œuvre.

I

14 juillet 1885.

Germinal, le dernier volume de l'histoire des Rougon-Macquart publié par Emile Zola, contient, en ses six cents pages, assez de thèmes pour faire écrire dix articles. On pourrait, déplaçant les points de vue, délimitant les sujets, examiner tour à tour la construction du livre, la qualité de la langue, la manière d'observer, la part de réel, la faculté de grandissement, et enfin la vision de la société qui est affirmée dans le livre, la conception de la vie qui est comme en suspension dans les phrases.

Mais il y a longtemps qu'il est prouvé qu'à propos d'un livre il pouvait être écrit un autre livre, d'une utilité moindre. La critique n'a rien à gagner en devenant un inventaire compliqué : il n'y a nul inconvénient à garder les cahiers de notes par devers soi et à donner seulement un résumé des laborieuses analyses. Deux ordres de réflexions, bien distincts, seront donc seuls soumis ici, à propos de l'œuvre récente de Zola, — l'un ayant trait à la conception artistique du livre, — l'autre à sa signification sociale.

C'est la question posée par tout roman fait d'observation et d'art, de savoir comment l'écrivain a combiné sa personnalité avec les milieux traversés, ses idées et sa langue avec la réalité.

On ne peut certes jamais croire posséder en entier le secret d'un littérateur en travail. Il se produit là, dans cette alchimie supérieure, un mystérieux amalgame de sensations et d'intuitions, de voulu et de subi ; la réalité observée se combine, en des proportions difficiles à établir, avec les brusques divinations. L'écrivain lui-même, s'il s'interroge, constate à côté des résultats obtenus par l'effort et la force de sa volonté, des aboutissements inattendus où l'a porté le violent courant d'imagination et de poésie qui traverse sa pensée. Nous sommes toujours dans la réalité ; seulement, un élément avec lequel il faut compter, intervient: l'artiste, — l'artiste qui voit une certaine réalité et qui l'interprète avec la passion dont il est animé et dans la langue personnelle qu'il parle.

On sera ainsi autant renseigné qu'on peut l'être, si l'on ne perd de vue ni l'artiste observateur ni le milieu étudié, si l'on observe le romancier en action, si l'on cherche à savoir comment il a fait entrer la nature et l'humanité dans un livre — comment, avec des notes prises et des mots assemblés, il a fait de la vie.

On sait le sujet de *Germinal*. C'est la mine et le mineur, — la mine dans tout son ensemble et avec tous ses détails, le mineur dans tout l'exercice de sa vie matérielle et de sa vie morale, avec toutes les nécessités physiques, tout le réel de ses instincts, tout le vague de ses aspirations. L'œuvre est complète, d'une magnifique unité depuis la première ligne jusqu'à la dernière. Voici le trou qui affleure la plaine et qui descend au profond de la terre ; voici l'eau jaillissant des parois ; voici le feu flambant des fourneaux ; voici le charbon qu'on extrait ; voici le brûlant, voici l'humide, voici le noir! Et voici l'homme. Il n'a pas été isolé, peint à part, dressé solitairement. Il est dans le trou, il est dans le feu, dans l'eau, dans la poussière ; il est dans la houille qu'il extrait, il y mange, il y boit, il y dort, il y aime ; son pain est entre sa veste et sa chemise ; ses outils ne le quittent pas, — la bataille étant continuelle, le soldat a toujours ses armes en mains. Et il n'est pas seul, toute sa famille l'accompagne, son père, ses fils, sa fille, — la femme est seule à la maison ; ses ancêtres sont nés et morts dans ce coin ; ses fils y sont nés, ils y mourront ; toutes ces vies se résument en ce perpétuel et monotone va et vient entre la maison du coron et le puits de la compagnie. Il y a comme une pénétration réciproque de l'homme et des choses qui l'entourent ; à mesure que les détails s'accumulent, un résumé se dégage ; quelque chose qui est un composé de la vie des objets et de la vie de l'homme apparaît, — quelque chose de vivant, de grand, de symbolique, — qui est à la fois la mine et le mineur.

L'intéressant, c'est de voir comment ce résultat est obtenu, comment cette synthèse s'élabore. On a bientôt fait de parler de systématisation, de vision des surfaces, de gesticulations identiques, de détails répétés remplaçant la psychologie. Il faut regarder ce qu'il y a sous les mots, chercher la raison de la mise en place des chapitres et de l'équilibre des paragraphes, surprendre, chez l'homme, le choc de l'impression et la qualité de la réflexion, reconnaître l'habitude de construction et le procédé d'écriture de l'artiste.

Avant d'aborder les êtres, qu'on marche d'abord sur le sol, qu'on prenne le plan du terrain, qu'on contemple le paysage, qu'on fasse le tour des choses.

Les choses, — la façon dont elles sont présentées, — les lignes qui les dessinent, — c'est là ce qui fournira les renseignements les plus précis, les notes les plus curieuses. Au premier objet inanimé, de pierre, ou de bois, ou de fer, qu'on rencontre, une observation et une sensation s'affirment. Cet objet, Zola l'a vu vivant. Sous ses yeux, il s'est animé, il bouge, il respire ; — il fait mieux, il éprouve des sentiments, il représente une fonction, il entre en action. Lisez et regardez. Les échappements de vapeurs ont « de grosses respirations » ; si la pompe réapparaît, il est question de « l'haleine engorgée du monstre ». La fosse, tassée au fond d'un creux, a « un air mauvais de bête goulue, accroupie là pour manger le monde ». La signification du puits s'accentue de page en page ; il « s'écrase davantage au fond de son trou, avec son tassement de bête méchante » ; il « respire d'une haleine plus grosse et plus longue, l'air gêné par sa digestion pénible de chair humaine ». Il « mange les hommes »; il les « avale par bouchées de vingt et de trente et d'un coup de gosier si facile qu'il semblait ne pas les sentir passer »; il est « toujours affamé »; sa gueule est gloutonne »; ses « boyaux géants » sont « capables de digérer un peuple »; chaque jour, le « monstre avale sa ration de chair humaine »; la cage de fer dans laquelle descendent et remontent les mineurs, sort du puits avec un « jaillissement doux de bête nocturne » ou avec un « glissement d'oiseau »; elle est représentée « émergeant, replongeant, engouffrant des charges d'hommes, sans un arrêt, avec le coup de gosier facile d'un géant vorace »; le silence lui aussi est « vorace ». Et le puits, ce Voreux au nom significatif, est si vivant que sa mort est racontée en trois pages détaillées: il s'en va par morceaux, sous l'assaut des eaux, dans les éboulements; il est « entamé, bombardé par une armée de barbares »; sa tourelle « tombe sur la face, ainsi qu'un homme fauché par un boulet »; la machine « disloquée sur son massif, les membres écartelés, lutte contre la mort »; elle « marche », elle « détend son énorme bielle » qui ressemble « au puissant genou d'un géant couché »; elle est « comme pour se lever »; mais elle « expire », la haute cheminée s'enfonce, « bue par la terre »; c'est fini: « la bête mauvaise, accroupie dans ce creux, gorgée de chair humaine, ne soufflait plus de son haleine grosse et longue ».

Les rafales sont « enragées »; elles « semblent apporter la mort du travail, une disette qui tuerait beaucoup d'hommes. » Le vent « passe avec sa plainte, comme un cri de faim et de lassitude venu des profondeurs de la nuit. » Les feux nocturnes sont des « levers d'astres » à l'horizon « menaçant. » A un moment le nihiliste Souvarine, accomplissant, seul dans la mine, une obscure besogne, est « grisé par les haleines de l'invisible ». Une péniche est « comme assoupie dans l'eau trouble ». Une goutte d'eau joue un rôle médité, elle s'attaque à un mineur, elle est « obstinée », elle « s'acharne dans son œil, le fait jurer. » Le derrière de la Mouquette est « farouche » ; la « virilité morte » de Maigrat est une « bête mauvaise » dont les femmes ont eu à souffrir, et le mot revient : « la bête mauvaise, la bête écrasée… »

On voit ainsi tout tressaillir, s'animer, lutter, aimer, haïr, cage glissante, bielle plongeante, beffroi, bouche du puits, réflecteurs, rampes de fer, leviers des signaux et des verrous, madriers des guides, passerelles, hangars, lampes, aciers, cuivres, briques, sonneries, bobines, câbles d'acier qui s'enroulent et qui tournent, molettes, charpentes de fer, générateurs. Les bruits, tous les bruits, deviennent des chuchotements, des voix, des cris, — bruits de marteaux, sonneries des signaux, des timbres, sifflements des chaudières, roulements des berlines, filtrations d'eaux, fuites de grisou ; toute une symphonie est orchestrée par tout ce qui frappe, par tout ce qui creuse, par tout ce qui roule, par tout le fracas et par tout l'insaisissable, depuis l'écroulement des rocs jusqu'au vol du câble, jusqu'à la morsure des outils. Les odeurs, toutes les odeurs, jouent des rôles, sont bienfaisantes ou perverses ; l'odeur des herbes parfume la plaine et monte vers le soleil ; l'odeur du salpêtre, l'odeur des caves, l'odeur des écuries, l'odeur humaine, circulent sous terre, dans les escaliers où l'on trébuche, dans les couloirs où l'on tâtonne. L'humidité, le froid, l'averse, la nuit, sont des personnages qui interviennent.

La matérialité prend ainsi une existence et une grandeur qui seront difficilement dépassées. Et quand l'écrivain en arrive aux êtres intermédiaires, à ceux qui sont classés au-dessous de l'homme, mais au-dessus des minéraux et des végétaux, quant aux formes et aux couleurs et à la densité vient s'ajouter la chaleur du sang et l'intelligence de l'œil, alors naissent une profondeur de sentiment et une émotion de vie extraordinaires. Il y a des animaux dans ce livre, des animaux qui marchent et qui vivent autour des choses qui sont insensibles ou nuisibles, et autour des hommes qui souffrent. Il y a ces deux chevaux, Bataille et Trompette : Bataille, le doyen de la mine, un cheval blanc qui a dix ans de fond ; Trompette, le nouveau venu, un cheval bai de trois ans à peine. Le voyez-vous réfléchir et l'entendez-vous penser, ce Bataille, dans la chaleur de son écurie souterraine : « Depuis dix ans, il vivait dans ce trou... Très gras, le poil luisant, l'air bonhomme, il semblait y couler une existence de sage, à l'abri des malheurs de là-haut... Maintenant, l'âge venait, ses yeux de chat se voilaient parfois d'une mélancolie. Peut-être revoyait-il vaguement, au fond de ses rêvasseries obscures, le moulin où il était né, près de Marchiennes, un moulin planté sur les bords de la Scarpe, entouré de larges verdures, toujours éventé par le vent. Quelque chose brûlait en l'air, une lampe énorme, dont le souvenir exact échappait à sa mémoire de bête. Et il restait la tête basse, tremblant sur ses vieux pieds, faisant d'inutiles efforts pour se rappeler le soleil. » Et la pauvre vieille bête s'approche du compagnon qu'on lui donne, le flaire, s'anime. « Les ouvriers élargirent le cercle en plaisantant. Eh bien ! quelle bonne odeur lui trouvait-il ? Mais Bataille s'animait, sourd aux moqueries. Il lui trouvait sans doute la bonne odeur du grand air, l'odeur oubliée du soleil dans les herbes. Et il éclata tout à coup d'un hennissement sonore, d'une musique d'allégresse, où il semblait y avoir l'attendrissement d'un sanglot. C'était la bienvenue, la joie de ces choses anciennes dont une bouffée lui arrivait, la mélancolie de ce prisonnier de plus qui ne remonterait que mort. » Et lorsque Trompette, qui ne peut s'acclimater, meurt, lorsque le cadavre est lié, mis en cage et enlevé, Bataille « lève le cou pour le regarder partir, d'abord doucement, puis tout de suite noyé de ténèbres, envolé à jamais en haut de ce trou noir. Et il demeurait le cou allongé ; sa mémoire vacillante de bête se souvenait peut-être des choses de la terre. Mais c'était fini, le camarade ne verrait plus rien, lui-même serait ainsi ficelé en un paquet pitoyable, le jour où il remonterait par là. Ses pattes se mirent à trembler, le grand air qui venait des campagnes lointaines l'étouffait ; il était comme ivre, quand il rentra pesamment à l'écurie. »

C'est ainsi que la transition est établie entre ce qui est inerte et ce qui pense, — entre les pierres, les feuillages, la terre, — et l'homme. C'est ainsi que la sensibilité, le souvenir, la réflexion, sont recherchés dans l'existence mystérieuse de la bête, — c'est ainsi que la vie obscure est mélangée d'humanité.

Les citations disent en quelle forme poétique exaltée, avec quel bonheur d'épithètes frémissantes, l'écrivain constate et chante tous les états inconscients, tous les instincts embryonnaires, tous les tressaillements qui crevassent le sol, toute la vie à ras de terre. D'autres citations pourraient encore dire de quel pied solide le paysagiste parcourt les routes, gravit les hauteurs, de quel coup d'œil de grand peintre il embrasse une étendue, se rend compte de toutes les configurations de la topographie, de tous les enfoncements des perspectives : plaines où courent les rafales « larges comme sur une mer », jardinets tristes et sales où les légumes poussent parmi la poussière de houille, bords de canaux dessinés par des lignes de minces peupliers, espaces ténébreux « emplis de grandes misères », campagnes nues au travers desquelles le vent de mars « roule un cri de famine », — forêts, ruisseaux, collines, marais, champs de blés et de betteraves, — il a tout vu, tout emporté, tout fait tenir en l'extrême concision de ses descriptions. Et à regarder encore de plus près, à examiner la disposition des chapitres, on verrait l'importance et la signification du décor à ce fait que le livre, comme quelques-uns de ceux qui l'ont précédé, s'ouvre et se ferme par le même paysage, un paysage de nuit, un paysage de jour, — la route de Marchiennes à Montsou, — l'un, âpre et glacial, l'autre, tout pénétré de la douceur du printemps.

N'est-ce pas assez de ces hallucinations devant la matière, de ces créations d'objets vivants, de ces violentes interprétations des inconsciences naturelles, de ces cadences qui parcourent tout un volume, de ces retours de rythmes, — n'est-ce pas assez pour montrer en Emile Zola le poète qu'on se refuse généralement à voir, le poète panthéiste qui sait superbement augmenter et idéaliser les choses.

Après les choses, — les êtres.
Devant les choses, l'écrivain se comporte en panthéiste troublé par tout ce qui ressemble à une action ; tout ce qui est son, odeur, mouvement, affecte au plus haut point ses sens et son cerveau. Devant les êtres, un dédoublement se fait; le poète sensitif reste, mais, en même temps que lui, intervient un tranquille observateur matérialiste, soucieux de bannir l'*a priori* et le convenu de ses conceptions, seulement épris de la nette vérité des constatations.

C'est ici que l'injustice exercée depuis trop longtemps contre Emile Zola apparaît, et qu'il est possible, avec les personnages de *Germinal*, de donner les raisons de cette injustice, — de retrouver le romancier de bonne foi obéissant aux lois de son intelligence, comme on l'a trouvé obéissant à la nature de son tempérament.

Oui, le poète sensitif reste. Il reste pour voir, pour sentir, pour célébrer toute la matérialité humaine. Comme il a chanté les pierres, les eaux, les feuilles, les machines, il chante le corps, son organisme, ses fonctions, tout ce qui de l'homme tient à la terre, à la pleine terre nourricière, dont s'échappent les fortes odeurs, tout ce qui a « poussé en plein fumier », suivant l'expression qui, plusieurs fois, revient dans un des précédents volumes de l'*Histoire des Rougon*. Oui, il chante le corps, il le chante en physiologiste enivré par la vie qu'il découvre, par la signification des organes qu'il voit fonctionner ; il en aime tout, la force, la souplesse, la beauté, il en aime la laideur ; il aime la marche, le travail des bras, la musculature, le système nerveux ; il aime aussi les misères et les basses fonctions de l'individu. Ces misères, communes à tous, le touchent et l'émeuvent au plus profond de son être ; il a pitié de tous les malades et de toutes les blessées. Les basses fonctions, pour lui, ne sont pas « basses » ; elles sont ce qu'elles sont, il les voit, il les comprend, elles ne peuvent pas être autrement, et cela lui suffit. Il ne se révolte pas, il n'a pas de dégoût. Il dit tout, il décrit tout, il proclame que tout a droit à l'attention philosophique et à l'écriture artiste. Que l'action de son livre se passe dans les milieux compliqués par l'intervention du luxe et de la mode, ou dans les couches sociales où les besoins sont plus immédiats, les désirs moins satisfaits, qu'il étudie la mondaine ou le paysan, le bourgeois ou l'ouvrière, l'artiste ou la prostituée, toujours il donnera large place à la vie physique, toujours il cherchera la bête sous le vêtement.

Dans le monde qui s'agite et qui grouille sous ce titre emblématique de *Germinal*, Zola n'a pas failli à son ordinaire méthode d'investigation. Il a voulu dire toute la misère du mineur, et il n'a rien caché de ce qui l'explique et de ce qui l'aggrave. Son livre n'est pas un traité didactique qui range en bataille tous les arguments de l'économie politique et de la science sociale ; c'est une peinture, qu'il a faite la plus véridique possible, d'un coin de l'humanité avec toutes ses passions, toutes ses faims de pain et de justice, toutes ses grandeurs farouches, tous ses sacrifices obscurs, toutes ses fatales petitesses. L'homme d'abord, il a voulu montrer l'homme, avec ses organes, son sang, sa chair, et tout ce qui s'attache à lui de nécessités corporelles : manger, aimer, se reposer. Il y a de la pensée mêlée à tout cela, — il y a, qui le nie ? une marche vers une organisation meilleure, vers un idéal lointain. Oui, le romancier le sait, et il le dira ; il fera mieux, il prouvera l'unité de ces besoins du corps et de ces aspirations de l'esprit, il mêlera tout, il ne séparera pas ce qui est si étroitement uni.

Voit-on maintenant qu'il est d'une pensée logique, chez Zola, de montrer, après l'interprétation enfiévrée de la vie des choses, par quels liens solides l'homme tient aux choses. Qu'on fasse une plus grande part à la vie cérébrale, qu'on admette une plus grande somme de liberté humaine et une moindre quantité de vie dans l'insconscient, cela n'est pas en question quand on examine un écrivain. Ici, il faut bien admettre qu'on est en présence d'une façon de voir et de dire qui ne peut être supprimée ou atténuée que sous condition de disparition de la personnalité du créateur de l'œuvre. Il vaut mieux reconnaître qu'on est en présence d'un systématique et très sincère développement d'une méthode d'observation où tout se tient et où tout se complète.

On ne s'étonnera plus alors de voir apparaître tout ce que l'homme comporte d'animalité. On ne s'étonnera plus des mineurs allant à la fosse comme un « troupeau », — de l'importance donnée à des scènes où les petits demandent du pain et les grands du café, — des dîners faits de feuilles de choux bouillies, — de l'eau qui donne des coliques, — de la corrélation établie entre la promiscuité familiale et l'insuffisance des salaires, — du mouvement et de l'odeur d'étable des levers du matin, dans la nuit qui finit, des besoins satisfaits, des lavages en famille, — de la résignation tranquille « tant qu'on a du pain », — des fureurs alcooliques qui naissent d'un verre d'eau-de-vie quand le buffet est vide, — des affolements de bataille qui passent dans les cerveaux après trente jours de chômage, de privations, après les maladies des vieux et les morts des enfants. On ne s'étonnera plus de Vincent Maheu, dit Bonnemort, descendu dans la mine à huit ans, qu'on a retiré trois fois du Voreux, brûlé, étouffé, noyé, qui a été galibot, herscheur, haveur, remblayeur, qui est charretier après quarante-cinq ans « de fond », qui a de la houille plein le corps et qui « crache noir », et qui étrangle inconsciemment, de ses mains restées seules vivantes, une fille d'actionnaire, parce qu'elle est rose et blanche et bien mise. On ne s'étonnera plus de Maheu, le « bon ouvrier » qui n'a jamais parlé et qui n'a jamais paru réfléchir et qui se fait tuer sur une barricade de briques, — de la Maheude qui a sept enfants à trente-neuf ans et qui apparaît toujours avec « sa mamelle pendante de femme épuisée », sa « mamelle de bonne bête nourricière », sa « mamelle de vache puissante », — de Jeanlin, le petit de onze ans, petit, maigre, scrofuleux, voleur, assassin, incarnation de la perversité précoce, — du brutal Chaval, — de la dévergondée Mouquette, — du noceur Zacharie, — de la poitrinaire Philomène Levaque, — de Bouteloup, amant de la Levaque, — de la Pierron, maîtresse de Dansaert, — de la Brûlé féroce, — de Maigrat, usurier et libidineux, de Mme Hennebeau combinant le mariage de son amant Négrel. On ne s'étonnera plus de la place envahissante que tient l'amour, de la « bestialité qui souffle », de cette hantise sexuelle qui revient à chaque chapitre, à chaque page, de cette fornication qui emplit les jardins, les blés, les hangars, les fosses, les sentiers, les chemins, qui fait errer dans tout un pays une population en chaleur. — On peut parler de grossièreté, d'abjection, on peut se révolter comme on s'est révolté devant l'accouchement de *Pot-Bouille*, devant la physiologie féminine de la *Joie de vivre*. On peut dénoncer l'obscénité. Ce sera signe qu'on n'a pas compris, qu'on n'a pas deviné le puissant poète épris de toutes les matérialités, emporté à les grossir et à les symboliser, déterminé à n'en passer aucune sous silence.

Est-ce à dire que cette grande place prise par l'humanité qui mange, qui boit, qui dort, qui procrée, empêche de voir le travail et la pensée ? Non, ceux qui veulent chercher trouvent. Ceux qui veulent bien admettre que les fonctions cérébrales sont encore, pour la plus grande partie, à dégager de l'inconnu, ceux-là verront que l'écrivain a construit tout un délicat travail de correspondances et d'influences entre les organes et le cerveau ; ils verront des corrélations intimes, d'une juste et ténue subtilité, établies par l'artiste entre les êtres qui se rencontrent, entre l'homme et la chambre, l'atelier, le paysage où il vit. Toute une psychologie très particulière s'aperçoit sous les phrases qu'échangent entre eux deux ouvriers du Nord, comme Levaque et Bouteloup, sous les discussions qui s'élèvent entre un Parisien et un Russe, comme Etienne Lantier et Souvarine ; les intérieurs, les fêtes, les dîners, les ducasses apportent leur contingent de renseignements sur les tempéraments et les nationalités ; le récit précis des faits qui remplissent une journée, — le sommeil, le travail dans la mine, les occupations des femmes, la rentrée, le lavage, l'amour, le souper, le coucher, — cela suffit à donner la complète histoire d'une famille ; que le récit s'étende de l'individu au groupe, puis à la foule, et l'on se rend bientôt un compte exact de ce qu'est la population minière. L'analyse des caractères se complète peu à peu à mesure que les actions s'accumulent, que les intérêts interviennent. Etienne Lantier, depuis la nuit, où sur la route, il demande du travail à Bonnemort, jusqu'au jour où il quitte la mine, donne sans cesse sur lui-même des indications qui, une à une, lui font une personnalité d'ouvrier intelligent, courageux, acceptant le plus dur travail malgré ses membres frêles, sentant peu à peu naître en lui le besoin de savoir, puis l'orgueil de penser, le désir de la propreté et de l'indépendance, l'ambition d'être quelqu'un, — se laissant aller à la gloriole, à la vanité, repris par des doutes, — triste et compréhensif dans l'impopularité, — délicat et humain avec les femmes et les faibles. L'aubergiste Rasseneur, en quelques phrases, se dessine en politique beau parleur, mécontent aujourd'hui, modéré demain, jaloux de son influence, soigneux de ses intérêts. Le blond, fin, sobre et taciturne Souvarine, « libre de son sang et du sang des autres, » dit en peu de mots son nihilisme exterminateur, et en quelques gestes, en quelques regards, la tendresse qui est refrénée en lui ; il veut « casser la terre », il veut incendier, tuer, exterminer, il passe à l'action, détruit la mine, tue les mineurs, et ses mains inquiètes cherchent sans cesse la lapine Pologne, la bête qu'il a prise en affection.

M. Hennebeau se débat entre les affres et les dégoûts de l'adultère et les difficultés de sa situation de directeur des mines. L'ingénieur réactionnaire Négrel est fin et sceptique, courageux et sans scrupules.

Et chez des êtres inférieurs on trouvera encore ces affirmations de personnalités, ces dessins de caractères. On les trouvera chez Catherine, — cette délicatesse qui s'ignore, — dont l'attitude vis-à-vis d'Etienne reste la même, malgré la brutale empoignée de Chaval, malgré les froissements, les injures, les coups d'une liaison ; c'est toute la douceur et tout le poignant d'un amour jamais avoué, toute la souffrance que donne un aveu retenu, — délicieux sentiment indiqué, effleuré, avec une douceur qui émeut, avec un charme qui ravit. On les trouvera même chez cette grossière Mouquette qui change d'homme chaque semaine, et qui se donne à Etienne avec une gêne, un élan et un trouble ineffables, où quelque chose de supérieur au désir apparaît : — la pudeur frissonnante, la défaite sanglotante et confuse de la vierge. On les trouvera encore chez des personnages qui ne font que passer, — le capitaine républicain, — le petit soldat de Plogoff.

C'est ainsi, — à travers toutes ces notes rassemblées, toutes ces visions agrandies, toutes ces constatations respectées, toutes ces célébrations de la matière, toutes ces explications d'actes cérébraux, — c'est ainsi que la signification sociale du livre se dégage, que *Germinal* devient une des fortes pages de l'histoire de ce temps.

Nulle thèse, nulle accusation, nulle défense. Des descriptions, des faits. Une déposition sans commentaires. Et cette déposition faite par un artiste devient un réquisitoire poignant et éloquent, fait pour troubler toutes les indifférences et encourager tous les espoirs. C'est que les résistances entêtées et les justes revendications sont représentées par des hommes taillés en pleine vie et lancés en pleine action. C'est qu'il est impossible de ne pas faire une comparaison, de ne pas tirer une conclusion du spectacle de ces deux familles antagonistes : — les Maheu, dont l'ancêtre, Guillaume Maheu, a découvert le filon de charbon gras, et qui « tapent à la veine », depuis cent six ans, laissant tous les leurs sous les éboulements de rocs et dans les explosions de grisou ; — les Grégoire, dont l'aïeul a acheté une action productive d'intérêts grossissants sans cesse, et qui depuis ce jour, depuis un siècle, sont nourris à ne rien faire. Et le parallélisme continue. Les uns vivent grassement dans une maison fleurie, roulent en voiture, sont bien vêtus, se chauffent en hiver, boivent frais en été, digèrent, dorment ; — les autres, chaque jour, par toute saison, vivent dans la mine, marchent courbés, l'eau aux chevilles, montent dans les cheminées étroites, piochent couchés sur le flanc, murés dans les fentes, respirent de la poussière de charbon et du feu dans une température de trente-cinq degrés, ruissellent d'eau dans les humidités subites, vont à tâtons dans les ténèbres, se sauvent au bruit des écroulements, crèvent de soif, crèvent de faim, voient mourir leurs enfants du besoin de manger.

Aussi, la grève, les batailles, les castastrophes viennent-elles à leur heure comme les fatales conclusions de l'affreux état de choses. On souffre des malentendus, on explique les violences. Si l'on sourit devant la lumière de lune et le décor d'opéra de la forêt de Vandamme, on prend au tragique le silence désert du village, la faim, le froid acceptés, les câbles coupés, les chaudières éteintes, la course à travers la plaine, le défilé sur la grand'route avec le cri dominateur qui coupe les couplets de la *Marseillaise* : Du pain ! du pain ! du pain ! la mort de Maigrat, les coups de feu des soldats, le cuvelage crevé par Souvarine, les sauvetages et les morts. On passe sur quelques confusions d'opinions, sur quelques tours de langage politique en avance, pour admirer ce qui est tout ce livre : — la belle compréhension humaine de cet instinct de justice qui pousse les masses en avant, et de ce pessimisme pensif du bourgeois qui ne croit pas qu'on puisse « retirer une peine » à l'humanité, ni lui « ajouter une joie. »

II

12 mai 1886.

L'*Œuvre*, le quatorzième épisode des *Rougon-Macquart, histoire naturelle et sociale d'une famille sous le second Empire*, pourrait être, comme *Germinal*, comme la plupart des livres très compacts écrits par Emile Zola, considéré de divers points de vue, soumis à des investigations sans nombre.

C'est une des supériorités du roman que sa forme d'art, très souple, très complexe, se prête à tous les essais de l'expérimentation, à toutes les combinaisons de l'intellect. Il n'est pas aujourd'hui de formule plus large, plus étendue. Ou plutôt, c'est l'absence de formule. C'est comme un champ sans limites, dont on voit sans cesse reculer l'horizon à mesure que l'on marche, qu'il est impossible de mesurer dans aucun sens, qui admet facilement, en son espace, toute la poussée de la nature, tout le défilé de l'humanité. Tous le labourent et l'ensemencent, ce champ où les récoltes se succèdent à l'infini, tous ceux qui se préoccupent d'hier, d'aujourd'hui, de demain, tous ceux que sollicitent les aspects des choses, les batailles des espèces, le sort de l'individu. Maintenant que l'affabulation tend à se confondre de plus en plus avec la réalité, que l'imagination dite romanesque ne montre plus les effets de sa grossière mise en scène que dans les œuvres inférieures, le roman devient véritablement le moyen de toute généralisation et de toute analyse. Les regardeurs d'humanité et les chercheurs d'abstractions, les observateurs et les intuitifs, peuvent, sans le souci d'une construction comme la tragédie, d'un agencement de mots comme le poème, avec une haleine plus longue que celle des notes philosophiques, évoquer la vie morte de l'histoire, décrire l'agitation de la minute qui passe, creuser l'homme moral à travers l'homme physique. Le roman peut contenir l'existence visible de l'humanité, — et il peut contenir aussi le monde mystérieux de la sensation.

C'est une preuve nouvelle de cette souplesse du roman à s'adapter à toute évolution de l'esprit que vient de donner Emile Zola, par la publication de l'*Œuvre*.

Oui, à propos du volume de cette année, à propos des milieux décrits et des sujets abordés, on pourrait tenter plusieurs études très différentes, classer la foule des réflexions suggérées.

Pour indiquer un seul ordre d'idées, n'y aurait-il pas à comparer les faits rapportés avec les dates choisies par l'artiste, à remarquer la visible confusion entre deux périodes, confusion impossible à éviter. L'observateur, qui a commencé son œuvre vers la fin du règne de Napoléon III, a continué à prendre des notes après la brusque coupure historique de 1870. Il se trouve, à n'en pas douter, que les personnages avancent sur l'époque primitivement choisie, que les milieux d'il y a vingt-cinq ans sont complétés par les milieux d'aujourd'hui. Il est arrivé même, que des détails matériels, des aspects du Paris créé depuis quinze ans, depuis dix ans, ont été pris tels quels, et transportés dans le Paris d'autrefois, avec une acceptation évidente, et inadmissible, de l'anachronisme. Dans une préface mise récemment en tête de *Une page d'amour*, Zola reconnaît et défend comme des privilèges d'artiste quelques-unes des erreurs commises, qui pourraient être si facilement effacées ! Mais il ne s'explique pas, d'ailleurs, sur la distance entre les années de conception et les années d'exécution ; il ne dit pas en quoi son histoire des Rougon-Macquart, qui doit faire revivre la période comprise entre 1851 et 1870, peut se trouver faussée par un emploi de matériaux récoltés entre 1870 et 1886. Il est présumable que l'explication sera entreprise, et pour tout dire, elle n'apparaît pas insurmontable. Pour les erreurs de faits et de dates, il n'y a pas d'immunité artistique qui tienne, la révision se commande d'elle-même. La révision est également à souhaiter pour quelques tournures de langage, pour quelques développements d'idées. Mais pour le reste, il semble qu'il soit facile à l'écrivain de défendre la construction de son œuvre. Qu'est-ce donc, en effet, qu'une période de quinze ans dans l'histoire ? Et, pour le cas en discussion, n'est on pas frappé du peu de changement apporté dans les conditions sociales et dans les mœurs depuis que la troisième République a succédé au second Empire ? N'y a-t-il pas eu une sorte de reprise immédiate des occupations de la veille aussitôt après le siège de Paris et la guerre en province ! Pour ne prendre que *Germinal*, écrit à l'époque de la dernière grève d'Anzin, n'est-ce pas le récit généralisé, et vrai même dans les détails, de ce qui s'est passé au Creuzot, à Aubin, à la Ricamarie ? Zola peut donc répondre qu'il était fondé à raconter en partie hier d'après aujourd'hui, puisqu'il y a presque identité entre aujourd'hui et hier. Dans quelques années, que la décadence s'accentue ou que nous assistions à un renouveau, tous ces récits apparaîtront sans doute pourvus d'une vérité générale impossible à contester. Restent les détails, restent les nuances, qui ont, certes, bien leur valeur, mais quelque imprudence qu'il y ait à remettre les choses, ce ne sera pas à propos de l'*Œuvre* que l'examen attentif des quatorze volumes sera commencé ici. N'est-il pas juste d'attendre la conclusion, et même une édition définitive où l'écrivain aura fait les raccords nécessaires ? Il faut patienter pour ces travaux d'érudition, et remettre leur entreprise à quelque dix années, en supposant que le romancier achève sa tâche, que le critique soit encore de ce monde, et qu'il y ait encore des lecteurs pour s'intéresser à ses herborisations.

Si grand que soit l'intérêt présenté par cette étude du monde des peintres, par ce chapitre véridique de l'histoire de l'art, il y a donc avantage à se borner, à s'intéresser à l'analyse d'une passion, — à l'explication psychologique de l'artiste.

Claude Lantier, un des fils de la Gervaise de l'*Assommoir*, est un artiste né avec le don précieux de voir et de comprendre. Peintre, il s'est épris des effets, non encore étudiés, de la décomposition de la lumière. Il apporte une formule nouvelle qu'il s'agit de faire triompher par une œuvre complète, irrécusable, dominatrice. Le récit, tout entier, sans qu'une description à côté, sans qu'une digression inutile, aient été ajoutées, fait assister à la lutte de cet artiste avec cette œuvre. Tous les gens qui apparaissent, tous ceux qui prononcent une parole, qui font un geste, tous les pauvres intérieurs traversés, tous les paysages déployés au bord du fleuve, concourent à l'impression unique de l'impitoyable et sanglante bataille cérébrale. Sandoz, le romancier, le compagnon d'enfance, l'ami intime de Claude, est l'interlocuteur des inquiétudes de l'artiste, l'explicateur de ses tristesses. L'architecte Dubuche cherche la réussite bourgeoise, sacrifie l'art aux satisfactions de l'argent, arrive au but poursuivi, et, néanmoins, manque sa vie. Mahoudeau est le sculpteur capable de grâce facile et s'entêtant à vouloir la puissance. Gagnière est le peintre indifférent à la peinture, qu'il ne sait que correctement, et passionné pour la musique, qu'il ne sait pas. Courajod est le grand paysagiste qui a oublié son talent d'autrefois, qui n'en a peut-être jamais eu conscience, comme Chambouvard est le tailleur de pierres sans intelligence. Bongrand est le maître peintre qui a peur de la décroissance de son talent, l'ancien surpris par l'avènement des nouveaux, tâtonnant, inquiet, douteur, et en même temps perspicace et loyal. Fagerolle est l'habile de tous les métiers et de tous les temps, prompt à s'approprier les formules, à corriger les audaces, à voler le succès avec un talent biseauté. Christine, la charmante fille, l'épouse courageuse de ce Claude malade de son art inexprimé, Christine est l'antagoniste de la peinture, l'influence charnelle, douce et despotique, qui pourrait contrebalancer l'influence de ce dessin, de cette couleur, de cette atmosphère, fixés parfois par surprise, aux heures de claires visions, puis se refusant à tous les acharnements, à toutes les rages de travail.

Après le romanesque du début, la rencontre de Claude et de Christine dans l'illumination d'éclairs et le fracas de tonnerre d'une nuit d'orage, plus rien ne vient distraire de ce déroulement lamentable d'une vie d'artiste. Les choses ont bien encore ces apparences de monstres vivants et respirants que leur donne perpétuellement le romancier, poète grisé par les aspects, par les odeurs, par le frémissement que dégagent les mots. Notre-Dame a des pattes et une échine. La locomotive hurle et se plaint, avec une voix d'une « mélancolie géante ». La femme symbolique placée à la proue de la barque, dans le paysage de la Cité, la femme aux cuisses d'or et au ventre de pierreries, devient un être vivant, une rivale de Christine, une maîtresse introduite dans le ménage. Quand Claude passe dans l'atelier, pris par une frénésie de travail, l'épouse se juge trompée dans la pièce voisine. Il y a lutte entre la femme vivante et la figure peinte, et c'est cette dernière qui l'emporte. Claude, un instant repris par Christine, revient à l'idole délaissée et jalouse, et se pend devant elle, au clou d'une poutre. Mais il y a beaucoup dans tout cela de l'aberration de Claude ; c'est son œil troublé qui transmet ces images remuantes à son cerveau. Et c'est ici qu'il faut faire la remarque principale, justifier le mot d'évolution employé tout à l'heure.

La plupart des romans d'Emile Zola, depuis la *Fortune des Rougon* jusque *Au Bonheur des Dames*, sont remplis par l'apologie instinctive de la force. La commère qui organise le massacre, l'entrepreneur qui bouleverse Paris, le prêtre qui conquiert une ville, le ministre qui frappe la tribune d'un poing massif, la fille qui asservit une génération, le « calicot » accapareur du commerce parisien, occupent les volumes d'un bout à l'autre, de leurs personnalités enflées. L'écrivain, qui est de la race des constructeurs et des puissants, a le goût de tous les solides mécanismes, quoi qu'ils broient dans leurs fonctionnements, a le respect de toutes les manifestations, quelque autoritaires qu'elles s'affirment. Sans doute, il distinguera les êtres irresponsables, les infiniment petits perdus dans les ombres des colosses, et l'idylle de Miette et de Silvère réapparaîtra à plusieurs reprises. Sans doute aussi, par deux fois, sa pitié se penchera longuement sur deux victimes, sur l'ouvrière Gervaise, de *L'Assommoir*, sur la petite Jeanne, d'*Une page d'Amour*. Mais il y aura encore un retour aux sympathies anciennes, aux idées de conquête, aux individus armés en guerre, et cela jusqu'au jour où décidément l'attendrissement naîtra de tant de tristes existences évoquées, de tant de misères remuées. Ce jour-là, l'intérêt de l'écrivain a été aux humbles, à ceux qui ne font pas de bruit, à ceux qui sont pris et blessés par tous les engrenages des machines sociales, aux blessés, aux écrasés de toutes les batailles. C'est alors qu'il a écrit coup sur coup : *La Joie de vivre, Germinal, L'Œuvre*. Ce n'est plus le vainqueur qui est mis en lumière, c'est le vaincu ; ce n'est plus l'exaltation du conquérant, c'est l'apitoiement sur le malheureux parti pour conquérir et qui retombe, les reins brisés. Et tout est dit magistralement, humainement, sans que rien de la tristesse physiologique de l'homme soit passé sous silence, sans qu'aucune des abominations journalières de l'existence soit atténuée. « Qui dit psychologue dit traître à la vérité », écrit Zola dans un chapitre de l'*Œuvre*. Et il a raison vis-à-vis de cette psychologie qui isole le cerveau, qui en fait une machine fonctionnant à vide, sans relation avec les sens et avec le monde extérieur. Mais ne se trompe-t-il pas, le panthéiste impénitent, en contestant « une âme à chacun de nous », lui qui vient, pendant cinq cents pages, de nous intéresser à un état d'âme, lui qui vient, avec une émotion qu'il n'avait pas encore montrée aussi complète, de mettre la souffrance individuelle aux prises avec les duretés sociales et les insuffisances des théories, lui qui vient d'écrire cette confession douloureuse et passionnée.

Ce n'est pas seulement en effet par Sandoz que Zola s'est représenté. N'a-t-il pas aussi mis une partie de lui-même en ce Claude Lantier, si courageux au travail, si incertain de la portée de son effort. Les deux hommes ne se complètent-ils pas, celui qui se cherche, et celui qui s'explique ? Ne sont-ils pas à un égal degré les chercheurs pleins d'angoisses, les passionnés à la besogne, les furieux du désir de créer, les désespérés devant les résultats, les « damnés de l'art ? » Les lamentations de l'un ne sont-elles pas aussi douloureuses que les avortements de l'autre ? N'est-il pas aussi désolé, aussi revenu de tout, que l'homme destiné au suicide, celui qui écrit cette forte parole : « On débute toujours », — celui qui raconte la mélancolique promenade à Bennecourt, où pas un vestige n'est resté de ce qui a été la vie et le bonheur de deux êtres, — celui qui se force à une croyance après avoir dit le doute empoisonnant le savoir, dans cette conversation au cimetière qui est la conclusion incertaine et mystérieuse du livre.

Le dernier mot, pourtant, veut être décisif à la fin de ce livre triste : « Allons travailler », dit Sandoz à Bongrand avec un sanglot, après l'enterrement de Claude. Il faut approuver, quelque lassitude qu'on éprouve, la fierté de cette pensée, la volonté de cet effort. « Allons travailler ! » C'est de cette nécessité que peuvent naître nos seules joies.

V

Gustave Flaubert.

Les Lettres à George Sand. — Le monument.

I

2 mars 1884.

Les *Lettres de Gustave Flaubert à George Sand*, parues avec une intéressante préface de M. Guy de Maupassant et l'immortelle appréciation de *Madame Bovary*, par M. Maxime du Camp, sont réellement adressées, autant qu'à Mme Sand, à tous les lecteurs des chefs-d'œuvre du grand écrivain. De ces lecteurs, les uns veulent connaître dans tous ses détails l'histoire de ces livres qui ont eu une si profonde influence littéraire et sociale, qui entrent pour une si grande part dans notre nourriture intellectuelle ; les autres sont surtout avides de suivre dans toutes ses phases l'évolution d'une intelligence d'écrivain.

Nul document ne peut mieux favoriser cette double étude que les lettres écrites dans l'abandon de la confidence par l'artiste fatigué après la tâche accomplie, congestionné par le travail cérébral ; l'homme qui écrit sans cesse trouve certainement le repos de son intelligence, éprouve une détente de tous ses nerfs, à jeter sur le papier sans s'astreindre à une discipline, sans se soucier de la méthode dont il s'est fait une loi absolue et nécessaire, toutes les pensées, tous les ennuis, tous les éclats de rire, tous les cris, qu'il a fallu refréner, garder bouillonnants et grondants au fond de lui-même, pendant les heures silencieuses du labeur littéraire. C'est là le grand charme des correspondances laissées par les hommes qui ont fait du métier d'écrire l'occupation de leur vie : la phrase court, pressée, un peu fiévreuse, mais libre et agile ; les mots sautent un peu les uns par-dessus les autres, s'espacent, finissent par se rattraper au petit bonheur, se raccrochant à une conjonction, se battant autour des points d'exclamation, tombant subitement dans les vagues espaces pleins de rêves et de sous-entendus qui apparaissent entre quatre points suspensifs. Il semble que toutes ces phrases s'émancipent, s'allongent malignement pendant des pages sans vouloir admettre un verbe, une liaison logique, que tous ces mots prennent leurs aises, se déshabillent, ne gardant qu'une cocarde ou un panache, se déguisent effrontément en féroces néologismes ; dans ces lettres rapides, apparaît réellement la joie de ne plus sentir présent l'inflexible moniteur qui faisait manœuvrer les phrases, les mots, les lettres, les signes de ponctuation, comme les bataillons, comme les soldats d'une armée qui va d'un seul pas vers un même but.

La curiosité que l'on prend à observer cette mise en liberté du style ne peut être éprouvée plus vivement qu'à la lecture des lettres de Flaubert à George Sand. Plus l'écrivain a eu de sévère tenue, mieux il a su concentrer l'essence de sa pensée et l'enfermer dans un dur cristal à facettes rigides, — et c'est le cas de Flaubert, — plus l'intérêt est grand à le voir tout crever autour de lui à coups de plume, à le voir courir au hasard, sauter et gambader à travers les allées savamment ordonnées où il marchait d'un pas égal et sûr. Cela ne veut pas dire que ces lettres de l'auteur de *Salammbô* révèlent un écrivain inattendu, primesautier, nerveux et tireur de feux d'artifices, prenant place, tout d'un coup, au premier rang des épistolaires. Non, le grand styliste ne fait assister à aucun avatar littéraire de sa personnalité ; les lettres qu'il envoie à Nohant auraient pu être produites par un littérateur de moindre importance. L'intérêt est ailleurs ; il est dans la brusque irruption de Flaubert dans la page écrite. Un Flaubert, non pas nouveau, mais le Flaubert qui prétendait pouvoir se dissimuler derrière des livres aussi révélateurs que l'*Education sentimentale* et la *Tentation de Saint-Antoine*, s'affirme dans ces billets, dans ces lettres d'une sincérité brutale, crûment accentuée par l'expression. L'homme dont la conscience d'artiste repoussait toute immixtion de la personnalité dans l'œuvre d'art arrache son masque d'impassible et laisse voir un visage contracté par toutes les émotions, une bouche qui déclame furieusement tout ce que le cerveau pense, des yeux qui flamboient d'indignation ou qui pleurent de tristesse. Et c'est le dérangement des pierres de ce style édifié comme les plus grandes et plus admirables constructions architecturales, c'est l'invasion des mots proscrits contre lesquels tonnent les journalistes qui font de la critique littéraire au nom de la vertu, c'est la liberté d'allure prise par l'écrivain impeccable, qui sont les sûrs garants de l'admirable candeur et de la magnifique loyauté mises en pleine lumière par chaque ligne de ce livre. On a maintenant un document, fourni par Flaubert lui-même, qui vient appuyer les études et les récits publiés sur l'écrivain par ses amis et ses disciples. Flaubert apparaît réellement, dans ces pages écrites par lui, au jour le jour, pendant dix années, de 1866 à 1876, comme nous le montre M. de Maupassant, chez lui, au milieu de ses amis : « Avec des gestes larges où il paraissait s'envoler, allant de l'un à l'autre d'un seul pas qui traversait l'appartement, sa longue robe de chambre gonflée derrière lui dans ses brusques élans, comme la voile brune d'une barque de pêche, plein d'exaltations, d'indignations, de flamme véhémente, d'éloquence retentissante, il amusait par ses emportements, charmait par sa bonhomie, stupéfiait souvent par son érudition prodigieuse que servait une surprenante mémoire, terminait une discussion d'un mot clair et profond, parcourait les siècles d'un bond de sa pensée pour rapprocher deux faits de même ordre, deux hommes de même race, deux enseignements de même nature, d'où il faisait jaillir une lumière comme lorsqu'on heurte deux pierres pareilles. »

Le caractère de l'homme se montre tout entier sous chaque ligne de cette correspondance adressée à George Sand. Il y a une déclaration tacite de sincérité dans le ton du moindre billet qui va de Croisset à Nohant ; pas une fois, le mot ne sonne faux ; aucune phraséologie de convention, aucune réticence. Flaubert parle à George Sand en jeune frère très respectueux, mais qui dit tout. Aussi, à mesure qu'on avance dans la lecture du volume, la physionomie morale de l'écrivain se dégage-t-elle avec un relief saisissant de ces cris furieux et de ces aveux mélancoliques ; la confidence suivait de si près l'éclosion de la pensée qu'on ne sent pas le travail intermédiaire qui transformait cette pensée en phrase écrite.

C'est un esprit qui se raconte. Non à la façon des hommes qui ont passé publiquement leur examen de conscience et ont écrit des confessions, mettant en lumière tous les faits de leur vie, analysant tous les sentiments qu'ils ont éprouvés, condamnant, excusant, jugeant les actes et les mobiles, les prudences intéressées et les coups de passion. Flaubert n'a pas apporté ce soin à la confection de sa biographie. Les faits qui se produisaient dans sa vie, les particularités de caractère qui éclataient chez lui au choc des hommes, ne lui paraissaient pas devoir être racontés avec une admiration complaisante. C'est inconsciemment qu'il nous renseigne sur lui-même. Il ne s'analyse pas, il se trahit.

D'ailleurs qu'aurait-il trouvé dans son existence qui lui parût mériter d'être commenté ! Il n'aimait pas se contempler dans son style comme dans un miroir : l'idée ne pouvait donc lui venir d'étudier en lui un des représentants autorisés de l'esprit du siècle. Tout ce qui se passait dans sa vie lui paraissait indigne d'intérêt : il ne pouvait donc concevoir la pensée de mettre ces événements insignifiants en lumière, de les disposer pour en composer un tableau à sensation. La vie de Gustave Flaubert n'est pas féconde, en effet, en péripéties *extérieures*, comme celle de Balzac, par exemple, qui passa trente ans à se battre d'un combat sans merci contre ces deux terribles adversaires, l'Art et la Dette. A l'abri du besoin dès sa jeunesse, maître de sa plume, pouvant disposer de son temps en maître absolu, Flaubert devait avoir, et il eut, en effet, l'existence régulière de l'homme sûr du lendemain, qui ne va pas tout à coup se trouver face à face avec l'inconnu. Il ne se marie pas ; aucun amour ne semble avoir laissé en son âme une profonde et brûlante trace de son passage ; il vit à Croisset, auprès de sa mère ; il est là comme s'il était seul, enfermé avec l'œuvre qui le possède, habitué à la tendresse qui l'enveloppe sans le troubler ; quand sa mère meurt, il a un sanglot contenu et poignant : « Je me suis aperçu, dit-il, que ma pauvre bonne femme de maman était l'être que j'ai le plus aimé. » Quand il vient à Paris, c'est pour voir ses amis, pour se replonger dans le courant artistique qu'on trouve seulement ici bouillonnant et rapide. C'est donc la calme existence de l'homme de lettres libre de son sort, maître de son travail et de son repos. Rien ne paraît devoir troubler la quiétude de cet être qui peut entreprendre l'œuvre de son choix à une heure fixée par lui, la mener jusqu'à la fin sans qu'un souci étranger intervienne, la recommencer, la parfaire, y mettre toute sa force cérébrale, tout son goût d'artiste. Quel sort ! comparé à celui d'un Théophile Gautier, par exemple, condamné à décrire des tableaux et à écouter des vaudevilles, quand il aurait voulu faire se dresser les strophes autour de lui, comme un peuple de statues.

Ouvrons maintenant au hasard la correspondance de

Flaubert. Demandons à ces lettres qui représentent une période de dix années, de nous fournir les preuves évidentes de la sérénité que nous imaginons, du bonheur qui a dû emplir la vie de cet artiste tout entier possédé par son art. La surprise serait grande pour celui qui ignorerait tout de Flaubert. La réalité donne ici le plus complet et le plus irréfutable démenti à toutes les suppositions vraisemblables, à tous les raisonnements bien équilibrés. Lisez les lettres de telle année, et de telle autre, et de toutes les années. Lisez ici et là, à cette page, puis à cette autre, et à toutes les pages. Les mêmes cris, les mêmes lamentations vont retentir à vos oreilles comme les coups rapprochés d'un glas sans fin. Flaubert écrit un jour : « *Je me sens submergé par une mélancolie noire qui revient à propos de tout et de rien plusieurs fois dans la journée.* » Il dit un autre jour à peu près identiquement : « *D'où cela vient-il, les accès d'humeur noire qui vous envahissent par moments? Cela monte comme une marée, on se sent noyé, il faut fuir. Moi je me couche sur le dos. Je ne fais rien, et le flot passe.* » Et dans une autre lettre : « *Je me perds dans mes souvenirs d'enfance, comme un vieillard. Je n'attends plus rien de la vie qu'une suite de feuilles de papier à barbouiller de noir.* » Il revient sans cesse sur ce vide de l'existence : « *L'humanité n'offre rien de nouveau ; son irrémédiable misère m'a rempli d'amertume dès ma jeunesse.* » « *Rien ne me soutient plus sur cette planète que l'espoir d'en sortir prochainement et de ne pas aller dans une autre qui pourrait être pire. J'aimerais mieux ne pas mourir, disait Marat. Oh! non! assez, assez de fatigues!* » Il dit encore, résumant sa souffrance en une ligne : « *Tout se convertit pour moi en tristesse.* » Il se défend contre les reproches de George Sand : « *Je ne fais pas* « *de la désolation* » *à plaisir, croyez-le bien, mais je ne peux pas changer mes yeux! Quant à mes* « *manques de conviction* », *hélas! les convictions m'étouffent. J'éclate de colères et d'indignations rentrées.* » On peut borner là les citations ; celles qui viennent d'être faites suffisent à prouver que, chez

Flaubert, la mélancolie n'était pas accidentelle, n'était pas déterminée par des faits extérieurs dont on aurait pu combattre ou tout au moins circonscrire l'influence. Non, il ne s'agit pas de crises passagères, mais d'un mal chronique et implacable ; sous la monotonie de la fureur ou les brusques débordements de boutades bouffonnes, la morne désespérance est immuable. Le pessimisme de Flaubert tient à des causes intérieures, à la nature même de son être, et, ce qui est révélé par ces Lettres avec une écrasante évidence, à cet Art même qui semblait devoir être sa joie et son repos. Des mots lui échappent qui révèlent tout le terrible de la lutte engagée. « *C'est à la fois un plaisir et un supplice,* » s'écrie-t-il, parlant de sa rage de travail. Et il dit encore, en songeant aux années de travail acharné, cette phrase dans laquelle passe comme un frisson : « *Ah ! je les aurai connues, les affres du style !* »

Cette vie qui apparaît si simple, d'une unité si parfaite, a donc été bouleversée et compliquée par une préoccupation despotique. Ce cerveau qui semblait produire la pensée avec une facilité heureuse, était un champ de bataille qui ne vit pas une trêve. L'histoire de cet écrivain, qui passait pour ne pas avoir d'histoire, est en réalité faite d'événements tragiques qui sont ses livres, de péripéties sans nombre qui sont les combats soutenus contre toutes les pages, contre toutes les phrases, contre tous les mots des six volumes qui constituent son œuvre. Cette littérature, qu'il aime et qu'il sert en fidèle prosterné, le ravage et le torture comme une maîtresse méchante.

Eh bien ! qu'importe ! Qui donc n'envierait le tourment solitaire de ce grand artiste ? Qui donc n'envierait cette passion qui suffit à remplir sa vie, qui lui fait souffrir toutes les souffrances et goûter toutes les joies dans cette maison isolée, au bord du fleuve, où il passe des semaines, des mois « sans échanger un mot avec un être humain », perdant la notion de la vie sociale, perdant la notion du temps. Il n'entend que le bruit de l'eau et le bruit du vent; autour de lui tout est noirceur et silence. Mais son cerveau est en feu, et il a des battements de cœur. Qu'importe, encore une fois ! Il vit en compagnie de sa Chimère, et comme il est ardent et fort, il la possède et il la féconde, il ne la quitte que pour la reprendre encore dans ses bras puissants. Cette existence-là en vaut bien une autre, n'est-ce pas votre avis à vous tous qui cherchez à faire sortir un mot de la goutte d'encre qui tremble au bout de votre plume, que vous méditiez dans un cabinet silencieux ou écriviez en hâte sur le coin d'une table de journal, que vous soyiez généraux, ou capitaines, ou soldats obscurs de cette armée littéraire qui garde intact le souvenir de Flaubert, de ce glorieux homme de lettres qui vécut et mourut de son art !

II

24 décembre 1884.

La commission chargée de veiller à l'exécution du monument de Gustave Flaubert se réunit quelquefois. A la dernière séance, Edmond de Goncourt a été nommé vice-président, en remplacement de Tourgueneff. Quelques formalités ont été remplies et quelques décisions ont été prises. Il a été admis que le monument consisterait en un buste, que ce buste serait placé devant le musée de Rouen, et que l'exécution en serait confiée à M. Chapu, qui a été l'ami de Flaubert, et qui est un sculpteur de talent. Un rapport sur les résultats de la souscription a été lu et les résultats ont été trouvés insuffisants, car il a été déclaré que la souscription restait ouverte.

Il n'y a pas à s'étonner de ces lenteurs. Dans un temps où tous les contestables grands hommes dont les noms s'empoussièrent de jour en jour sont taillés en marbre, fondus en bronze, dressés dans les villages où ils sont nés, dans les capitales où ils ont vécu, dans les cimetières où on les a enterrés, dans un temps où les gloires frelatées sont acclamées par des foules déraisonnables et célébrées par tous les corps constitués, il ne faut pas s'étonner de voir les amis de Flaubert borner leur ambition à faire revivre, sur la place d'une ville de province, en un simple buste, l'écrivain de *Madame Bovary* et de l'*Éducation sentimentale*, de *Salammbô* et de la *Tentation de Saint-Antoine*. En réalité, la haine de la littérature, cette « haine de la littérature » que Flaubert dénonçait avec une éloquence apoplectique, existe aujourd'hui chez ceux qui tiennent le haut du pavé parisien à un égal degré que chez les Rouennais d'autrefois ignorant l'admirable écrivain qui était leur compatriote, et se régalant sans doute des « Maîtres de Forges » et des « Comtesses Sarah » de ce temps-là. Chaque jour apporte sa preuve : le procès fait à M. Louis Desprez, le refus d'admission de M. Harry Alis dans la Société des gens de lettres, le discours de M. Boissier devant la statue de Corneille, l'élection de M. Halévy à l'Académie, pour ne citer que ces quatre faits, sont autant de preuves curieuses et identiques du singulier état d'esprit qui règne dans les différentes couches anti-littéraires de la société actuelle. Il y a évidemment émoi dans le camp des sincères qui tiennent pour les formes traditionnelles — et dans le camp des faiseurs qui trouvent commodes les actuels procédés de fabrication. La guerre prend tous les jours une forme plus vive ; les allusions dans les discours académiques, les pauvres rondeaux des revues du boulevard, la série de mots creux et de plaisanteries sans gaieté des journaux, amènent l'hostilité contre les personnes, les exclusions de société purement commerciales, les comparutions en cour d'assises.

Il ne faut pas s'effaroucher outre mesure de ces signes non équivoques de l'acharnée lutte pour la vie qui se livre autour des librairies et des journaux. Les résultats définitifs ne seront pas changés pour cela : les accès de mauvaise humeur de ceux qui gagnent de l'argent, mais qui écrivent de la mauvaise prose, et qui en enragent, ne seront guère comptés dans le bilan de ce siècle. Que les écrivains qui aiment leur art, comme Flaubert, et qui ont un Croisset, continuent donc tranquillement leur travail, le bon travail qui distrait de la vie. Et celui qui ne l'a pas, ce Croisset indispensable, qu'il cherche à s'en créer un là où le sort l'a attaché, là où il faut qu'il broute ; qu'il alimente sa pensée de tout l'ennui administratif et social qu'il éprouve. Et qu'il fasse une *Madame Bovary*, s'il le peut, et qu'il la vende trois cents francs à un éditeur, et qu'il recommence sans cesse. D'autres ne seront plus ennuyés que lui.

On voit donc qu'un buste pour Flaubert est suffisant, qu'on pourra se compter sur la place du Musée de Rouen, — et que les paroles qui seront prononcées au milieu du restreint auditoire ne manqueront pas d'une certaine autorité.

VI

Jules Barbey d'Aurevilly.

L'amour impossible. — La bague d'Annibal. — Ce qui ne meurt pas. — Une vieille maîtresse. — Un prêtre marié. — L'Ensorcelée. — Le Chevalier des Touches. — Les Diaboliques. — Une histoire sans nom. — Du Dandysme et de Georges Brummell. — Memoranda.

28 juillet 1886.

Parce que les opinions de l'écrivain vont à l'encontre des idées philosophiques et sociales qui commandent l'évolution de ce siècle, — parce que la manière d'être de l'homme a été souvent le sujet des bavardages de la chronique, — parce qu'on aurait éprouvé, devant telle manifestation de cette vivante personnalité, une colère, un agacement, ou même une indifférence, — il n'en faudrait pas moins reconnaître à M. Barbey d'Aurevilly comme bien acquise la situation très grande et très particulière qu'il occupe dans la littérature de ce temps. D'ailleurs, faire semblant de ne pas s'apercevoir de cette prise de possession, ou chicaner sur les limites exactes de ce terrain conquis, cela, en vérité, ne servirait de rien. Les volantes feuilles de papier sur lesquelles les journalistes notent leurs sincères impressions ou font grimacer leurs partis-pris, ces feuilles de papier tournoieront et disparaîtront dans le vent qui balaie incessamment les espaces, et il restera après elles les quelques livres suffisamment résistants. Il n'y a donc pas ici de préférences qui tiennent. A quelque groupe minuscule ou à quelque grand parti qu'on appartienne, la compréhension naturelle, ou une sérieuse réflexion, démontrent qu'il est une région d'art et d'humanité où il peut exister pour tous une sorte de plain-pied intellectuel. Là, les esprits se dépouillent du faux et du passager dont ils sont redevables à une époque et à une classe : ils apparaissent, simplifiés, comme les représentants d'hypothèses morales, comme les agents d'expériences nouvelles sur la nature et sur l'homme. Quel est aujourd'hui, pour ne prendre que ce seul exemple, celui qui, refusant de suivre le théoricien de l'*Histoire universelle*, n'admet pas la profonde observation, qui dépasse le xviie siècle et l'état ecclésiastique, du Bossuet des sermons! Et avec la seule préoccupation de l'art, quel est l'homme de cerveau libre qui ne rende pas la justice due à l'autoritaire éloquence d'un de Maistre, à la prose satirique d'un Veuillot!

M. Barbey d'Aurevilly a donc pu rendre d'injustes arrêts de polémiques, se donner passionnément à des apologies de choses mortes, et qui ne peuvent renaître ; — s'il a mis en œuvre une conception artistique individuelle, s'il a su enfermer dans une page un peu de la fugitive humanité, s'il a donné la vie ineffaçable des mots à une seule des minutes de cette existence qui passe si vite, s'il a été un des historiens de l'âme de son temps, cette pauvre âme que ne sentent pas habituellement les enregistreurs de l'histoire officielle, et qui ne peut se survivre que dans l'écriture passionnée d'un artiste, — s'il a fait cela, il gardera la place où il se tient, et rien n'y fera, ni l'insuccès passager de son œuvre, ni une affectation de silence de la critique.

Il ne peut être question d'un examen détaillé des livres de Barbey d'Aurevilly, dont le premier parut il y aura bientôt cinquante ans. Il ne sera rien cité des innombrables articles de journaux, où se montre l'éducation cérébrale de l'écrivain. C'est une impression générale, éprouvée pendant une lecture assidue de plusieurs jours, qui est résumée ici, dans cet essai rapide. L'œuvre sera suffisamment pénétrée si quelques mots peuvent constituer un à peu près de commentaire des paysages vus par le poète, — des êtres créés par le romancier.

Les paysages, d'abord. L'intimité des caractères sera examinée ensuite. Sur les terres et sur les rivages qui profilent leurs lignes à l'horizon de ces livres, on voit, d'ailleurs, se mouvoir, à ras du sol et de l'eau, des formes agissantes et parlantes qui renseignent sur les attaches physiques de l'homme, sur les ambitions spirituelles du littérateur. — Avant tout, Barbey d'Aurevilly est l'historien de la Basse-Normandie !

A deux reprises différentes, il a donné lui-même la clef de son œuvre à qui a voulu la prendre. Dans une note du *Chevalier Des Touches*, il écrit : Je suis plus patoisant que littéraire, et encore plus normand que Français. » Dans ses *Memoranda* il dit significativement : « ... Romans, impressions écrites, souvenirs, travaux, tout doit être normand pour moi et se rattacher à la Normandie. » Et il en a été ainsi. Le programme a été suivi de point en point. L'écrivain se sent redevenir fort chaque fois qu'il vient toucher à la terre natale, chaque fois qu'il marche entre les sillons bruns, chaque fois qu'il s'enfonce dans les routes encaissées, qu'il erre au bord des grèves. Il est plus sensible aux influences éparses de la nature qu'aux extériorités de l'art, il n'éprouve guère de sensations devant les architectures. Les cryptes romanes des églises mérovingiennes de son pays lui donnent pourtant les émotions ineffaçables de l'habitude et du souvenir. Le carnet écrit à Port-Vendres ne contient aucune indication admirative pour la mer bleue et pour les hautes montagnes. Dès les premiers livres, la Normandie apparaît, la Basse-Normandie, celle qui tient entre Carteret et Pontorson, entre le cap de la Hague et la baie du Mont-Saint-Michel. L'action peut s'engager à Paris, les premières pages peuvent décrire le boudoir d'un hôtel, la loge d'un théâtre, — bientôt l'un des personnages se révélera bas-normand, bientôt un chapitre décrira une maison au bord de la Manche, la tristesse des barques rentrant au port en hiver, la marche d'un mendiant sur une route. — Il en est ainsi dans *Une vieille maîtresse*. M™° de Flers quitte Paris pour Carteret, et tout le monde l'y suit, sa fille, son gendre, son ami, et la maîtresse de Ryno, la Vellini. Le drame de passion commencé rue de Provence continue au pied des falaises. La jeune femme nouvellement mariée est envahie par la rude poésie des bords de la mer « si grande qu'il n'y en a plus d'autre, peut-être, quand on l'a goûtée ». Les rendez-vous des amants qui se retrouvent se donnent auprès du môle, sur de frêles barques, au creux profond des rochers, dans des cabanes de pêcheurs. Les légendes se mêlent invinciblement à la vie de tous les jours. On entend la voix du Criard, on voit errer la Blanche Caroline. Il y a autour d'un feu, sur le quai, et au cabaret, chez la Charline, des conversations de matelots, de poissonniers, de vagabonds, où s'exprime toute une vie locale concentrée en un langage tour à tour tendre et rude, naïf et rusé, hardi et prudent. Il semble qu'on voie es regards de

précaution, qu'on entende les inflexions chuchoteuses.
— Le drame à trois personnages de *Ce qui ne meurt pas* se joue, avec une seule interruption, dans le pays de marécages qui entoure le château des Saules. — *L'Ensorcelée*, le roman le plus magnifique d'unité, le plus ferme de style, que Barbey d'Aurevilly ait écrit, se passe tout entier aux abords de cette terrible lande de Lessay, ce désert de sept lieues de tour, placé entre la Haie-du-Puits et Coutances, dans la presqu'île du Cotentin. C'est un lieu redoutable, seulement avoisiné d'un cabaret de mauvaise mine, le *Taureau rouge*, et des ruines de l'abbaye de Blanchelande. Le fermier narrateur de l'histoire dit, avec un frisson, qu'autrefois « il y revenait ». Les bergers jeteurs de sorts s'y tenaient accroupis dans les replis du terrain, autour de feux couverts de cendres. Les gens que leurs affaires amenaient dans ces parages y passaient au gros galop de leurs solides bêtes. C'est bien le paysage nécessaire aux allées et venues rigides de l'abbé de la Croix-Jugan, aux désespoirs et au suicide de l'ensorcelée Jeanne le Hardouey, au massacre de la Clotte traînée sur la claie, au glas annonçant la messe du prêtre assassiné. Le village catholique où les cloches sans cesse parlent et gémissent est envahi par la terreur et par le mystère de cette lande. Un effroi de la solitude perce jusque dans les conversations que l'écrivain sait faire tenir aux couturières avec les servantes. La mysticité qui enivre d'orgueil le moine de Blanchelande, qui ravage le cœur de la paysanne passionnée, monte aussi à la tête des commères. Les scènes agrandies par la profondeur de la vision forcent à remonter les siècles et à franchir les espaces, et font revenir à l'esprit les ravissements dévots, les violences religieuses, les anathèmes et les interdits du moyen âge. — *Un prêtre marié*, l'histoire de Sombreval, de Calixte et de Néel, a pour unique décor le château du Quesnay, reflété dans son étang dormant. Autour de cette eau silencieuse errent la mendiante Julie la Gamase et la voyante, la visionnée Malgaigne,

la paysanne véhémente qui mêle dans ses paroles les souvenirs et les prophéties. Le cimetière est solitaire, mystérieux et criminel comme le cimetière de *l'Ensorcelée*, où poussent les hautes herbes, jamais coupées par la faulx, qui se « courbent au souffle du soir comme une moisson mortuaire. » On y voit voler les orfraies, « tourterelles effarées et hérissées de la tombe. » — *Le Chevalier Des Touches* tout entier, et une partie de *L'Ensorcelée*, sont des fragments de la chronique de la chouannerie normande, une suite aux *Chouans* de Balzac, une reconstitution de l'esprit d'un temps par des narrations de survivants. Le roman devient bien alors de « l'histoire possible », et, vraiment, la passion avouée ne contrarie pas trop une impartialité forcée qui fait à l'écrivain saluer toutes les convictions des guerres civiles, rendre hommage aux soldats de Hoche et de Marceau, discerner l'inconscience des obscurs, démêler des goûts de chasse et de bataille dans les motifs qui poussent les gentilshommes inactifs à la guerre des buissons. Ce sont deux Normandies peintes l'une sur l'autre. Les coups de feu derrière les haies, les rouges vengeances, l'audace d'une évasion tentée à Avranches, réussie à Constances, la guillotine vue au tournant d'une rue, l'impression de silence nocturne de la rue d'une petite ville dans laquelle va éclater tout à l'heure une fusillade, toute cette terreur et tout ce fracas sont rappelés dans une réunion de vieilles gens causant, un soir de pluie, autour d'une cheminée, entre les tentures fanées d'un salon de Valognes... Ces spectres causent doucement entre eux, on n'entend au dehors qu'un bruit de sabots sur la place des Capucins. — C'est dans la même petite ville, où les maisons ont l'air de tombes et les gens de revenants, que se trament trois des *Diaboliques* : la conversation du *Dîner d'athées*, l'épouvantable et sereine explication du *Bonheur dans le crime*, et ce récit, où s'épanouit l'incroyable et naturelle fleur de perversité féminine, du *Rideau cramoisi*. — La « tragédie muette » de l'*Histoire sans nom*, ce colloque sans paroles échangé par les regards noirs de la mère et les yeux morts de la fille, se joue dans l'étroit espace d'une embrasure de fenêtre, devant l'étendue de terre et de ciel des campagnes du Cotentin. Agathe, la servante, court les routes, pieds nus, en pèlerinage, pour détruire les sorts jetés sur Lasthénie; son hallucination lui montre un cercueil en travers du chemin, un cercueil qu'elle est impuissante à soulever. — Ainsi, du premier au dernier livre, surgissent les superstitions des villages perdus en pleine terre, s'agitent les fantômes des imaginations paysannes gouvernées par le sorcier, autant que par le prêtre.

Barbey d'Aurevilly aura donc été, dans chacun de ses romans et dans chaque page presque de ces romans, l'évocateur et l'explicateur de la Normandie disparue, et d'une seule partie de la Normandie, de ces terres affleurées de rochers et fleuries de landes qui confinent à la Bretagne. Il en aura célébré les ciels, les soleils, les nuits, les lignes d'horizon, les fleurettes pâles, les arbres, les chaumières. Vingt fois, cent fois, il aura écrit des descriptions qui sont des hymnes à la gloire du pays où il est né, où il a passé sa jeunesse, où il a aimé revenir. Ne sont-ce pas des cantiques et des exaltations que ces descriptions de la fin du jour sur la lande de Lessay, le soleil tombant dans le sang glorieux des nuages, la nuit montant enveloppée de ses brumes violettes. N'est-elle pas orgueilleuse, tendre et solennelle, cette page où meurt le crépuscule d'un jour canlculaire et qui commence ainsi: « C'était un soir, un soir long, orangé, silencieux... » Et s'il a aimé et senti les choses de ce pays, M. d'Aurevilly en a aussi aimé et compris les êtres. C'est le caractère normand qui est sans cesse montré et marqué de traits profonds, chez les hobereaux, chez les bourgeois des villes, chez les laboureurs et chez les gens des côtes. Il ne dissimule pas le ridicule de la morgue, il dit l'assurance de conquérants modérée par une prudence de procéduriers. Il aime le teint fleuri des villageoises de « chez lui », il compare l'une d'elles à « une belle pomme de passe-pomme. » Il n'est pas jusqu'à une vieille fille dévote qu'il ne fleurisse de cette épithète parfumée de « rose mystique sauvage. » — Le poète romancier, on peut l'affirmer, a vécu toute sa vie de l'air normand: comme un de ses personnages, il a « respiré son pays. »

Voilà ce qu'il doit à la terre normande et ce qu'il lui a rendu. Il reste à analyser la substance individuelle des personnages et leurs contacts avec la vie sociale.

Comme on trouve, dans quelques notes précises piquées à ses récits et dans la suite de réflexions des *Memoranda*, la preuve d'une volonté bien arrêtée chez Barbey d'Aurevilly de consacrer sa littérature à l'histoire des mœurs et à la description des paysages de la Basse-Normandie, on trouve aussi dans un petit livre très concentré le renseignement initial sur l'origine intellectuelle des êtres mis en circulation par le romancier. Ces êtres ne sont pas seulement, en effet, nés à Valognes ou à Port-Bail, à Carteret ou à Saint-Sauveur-le-Vicomte. Ils sont le produit de circonstances extérieures, d'une atmosphère, d'une société, — mais ils sont formés aussi d'une substance cérébrale particulière, ils réagissent contre leurs entours, ils imposent leurs conceptions individuelles. Ils ont été l'objet d'une éclosion et d'une éducation intimes, et il est bien sûr que l'on pourra mieux arriver à les comprendre, si l'on s'est rendu un compte exact de l'état d'esprit de l'artiste qui les a choisis pour les recréer.

Ce petit livre, qui devient un document si important dans cette tentative de biographie morale, c'est ce mince traité, d'abord tiré à trente exemplaires, intitulé : *Du Dandysme et de Georges Brummell*, et qui est une analyse moitié sérieuse, moitié ironique, de l'importance sociale de la vanité de l'homme. Georges Byron Brummell, qui représente une forme très locale de cette vanité, celle qui a été adoptée, à un moment de l'histoire, par la société anglaise, sert, non à expliquer, cela n'est guère explicable, mais à montrer le règne très réel de ce quelque chose de factice et de puissant, de ce rien qui peut tenir une première place, et qui ne s'aide ni du talent, ni de l'éloquence, qui peut même ne pas s'aider de l'esprit, et qui est une des manières d'être de l'orgueil, la plus orgueilleuse sans doute, puisqu'elle prétend se passer de toute justification. Brummell fut l'homme qui représenta le plus complétement ce vide social ; il ne fut ni grand poète, ni passionné, — il ne fut même pas riche. La différence entre lui et un Richelieu, grand seigneur, général, beau, libertin, cette différence est très bien aperçue par son analyste. Brummell fut seulement le Dandy, et il régna, en cette qualité, par la seule raison d'un arrangement de vie, pendant vingt-deux ans sur la société de Londres.

C'est ce règne de l'orgueil qui frappe Barbey d'Aurevilly à l'inspection qu'il fait de l'Histoire. Sans doute, s'il avait été libre, à ses débuts, de choisir son rôle social, eût-il choisi ce rôle de dandy, de dominateur qui n'a à fournir nulle explication du pouvoir qu'il exerce. Heureusement, les temps sont changés, le règne de la mode n'est plus exercé que par quelques débiles niais, seulement préoccupés de la forme d'un soulier et d'une cravate. Le dandysme, aujourd'hui, ne peut plus être sérieusement professé que par quelques femmes exceptionnelles, ni plus belles, ni plus spirituelles que d'autres, mais qui savent de naissance quelle grâce indifférente, quel charme presque insolent, elles doivent montrer vis-à-vis de leur siècle. Heureusement aussi, Barbey d'Aurevilly était né passionné d'intelligence et artiste de langage, il avait la curiosité des violentes actions humaines et l'amour des mots expressifs. C'était plus qu'il n'en fallait pour déranger l'équilibre d'un Brummell. Mais le caractère qui n'avait pu se révéler par des actions, se refléta dans la page d'écriture. Il s'y refléta, grossi, multiplié, comme dans une glace taillée à facettes et à biseaux. Les ambitions se combi-

nèrent avec les regrets. La vie désirée devint, par une
logique opération, de la vie rêvée et réalisée par l'art.
Les personnages furent des personnages à la fois réels
et imaginés, — réels, car ils représentent surtout une évidente aspiration de l'esprit de leur créateur, — imaginés,
car ils remplissent des programmes, car leurs aventures sont souvent des échappées hors des conditions actuelles de la vie, et quelquefois même hors des possibili-
tés de la nature humaine.

Il n'y a pas grand effort à faire pour trouver le dandysme comme ressort principal et comme explication
d'attitude chez la plupart des héros et des héroïnes de
ces romans. Une telle signification se dégage d'elle-
même, à première lecture. On la voit déjà transparaître
et s'affirmer au hasard des pages, dans les œuvres de
début, écrites entre 1840 et 1850. La marquise de Ges-
vres, par son allure supérieure, inexpliquée, par son
impuissance à aimer, fait prévoir, dans le marivaudage
de l'*Amour impossible*, les futurs êtres de natures despo-
tiques, factices comme les produits d'une civilisation à
son déclin. Raimbaud de Maulévrier est la première
épreuve de Ryno de Marigny. Dans la *Bague d'Annibal*,
une nouvelle découpée en strophes, il y a du joli, du léger, de l'ironique, qui seront repris et renforcés pour
les conversations des futurs livres. Enfin, *Ce qui ne meurt
pas* traite de l'éducation amoureuse d'un dandy faite par
une *dandie*. Il y a, au cours de ces pages, une divination
des sentiments éprouvés par un adolescent de dix-sept
ans au contact d'une femme de quarante ans, et c'est
une scène d'une compréhension profonde que celle où
Allan contemple le sommeil de Mme de Scudemor vieillie.
L'analyse mêle subtilement les restes de maternité au
persistant pouvoir amoureux et à la Pitié invincible au
cœur des femmes. Mais le livre, avec ses explications
lyriquement dialoguées, est celui des livres de M. d'Aurevilly qui est le plus précieux et le plus jargonnant.
Fait curieux ! c'est celui qui a eu l'influence la plus évidente et la plus directe. Les romans de M. Paul Bourget

ont avec lui une indéniable parenté. Les décadents symboliques d'aujourd'hui l'ont lu, relu et paraphrasé. De combien de vers et de proses a été l'inspiratrice une phrase comme celle-ci : « Les camélias du balcon ressemblaient à des désirs mourants... »

L'évocation de rêves ayant comme points de départ la nature humaine et la vie sociale, — la création de héros personnifiant des désirs rentrés et des volontés inactives, sont donc bien les marques caractéristiques de l'œuvre. Mais on n'a pas tout dit quand on a dit cela. Il est arrivé que la conception de la vie s'est rencontrée avec la vie, — que des êtres vivants, des actes accomplis, se sont adaptés à l'Idéal qui hantait le cerveau de l'écrivain. Il y a eu alors, sur ces points rares enfin découverts, une pénétration de l'existence, et la littérature y a gagné que l'artiste, ivre de la joie de pouvoir justifier sa philosophie, a écrit ses pages les plus personnelles, les plus hautes, les plus tragiques, les plus forcenées, — pour employer le seul mot qui puisse exprimer la hâte redoutable d'un esprit se ruant sur la seule proie qui puisse lui donner les jouissances de l'assouvissement, et qu'il désespérait de jamais rencontrer.

C'est là qu'il faut observer l'écrivain, en face des aspects inattendus, des monstruosités morales. Le mot vraisemblable n'a pas à être cité, en littérature. Les choses ne se réalisent pas mathématiquement. Le vrai peut être l'imprévu, l'invraisemblable peut être le possible. Barbey d'Aurevilly est surtout, et par un violent parti pris, par une absolue décision de son cerveau, — le romancier de l'exception.

C'est l'exception qu'il veut, c'est l'exception qu'il cherche. Il ne donne aux humbles droit d'accès dans ses livres, il ne s'intéresse à l'ordinaire de leur vie que lorsqu'il trouve dans cette existence de tous les jours un mystère de superstition ou de sorcellerie, un désir d'au-delà, un repliement de souffrance ou un charme inconscient de mélancolie. Il peut s'éprendre des bergers qui ont le mauvais œil, des obscures dévotes capables de mysticisme amoureux, des mendiants rêvasseurs et pronostiqueurs, philosophes de grandes routes. Les gens de condition médiocre, qui subissent et ne jugent pas, ne font que traverser les chapitres. Ce n'est pas Barbey d'Aurevilly qui citerait et s'approprierait le « Rien de ce qui est humain ne m'est étranger ». Il prétend, au contraire, être étranger à la plus nombreuse partie de l'humanité. Il cherche les individus qui ont peu d'équivalents, il voudrait trouver des exemplaires uniques, il les exagère et les isole encore en faisant, autant qu'il lui est possible de le faire, le vide autour d'eux.

N'est-ce pas tout un ordre d'exception qu'il a voulu représenter, lorsqu'il a placé, dans le décor des vieilles rues et des salons fanés de petites villes de province, les survivants ridés, embaumés, momifiés, de l'ancien régime? Effigies presque effacées, épaves incomplètes, ces gens qui avaient vu la fin de Louis XV et le commencement de Louis XVI, qui avaient disparu pendant la Révolution et pendant le premier Empire, et qui se retrouvaient échoués, à la Restauration, dans leurs fauteuils et sur leurs canapés anciens, ces gens, autrefois sans signes particuliers, ne devenaient-ils pas les rares représentants d'espèces et de mondes disparus? L'annaliste a des douceurs de phrases et des respects d'attitudes lorsqu'il parle d'une douairière telle que la marquise de Flers, curieuse, sans dévotion, sans pruderie, jouissant délicieusement de la vie dans sa douillette de velours violet, spirituelle jusqu'au bout de ses doigts goutteux, couverts de mitaines jusqu'aux ongles, — mais il reconnaît vite qu'il lui est difficile d'imposer son orgueil à cette société en faillite qui n'a que des petites vanités. Il dessine alors finement les silhouettes et il les retouche en caricatures, il montre les habitudes s'aggravant de ridicules. Il recueille les bavardages et les locutions de M. de Prosny, il intercale entre les feuillets de ses livres comme dans un herbier humain les images déteintes du baron Hylas de Fierdrap, des demoiselles Sainte et Ursule de Touffedelys. Et c'est au milieu de ces groupes, qui révèlent toutes les usures du temps, tout le rance des sentiments affaiblis, qu'il fait aller et venir des êtres musclés et désireux d'action, — c'est après la sereine description des belles vieillesses impuissantes, c'est après l'ironique inventaire des décrépitudes, qu'il célèbre les ardeurs du sang et les poésies de l'imagination.

Ryno de Marigny, Vellini, Sombreval, Jehoël de la Croix-Jugan, la Haute-Claire du *Bonheur dans le crime*, sont les individus qui marchent violemment à travers les sentimentalités admises et les conventions morales. Les lois, qui répriment les instincts, empêchent ces dominations de s'établir. Ces êtres de force et de volonté dévastent alors leurs entours, saccagent les intimités qui fleurissent autour d'eux, se déchirent et se dévorent eux-mêmes. Ainsi agit l'homme passionné, atteint de l'inguérissable mal du souvenir, qui laisse sa jeune épouse pour retourner à l'amante d'autrefois, qui préfère à tout, « dans la maîtresse de sa vie, la raie élargie des cheveux tombés, ce pauvre sillon qu'il eût voulu ensemencer de ses baisers et de ses larmes ». Ainsi agissent la vieille maîtresse, le prêtre marié, l'autoritaire abbé de Blanchelande, l'amoureuse criminelle. — Et de même que ces hommes et ces femmes sont exceptionnels, les passions qu'ils inspirent et les douleurs qu'ils infligent sont exceptionnelles. Le sang transmis par Vellini à Marigny blessé deviendra un philtre tout puissant. Calixte, qui porte sur son front une croix d'un rose meurtri, est une stigmatisée et une cataleptique. Jeanne le Hardouey, stupéfiée, troublée, ravagée, affolée, par son amour pour le muet abbé de la Croix-Jugan, a toute la gesticulation et tout le langage entrecoupé des anciennes possédées. Aimée de Spens gardera toute sa vie la rougeur de la vierge qui s'est déshabillée devant un homme pour sauver la vie à cet homme. — Les actes ont un étroit rapport avec les sentiments. Ils seront marqués de rareté, d'une qualité de tendresse ou d'une horreur tragique presque introuvables. La mort de la Clotte, la braise jetée sur les plaies à vif du visage du chouan, — les bleus enterrés vivants jusqu'au cou et les têtes abattues à coups de boulets, — Lasthénie, la Lasthénie de l'*Histoire sans nom*, se tuant à coups d'épingles après les jours et les mois soufferts en face de sa mère, dans la triste embrasure de la fenêtre, — Mme de Ferjol creusant elle-même une fosse pour l'enfant mort, — l'Alberte du *Rideau cramoisi* se livrant sans prononcer une parole et mourant dans un spasme, — l'ignoble vengeance conjugale racontée par Mesnilgrand, — l'autre vengeance, d'une femme, celle-là, de l'espagnole se prostituant à Paris et mettant le nom de son mari sur sa porte de courtisane, ce sont là des actes où la perversion morale et la souffrance physique semblent inventées et raffinées par une imagination maladive et sadique. Mais qui peut affirmer que des faits semblables ou analogues ne se rencontrent pas dans l'extraordinaire et imprévue réalité. Ils ont surtout, d'ailleurs, une valeur de renseignement, ils disent un choix subtil et une préférence exaltée.

Les mêmes distinctions sont faites dans les analyses qui s'attaquent à l'orgueil, au mépris, à la volonté, au souvenir, à la tristesse, à l'ennui, au vice, à la pudeur. Toute une psychologie hautaine se formule en pensées qui se résolvent en rêveries ou qui s'affirment comme des jugements. Un trop plein d'éloquence déborde des conversations. Des recherches du mot définitif greffent des séries d'incidentes au cours des phrases. Le plus souvent, l'expression jaillit avec un bonheur inouï. Et, à travers ce fracas grondant, à travers ce style à volutes, ces pages qui se gonflent, se creusent, s'étalent largement comme des lames, la manière d'être et la vision particulière s'affirment logiquement, depuis le dandysme et son illusoire croyance aux choses de la haute vie, jusqu'au catholicisme violemment mêlé à tout l'excessif des passions charnelles, jusqu'au diabolisme qui ajoute le blasphème et la rébellion à la foi, jusqu'à la philosophie supérieure qui ne recule pas devant la constatation du bonheur dans le crime.

S'il fallait donc, en terminant, résumer ce résumé, essayer de le faire tenir en six lignes, Barbey d'Aurevilly, un des cinq ou six vrais romanciers venus depuis Balzac, pourrait être défini :

Un écrivain bas-normand, — ayant gardé à travers la vie le souvenir de la terre et des êtres de son pays, — épris de dandysme, — exaspéré contre l'ordinaire, — chercheur d'exceptions morales, — mettant au dessus de ses opinions sa passion d'historien de l'âme humaine.

VII

J.K. Hüysmans.

Les sœurs Vatard. — En ménage. — A vau l'eau. — A rebours.

26 mai 1884.

On admettra bien, non un classement, mais une liste, des écrivains d'aujourd'hui et de demain, des maîtres prévus et des apprentis en passe de parvenir au compagnonnage. Et certes, dans ce groupe déjà venu en pleine lumière, aucune susceptibilité ne se révèlera, aucune animosité ne se révoltera, s'il est d'abord, en première ligne, fait mention de ce rare écrivain : J. K. Hüysmans.

Les comédiens monologuistes, les notables commerçants de la peinture, les entrepreneurs de journalisme, peuvent tenir le haut du pavé et emplir la ville de leur tapage. Tous les matins, tout un monde peut sortir pour pérorer, exhiber, potiner, lancer une affaire, empocher des sous. On peut facilement se laisser aller à crier la fin de tout devant le fonctionnement de la Bourse artistique et littéraire installée en plein Paris, devant l'allée et venue des faux grands hommes, gonflés d'importance, prenant les airs supérieurs d'employés au ministère de l'Idéal, d'agents de change attendant les ordres du Vrai, du Bien, du Beau et du Juste. Mais la réflexion aidant, on se rassure vite.

Que font, en effet, les cent éditions d'un livre, les trois cents représentations d'une pièce, les cinquante mille francs qui ont payé un tableau? Que font les ovations des salons, les applaudissements des foules, les acclamations de l'Amérique? Tout cela n'empêchera pas une œuvre, si elle est médiocre, d'expier son succès volé et de trouver l'oubli après avoir connu les apothéoses des baraques foraines.

C'est au public épris des choses d'art à ne pas faire cercle autour du produit manufacturé que tout le monde fabrique; c'est à celui qui accepte de parler librement aux lecteurs d'un journal à regarder un tableau avant de le décrire, à lire un livre avant de le juger. Quand cela se passera ainsi, peut-être Flaubert et les Goncourt seront-ils traités moins souvent d'amateurs, et M. Georges Ohnet de grand homme, peut-être ira-t-on aux œuvres faites de recherches et d'observations, écrites avec le souci tourmentant du style. L'œuvre de J. K. Hüysmans est de celles-là.

Hüysmans, célébré par les uns, maudit par les autres, est jeune, et son travail de littérateur est déjà considérable. L'homme a trente-cinq ans à peine. Sa personne physique est en parfait rapport avec sa personnalité littéraire : il est grand et maigre, blond et grisonnant ; le visage est singulier, creusé, tiré ; sur cette physionomie intelligente, toutes les émotions, toutes les sensations se peignent par des tiraillements, par des froncements ; mais toutes ces contractions, ces horripilations se fondent dans la jolie expression riante des yeux ; et si Huysmans parle, on est alors vite conquis par la grâce à la fois goguenarde et mélancolique de sa conversation, par l'honnêteté dégoûtée qu'il montre sans l'affecter, quand elle est provoquée par le sujet en discussion.

C'est un loyal homme de lettres qui met dans ses livres ce qu'il sait et ce qu'il ressent. Vivant dans un cercle d'amis restreint, passant ses journées dans un ministère où il est employé, donnant encore des heures de son repos à un atelier de brochage, il regarde, il note dans les mondes qu'il traverse tous les détails pittoresques, toutes les manifestations humaines, et il en fait ces études d'une qualité d'observation si singulière, d'une tenue artistique si rigoureuse.

Ses débuts ne sont pas des vers élégiaques et amoureux, mais des pages de prose travaillées, ciselées, ajourées, rythmées, musicales, sonores, comme les vers les mieux orchestrés des parnassiens et des décadents contemporains. Ce n'étaient pas les lamentations et les rêveries, les sentimentalités et le vague à l'âme des poètes incompris et des amoureux éconduits, qui étaient exprimés dans ces premières feuilles de l'écrivain ; mais c'étaient déjà des notes curieuses sur la vie, les observations d'un esprit aigu et pessimiste, souriant, maladif et désenchanté. Cherchez-les, ces bouquins bien imprimés devenus rares : *Le Drageoir aux épices*, *Les Croquis parisiens*, ce dernier, accompagné de belles eaux-fortes de Raffaëlli et de Forain ; vous rencontrerez là non-seulement le descriptif extraordinaire qu'est Huysmans, pour lequel aucun mot n'est rebelle, qui sait montrer parce qu'il sait voir ; mais vous y trouverez aussi, s'affirmant déjà dans des bouts de phrases, dans des coins de pages, le psychologue pénétrant, le tranquille raisonneur qui interviendra dans les *Sœurs Vatard*, dans *En ménage*, dans *A vau-l'eau*, dans *A rebours*.

Les sœurs Vatard, *En ménage*, donnent sur l'ouvrière, sur l'employé, sur le mariage, des renseignements simples qui sont maintenant définitivement acquis. — *A vau-l'eau*, *A rebours*, ajoutent à l'observation exacte le dégoût et la rêverie de l'artiste. C'est une production très nettement divisée en deux courants, qui tantôt s'écartent, tantôt se rejoignent et se confondent. Et pourtant, ces quatre livres de Huysmans mettent en lumière, dans des conditions différentes, la même individualité. C'est une constante intervention de l'artiste dans les actes et dans les réflexions des personnages. La forme seule de l'intervention diffère.

Dans les *Sœurs Vatard*, dans *En ménage*, il y a une agitation humaine, un drame — un roman. Pour écrire ces premiers livres, l'écrivain s'accoude pendant des heures à l'établi de l'atelier, à la table du restaurant. Il regarde, il note, — il vit de l'existence les gens rencontrés, — il suit ses tristes héros le long des rues mal pavées, à travers les terrains défleuris. Il a un flair particulier, une attention spéciale qui le mènent aux endroits mélancoliques où se passe l'existence des humbles. Il aime les soirs qui tombent sur des journées trop remplies, les repos péniblement gagnés, les joies frelatées de la guinguette, les promenades silencieuses ou bruyantes à travers les plaines cailloutcuses et les talus poussiéreux. Il s'assied devant les tables boiteuses, sur les bancs qui branlent, il trempe un pain mal cuit dans une sauce douteuse, il boit un vin frelaté, il s'amuse aux parfums mêlés et aux aigres musiques. Il raconte, avec des phrases mi-pensives, mi-acerbes, les labeurs sans arrêts de la journée, les plaisirs vite pris des soirs et des dimanches, les séparations d'amoureux vaguement consenties au coin d'une rue, au bord d'un trottoir, dans la tristesse du crépuscule, les retours au foyer marital du monsieur ennuyé des poursuites sans but et des amours de rencontre. C'est un commentaire des spectacles vus et des gens aperçus: le dégoût, l'ironie, l'indignation, la gaieté, — toutes les formes de la pensée, sont mêlées à de l'action, à de la vie. Au contraire, dans *A vau-l'eau*, dans *A rebours*, il y a bien des entours, des objets, une toile de fond, qui reproduisent un morceau de nature, qui contituent une mise en scène sociale; mais ces accessoires sont aussi réduits que possible; en réalité, c'est la seule cervelle, affectée par les sens, régie par des impressions, hantée par des idées, qui est à la fois le théâtre, le personnage et le drame.

Une lecture attentive, un enregistrement des faits, une recherche des réflexions tramées avec les récits doivent donc renseigner très exactement sur une manière de voir et une façon de penser. — N'est-ce pas là, en vérité, l'objectif de toute analyse littéraire et de toute curiosité artistique.

Il y a, au début des *Sœurs Vatard*, quelques détails inutiles, oiseux même. Le romancier emploie avec une sûreté absolue le vocabulaire de la peinture et de la critique d'art; aussi, les croquis, les dessins, les taches de couleur abondent. Il y a, dans les descriptions, de la transposition et du tour de force. La vraie vision moderne est parfois abandonnée pour une outrance symbolique, dans les curieuses pages, par exemple, où le chercheur d'effets veut absolument animer d'une sorte d'âme animale le corps de fer des locomotives. Mais ces apocalypses et ces pures recherches picturales, souvenirs des travaux de début, durent peu dans ces romans très composés; on est vite revenu aux lignes caractéristiques des paysages et des silhouettes, aux utiles détails d'intérieur qui font songer à la malice tranquille et à la joie indicible des petits tableaux flamands.

L'histoire amoureuse de Céline et de Désirée Vatard renseigne déjà très suffisamment sur l'être intime du romancier, formule déjà très clairement son jugement sur la vie. Il a la haine des parvenus égoïstes, des riches inintelligents, il exprime un froid dégoût de ceux qui exercent des métiers malhonnêtes, qui montent des machines à exploiter, qui filoutent, patrons, leurs em-

ployés, commerçants, leurs acheteurs. Il ne s'intéresse
à la richesse que s'il découvre sous son luxe le malheur
d'une infirmité ou la tyrannie d'un vice. Il n'a vraiment d'attention et de bienveillance que pour les ennuis de tous les jours, les francs appétits, les déchéances fatales des gens qui triment et qui végètent aux
plans inférieurs de la société. Ce qu'on appelle la
classe moyenne et la basse classe, l'employé mal appointé, l'ouvrier éreinté dès l'apprentissage, l'artiste
pauvre, la fillette anémique, la prostituée infime, c'est
là le monde qui l'attire et qui le sollicite. Après son premier roman, *Marthe*, l'histoire d'une fille, il s'est attaché
à suivre et à comprendre Désirée et Céline, les deux ouvrières brocheuses, et il a écrit ainsi une double étude de
caractères qui témoigne d'une pénétration intelligente et
d'une ironie bonne enfant. Il connaît le tempérament de
Céline, et il comprend la noce ininterrompue à laquelle
elle se livre par un instinct irréductible ; il souscrit facilement à son désir d'avoir une robe à trente-neuf sous
le mètre, et il ne lui en veut ni de ses rages contre
Cyprien Tibaille, ni de ses reprises de passion pour
Anatole. Il est aussi condescendant à l'idéal de Désirée :
un mari propre, un intérieur tranquille, des chansons,
un peu de théâtre. Il n'a pas le dédain de ces maigres
joies. Il ne rudoie pas les petits et les inconscients, il
trouve qu'il est bien inutile de chercher un sujet
d'études plus intéressant qu'une femme battue, aux
yeux pochés et aux épaules bleues par les râclées, qui
mange mal dans un sale logement. Il met un soin
tout particulier à raconter la liaison de Désirée et
d'Auguste, — une liaison nullement charnelle, absolument chaste, menée avec une sécurité complète à travers tous les dangers de la promiscuité, ce qui, bien
entendu, n'a jamais été remarqué par ceux qui accusent Huysmans de rechercher l'ordure, — une liaison
où les gentillesses, les calmes ardeurs, les désirs de
ménage, les brouilles, les réflexions, sont notés jusqu'à
la raisonnable et mélancolique rupture au coin d'une rue,

une rupture avec des hésitations, des tressaillements, un dernier serrement de mains, une dernière embrassade, après laquelle chacun s'en va se marier paisiblement, sans récrimination, sans apparent regret.

Voilà des goûts déjà affirmés. Un aveu, çà et là, achève l'explication. L'écrivain célèbre la « funèbre hideur des boulevards extérieurs ». La tristesse des giroflées séchant dans un pot lui paraît plus intéressante que le « rire ensoleillé des roses ouvertes en pleine terre ».

En ménage est plus renseignant encore. Le livre est à la fois plus spécial et d'une ouverture plus large. Plus spécial, en ce qu'il met au premier plan un homme de lettres, d'occupations restreintes, hostile à l'action, taciturne et contemplateur, voyant tout avec un regard particulier. Mais l'ouverture sur la vie est plus large, puisque cet homme de lettres est aux prises avec la question du ménage, pas encore résolue, avec la femme, inévitable.

André se marie, consent à voir le monde. Une nuit que sa femme est restée, malade, au logis, il rentre avant l'heure fixée, trouve un amant dans la chambre. Il se force au sang-froid, congédie le monsieur, fourre du linge dans sa malle et s'en va. Il reprend sa vie de garçon. Il résout la question du logement, de la batterie de cuisine, de la femme de ménage. Il a un ami, le peintre Cyprien Tibaille des *Sœurs Vatard*. Il est tranquille. Il se croit seulement tranquille, car bientôt éclate ce que Huysmans appelle avec sa simplicité la crise juponnière. Le souvenir de premières amours, le souvenir d'une ancienne maîtresse, le souvenir de son mariage le poursuivent. Il cherche le remède, croit le trouver d'abord dans la banale Blanche, dans l'amour en boutique. Il se trompe, renoue avec Jeanne, une qu'il a aimée autrefois. Celle-là le quitte. Cyprien, le railleur Cyprien, accepte une association de manger, de sommeil et de tisane avec Mélie. Il ne reste plus à André qu'à reprendre sa emme, qui vient s'offrir, par une démarche simple, racontée avec une sûreté d'art peu commune. C'est ce qu'il fait. Le ménage recommence.

C'est là un rapide sommaire que le livre développe avec autorité et ampleur. Ici, rien de trop. Chaque détail est significatif. Chaque menu fait est suggestif en réflexions. Que les deux amis s'assoient sur un banc du Luxembourg et causent de leur enfance, du collège, de leur jeunesse, de leurs liaisons, — les débuts de vie apparaissent, sont commentés avec une tristesse qui enveloppe, avec une rigueur qui ne laisse pas prise à l'objection. Que les mêmes jeunes hommes s'attablent au restaurant, avec l'espoir d'une tranquillité, d'une courte gourmandise, — le temps de reposer leurs verres sur la table, tout espoir de joie intime se sera évanoui. Et la crainte de ne pas trouver la femme de ménage désirée ! et la comédie de la rencontre avec Jeanne, du premier déjeuner fait avec elle dans le logement de garçon ! et l'ennui de la soirée passée au café ! et les discussions des promenades, le soir, par les rues désertes ! autant de points de départ, pris dans les choses ou chez les êtres, qui servent à montrer de l'humanité, des maux physiques, des souffrances intellectuelles, des nécessités inéluctables, des plaisirs sans excès. Chez l'écrivain s'accentuent l'animosité envers la vie et la pitié pour les gens. L'observation tourne au noir. Et non au parti-pris, comme on l'a dit, puisque, dans le cercle où elle s'exerce, peut être trouvée immédiatement la preuve du mal décrit. Il ne faut pas oublier que c'est encore de l'homme de la classe moyenne qu'il s'agit. Pour celui-là, aux inconvénients généraux viennent s'ajouter les tracas particuliers, — le collège est mal accueillant, les logements sont insalubres, les restaurants sont odieux, les bonnes sont grugeuses, le mariage est fécond en désillusions, les cheminées ne tirent pas, les cigares puent, — le goût, l'odorat, l'ouïe, la vision sont plus souvent choqués que satisfaits.

Voici d'ailleurs celui en lequel Huysmans a concentré toutes les souffrances et toutes les résignations, M. Jean

Folantin. Ce n'est plus un homme de lettres, un nerveux, un malade, celui-là. C'est un tranquille bourgeois, un petit employé. Il a quarante ans, il est garçon, il est boiteux, il passe ses journées dans un bureau. C'est le soir que se joue le drame de son existence. Que faire ? que devenir ? le malheureux homme cherche un restaurant, et l'occupation est suffisante ! Il est écœuré par les graillons des viandes, l'eau fade des légumes, l'ancienneté des œufs, le poison des apéritifs, la litharge des vins. Il a essayé des établissements de bouillon, des crêmeries, des cabinets de marchands de vin, des tables d'hôte, des dîners de chez le pâtissier. Rien ne lui a réussi. Et il n'est ni affamé, ni difficile. Il borne son ambition à vouloir manger des choses propres. Ce serait passable, qu'il se déclarerait satisfait. Mais non, il en arrive, instruit par de dures écoles, à reconnaître qu'il a eu grand tort de s'être laissé aller à désirer quoi que ce soit. Une soirée passée dans un théâtre, une visite à une femme ont achevé de l'éclairer. Il a maintenant essayé de toutes les distractions et de tous les remèdes ; son armoire est pleine de fioles de pharmacie, de fers, de quinquinas, de citrates, de phosphates, de lactates. C'en est assez. Il prend le parti de retourner à son ancienne gargotte. Il passera, comme autrefois, ses soirées chez lui. Il essayera de faire marcher sa lampe, d'obtenir un feu qui chauffe. Il refera du mieux qu'il pourra son lit mal fait par le concierge. Il est bien convaincu maintenant de l'inutilité des changements, de la non-réussite des efforts. Le mieux, dit-il, n'existe pas pour les gens sans le sou ; seul, le pire arrive.

On a beaucoup raillé ce triste personnage à la recherche d'un restaurant dans le VIe arrondissement « impitoyable au célibat ». On a déclaré que cette question de cuisine n'existait pas. Pour les gens qui ont une table bien servie, c'est possible. Mais pour les autres, il n'est peut-être pas de livre plus poignant que ces quelques pages où végète M. Folantin, s'ennuyant à son bureau, s'excitant à manger quelque chose, ne parvenant pas à faire brûler sa lampe. C'est que M. Folantin n'est pas un cas, c'est le symbole de l'homme condamné au mauvais beefsteck, — c'est presque tout le monde.

Le jour où M. Folantin essaye de bouquiner, de décorer sa chambre de gravures et de bibelots, le jour où il se surprend presque à regretter sa foi perdue, on peut dire que Jean des Esseintes se lève en l'âme obscure du bureaucrate. C'est la recherche de l'impossible qui commence. C'est la fêlure qui apparaît. C'est le signe certain de cette névrose, étudiée avec la patience que l'on sait, et racontée avec l'éloquence que l'on a entendue, dans l'étrange et admirable *A rebours*.

Il ne faut pas s'y tromper, l'anémique et nerveux des Esseintes est empreint de la vérité générale et de la vérité particulière qui constituent le type d'humanité et l'être littéraire viable. C'est à la fois un personnage réel et une construction cérébrale, faite de lectures et de réflexions. Huysmans s'est plu à incarner le dégoût du monde moderne en un personnage moitié réel, moitié imaginaire, qui est choqué, blessé, par tout ce qui existe, et par la façon dont tout existe : Jean des Esseintes, le survivant d'une famille usée lentement par les unions consanguines et les contacts trop prolongés avec la civilisation. Il représente donc des aspirations sans précision et des désirs d'au-delà qui reparaissent à des intervalles presque mathématiques dans tous les temps et dans tous les lieux. Et il incarne une parcelle de l'âme de ce siècle qui finit, de l'esprit qui règne en un coin de cette société qui semble devoir, longtemps encore, troubler l'observation et déconcerter les jugements. Oui, des Esseintes est le malade, par instants logique, par instants contradictoire. Il est non-satisfait et il est ennemi de l'action. Il constate en lui la fin d'une race et il serait désolé d'un recommencement. Il a la nuque sensible et la main tremblante. Il a le cerveau compliqué. Il a horreur de l'ordinaire et du simple. Il a été élevé chez les Jésuites, il n'a plus de foi et il est encore un peu croyant par dilettantisme. Il veut qu'on le croie catholique et il hésite entre le catholicisme et Schopenhauer. Il s'enferme, se calfeutre dans la maison isolée de Fontenay-aux-Roses, aménagée par lui et pour lui seul. Il se crée un entourage de couleurs, une atmosphère de parfums en rapport avec ses goûts aiguisés. Il tend les pièces d'étoffes dont les nuances correspondent à ses pensées. Il intercepte la vue de la campagne. Il a des serviteurs presque muets et presque invisibles. Il dort le jour, il vit la nuit, mange légèrement, lit beaucoup. Il veut une salle à manger qui lui donne l'illusion d'une cabine de navire et une chambre à coucher qui joue la cellule monastique. Il proclame le mouvement inutile, et l'imagination suffisante pour contenter les désirs. Il dit l'artifice la marque du génie de l'homme, et il affirme que la nature a fait son temps. Il part pour Londres, et trouve son voyage accompli après une station dans une taverne de la rue d'Amsterdam. Il fait incruster des diamants dans l'écaille dorée d'une tortue. Il mange un « extraordinaire beurre ». Il a une cave à liqueurs qu'il fait jouer comme un « orgue à bouche », et aussi un jeu complet de parfums. Il évoque, en manière de distraction, l'étonnante et sauvage pantomime d'un dentiste. Il a la haine de la Sorbonne, des négociants, des têtes de magistrats et de militaires. Il se compose une bibliothèque de tous les écrivains qui ont subtilisé les sensations et alambiqué la nature. Il aime la littérature latine de décadence, il va de Pétrone aux moines du ve siècle. Il se nourrit aussi des écrivains catholiques, sans s'éprendre pourtant de Mme Swetchine et d'Eugénie de Guérin. Il préfère à « l'art valide » de Balzac les vers de Baudelaire, et davantage encore ceux de Verlaine et de Mallarmé. Il est épris, en musique, des chants religieux, de Schumann, de Schubert. Il est en art pour Gustave Moreau, pour Rodolphe Bresdin, pour Odilon Redon. Il supprime ses relations avec les objets extérieurs, comme il a supprimé ses relations avec la société.

Il se crée un monde factice à force d'excitations cérébrales. Il va des paradoxes qui deviendront des vérités jusqu'aux folies sadiques sans issues. Il a cherché, au temps où il avait des relations, à faire mal tourner le ménage d'un ami. Il a eu une maîtresse acrobate, une autre ventriloque, — il a été fugitivement sodomiste. Il a poussé la haine de la société jusqu'à vouloir préparer un assassin. Il prend, à trop considérer des fleurs, l'effroi de la syphilis. Il a des cauchemars, des hallucinations. Il souffre d'illusions de l'odorat. Il essaye comme moyen suprême de se nourrir par des lavements. Il est condamné, enfin, par son médecin, à quitter, sous peine de mort, sa thébaïde raffinée, son désert confortable. Il éclate en une superbe malédiction, il fait ses malles, — il rentre dans la vie.

On voit que la conclusion de *A rebours* ramène à M. Folantin. La critique aurait dû le remarquer, avant de faire porter à Huysmans la responsabilité de toutes les opinions de son « sujet ». Sans doute, l'écrivain fait exprimer beaucoup des mépris qu'il éprouve par des Esseintes. Il se sert de lui à plusieurs reprises pour injurier le négoce de toutes choses, la vilenie des caractères, les intérêts des classes. Il lui donne de ses goûts littéraires et artistiques. Mais la part de curiosité est plus grande que la part de sympathie, et celui qui sait lire peut facilement, à l'aide des ouvrages qui ont précédé, faire le compte des opinions, séparer la confession de l'observation. Il restera alors l'idéal d'existence d'un homme simple d'allures, ayant des goûts d'artiste compliqué, d'un ironique, très doux et très bon, désireux de vie modeste, aimant le feu, les cendres tièdes de l'âtre, les intimités du chez-soi, satisfait des fantaisies des livres, heureux des plaisanteries énormes et aiguisées, — celle du catholicisme d'*A rebours*, par exemple, où, en regardant bien, on trouve un prie-dieu transformé en table de nuit, un baptistère transformé en c   . et Dieu se refusant à descendre dans la fécule

La note vraie sur l'œuvre d'Hüysmans semble, d'ailleurs, être donnée en ces quelques mots paisibles et revenus de tout échangés entre les deux amis de *En ménage* : « Nous, nous nous estimons heureux quand nos convoitises se bornent à n'être pas satisfaites ! Nous sommes les gens qui nous contentons des à peu près. Lorsque nous ne recevons pas de tuiles sur la tête, nous sommes pleins de joie, et c'est miracle pourtant quand, avec un idéal aussi court, il ne nous tombe pas sur la caboche de formidables gnons ! » C'est la saine gaieté de l'homme qui a fait du pessimisme non une pose pleurarde, mais une méthode basée sur l'exacte connaissance de la vie. L'idéal est court, oui, mais il est suffisant. Le pauvre hobereau qui se sature de littérature et d'art, et le taciturne employé qui sait se contenter de sa gargotte ordinaire, servent tous deux à exprimer la même tranquille opinion sur la vie.

Il resterait à écrire une étude sur l'esthétique particulière à Hüysmans. Il faut se restreindre à deux remarques. L'une s'applique à ce qui peut être appelé l'aspect de la phrase qui est singulièrement, quoique clairement construite ; l'adjectif ordinairement placé avant le nom, la ponctuation qui semble obéir à une loi bizarre en font la phrase la plus peinte qui peut-être existe ; les virgules et les mots sont employés, en plus du sens qui y est attaché, comme de véritables touches de couleur. — L'autre remarque est sur l'allure du style : il peut être affirmé que l'originalité de ce style, — faite de charme presque perpétuel, et de soudaine grandeur, — vient de la suprême habileté avec laquelle l'expression simple est mêlée à la période éloquente.

Telle est, très résumée dans son ensemble, à peine abordée dans ses détails, l'œuvre du consciencieux écrivain, de l'exquis artiste, de l'homme charmant, modeste, dédaigneux de réclame, — Joris Karl Hüysmans.

VIII

Henri Céard.

25 janvier 1886.

Le nom de Henry Céard n'apparaît que sur la couverture d'un seul livre et ne figure que de loin en loin au bas d'un article de journal. Il y aurait pourtant un singulier oubli et une flagrante injustice à ne pas l'inscrire parmi les noms des écrivains nouveaux, dont les pages d'essai sont immédiatement remarquées par la sympathie des uns et par la mauvaise humeur des autres. C'est que le livre révélait un observateur en quête d'observations personnelles, un écrivain apportant un jeu de phrases et de réflexions bien à lui, c'est que les articles montraient un critique regardant avec ses yeux et pensant avec son cerveau, un curieux et un attentif qui dressait ses procès-verbaux lui-même.

Ceux qui sont encore soucieux de littérature se souviennent très exactement qu'il fut question de Céard avant même qu'une ligne de lui fût imprimée. Des milieux où il vivait, des groupes d'amis où il causait, se répandait l'annonce qu'on entendrait sous peu une originale manière d'apprécier et de s'exprimer. Ces sortes de jugements qui devancent les destinées ne sont, en réalité, ni bons, ni mauvais. Ils n'agrandissent pas les influences, ils ne les restreignent pas non plus. Rien ne tient devant cette authenticité de document qu'ont le papier imprimé et l'œuvre signée. La première épreuve ne fut pas bonne pour l'écrivain nouveau. Sa prose de début parut dans le volume des *Soirées de Médan* où Zola avait groupé ses cinq jeunes amis non avec l'autorité d'un dirigeant, mais avec la bonne camaraderie d'un aîné en littérature. Céard avait écrit *La Saignée*,

une nouvelle de style trop apprêté et de coupe trop
romanesque, malgré de belles pages sur la vie à Versailles, pendant la guerre, d'une courtisane du second Empire.

Naturellement, le reportage qui inspecte les lettres,
la chronique du boulevard, la critique qui s'inspire du
reportage et de la chronique, s'égayèrent fort de ce livre et de ces débutants. On se rappelle quelle guerre
était, dans ce temps-là, — en 1880, — faite à Zola. On
n'avait pas assez de drôleries pour essayer de tourner
en ridicule sa tentative de bataille littéraire. Depuis, le
ton s'est bien apaisé ; il n'y a, décidément, rien de tel
que les livres solidement construits pour avoir raison
des calembourgs sans imprévu et des à-peu près sans
joie. Mais alors, tout ce qui touchait à la littérature
maudite était assailli de même façon. Céard eut sa part
de quolibets comme les autres. On ne s'inquiéta pas de
savoir ses tendances, ses opinions ; on ne regarda pas
dans ce qu'il écrivait, ce qui était pourtant le plus sûr
moyen d'obtenir les renseignements que l'on paraissait
désirer. On préféra traiter tout le monde, indistinctement, et tout uniment, de sectaires, d'esclaves, de travailleurs sans originalité, uniquement occupés à s'approprier une manière et à copier des leçons. On ne voulut
pas voir en Zola un arrivé qui se solidarisait avec
des inconnus ou des presque inconnus chez lesquels
il reconnaissait la naissance d'un talent et saluait
une force. On s'acharna, au contraire, à transformer l'écrivain des *Rougon-Macquart* en un moniteur
qui dictait des préceptes, en un pion qui surveillait une
classe de jeunes.

La légende dure encore peut-être dans quelques coins.
Mais non pour ceux qui mettent de la loyauté dans leurs
lectures et de la franchise dans leurs opinions. Il y a
beau jour qu'on s'est aperçu des différences et qu'on a
reconnu l'originalité des tempéraments. On ne peut pas
plus comparer les nouveaux venus d'alors à leur introducteur qu'on ne peut les comparer entre eux. Les nou-

velles et les romans de Maupassant, de Hennique, de Alexis, sont bien à eux. Il a suffi à Huysmans, bien avant *A rebours*, d'écrire *En ménage* et *A vau l'eau* pour montrer un esprit absolument dissemblable de celui de Zola. Il a suffi à Céard d'écrire *Une belle journée*.

Le livre fit impression sur les lettrés. Il suscita aussi quelques phrases dédaigneuses et quelques cris d'horreur chez la critique assise. Il aurait été préférable de remplacer le dédain et l'horreur par des raisons. Il aurait fallu, par exemple, s'expliquer sur la question d'originalité. Il est sans doute difficile de revenir sur des jugements tout faits, car il ne fut dit mot à ce sujet. La vérité, c'est que le livre ne ressemblait à rien de ce qu'on connaissait.

C'est l'histoire de la journée d'une bourgeoise, la femme d'un architecte, Mme Duhamain, apte aux repassages, aux confitures et aux conserves. Les plaisirs de sa vie ont été courts. M. Duhamain est un doctoral phraseur qui considère l'exercice du mariage comme une fonction souveraine, et qui ne songerait pas à mettre de la douceur dans ses caresses et de l'imprévu dans ses conversations. C'est l'ennui, encore et toujours. Trudon, le courtier en vins qui habite au-dessus du couple, accentue la prévenance de ses gestes, et prend volontiers les femmes avec du sentiment mêlé à de la politesse. Il est obèse un peu, et s'habille en gravure de modes, mais la gaîté accompagne sa rondeur, et il porte chaîne d'or au gilet et diamant au petit doigt. Mme Duhamain, rapprochée de ce galant à l'affût, par un bal inattendu au Salon des Familles, transformée par la toilette, grisée par la valse, lassée par les agaçants impairs de son mari, consent à un rendez-vous. On se retrouvera le dimanche suivant, à onze heures, à l'entrée du pont de Bercy.

C'est la belle journée qui commence. Il y a à peine quelques nuages suspects dans un coin du ciel bleu. Trudon hésite, il a un vague effroi de la femme honnête, il est bête et hésitant. Il désire et craint à la fois la rencontre. Mais voici Mme Duhamain, en toilette méditée. On marche quelques instants, on célèbre la beauté du temps, on a des visions de campagne. Mme Duhamain refuse tout, veut rentrer, puis consent, donne l'idée d'aller à Villeneuve-Saint-Georges. Et c'est alors le premier revirement de Trudon, qui part à fond de train contre la campagne tant célébrée tout à l'heure, et qui réclame un restaurant et un cabinet particulier. La dame se rend encore. On entre aux *Marronniers*, lieu de parties fines, quai de Bercy. Ils sont seuls, devant des huîtres, des petits pois, des filets de sole. Le ciel de mars se dérange tout à fait. Un point noir apparaît. La gêne naît entre les convives, Trudon ne sait que dire, comment aborder la conquête rêvée. La conversation ne réussit pas à remplir le vide qui se creuse entre ces deux êtres. L'homme songe à des effets de spiritisme, entame une digression sotte sur la signification des prénoms. La femme le trouve bête, est déjà réduite à cette réflexion qu'au moins, elle va faire « un bon petit déjeuner. » L'hostilité s'accentue, Trudon émancipant sa phrase en indiscrétions sur les cabinets de toilette. Il apparaît grossier à Mme Duhamain qui trouve un écœurement à la place de l'idéal cherché. Une gaîté de café-concert achève tout. Il y a un baiser volé à Mme Duhamain, et un coup de serviette qui coupe la figure de Trudon. Fini l'amour. Elle cherche à ouvrir la porte. Lui, bassine inquiètement sa joue.

Un éclat de rire, puis une lassitude, rouvrent la scène. L'insignifiance de Trudon prend des proportions extrêmes. Il regarde avec des yeux tristes celle en qui la raillerie s'est éveillée. Il prend « l'attitude douloureuse particulière aux navrements des imbéciles. » L'amusement de Mme Duhamain tourne en cruauté. Les nuages crèvent. Une bourrasque balaie le quai. Il est quatre heures et demie. « La journée ne finira donc pas, s'écrie la fausse adultère avec un soupir. » Et c'est alors, pour attendre la fin de la pluie et l'heure de la rentrée, une série d'occupations niaises, un échange de phrases brèves péniblement sorties, une explosion de patriotisme de Trudon, un étalage de ses lectures où rien n'est nommé, où tout est reconnu des poésies, des chansons et des livres, une revue des journaux, les politiques, les illustrés, les mondains, les tintamarresques, une lecture de l'*Indicateur des chemins de fer*, les rentrées du garçon, réglées avec un art infini, au milieu de cette grise et ironique symphonie de mots expressifs. Puis, le silence morne, avec des sourires chez la femme et des évocations d'anciennes maîtresses chez l'homme, qui gratte une fleur de la tenture « comme s'il eût cherché à découvrir quelque chose derrière. » Et la pluie, toujours la pluie, — la fuite du jour, et l'installation de la tristesse dans les cœurs avec un excessif sentiment du ridicule de la situation.

Les deux amoureux s'installent en fiacre. Trudon conduit Mme Duhamain à la gare de Charenton. Là, dans le noir, la pluie battant les vitres, ils ont tous deux conscience de leur affaissement moral, de leur désillusion amoureuse. Ils sentent comme un déchirement intime à se quitter, comme un retour possible d'affection. Elle, s'accuse, a presque pitié. Une mélancolie compliquée envahit cette âme de bourgeoise. Il y a au fond de tous deux un identique désir que la route ne finisse pas. Lui, hésite encore, rompt le charme qui recommence par une banalité. Voici la gare, les lumières du train. Elle monte en wagon, et sa silhouette reste collée au carreau de la portière jusqu'à ce que sa silhouette, à lui, penchée à la barrière, disparaisse. C'est la nuit, et le gâchis. Ils rentrent chacun de leur côté, lui avec une femme de rencontre, elle s'applaudissant de son essai d'adultère manqué, frissonnant d'effroi rétrospectif devant son mari paisible.

C'était « jouer la difficulté » que d'entreprendre un tel livre. Céard résolut avec une nette précision et une triomphante logique l'équation qu'il s'était imposée. Quelques lacunes, quelques transitions insuffisantes pourraient être signalées, mais jamais pages d'une cruauté plus enjouée et d'une ironie plus à froid n'ont été écrites sur l'adultère, jamais récit plus mesuré et plus chaste n'a mieux mis à nu la misère physiologique et la platitude cérébrale. La phrase cache sous des solennités empesées des sous-entendus féroces qui expliquent les êtres, mettent à vif les plaies secrètes de leurs vanités, montrent leurs dessous intimes dans de puérils signes extérieurs, révèlent l'écroulement de leurs rêves dans le vide de leurs âmes. Une moquerie retenue, comme bridée par une main ferme, est insérée dans les phrases largement et sobrement établies, et bientôt apparaissent irrésistiblement comiques la signification des toilettes, les pressions des genoux, les langages du pied, les prétentions des yeux, les émotions qui sèchent la gorge et les lèvres.

La preuve était suffisante. Le jeune écrivain était lui-même. Non un descriptif abondant, mais un discret annotateur de paysages en rapport avec des états d'âmes. Non un ciseleur de mots, un curieux de technique artistique, mais un éloquent contenu. Céard ne va pas à la matérialité, à l'animation de la vie. Sa curiosité est presque tout entière pour les cerveaux. Tout ce qu'il regarde, tout ce qu'il emploie, l'amène à la constatation psychique, à la fine dissection des idées. Jamais il ne voit le détail matériel en peintre, il le considère en raisonneur que le renseignement passionne. Dans cette belle scène de la fin du livre, qui eût suffi à le classer observateur, ce n'est pas le fiacre qui l'intéresse, ce n'est pas la situation des personnages enfermés dedans, c'est, plus que tout, l'émouvante reprise de sentiment qui naît, se développe, sanglote et s'éteint dans le cœur inquiet de la femme. Le livre tout entier n'est pas une suite de tableaux, c'est le seul développement d'un état mental, c'est un raisonnement en action, qui aboutit à la vraie et simple tristesse souriante de la conclusion, à la résignation nécessaire, à la nécessité de se tenir en place, à l'inutilité du changement.

Cette affirmation de sa personnalité faite et bien faite, Céard revint à ses bureaucratiques occupations et garda le silence. Voilà cinq ans qu'on n'a pas revu de livre de lui. Il essaya de faire jouer une pièce tirée de *Renée Mauperin*, ne réussit pas et n'insista plus. Il écrivit une remarquable série d'études critiques à l'*Express*, et plus récemment, quelques belles pages au *Télégraphe* où un directeur rare, M. Piegu, fit accueil à la littérature. Mais rien de tout cela n'a été publié, repris, développé, et pourtant Céard est de ceux qui savent faire tenir un roman, une étude morale, dans un article. Il y a, évidemment, chez le littérateur, un parti pris de réserve ou une affirmation d'indifférence.

Et c'est ici qu'il faut chercher une grosse querelle à Céard et lui dire les choses nettement. Il peut être convaincu de l'inutilité de tout, il n'en est pas moins forcé de constater que la vie existe, et qu'il y a une agitation humaine. Il a raison de croire que toutes les façons de remplir l'existence se valent et qu'on peut établir une équivalence entre toutes les fonctions, exactement accomplies. Mais encore faut-il faire ce à quoi l'on est destiné par des moyens physiques ou des aptitudes cérébrales. La conclusion de *Une belle journée* est certes vraie et bienfaisante pour les dames Duhamain, mariées, ayant tout intérêt à trouver la tranquillité du corps et de l'âme dans le ménage. Elle est donc vraie aussi pour l'écrivain qui ne peut trouver l'exercice de ses facultés et sa pleine satisfaction intellectuelle que dans la production.

Céard a ce privilège de s'intéresser à toutes choses. Les impressions se résolvent en réflexions dans son esprit. Sa curiosité va du théâtre au roman, de la critique à l'histoire, de la musique à la politique. Il est dirigé par un perpétuel besoin de certitude et par un perpétuel doute. Les études qu'il a abordées peuvent faire de lui un des vrais représentants de la médicale littérature de ce siècle. Qu'il déblaie donc un peu ses paperasses. Il a en portefeuille une étude commencée sur Choderlos de Laclos ; qu'il l'achève, qu'il la publie. On va lui jouer *Renée Mauperin* ; qu'il fasse une autre pièce. Qu'il publie le roman qu'il a rêvé sur l'agonie de l'ouvrière à l'hôpital... — Allons, décide-toi, camarade, et fais ton œuvre.

IX

Madame Alphonse Daudet.

L'enfance d'une Parisienne. — Fragments d'un livre inédit.

I

9 Février 1884.

Dans la préface de la *Faustin*, Edmond de Goncourt, le romancier qui s'est à coup sûr montré le plus inquiet de la condition faite à la femme dans la société par la fatalité sexuelle, exprimait un doute sur la quantité et la qualité de vérité contenues dans les livres écrits sur les femmes par des hommes ; il trouvait que ces livres manquaient de la « collaboration féminine » ; et il faisait appel aux lectrices de *Madame Gervaisais* et de *Renée Mauperin*, leur demandant de lui confier anonymement ce que les femmes sont seules à savoir, — peut-être à soupçonner, — « les impressions de petite fille et de toute petite fille », des détails sur l'éveil simultané de l'intelligence et de la coquetterie », des « aveux sur la perversion de la musique », des « épanchements sur les sensations d'une jeune fille, les premières fois qu'elle va dans le monde », le « dévoilement d'émotions délicates et de pudeurs raffinées », c'est-à-dire tout l'enfant et toute la jeune fille, les vagues souvenirs gardés depuis les premières années et les troubles profonds surprenant la vierge qui s'ignore. L'écrivain, depuis que cette préface a été publiée, a pris des notes caractéristiques, a reçu de précieuses confidences, et *Chérie* dira la lente formation de l'esprit de la jeune fille mondaine.

Mais voici un livre, dont plusieurs chapitres sont, précisément, dédiés à M. de Goncourt, qui fixe, avec un art plein de charme et d'autorité, les fugaces, les insaisissables émotions de la petite fille. Ce livre a pour titre : *L'enfance d'une parisienne* ; il a pour auteur Mme Alphonse Daudet.

L'enfance d'une parisienne n'est pas un roman, et n'a pas non plus les apparences précises d'une autobiographie. On n'y trouve guère d'indications de temps et de lieux ; l'écrivain n'a pas essayé de construire une décoration d'ensemble, de mettre en action la première période de la vie d'une femme, de compléter ses souvenirs par des observations nouvelles, d'unir, par des raccords, les lignes brisées dans sa mémoire à des lignes nettement tracées par une main exercée de styliste. Non, et c'est là ce qui fait leur grand charme, ces pages si intimes et si pénétrantes n'ont pas été pensées et écrites pour former un livre équilibré, d'un intérêt habilement distribué : aucune convention n'intervient dans le récit. La femme qui parle n'a eu qu'un souci : elle a essayé, avec toute la force de sa volonté, avec toute la fixité d'un regard intérieur, de revoir le passé ; elle s'est abstraite de tout ce qui l'entourait, de tous les événements qui, depuis son enfance, ont marqué les jours de sa vie. Devant elle s'est alors dressé un être vivant d'une vie singulière, parfois excessive, parfois à peine perceptible ; l'image de la petite fille apparaissait, à de certains instants, tout près des yeux, à portée de la voix ; celle qui faisait renaître ainsi, par l'effort de sa pensée, l'enfant qu'elle avait été, sentait certainement peser sur elle des regards d'autrefois, percevait le son de sa jeune parole ; puis l'image s'effaçait, n'apparaissait plus que dans un cadre indistinct qui s'évanouissait aussi ; impossible de la ressusciter.

La brusque apparition des actions et des choses ensevelies dans l'ombre de la mémoire, et leur brusque retombée dans l'oubli, alternent ainsi dans le livre de Mme Alphonse Daudet. On ne sent pas une fois en défaut la sincérité de l'écrivain ; jamais l'ébauche n'a été poussée au tableau, les traits restent interrompus, les couleurs restent pâlies ; des notes s'arrêtent court, des mots résonnent comme les échos affaiblis d'une phrase musicale entendue il y a longtemps et qui ne revient que par fragments, certaines pages ont les contours tremblants et les aspects fugitifs du rêve. C'est là le grand mérite de *L'Enfance d'une Parisienne* : dans chaque chapitre, dans chaque phrase, on voit le passé revenir, tantôt avec vivacité, tantôt avec lenteur, tantôt complet, vu dans tous ses détails comme à la lueur d'un éclair, tantôt vague, s'enfonçant dans une nuit dont la noirceur s'accroît sans cesse ; partout, on sent le travail psychologique d'un cerveau qui veut se ressouvenir.

C'est après ce travail, ou plutôt c'est en même temps que ce travail s'accomplissait, que l'artiste est intervenue, adaptant le mot exact à la chose décrite, ajustant l'épithète, dosant la phrase : tâche délicate et périlleuse, la forme pouvant trop accentuer ici, trop affaiblir là, pouvant défigurer ou emporter le fond. Cette tâche, Mme Daudet l'a résolue. « Impressions de petite fille racontées par une femme », tel pourrait être le sous-titre de l'*Enfance d'une Parisienne*. Ce sont bien les sensations de la petite fille qui a assisté aux fêtes familiales, qui a joué à la poupée, qui a été veillée dans sa chambre attiédie de malade, qui a éprouvé ses premières joies au bal enfantin, qui a couru la campagne et s'est enfermée dans les bibliothèques, qui a interrompu ses danses et ses chants pour regarder passer un cercueil, ce sont bien seulement les sensations de cette petite fille-là qui sont enfermées dans la phrase travaillée comme une dentelle, ajourée comme une broderie. L'historiographe n'a rien ajouté, — que son grand talent d'artiste.

II

1er février 1885.

Sous ce titre : *Fragments d'un livre inédit*, Mme Alphonse Daudet a écrit un petit livre d'une soixantaine de pages, qui restera, sur un rayon spécial des bibliothèques, comme un rare et précieux document sur la femme intelligente et artiste de ce siècle. Aucun souci d'école, aucune acceptation de mot d'ordre : celle qui a signé ces *Fragments* n'avait pas à intervenir dans la mêlée comme un combattant ; la plume, qui est au poing du journaliste, du politique, du philosophe, du romancier, comme une arme de défense et d'attaque, est restée, dans ces mains féminines, un outil désintéressé, délicat comme un pinceau de poète japonais. Ce qui a marqué trop souvent les résultats du travail intellectuel des femmes, c'est la pensée de l'homme. Les femmes ont bien touché à tout, à la phrase écrite, au dessin, à la couleur, à la politique, à la morale, mais presque toujours leur effort amenait l'obsédante idée d'une tâche de tapisserie accomplie d'après un modèle. Les œuvres les plus retentissantes ont un bruit sonore d'échos ; que les théories soient fières et les revendications justes ou que la phrase se fasse la basse servante des réactions académiques et sentimentales, toujours la collaboration d'un homme ou d'une société d'hommes s'affirme, dans l'originalité ou dans la banalité. Ne sera-t-il donc jamais publié, le livre sincère, exempt de toute influence, dégagé de toute convention, écrit par la femme sur la femme, et pour retrouver l'âme féminine faudra-t-il toujours recourir aux écrivains qui ont été des divinateurs ?

Mᵐᵉ Alphonse Daudet, si elle a entrepris cette œuvre réclamée, ne la publie pas, et elle entend bien ne nous donner que des « Fragments ». Du moins, et c'est là l'essentiel, les pages qu'elle fait connaître sont-elles conçues sans préoccupation de la bâtisse d'un livre, sans application des procédés courants ! La pensée éclose, l'impression ressentie, et la forme qu'elles revêtent, sont adéquates. La coupe est celle des « pensées », des « notes », mais les observations n'ont pu être faites, les sensations n'ont pu être ressenties par les maîtres qui ont écrit des chefs-d'œuvre sous cette forme hachée et commode ; nous sommes vraiment en présence, non d'un littérateur qui fabrique de la description, de l'intérêt, de l'émotion, — mais d'une femme qui pense.

Elle pense sans cesse, elle est affectée partout: tout ce qui passe devant ses yeux, tout ce qui tombe dans son cerveau, aux heures d'activité, de lecture ou de rêverie, l'intéresse et l'émeut ; elle voit, elle observe, dans la rue, dans le monde, là où son goût, où le hasard de la promenade ou du voyage la mènent. Mais le cercle domestique lui suffit presque, le moindre fait lui paraît susceptible d'une interprétation nouvelle. Elle ne s'essaye pas à planer haut, ni loin, mais à pénétrer à fond ce qui se trouve dans le rayon de son regard ; elle voudrait voir derrière les yeux, sous les paroles prononcées, sous les mots imprimés, elle voudrait voir en elle-même ; c'est le sens intime des choses, ce sont les rapports cachés qu'elles ont entre elles, qui éveillent sa curiosité et font naître sa passion. De là, une littérature nuancée, pénétrante, dont aucune des métaphores anciennes ne pourrait donner l'idée. Il s'agit bien de fixer des traits déliés et des couleurs changeantes, il s'agit bien du duvet de la fleur, de la poudre de l'aile du papillon, de l'irisation de la goutte d'eau, de la vibration d'un son ! La femme modeste et lettrée, bourgeoise et artiste, qui a écrit ces *Fragments* a bien d'autres difficiles ambitions : elle obéit à sa nature en cherchant à exprimer, non ce qu'elle voit et ce qui peut être reproduit, mais l'idée née en elle de ce qu'elle voit, mais la sensation confuse causée par le contact des objets, mais les extases non formulées nées de la vue d'un paysage ou de l'entente d'une musique, mais ce qu'il y a de pensée dans un regard, un sourire, un pli de visage, ce qu'il y a d'immatériel dans l'émanation des êtres ou l'atmosphère des choses ! Elle en arrive ainsi à habiter des régions intellectuelles où l'on ne peut la suivre, des pays de rêves où le pressentiment et la coïncidence jouent des rôles, où le surnaturel s'ajoute au réel ; mais elle garde toujours et quand même l'expression compréhensible, même lorsqu'elle cesse de constater, cherchant des explications, affirmant des conclusions, substituant le « pourquoi » au « comment ». Là encore elle est personnelle et obéit à son désir incontenté de savoir toujours davantage, d'avancer plus vite vers l'explication fuyante de la sensation fugitive.

Des exemples de cette raffinée matérialité de vision et de cette subtilité cérébrale abondent dans les *Fragments d'un livre inédit*. Avait-il jamais été dit, par exemple, avant Mme Daudet : « Les fleurs colorent tout l'air du jardin comme elles le parfument ... » Avait-on jamais noté le sentiment changeant, selon les époques, de la beauté des femmes ? Avait-on marqué le rapport étroit qu'il y a entre la province et le passé ? Avait-on fait, sur l'air parisien, cette remarque qui spiritualise, pour ainsi dire, l'atmosphère : « On dirait que cet air nous transfuse l'activité des ambitieux, l'intelligence des travailleurs, un peu de la pensée qu'évapore l'art ou le génie ? » Et c'est ainsi, dans ces observations légères ou profondes, un perpétuel et inanalysable mélange de la réalité observée et des impressions reçues. La chose regardée se convertit, pour ainsi dire sous les yeux, par on ne sait quel sortilège artiste, quel invisible tour de phrase, en un thème de pensée fait de peinture et de réflexion, de raison et de musique ; tout est dit avec précision de ce qui n'est que senti et deviné d'habitude, tout, jusqu'aux rapides et inexpliqués souvenirs de la mémoire, aussi vite disparus qu'apparus, vus par les yeux de l'esprit comme à la lueur d'un éclair, tout, jusqu'à l'assimilation des choses au *moi* moral, tout, jusqu'à l'interne mouvement des femmes écoutant de la musique vibrante, « un *non* consenti et répété à tout ce qui leur a menti déjà, comme un refus à s'émouvoir encore aux intimes sollicitations du rêve. »

Les préférences littéraires de Mme Alphonse Daudet s'affirment dans ces phrases : « Toute recherche est une distinction... L'originalité en art me plaît même erronée, et je la préfère aux talents pondérés et pratiques... Le choix du mot n'est pas seulement une question d'oreille, il faut qu'il sonne juste à la logique de l'esprit. » Un programme est indiqué en ces quelques mots: « Homme, j'aurais essayé de faire de la littérature en dehors de l'existence, toute en compréhension des êtres et des choses détachés de l'aventure, du vulgaire des événements. J'aurais voulu faire triompher l'expression comprise dans sa plus fine, sa plus absolue vérité. Mais l'observation des femmes est restreinte, leur milieu d'art étroit, le temps manque, l'indépendance et le montant des conversations. On se contente d'un court aperçu très sensible parce qu'il est trop rapproché ; et c'est de l'écriture appliquée aux émotions du foyer ou en résultant, qui émane de ces impressions trop vives et nerveuses. »

N'est-il pas réalisé, en partie, par les *Fragments d'un livre inédit*, ce programme ? Toute une existence intellectuelle ne s'aperçoit-elle pas à travers une remarque psychologique fixée en une phrase ? Tout un roman, le roman poignant et désespéré d'une vie de femme du peuple, ne tient-il pas dans les dix lignes fortement écrites par Mme Alphonse Daudet sur la dernière maladie de l'ouvrière ?

X

« Ludine. »

22 novembre 1883.

Le cas littéraire de M. Francis Poictevin est trop intéressant pour que soit passée sous silence cette *Ludine*, parue au milieu d'une stupeur longue à se dissiper. Le sujet en lui-même n'était pas fait pour susciter des polémiques ; la transformation d'une femme passant, presque sans transition, de la simple vie campagnarde à l'existence compliquée du demi-monde des villes d'eaux, pouvait tenter un analyste, et il faudrait au contraire féliciter M. Poictevin de l'essai psychologique qu'il a tenté. Mais autre chose est la manière dont il a présenté ses observations, la forme dont il a revêtu ses visions. La question du style est une des plus importantes qui se puissent poser, à propos de l'évolution littéraire actuelle, et le livre de M. Poictevin peut servir, à ce sujet, de thème à quelques réflexions ; la sophistication de la langue française dont s'est rendu coupable l'auteur de *Ludine* doit arrêter et faire réfléchir tous ceux qui ont sur leur table tout ce qu'il faut pour écrire.

M. Francis Poictevin est certainement un artiste très particulier, délicat, — il le prouve, — et sincère, — nous devons le croire. Sensitif à l'excès, il doit voir dans les couleurs une infinité de nuances qui échappent à tous, il doit percevoir, dans un ensemble musical, des sons tremblés et vagues qui mettent les notes franches dans une sorte de demi-teinte ; de même, il doit décomposer à l'infini les sentiments intimes, à peine exprimés, à peine éprouvés. Il regarde à travers une enveloppe humaine comme on regarderait à travers une eau trouble, fixement, sans se lasser, et il finit par deviner de lents mouvements, d'obscures réverbérations; devant ses yeux de somnambule, dans son cerveau halluciné, les êtres se meuvent, agissent, sentent, d'une façon spéciale ; ils vivent dans une atmosphère raréfiée où seuls, avec leur auteur, ils peuvent respirer à l'aise.

Aussi, quand l'écrivain entreprend de réaliser ces paysages et ces personnages qu'il devine et crée plus qu'il ne les voit et les observe, quand il veut leur donner, par la page écrite, le corps et la vie qui les rendront accessibles à tous, se trouve-t-il aux prises avec la plus insurmontable difficulté ; il s'acharne à vouloir exprimer les observations ténues et curieuses, les presque insaisissables décompositions de sons et de couleurs, dans une langue identique aux sensations qu'il a éprouvées. Il ne réussit qu'à évoquer des apparences, des aspects incertains bientôt fondus, disparus, on ne sait comment, sous des mots étrangement disposés ; à peine a-t-il éveillé en vous l'attention par un spectacle ou par une réflexion, qu'il éteint la petite lumière mal allumée et vous replonge dans l'obscurité des phrases sans suite, des incidents qu'il est le seul à connaître. C'est ainsi qu'il décrit la marche de Ludine :
« *Sa manière de marcher était une séduction. Je ne sais quoi de rythmé et de fatal. On sentait comme une ondulation, qui devait être et toujours serait et vous entraînait... Invinciblement elle avançait, comme sans arrêt concevable ; et le mouvement et la pose impassibles du pied cambré, et la minime flexion de la taille droite, et le feu fixe des grands yeux d'où, par intervalles, coule une lueur fauve, sans ja-*

mais un battement de paupières, disent qu'elle ne supporte, tout au plus que des tangences. Et, dans cet avancement illusoire, dans ce va et vient trompeur, elle garde une sinueuse immobilité. De la voix métallique le résonnant timbre un peu dur signifie que toute indiscrétion serait irrépondue. Comme cette voix scandait, en une mesure concordante, l'insondable, l'inexorable fluence du pas, de tout le corps! » C'est ainsi qu'il introduit, à chaque instant, dans la trame de son style, sans explication, des mots du patois du Jura, patrie de son héroïne : « *Et combien, même à une statue, elle préférait un oiseau, un corbeau étoupé, sinon vivant. Ce futé volatile, qui singe les voix, calorgne, tout spécialement l'émerveillait, lui causait aussi une sorte d'émoi par sa fonction quasi dramatique de manger les cadavres.* » D'un bout à l'autre du livre, ce ne sont qu'esquisses, croquis, notes de ce genre. On dirait un peintre qui ouvre ses cartons pleins des indications premières, des préparations confuses : lui seul comprend ce qu'il y a sous l'embrouillement des traits, lui seul sait quel parti il tirera de ces taches sommairement assemblées, son intelligence constitue le tableau épars dans ces fragments. M. Poictevin montre avec complaisance sa palette sur laquelle il a ménagé des effets, il montre des taches de couleurs qui sans doute ont un sens à ses yeux, mais qui ne peuvent être, pour les nôtres, que des essais de pinceaux, il donne à feuilleter son album de croquis et demande qu'on se reconnaisse au milieu des arabesques et des fusées de ses crayons, il veut que celui qui lit trouve ce qu'il n'a peut être pas encore trouvé lui-même : la ligne déterminante d'un personnage, au milieu des mouvements cherchés, des bonshommes surchargés de plusieurs bras et de plusieurs têtes, des ratures et des salissures, il veut que nous l'on comprenne des phrases dont il a disloqué les membres, dont il a transposé les mots. Eh non! faites votre tableau et gardez vos hiéroglyphes.

Fatalement, le résultat d'un tel parti pris, d'une telle méthode, devait être *Ludine*. Ce qui frappe de la première, à la dernière page du livre, c'est le manque absolu de réel. On ne peut réussir à voir nettement ni les lieux ni les personnages ; la nature entière se résout, dans les phrases de M. Poictevin, en une fumée opaque vaguement colorée ; hommes et femmes passent là dedans comme des êtres en baudruche, ballottés ici et là, sans qu'on sache d'où ils viennent, où ils vont ; de nouveaux venus arrivent dans le roman comme s'ils tombaient du ciel ; l'auteur les nomme comme si vous deviez les connaître depuis leur naissance ; s'il a des renseignements sur eux, il ne croit pas utile d'en faire part ; ce qu'ils pensent et ce qu'ils font sont choses bien indifférentes : ils passent, voilà tout. Voici comment, par exemple, Wyl nous est présenté : « *Un homme la côtoie, sans qu'il y paraisse, comme en une entière inoffensivité. Il lui offre même ses services. Wyl a la tenue décente, le langage sympathique. Avec sa barbe noire point longue, ses yeux bleu-livide à la pointe qui par instants apparaît perçante, sa teinte de peau qui serait celle d'un homme dont la transpiration refroidie garde un faux luisant, il porte cette tête joliment découpée et illisible sur un corps assez mince, très assoupli, sachant se couler ou s'affermir. Son métier si compliqué, il le tisse avec les jeux d'une physionomie très polie. Ses paroles semblent au premier venu irrépréhensibles, mais elles ne sont creuses que si on n'y cherche pas un sens inavouable.* » Est-on plus avancé ? Qu'est-ce, ce Wyl, et pourquoi vient-il ? C'est un personnage mystérieux, entrevu et indiqué commes tous les personnages du livre. Franchement, ce n'est pas suffisant. Le moindre grain de réalité ferait bien mieux notre affaire.

On ne sait si M. Francis Poictevin se relèvera de la grave maladie littéraire dont il est atteint. Le spectacle de la vie l'intéressera-t-il jamais plus que les rêves compliqués qui hantent son cerveau ? La langue française lui apparaîtra-t-elle un jour préférable au patois haut-jurassien ? Nul ne le peut prévoir. Mais si M. Poictevin doit rester l'auteur de *Ludine*, on peut dès à présent affirmer qu'il est frappé de stérilité et qu'il ne produira que des œuvres incompréhensibles, en contradiction avec la Littérature qui poursuit aujourd'hui et poursuivra demain ce double but : voir juste et parler clair.

XI

Ernest Renan.

Distribution de prix. — A Tréguier.

I

11 août 1883.

Il y a un certain écart entre le discours rimé que M. Chantavoine a récité à la distribution des prix du lycée Henri IV, comme un bon élève qui détaillerait une fable, et la prose substantielle et délicate du discours que M. Renan a adressé aux élèves du lycée Louis-le-Grand. Il est probable que jamais les livres gaufrés et dorés sur tranches et les couronnes de lauriers en papier n'ont été remis à des lauréats aux sons d'une pareille musique de phrases. Aucun grand-maître de l'Université n'a encore parlé à des jeunes gens comme ce philosophe sorti de son cabinet pour aller présider en bonhomme une solennité scolaire.

A vrai dire, il ne s'agit pas d'un discours. L'art de M. Renan est tellement subtil, nuancé, changeant, fuyant, qu'on a peine à constater sa présence. On dirait d'une confidence, ou plutôt de la conversation apaisée d'un heureux homme arrivé au soir de la vie et vous ouvrant tout tranquillement son cœur et son esprit, en se promenant à petits pas dans son jardin, à l'heure où le soleil se couche. Il dit tout, parcourt son existence, résume ses plaisirs et ses peines en quelques phrases souriantes, condense un enseignement, définit une vérité morale, tout en relevant une branche de rosier ou en regardant s'allumer les étoiles dans le ciel pâlissant.

La vie de M. Renan, en dehors de la crise traversée avant de quitter le séminaire et des inquiétudes dont quelques-uns de ses ouvrages portent les traces, est une histoire sans événements. L'épilogue auquel nous assistons est d'une extraordinaire sérénité ; pas l'ombre d'un nuage, pas une ride créée par le vent, ne paraissent devoir troubler la surface de cet esprit uni et transparent comme un lac ; s'il y a encore des remous et des orages, ils sont tout intérieurs et rien n'en transpirera jamais plus. L'auteur des *Souvenirs d'enfance et de jeunesse* offre le rare exemple d'un être satisfait de la vie, se tenant en parfait équilibre. Peut-être s'il cherchait à voir au fond de certaines choses qu'il n'a jamais fait qu'effleurer, perdrait-il un peu de sa parfaite quiétude. Mais il se gardera bien de le faire, il feindra d'ignorer jusqu'aux tentations qu'il peut avoir à supporter, jamais il ne montrera qu'il a remarqué la forme ardente prise par le combat social. Quand il arrive au bord de l'abîme, là où la nature offre le spectacle du chaos, il rebrousse chemin et reprend doucement sa promenade sous ses grands arbres. Seul, le royaume de l'esprit existe pour lui, il y habite comme dans un jardin suspendu, il s'y complaît, il s'y trouve libre, sans trop se soucier de l'humanité qui grouille et qui peine au-dessous de lui, sur la terre ingrate.

N'importe, il y a bénéfice à écouter M. Renan. S'il ne voit pas auprès de lui, il voit souvent au loin, et les horizons apaisés qu'il nous montre sont bien attirants. D'ailleurs, il ne veut pas tromper ceux qui l'écoutent, il confond malicieusement ce qui lui apparaît nettement et ce qui pourrait bien être un effet de mirage, il n'émet guère de précepte sans vous mettre aussitôt en garde. Il prend si grand soin de ne pas tromper ceux qui l'écoutent qu'il ne peut se résoudre à indiquer ses préférences. Il a des respects attendris devant le passé et il chante pourtant l'âpre recherche scientifique du présent, prouve que la raffinée culture intellectuelle est incompatible avec un retour à la barbarie, est pris d'émotion en songeant à l'avenir. Le fin dilettante, le sceptique épris de l'incertain, l'irrésolu qui ne saurait prendre parti dans la lutte pour la vie, en arrive à couler, dans un métal dur et précieux comme l'or, les plus fortes et les plus décisives pensées. S'adressant aux jeunes gens qui vont entrer dans la vie, il dit simplement et fermement : « Des devoirs austères vous attendent et nous manquerions de sincérité, si nous ne vous faisions voir dans les modifications qu'a subies la société humaine qu'une diminution des obstacles à vaincre et en quelque sorte un dégrèvement des charges de la vie. La liberté est en apparence un allègement ; en réalité, c'est un fardeau. Voilà justement sa noblesse. La liberté engage et oblige ; elle augmente la somme des efforts imposés à chacun. »

C'est là un langage élevé présentant une pensée loyale, et on ne saurait garder ensuite rigueur à celui qui l'a osé tenir parce qu'il défendra l'illusion, qu'il combattra la croyance aux déconvenues, qu'il affirmera que la vie tient tout ce qu'elle promet. Idéal personnel qui a peut-être été atteint, qui ne vaut que comme affirmation personnelle, et qu'il serait puéril de discuter comme la promesse d'un bonheur futur pour l'humanité !

II

10 août 1884.

La réunion tenue à Tréguier n'a pas été, tant s'en faut, aussi agitée que les séances du Congrès de Versailles. Tout le monde a pu parler sous la tente construite dans le jardin de l'hôtel du Lion-d'Or, et ce banquet apparaît un peu, à travers les comptes-rendus, comme ces repas célébrant de bourgeoises noces d'argent, où chacun, au dessert, dit son compliment et chante sa chanson. C'étaient aussi les noces d'argent de M. Renan et de la Bretagne qui étaient fêtées dans la vieille ville épiscopale. Il y a bien eu séparation de corps et d'esprit pendant quelque temps, mais les deux disjoints ont fait de mutuelles concessions, la Bretagne s'est émancipée, le philosophe a expliqué qu'on s'était mépris sur ses intentions, et l'on a bu à la réconciliation. M. Renan ne s'est pas laissé prier, quand son tour est venu, pour détailler sa romance, et cette romance, composée avec un art exquis, faite autant de clins d'yeux, de gestes furtifs, de sourires esquissés, de sous-entendus, que de paroles, était bien pour satisfaire les sédentaires Trécorrois et les Parisiens voyageurs; les couplets, où alternent les souvenirs tristes comme les hymnes funèbres et les allégresses discrètes de l'homme enfin reconnu prophète dans son pays, ces couplets font aussi bonne figure dans la feuille qui paraît une fois la semaine à Guingamp ou à Lannion que dans le journal de la rue des Prêtres-Saint-Germain-l'Auxerrois.

C'est l'air d'un de ces couplets qu'il serait intéressant de noter. On entend assez distinctement la marche symphonique qui accompagne la rentrée de M. Renan dans la ville où il né; le contraste entre l'heureuse procession de cette semaine et l'accueil qui eût été réservé à l'auteur de la *Vie de Jésus*, au lendemain de l'apparition de son livre, alors que l'anathème tombait des chaires et que le tocsin sonnait dans les clochers, ce contraste apparaît assez nettement à ceux qui ont observé le cours des disputes philosophiques de ce temps. Mais l'on sait que ce qu'il y a de particulièrement intéressant dans l'orchestration compliquée des livres et des discours de M. Renan, c'est le doux et ironique air de flûte qui se fait jour entre les notes les plus graves du plain-chant, qui persiste sous les plus solennels accords plaqués à l'orgue. Il y est, dans le discours de Tréguier, cet air de flûte subtil, avec ses trilles à peine perceptibles et pourtant aigus, les décompositions de ses nuances, sans cesse évanouies et sans cesse ravivées. Ecoutez le virtuose insinuer que rien en lui n'a changé, qu'il n'a rien acquis depuis son enfance, si ce n'est l' « art douteux » de faire valoir ce qu'il possédait. Ecoutez le sceptique affirmer que c'est « bien à tort » que l'Eglise ne veut plus de lui, et soupirer en songeant que sa tombe d'excommunié ne pourra être placée au milieu du cloître. Ecoutez le politique souhaiter, — et ce souhait devient un trait de pamphlet inouï, — « un état social où la justice ne soit pas trop violée. » Mais bientôt, une sérénité se dégage de la mélodie, les traits épars semblent se rassembler pour ne former qu'une ligne gracieuse : M. Renan célèbre le bonheur de vivre.

Ce sont ces variations optimistes qui doivent faire prêter l'oreille. Au nom de son expérience, que M. Renan ne peut consentir à regarder comme chose aussi douteuse que le reste, il affirme qu'il a pleinement réussi dans « l'art d'être heureux. » Et il dit paisiblement, en contemplant le beau soir de ses jours : « ... Les recettes ne sont pas nombreuses ; il n'y en a qu'une, à vrai dire : c'est de ne pas chercher le bonheur ; c'est de poursuivre un objet désintéressé, la science, l'art, le bien de nos semblables, le service de la patrie. A part un très petit nombres d'êtres, dont il sera possible de diminuer indéfiniment le nombre, il n'y a pas de déshérités du bonheur; notre bonheur, sauf de rares exceptions, est entre nos mains. Voilà le résultat de mon expérience. Je vous la livre pour ce qu'elle vaut. J'ai toujours eu le goût de la vie, j'en verrai la fin sans tristesse; car je l'ai pleinement goûtée. Et je mourrai en félicitant les jeunes; car la vie est devant eux et la vie est une chose excellente. » Et un peu avant, M. Renan affirmait : « Nous autres, Celtes, nous ne serons jamais pessimistes, nihilistes. Sur le bord de ces abîmes, un sourire de la nature ou d'une femme nous sauverait... »

Voici donc un homme armé du sens critique, un philosophe chez lequel l'observation fait bon ménage avec le sentiment, qui conclut tranquillement à l'excellence de la vie, et non de la vie possible, mais de la vie telle que la font les actuelles fatalités naturelles et sociales. Voici donc un professeur d'optimisme que l'on ne peut soupçonner de complaisance envers les conventions érigées en lois, qui proclame en souriant que l'on peut échapper à tout ce qui opprime et à tout ce qui ennuie. Il le prouve par son exemple, il se montre touchant à la vieillesse et ne regrettant rien, et il dévoile sa recette: « Ne pas chercher le bonheur; poursuivre un objet désintéressé. »

S'il s'est glissé un pessimiste au banquet de Tréguier, il a dû sourire de la formule. M. Renan, lui, a dû garder son sérieux, mais quelle satisfaction il devait éprouver en mettant en circulation cette perfide apologie des biens de la vie faite pour être acclamée par Pangloss et pour être comprise de Candide au retour de ses voyages. N'a-t-il pas tout d'abord, par une précaution d'habile, proscrit la recherche du bonheur, en homme qui ne s'attarde pas aux questions oiseuses. La condamnation, pour être prononcée doucement, n'en est pas moins nette, et l'intervention d'un objet désintéressé, qui constitue la distraction et non le but, n'atténue en rien le verdict inexorable rendu par l'homme heureux.

Il est d'ailleurs un autre passage du discours qui peut servir à commenter utilement les conclusions : « Avec le nécessaire et une petite part d'idéal, nous sommes heureux comme des rois. » Ah ! c'est ce « nécessaire », qui n'a l'air de rien, qui est habituellement considéré comme une quantité négligeable par les philosophes et les sociologues, c'est ce « nécessaire » qui apparaît comme le mot capital de la harangue de M. Renan. L'auteur de la *Vie de Jésus* n'a pas dit : « Avec l'idéal et une petite part du nécessaire... » Non, une « petite part d'idéal » lui suffit, mais il lui faut le « nécessaire », il le lui faut tout entier, ou toute la philosophie du bonheur s'écroule, et la lamentation succède au chant de béatitude. Qu'est-ce donc que ce « nécessaire » qui est la condition absolue d'existence de votre conception morale, et qui rend l'univers habitable ou inhabitable, selon qu'il existe ou se dérobe ? Mais c'est l'intérêt matériel que vous invoquez ! Mais c'est aux passions vulgaires de l'humanité que vous faites appel, à la nécessité de boire et de manger, à l'habitude de se couvrir de vêtements, au goût du coin du feu ! Vous ne consentez à proclamer la vie relativement bonne que lorsque la question du loyer et la question du pain de quatre livres sont résolues ! Mais c'est là, selon le cas, un programme révolutionnaire, ou une morale égoïste de chanoine bien pourvu !

On a fusillé et déporté des pessimistes qui ne réclamaient que le « nécessaire » matériel et intellectuel jugé indispensable par M. Renan.

XII

Madame Louise Ackermann.

23 février 1885.

Ceux qui aiment la poésie significative, ceux qu'intéresse la complète révélation d'un esprit par la littérature, liront les œuvres de Mme Ackermann sous la forme définitive qui rassemble les *Premières Poésies* et les *Poésies philosophiques* dans toute leur étendue et dans leur ordre logique. Et avant les poésies, ils liront quelques pages de bonne prose qui constituent le plus exact commentaire des pièces de vers. Sous ce titre : *Ma Vie*, Mme Ackermann indique, sans phraséologies et sans attendrissements, le chemin qu'elle a parcouru et les quelques événements qui ont marqué les étapes.

Le chemin a été droit, sans grands accidents de terrain, les événements ont été ceux qui surviennent dans toutes les existences. A raconter pourtant, d'après l'autobiographe, les faits échelonnés dans soixante-dix années, la pensée vient bientôt que l'intérêt qu'ils dégagent est plus grand que s'il s'agissait de fantaisies à outrance et d'aventures sans nombre.

Louise Ackermann, née à Paris, fut élevée à la campagne, avec ses deux sœurs, entre un père liseur, indépendant et misanthrope, et une mère, d'abord frivole et timide d'esprit, puis bourgeoise et résignée. L'enfance fut triste, et tristes aussi, les premières années de la jeune fille. On ne sortait guère du jardin, et les distractions étaient monotones. Mais on se fait aux horizons bornés et aux heures lentes ; les choses vues tous les jours finissent par vous prendre à leur charme habituel et tranquille; on s'éprend de passions silencieuses et insoupçonnées pour des riens familiers et des aspects sans signification à des yeux étrangers. C'est ainsi que l'enfant, puis la fillette, se prirent à profondément aimer de certains coins du jardin solitaire, des tournants d'allées et des fonds de charmilles; c'est ainsi que l'affection allait aux imperceptibles existences des insectes rencontrés dans les rais de soleil et les ombres des murs: cette triste bête craintive et grise, le cloporte, préoccupa l'esprit en travail de l'adolescente, plus que les abeilles bourdonnantes et les papillons éclatants. L'intelligence de Louise Ackermann pouvait se dessécher et se replier dans ce milieu sans paroles et sans distractions: elle se mélancolisa, mais s'ouvrit et s'agrandit.

Le goût de la lecture s'empara d'elle, et les quelques lignes qu'elle écrit sur ce sujet seront comprises de tous ceux qui ont éprouvé la même boulimie intellectuelle qu'elle connut alors. Elle aurait tout lu, sans ordre et sans choix ; une tragédie la ravissait, un livre d'histoire l'enchantait, le désir de savoir la menait à tout accepter, à tout subir. Sa mère lui mit un catéchisme entre les mains, au nom des convenances ; elle se jeta voracement sur la pâture spirituelle qu'on lui offrait, sa première communion fut un acte de foi. Son père effrayé lui donna Voltaire à lire, et le joli et clair railleur la sauva du mysticisme. Et les lectures de reprendre. Et Platon de lui donner le goût de l'esthétique philosophique, et Buffon de la faire songer pour la première fois aux lois physiques et à la signification de l'univers. Et les premiers vers d'éclore. On veut alors retirer à la jeune fille menacée de devenir une femme de lettres ces livres qui la passionnent et qui l'endoctrinent; on doit les lui rendre, car elle est bientôt malade de son inoccupation et de son ennui. A Paris, où elle va compléter son éducation, les littératures étrangères achèvent de généraliser ses idées, lui ouvrent des parties du monde de la connaissance où elle n'avait pas encore pénétré. Shakespeare et Gœthe ajoutent leur humanité et leur plastique au fonds pris dans les littératures anciennes et dans la littérature française. Les premiers vrais essais poétiques datent de cette époque ; ils sont portés par le professeur Biscarat à son ami Hugo, qui régnait alors sur le Paris littéraire et artiste rassemblé dans les salons de l'hôtel de la place Royale.

Tout ceci n'alla point sans quelques rechutes de religiosité, mais le mal n'était point grave pour qui avait laissé entrer dans son cerveau les phrases nettes de Voltaire. Quand la jeune fille retourna à la campagne, dans cette demeure paisible poétiquement dénommée : la Rêverie, la théologie était bannie de ses préoccupations, le surnaturel ne la hantait plus ; s'il lui restait une vague et inguérissable souffrance, elle lui était commune avec tous ceux qui pensent devant le problème de la destinée et qui acquièrent bientôt la certitude qu'il faut se résigner à constater des résultats sans s'enquérir des causes. Cette seconde vie aux champs fut calme ; le père, vieilli, ayant relu tous ses livres et ayant pris toutes ses décisions philosophiques, s'occupait de ses fleurs ; la mère surveillait ses récoltes ; les jeunes sœurs se donnaient au ménage et aux travaux d'aiguille ; l'aînée put donc, au milieu des petits faits sans retentissements de cette existence sans diversité, se donner toute entière au déchiffrement des grands esprits et à l'étude des cadences des poètes ; elle passa ces années devant sa table de travail, entre les rayons couverts de livres, mais avec la fenêtre de sa bibliothèque ouverte sur la nature. Le soir, encore des lectures, ces lectures à haute voix qui font un interprète passionné de celui qui lit, où la phrase s'essaye et où le sentiment s'éprouve sur ceux qui écoutent. Parfois, des parties de plaisir dans un château voisin, où la jeune fille avait une réputation de timide dédaigneuse.

Son père mort, ce père avec lequel elle avait une si grande affinité cérébrale, Louise Ackermann partait pour Berlin avec une dame amie. Elle trouvait à cette époque, en 1838, une Allemagne occupée de questions philosophiques et littéraires et elle y apprenait à connaître l'ardu des discussions et à pénétrer les nuages des théories. Puis un retour à Paris, deux années d'études solitaires, puis la mort de sa mère, le mariage de ses sœurs, et un retour à Berlin, où elle rencontrait et épousait M. Paul Ackermann. Ici, Mme Ackermann écrit : « Grâce à une heureuse disposition de ma nature, si je suis extrêmement sensible aux sentiments affectueux que l'on peut éprouver pour moi, d'un autre côté, je m'en passe facilement. » C'est l'aveu que rien ne la poussait au mariage, c'est aussi l'aveu qu'elle fut touchée de la profonde passion de son mari, et qu'elle connut auprès de lui un bonheur complet de deux années. M. Ackermann mourut, en effet, en 1846, après deux ans de mariage ; il était seulement âgé de trente-quatre ans.

Ce fut là le grand événement de l'existence de cette femme qui n'avait été jusque-là que femme intelligente et curieuse de science, et qui allait devenir un poète d'une si singulière fermeté d'esprit et d'une émotion si spéciale, tout humaine et philosophique. Personne n'avait soupçonné ses travaux de littérature, pas même son mari. Elle ne croyait guère elle-même à ces travaux et écrivait sans méthode et sans suite. Désormais seule, après la douleur qu'elle venait d'éprouver, et qui fut immense, sa vie ne fut plus qu'un perpétuel tête-à-tête avec sa pensée ; la réflexion, de jour en jour, devint plus aiguë et plus intense, apte aux explications, agrandie à embrasser les espaces. Au chagrin intime vint s'ajouter la compréhension compatissante de tous les malheurs humains ; la brièveté et le manque de but de la vie apparurent dans leur désolante netteté, les cieux furent définitivement jugés vides de toute espérance, et les lois naturelles acceptées avec leur inflexibilité. Ces constatations prirent naturellement dans ce cerveau nourri de Lettres la forme achevée qui enferme étroitement la pensée, l'alliance fut cherchée entre une précision scientifique et un beau langage sans inutilités, et les premiers vers philosophiques furent écrits.

Ils passèrent d'abord inaperçus quoique ce fût l'époque où la propagande des doctrines de l'évolution et du transformisme grandisssait et gagnait chaque jour les intelligences; des poésies même furent refusées dans les Revues où des amis de l'écrivain les présentaient. C'est que Mᵐᵉ Ackermann écrivait à ses heures, se taisant quand elle n'avait rien à dire, laissant passer des années entre deux pièces de vers, c'est qu'elle ne fit jamais métier de Muse, que la pensée, plus que l'art, joua le grand rôle dans sa production. On sait enfin que l'attention fut attirée par le livre restreint, d'un accent si ferme et si mélancolique, qu'elle publia, et qu'elle fut immédiatement mise à la place isolée qu'elle occupera sans doute définitivement.

Cette enfance monotone, cette jeunesse studieuse, ce court bonheur, cette sévère solitude, tout cela, n'est-ce pas? constitue une ordinaire existence. Les grandes peines éprouvées sont les peines de tous. La vie n'a pas plus cruellement trompé cet être que tous les autres êtres, la misère lui a été épargnée, la servitude n'a pas été imposée à ce corps et à cet esprit. Les péripéties sont absentes, le drame n'est pas à effets. Et pourtant, ce drame sans éclats est poignant, ces péripéties tout intérieures sont douloureuses. C'est que cet esprit était vivement affecté par le spectacle des choses, c'est que chacune de ses évolutions, déterminée par un fait personnel ou par un spectacle fortuit, était une crise où tout le sort de l'humanité était mis en question, discuté, jugé, en même temps que le sort d'un seul.

Envisagée ainsi, cette vie, quoique simplement paraphrasée, ne prend-elle pas un sens symbolique profond, n'acquiert-elle pas un intérêt supérieur? On n'a, pour s'en convaincre, qu'à lire ce volume, où chaque pièce de vers apparaît comme un chapitre distinct de l'histoire d'une intelligence qui se raconte.

Le livre de Mᵐᵉ Ackermann est divisé en deux parties: les *Premières poésies*, les *Poésies philosophiques*. Une ligne de démarcation très nette existe entre ces deux suites de vers d'inspirations différentes. C'est l'histoire de deux périodes bien distinctes : l'une, plus active et plus inquiète, constitue l'apprentissage de la vie, une recherche inquiète du certain ; l'autre, d'une tristesse monotone, est employée à juger irrémédiablement inutile cette existence qui s'offrait comme un monde à découvrir.

L'éducation classique de Mᵐᵉ Ackermann se révèle surtout dans les *Premières poésies*. Les souvenirs des conversations paternelles et des premières lectures s'imposaient avec une autorité incontestée aux balbutiantes pensées de la jeune fille. Les idées nées de l'observation et de la réflexion entraient immédiatement dans les formes apprises ; le goût du symbole qui a si longtemps pesé et qui pèse encore si lourdement sur la littérature poétique intervenait pour dénaturer la simplicité des pensées et la véracité des faits notés. C'est la *Lyre d'Orphée* et c'est la *Lampe d'Héro*, c'est *Pygmalion* et c'est *Eudymion*, c'est *Hébé* et c'est *Daphné*, tous les objets et tous les personnages qui alimentent depuis des siècles l'inspiration des versificateurs. A quoi bon s'étonner de voir alors la plus grande douleur de la vie de Mᵐᵉ Ackermann incarnée dans l'*Hyménée et l'Amour*, où sont en scène Orphée et Eurydice ? A quoi bon s'étonner de voir réapparaître toutes les tristesses de la langue racinienne, toutes les banalités des adjectifs, toutes les conventions des constructions de phrases soufflées par la « Muse » aux poètes dramatiques et élégiaques du xvııᵉ et du xvıııᵉ siècles et du commencement du xıxᵉ. Oui, le « phare de l'Amour », l' « Olympe éthéré », le « nectar », les « nœuds sacrés », devaient jouer un rôle dans les premiers essais de cette fière intelligence, et ils le jouent, et toutes ces poésies en ont comme une grâce surannée, une grâce contemporaine des clavecins, des tableaux où l'antiquité était mise au goût du jour, et de la littérature de Parny et de Demoustier.

Un fonctionnement personnel de la pensée apparaît pourtant déjà dans ces pages premières, à commencer par les *Adieux à la Poésie*, qui débutent par les vers :

> Mes pleurs sont à moi, nul au monde
> Ne les a comptés ni reçus ;
> Pas un œil étranger qui sonde
> Les désespoirs que j'ai conçus.

Et à la suite, d'autres pièces : *Elan mystique, Le départ, A une artiste, Renoncement,* avec toujours une préoccupation des classiques, marquent nettement la marche et la progression d'un esprit né avec de la sincérité. La gloire est déjà traitée de « rêve enchanté »,

> Dans l'être d'un moment instinct d'éternité !

Cette dure pensée est déjà burinée dans le métal sans ciselures d'une langue sans circonlocutions :

> Après tout, si l'amour n'est qu'erreur et souffrance,
> Un cœur peut être fier de n'avoir point aimé !

Déjà, la question des désenchantés est posée : « Que faire de la vie ? » Il faut tromper « l'éternelle douleur et l'immense désir. » Et la réponse :

> Le meilleur est encore en quelque étude austère
> De s'enfermer.....

cette réponse n'est-elle pas la clef de la seconde partie de la vie morale de Mme Ackermann, celle qui est résumée dans les très nettes et très élevées *Pensées philosophiques*.

C'en est fini des jeux poétiques, des analogies mythologiques et des symbolisations. L'ancien goût ne reparaîtra que dans *Prométhée*. Partout ailleurs, c'est bien l'être humain tout seul, sans incarnations et sans intermédiaires, qui se trouvera en face de la nature et de sa propre pensée. La sûreté de la vision et la personnalité de l'accent domineront la sage correction de la prosodie, le seul but sera de raconter le tourment intérieur et la fatalité vitale.

Dès le début, la séparation entre les anciens exercices littéraires et les nouvelles et éloquentes paroles est accusée:

> Je ne vous offre plus pour toutes mélodies
> Que des cris de révolte et des rimes hardies.
> . . . .
>
> Jouet depuis longtemps des vents et de la houle,
> Mon bâtiment fait eau de toutes parts; il coule.
> La foudre seule encore à ses signaux répond.
> Le voyant en péril et loin de toute escale,
> Au lieu de m'enfermer tremblante, à fond de cale,
> J'ai voulu monter sur le pont.
>
> A l'écart, mais debout, là, dans leur lit immense,
> J'ai contemplé le jeu des vagues en démence.
> Puis, prévoyant bientôt le naufrage et la mort,
> Au risque d'encourir l'anathème ou le blâme,
> A deux mains j'ai saisi ce livre de mon âme
> Et l'ai lancé par dessus bord.
>
> C'est mon trésor unique, amassé page à page.
> A le laisser au fond d'une mer sans rivage
> Disparaître avec moi, je n'ai pu consentir.
> En dépit du courant qui l'emporte ou l'entrave,
> Qu'il se soutienne donc et surnage en épave
> Sur ces flots qui vont m'engloutir.

Et cette voix désespérée fait entendre tout le long du livre les mêmes sanglots virils. Les yeux ne daignent pas pleurer ; c'est la véhémence et la tristesse de la parole qui disent la souffrance née du non-savoir. Car c'est la préoccupation constante et profonde, non-seulement de la cause et du devenir, mais de l'existence en elle-même, qui domine l'œuvre de Mme Ackermann. Avant le pessimisme allemand, avant Schopenhauer, cette femme solitaire avait scruté et jugé la vie, et elle avait conclu à la vanité de l'effort et à l'identité des résultats. C'est la conviction née chez elle après ces douloureuses et définitives constatations qui lui faisait écrire des pages d'une tenue si serrée que toute critique s'y acharnerait inutilement, et qu'il faut ou les nier et les supprimer tout entières, ou les admettre depuis leurs énoncés jusqu'à leurs dernières déductions. La mise en bataille des arguments est d'une si belle ordonnance, que ces arguments prennent, dans les vers bien frappés, des tournures d'axiomes ; les exposés sont si nets, les questions si résumées, qu'aucun champ n'est ouvert aux courses égarées de la controverse, et qu'on en revient, qu'on le veuille ou non, à l'effrayant et simple point d'interrogation de la destinée humaine qui se dresse au-dessus de nos passions d'éphémères et de nos disputes d'un instant. Et alors il faut bien que les donneurs d'explications, les prôneurs de causes finales, les adorateurs d'entités consentent à garder le silence après s'être embarrassés dans leurs dialectiques, il faut bien en arriver à l'aveu que nous sommes nés dans l'incertain, que nous y vivons et que nous y mourrons, — et en prendre son parti, et ne pas essayer de décrocher la lune. Les uns se font à ce sort, avec un calme résigné : entre le lever du matin et le coucher du soir, ils vaquent à des occupations et regardent la vie couler ; d'autres ne se tiennent l'esprit coi qu'en enrageant et en accablant de malédictions toutes les impassibles choses et toutes les idées sans existences. Mme Ackermann a cette seconde attitude ;

elle a raillé et elle a blasphémé avant M. Richepin. Aucune tranquillité n'apparaît dans les phases de l'existence qu'elle raconte ; elle sait qu'elle ne pénétrera jamais l'inconnu, elle sait même, tant son cerveau conçoit fortement, que cet inconnu n'existe que grammaticalement, et pourtant, le trouble de cet inconnu la hante : son Désir, ainsi qu'elle le dit superbement,

  Revient errer autour du gouffre défendu.

L'Amour lui apparaît indissolublement lié à la Mort. Les couples se cherchent, se joignent et disparaissent. Qu'un des êtres réunis fugitivement s'en aille avant l'autre, celui qui reste proteste contre un renouvellement de vie, contre une promesse d'éternité :

C'est assez d'un tombeau, je ne veux pas d'un monde
  Se dressant entre nous.

. . . .
Me le rendre, grand Dieu ! mais ceint d'une auréole,
Rempli d'autres pensers, brûlant d'une autre ardeur,
N'ayant plus rien en soi de cette chère idole
  Qui vivait sur mon cœur.

Ah ! j'aime mieux cent fois que tout meure avec elle,
Ne pas la retrouver, ne jamais la revoir ;
La douleur qui me navre est certes moins cruelle
  Que votre affreux espoir.

Qu'ai-je affaire vraiment de votre là-haut morne ;
Mon ciel est ici-bas...
. . . .
Durer n'est rien, Nature, ô créatrice, ô mère,
Quand sous ton œil divin un couple s'est uni,
Qu'importe à leur amour qu'il se sache éphémère
  S'il se sent infini !

Et, après l'amour, la guerre, la science, la nature, l'idéal sont mis en discussion ; partout le vide et le mal sont dénoncés. La conclusion est ce qu'elle doit être logiquement : un souhait de proche et complète destruction. C'est la fin de la belle pièce sur Pascal :

Ah ! quelle immense joie après tant de souffrance !
A travers les débris, par-dessus les charniers,
Pouvoir enfin jeter ce cri de délivrance :
« Plus d'hommes sous le ciel, nous sommes les derniers ! »

C'est aussi la philosophie de ce morceau : les *Malheureux* où la supposition du Jugement dernier est empruntée à la liturgie catholique. Les morts refusent de se réveiller :

Quoi ! renaître ! revoir le ciel et la lumière !
. . . .
Non, non ! Plutôt la Nuit, la nuit sombre, éternelle.
. . . .
Mort, ne nous livre pas ; contre ton sein fidèle,
    Tiens-nous bien embrassés.

. . . .
Dans un sommeil sans fin, ô puissance, éternelle.
Laisse-nous oublier que nous avons vécu.

Et la fin du livre est un rappel du début :

Puisque dans la stupeur des détresses suprêmes
Mes pâles compagnons restent silencieux,
A ma voix d'enlever ces monceaux d'anathèmes
    Qui s'amassent contre les cieux.

Ah ! c'est un cri sacré que tout cri d'agonie ;
Il proteste, il accuse au moment d'expirer.
Eh bien ! ce cri d'angoisse et d'horreur infinie,
    Je l'ai jeté ; je puis sombrer !

Tel est ce livre qui met en lumière de si frappante façon l'éducation philosophique et l'éducation littéraire reçues par Mme Ackermann, qui montre si nettement tout le drame humain sous une existence d'indépendance et de loisir. La dualité entre la résignation et le désir de connaître, le libre travail de la pensée mis à la place de tout asservissement à un idéal, le sort individuel accepté, la révolte contre le sort de tous prêchée, voilà ce qui a hanté et passionné la noble vie, tout intellectuelle, de la femme exceptionnelle qui a eu le courage d'écrire, en tête de cette édition définitive de ses vers pessimistes, cette phrase de la plus désespérée éloquence : « Considéré de loin, à travers mes méditations solitaires, le genre humain m'apparaissait comme le héros d'un drame lamentable qui se joue dans un coin perdu de l'univers, en vertu de lois aveugles, devant une nature indifférente, avec le néant pour dénouement. »

XIII

Maurice Rollinat.

Les Névroses. — Dans les brandes.

1er mars 1883.

I

Les *Névroses* ont paru. Un homme de lettres, épris de son art, a enfermé dans ces pages dix années de sa vie ; il a peiné, emprisonné par sa volonté, pour faire dire aux mots ce qu'il a vu et ressenti ; il donne maintenant à la foule, peut-être avec hésitation et inquiétude, son être intime : cette œuvre mérite une étude approfondie, et l'on doit à cet écrivain la vérité.

Les *Névroses* sont divisées en cinq parties : *Les Ames, Les Luxures, Les Refuges, Les Spectres, Les Ténèbres*. *Les Ames* contiennent les impressions subtiles, presque inanalysables, les sensations qui naissent subitement, fatales et inexplicables ; le poète enferme dans ses vers les frissons, les reflets, les parfums, les plaintes, il songe devant toutes ces manifestations : la parole, les regards, la musique. *Les Luxures* célèbrent l'amour qui se saoûle de visions et d'odeurs, détaillent le poème des beautés féminines, les doigts et les lèvres, les yeux et les seins, la voix et la chair. *Les Refuges*, ce sont les bois, les champs, les bords de rivières, les étangs, les mares, les ravines, les creux de rochers, les jardins pleins d'insectes, les forêts pleines d'oiseaux, les étables, les cours de fermes, les pacages où vivent les vaches, les ânes, les chevaux, la lumière du soleil, la nuit calmante, et aussi l'amitié et l'amour vrais.

Mais sitôt que le poète remet le pied dans la boue des villes, les cauchemars le ressaisissent, les terreurs l'assaillent de nouveau. Il écrit alors les *Spectres*, il évoque les ombres et les squelettes, il voit l'ossature et la pourriture sous les chairs, il se plaît aux cimetières, il craint et chérit à la fois la Mort qu'il sent toujours là, il fait grimacer les fous, tousser les poitrinaires dans ses strophes. Dans les *Ténèbres*, il descend jusqu'au fond de la tristesse et de l'horreur funèbres ; ce ne sont qu'agonies, morts, ensevelissements, morgues, glas, putréfactions. Une épitaphe scelle le volume comme une pierre mortuaire.

Telles sont les grandes lignes de ce livre.

L'esprit qui l'a inspiré est empreint d'une tristesse qui doit être profondément despotique, pour avoir marqué ainsi chacune des pièces, chacun des vers des *Névroses*. On peut faire de Maurice Rollinat un disciple de Baudelaire si l'on considère certaines descriptions, certaines formes poétiques, mais il serait injuste d'accuser le jeune poëte d'avoir voulu plagier l'inspiration du maître écrivain qui fit les *Fleurs du mal*. Le caractère dominant chez Baudelaire est l'ironie, une ironie froide et élevée où la curiosité et le sarcasme très enveloppés, perceptibles pour les initiés, se confondent étroitement. Chez Rollinat, une même tristesse, toujours égale, est répandue sur toutes choses, coupée seulement par les éclats, par les sanglots d'une sensibilité maladive; c'est en lui que l'auteur des *Névroses* a trouvé son sinistre idéal; nous sommes en présence d'une œuvre née presque tout entière d'un tempérament spécial, d'un état d'esprit inguérissable, au contraire des *Fleurs du mal* nées, elles, de l'observation attentive de toutes les maladies morales.

Cela est si vrai que le poète n'a mis que lui dans quatre parties de son livre; ses malheurs l'ont absorbé au point qu'il n'a rien vu des douleurs des autres, qu'il n'a rien entendu des cris de souffrance qui traversent le champ de bataille social. Mais la critique a pour rôle d'expliquer les œuvres originales, elle n'a pas mission de les récrire. Quand on a montré les ressorts qui font agir un écrivain, quand on a acquis la certitude que le pommier devait produire des pommes, que le poëte « *du triste et du malsain* » devait écrire les *Névroses*, ce serait faire œuvre ridicule que de lui indiquer le « livre à faire ».

Il est aisé de voir, à des signes évidents, que Rollinat essaie de se dérober au cauchemar qui l'obsède. Il lui arrive de dire :

> Inspire-moi l'effort qui fait qu'on se relève,
> Enseigne le courage à mon cœur éploré.

Mais toujours il revient aux fantômes, à l'idée obsédante de la mort. Il ne sait se contenter de la réalité, il n'accepte pas la vie comme un fait indiscutable. Esprit très moderne, chercheur de raffinements, nourri de Baudelaire et d'Edgar Poë, il voit, pour ainsi dire, à travers les objets. Il veut dégager l'essence des choses, il peuple l'obscurité de larves ; il parle de la nuit, de la lumière, en mystique, il prête des facultés étranges aux animaux mystérieux, le serpent, le chat, il aperçoit la pourriture sous l'enveloppe humaine, et en arrive à vivre plutôt sous la terre des cimetières qu'avec les vivants, qui lui ont semblé n'être que des corps décomposés, des squelettes ambulants. Cette conception désolée de la vie se retrouve presque à chaque page des *Névroses*. Le poète ne trouve ni repos, ni satisfaction. Il veut que la femme qu'il aimera ait « *peur du remords plus que du mal physique* », ait « *le rire triste et les larmes sincères* », et il la baptise l' « Introuvable » ; l'art,

> Abîme où s'engloutit la tendresse du cœur,

est l' « Inaccessible. » Alors le désespoir s'empare de lui, il suit la Muse à tête de mort, il devient le poète de la peur. La peur, c'est le sentiment que l'on trouve au fond de ce livre qui ne vient pas du grand art païen, bien portant, rayonnant et souriant, mais du catholicisme ennemi du corps, grand metteur en scène de squelettes et de charognes. Rollinat parle de la peur avec des accents saisissants :

> La Peur qui met dans les chemins
> Des personnages surhumains,
> La Peur aux invisibles mains
>   Qui revêt l'arbre
> D'une carcasse ou d'un linceul,
> Qui fait trembler comme un aïeul
> Et qui vous rend, quand on est seul,
>   Blanc comme un marbre.

Dans une autre pièce, d'une superbe forme, il fait ainsi parler cette Peur, qui grandit sans cesse dans son esprit :

Je soumets l'homme à mon caprice.
. . . .
Je montre à ses yeux consternés
Des feux dans les maisons désertes,
Et dans les parcs abandonnés,
Des parterres de roses vertes.
. . . .
Et l'homme en cette obscurité
Tourbillonne comme un atome,
Et devient une cécité
Qui se cogne contre un fantôme.
. . . .
Je sais vaporiser l'objet,
Et je sais corporiser l'ombre.
. . . .
Je dénature tous les bruits.
Je déprave toutes les formes.
. . . .

Et c'est alors que naissent, de cette inspiration : *Les Deux poitrinaires, Le Magasin de suicides, L'Amante macabre, Mademoiselle Squelette, La Morte embaumée, La Bibliothèque, L'Enterré vif, La Céphalalgie, Le Rasoir, Ballade du cadavre*, etc. C'est alors qu'il voit se décomposer la chair et grouiller les vers dans les corps de femmes sur lesquels il se pâme, qu'il suit les assassins depuis le crime jusqu'à l'échafaud, qu'il s'intéresse au bourreau, qu'il fait connaissance avec Satan, qu'il finit, enfin, par s'absorber dans l'idée de la mort, n'entendant plus que le bruit des pelletées de terre tombant sur les cercueils et les glas sinistres des cloches.

On a reproché aux vers de Rollinat d'être plus plastique que psychologique. Le reproche n'est fondé qu'en partie. Evidemment l'écrivain descriptif est d'une rare puissance, les objets entrent dans la forme de son vers, non-seulement avec leur lignes, mais avec leur expression, leur reflet, leur parfum, leur vie. Il y a pourtant un analyste chez Rollinat, mais qui n'analyse que les sensations premières, ne les faisant que rarement aboutir au cerveau qui reçoit et renvoie, synthétise et explique. *Le Fantôme du crime, La Peur, Les agonies lentes,* sont des exemples d'une rare faculté de perception ; il est impossible d'exprimer le souvenir avec plus de subtilité et d'intensité que dans la *Relique* et plusieurs autres pièces des *Luxures.* Il y aurait aussi à étudier la langue maniée par l'auteur des *Névroses* avec une sûreté qui fait parfois frémir ; il jongle avec les néologismes, il débauche les adjectifs, il déprave les verbes avec une dextérité sans égale ; c'est la langue raffinée jusqu'à la préciosité, alambiquée jusqu'à l'épuisement, née du romantisme et du Parnasse. Les mots impropres, trop fréquents, rendent parfois la phrase inintelligible, la pensée obscure. Les « *regards qui sont des baisers bleus* », les « *hiboux des Hélas !* » et bien d'autres expressions attendront longtemps leur commentateur.

Quoi qu'on pense de la philosophie de ce livre qui commence par une déclaration matérialiste et finit par une invocation à Dieu, quoi qu'on pense de l'inspiration obsédante, et inférieure, de laquelle sont sortis ces vers pleins de grimaces d'outretombe, il faut convenir qu'il y avait là une poésie latente qui devait trouver son expression ; les surexcitations cérébrales, les hallucinations et les terreurs de l'homme pressé de vivre et craignant la mort, devaient rencontrer un poète amer et dégouté, doué d'une sorte de double vue artistique, qui les classerait et les cataloguerait sous ce titre douloureux et médical : *Les Névroses.*

Mais il est, dans ce livre, une partie où l'artiste révèle toute son originalité, où la vision et la pensée se dégagent de toute influence et de tout rêve, se retrouvent intacts en face de la nature ; cette nature réenseigne la vie à qui l'avait désapprise, remet l'homme à l'école des prés et des sources, des bois et des rivières, des nuits paisibles et des journées lumineuses. Le poète des buveuses d'absinthe et des croque-morts désapprend vite les cauchemars qu'il célébrait. Il laisse tomber tous les voiles funèbres qui couvraient ses yeux, il voit l'homme et l'animal travailler côte à côte, il entend la chanson des arbres et des oiseaux. Il découvre une vie immense dans l'immense calme des champs, il perçoit le glissement de la couleuvre dans les haies, le cheminement du grillon, de la fourmi, du ver de terre sous les herbes, il passe des journées à regarder les lézards aux « petits flancs peureux qui tremblent au soleil », les martins-pêcheurs, les grives. Au lieu de l'odeur cadavérique qui le hantait, il sent dans l'air les parfums épars des roses.

Aussi il donne à ses vers ce titre d'un heureux symbolisme : *Les Refuges ;* il se proclame sauvé, il écrit le *Cœur guéri* :

> Celle que j'aime est une enchanteresse
> . . . .
> Elle a comblé mon esprit d'allégresse,
> Purifié mon art et mes instincts.
> . . . .
> Mon pauvre cœur enfin se cicatrise.

Il chante la nuit tombante, les roses, le liseron, la mort des fougères, les papillons, il note le chant du rossignol, il brosse de grands tableaux : l'*Arc-en-Ciel,* l'*Allée des peupliers,* — qui est en même temps une symphonie de mots rendant perceptible les bruits d'une nuit d'ouragan, — la *Rivière dormante,* le *Val des marguerites,* les *Rocs,* les *Vieilles haies,* il épie le petit lièvre, il décrit la sauterelle, il célèbre les pouliches, le vieux baudet. Enfin, il résume toute cette sève qu'il a senti courir, toutes ces forces agissantes qu'il a contemplées, dans cette admirable pièce de vers, unique dans notre littérature : *la Vache au taureau.*

Pas une tache ne dépare ce morceau beau et simple, d'une magnifique tranquillité. Le début est d'un calme et d'une douceur incomparables :

A l'aube, à l'heure exquise où l'âme du sureau
Baise au bord des marais la tristesse du saule,
Jeanne, pieds et bras nus, l'aiguillon sur l'épaule,
Conduit par le chemin sa génisse au taureau.

Compagnonnage errant de placides femelles,
Plantureuses Vénus de l'animalité
Qui, dans un nonchaloir plein de bonne santé,
S'en vont à pas égaux comme deux sœurs jumelles.
. . . .
Aussi, rocs et buissons, les chênes et les chaumes
Semblent dire, émus de cette humble union,
Qu'en ce jour c'est la fête et la communion
Des formes, des clartés, des bruits et des aromes.
. . . .
Ses cornes aux bouts noirs, arquant leurs fines pointes,
Parent son doux visage; et d'un air ingénu,
Toute neuve, elle apporte à son mâle inconnu
Ses lèvres de pucelle hermétiquement jointes.
. . . .
La vache, en mal d'amour, brame, le cou tendu,
Ou flaire les gazons, sans danger qu'elle y morde;
Et la fille, en chantant, la mène par la corde,
Ivre et sereine au fond de ce pays perdu.

Puis, c'est la cour de la ferme, les animaux de basse-cour, les fermiers rassemblés, le taureau qui s'avance vers la génisse attachée aux barreaux d'une voiture à foin:

Alors, ces animaux tremblants et tout émus,
Comme pour se conter les ruts qui les harassent,
Se hument longuement, se pourlèchent, s'embrassent,
Corne à corne, et joignant leurs gros museaux camus.

Graves et solennels près de cette voiture,
Ils ont l'air de comprendre, avec le libre instinct,
Qu'ils vont se donner là, sous l'œil blanc du Matin,
Le grand baiser d'amour qui peuple la Nature.

Et c'est alors dans des vers harmonieusement cadencés, pleins de vitalité, la grande et chaste description de l'accouplement. La solennité des amours animales remplit cette cour de ferme où les paysans font silence ; Jeanne et son galant se donnent rendez-vous par un geste et un regard ; puis, on se sépare.

> Mais, avec le départ du Maître en cheveux blancs
> Finit cette humble scène aux acteurs si nature...

On ne trouvera pas de modèles à ces beaux vers, on n'en trouvera ni chez le philosophe Lucrèce, ni chez le poète Virgile, ni chez le peintre Jean-François Millet, auxquels ils font penser, on n'en trouvera ni dans Baudelaire, ni dans Hugo, ni ailleurs. Ils classent leur auteur comme un artiste original, sincère et puissant. Ils suffiraient pour faire du livre un des événements de la période littéraire actuelle.

II

25 août 1883.

Voici le volume de poésies par lequel le poète des *Névroses*, Maurice Rollinat, débutait il y a six ans. *Dans les brandes* méritait cette réimpression. Rollinat, qui a été très loué par les uns, très discuté par les autres, incarne en lui un milieu et un art qui valent d'être observés et expliqués, et il est fort intéressant de trouver dans l'œuvre ancienne les premières manifestations de l'esprit singulier, sceptique et effaré, inquiet et découragé, qui a produit les *Névroses*.

Le lien est évident entre l'œuvre de 1877 et celle de 1883. Le poète qui déjà voyait surtout dans la nature les épouvantes et les mélancolies était prédestiné à être le jouet de toutes les horreurs et de tous les ennuis de la vie. L'œil finit par ne voir que certains spectacles, comme la pensée, attirée et hypnotisée par la même obsession, finit par se mouvoir dans une sphère unique. Ce phénomène s'est produit chez cet artiste nerveux et sensitif. Son enfance et sa jeunesse se sont passées dans la même partie solitaire et farouche du Berry, dans les lieux incultes où croissent les brandes. Il a vu passer dans la bruyère les sorciers et les rebouteux, les preneurs de rats et les meneurs de loups, tous les philosophes des champs, mystérieux et silencieux, qui interrogent du geste et répondent d'un proverbe ; il a subi le même charme doux et inquiétant que George Sand, qu'il a connue et aimée et à laquelle il a dédié l'œuvre de sa jeunesse. Il a été conquis pour toute sa vie par la nature qui, tour à tour riait à ses jeux, effrayait sa pensée naissante, et lui faisait entendre mille voix confuses, joyeuses, calmes, menaçantes et gémissantes. Il se mit donc à aimer et à craindre cette nature, et quoi qu'il ait fait, quelques changements qu'il ait apportés à son existence, la clameur du vent, la chanson du ruisseau et la plainte des arbres ont toujours retenti ou soupiré à ses oreilles, ont toujours rythmé ses inspirations de poète. Plus tard, c'est à la première et vivace tendresse de ses jeunes années, à la terre nourricière, qu'il viendra demander l'oubli de ses douleurs d'homme, le repos des combats que l'écrivain livre en lui-même ; dans les *Névroses*, l'intermède consacré à la vie des champs portera ce nom significatif: les *Refuges*, et le poète trouvera là, avec la *Vache au taureau*, la plus belle et la plus saine page qu'il ait écrite, celle qui consacre son talent et fera durer son nom.

Dans les brandes est un volume composé avec une rigueur extrême ; à peine trouverait-on à élaguer quelques pièces insignifiantes, d'haleine trop courte, ou trop naïvement exécutées. Mais à quoi bon des discussions de phrases et de mots, quand l'œuvre est bien assise, qu'une forte impression s'en dégage comme d'un pays inconnu que l'on traverse pour la première fois.

La première pièce : *Fuyons Paris*, dit bien ce que sera le livre :

> O ma si fragile compagne,
> Puisque nous souffrons à Paris,
> Envolons-nous dans la campagne,
> Au milieu des gazons fleuris.
>
> . . . .
>
> Quant on est las de l'imposture
> De la perverse humanité,
> C'est aux sources de la nature
> Qu'il faut boire la vérité.
>
> . . . .
>
> L'éternelle beauté, la seule,
> Qui s'épanouit sur la mort,
> C'est elle ! la Vierge et l'Aïeule,
> Toujours sans haine et sans remords !

Suivent des descriptions, très brèves, très nettes, des pays parcourus. Le poète va le long des routes et des ruisseaux bordés de cressons, comme un peintre va faire son étude, et note en rentrant chez lui l'impression ressentie ; ce travail d'après nature, fait par un homme qui aime la vie de campagne, la vie de marches, de chasses, de travaux en plein air, qui passe des journées sous bois ou au bord de l'eau à observer l'homme et la bête, l'insecte et la plante, qui se plaît aux soirées dans la salle de ferme meublée de chêne, près de la cheminée sous laquelle pendent les jambons noirs de fumée, ce travail-là est fécond en bons résultats, en tableaux fidèles, en sensations exprimées par le mot juste. Mieux que personne, Rollinat exerce cet état de poète champêtre ; il exprime à merveille le remuement confus des branches sur le ciel doux et pâli du crépuscule, le clapotement de la mare aux grenouilles, la clarté de la lune, le rampement d'un reptile et le zigzag d'un lézard sur une pierre brûlante de soleil, la tombée de la pluie, le passage d'une locomotive vomissant de la flamme au-dessus d'un paysage. En un vers ou deux, il sait peindre un grand tableau :

> La vache rêve ; un grand taureau
> Regarde sauter une pie ;
> . . . .
> Les forêts sont des mers dont chaque arbre est un flot.

Mais cela prouve que l'on a devant soi un bon ouvrier de la rime, observateur attentif, habile à profiter d'un aspect inattendu des choses et d'une trouvaille de mots. Autre chose est de savoir si le poète saura voir au-delà des lignes, sous les surfaces, et dégager le caractère des êtres et des choses. Il faut reconnaître que Rollinat y réussit souvent. Sa vision est parfois troublée par les nuages sombres de sa pensée ; dans la chambre noire de son cerveau, un être ou une chose entrevus dans un certain état de fièvre, sous un jour spécial, prendront des proportions tragiques. Qu'y faire ? C'est là le tempérament, la raison d'être de l'écrivain. L'idée de la lutte pour la vie, de la guerre que se font entre eux les éléments, les êtres et les plantes, le hante perpétuellement. Les plus beaux paysages, l'éclosion des fleurs, la montée de la sève, les jeux de la lumière, lui sont gâtés par la pensée que ce n'est là que le décor du carnage universel.

Il échappe pourtant à cette obsession pour affirmer, tranquillement, religieusement, comme dans la *Vache au taureau*, la sérénité des lois qui président à l'existence. Il est épris des allures et des jacassements des merles, des corneilles et des margots, de la gymnastique de l'écureuil, de la force du taureau, il célèbre l'écrevisse et le ver luisant, il note la chanson de la perdrix grise, il suit le petit renardeau et sa mère la renarde, et les peint, au bord de l'étang, à l'heure du couchant, dans une pièce ravissante d'observation sur laquelle il a écrit une musique tremblante comme de l'eau qui coule.

Il place aussi des êtres humains dans ses paysages,

tout le petit monde des hameaux et des champs : la petite couturière, les gardeuses de boucs et les gardeuses d'oies, les conseillers municipaux, les filles qui babillent en allant au puits. Il s'arrête pour regarder le convoi funèbre cahoté par les routes, et écrit ces trois strophes qui disent si bien la disparition d'un humain et la douleur grave de ceux qui restent :

> Le mort s'en va dans le brouillard
> Avec sa limousine en planches.
> Pour chevaux noirs deux vaches blanches,
> Un chariot pour corbillard.
>
> Hélas ! c'était un beau gaillard
> Aux yeux bleus comme les pervenches !
> Le mort s'en va dans le brouillard
> Avec sa limousine en planches.
>
> Pas de cortège babillard.
> Chacun en blouse des dimanches,
> Suit morne et muet sous les branches.
> Et, pleuré par un grand vieillard,
> Le mort s'en va dans le brouillard.

Il se révèle aussi une gaieté devant certaines scènes simples de l'existence villageoise, devant les allures de quelques bêtes : la grenouille qui saute dans sa mare ou l'âne qui se roule dans les chardons. Presque à chaque page s'affirme la pitié pour tout ce qui existe et qui peine : les vieux chevaux, les ânes étiques, le cochon qu'on égorge, le crapaud haï et persécuté, sur lequel il y a de très beaux vers :

> Loin de l'homme et de la vipère,
> Loin de tout ce qui frappe et mord,
> Je te souhaite un bon repaire,
> Obscur et froid comme la mort.

Rampe à l'aise, deviens superbe
De laideur grasse et de repos,
Dans la sécurité d'une herbe
Où ne vivront que des crapauds !

De l'hiver à la canicule
Puisses-tu savourer longtemps
L'ombre vague du crépuscule
Près des solitaires étangs !

Puisse ta vie être un long rêve
D'amour et de sérénité !
Sois la hideur ravie et crève,
De vieillesse ou de volupté !

Et de nouveau, à la belle santé et aux attendrissements, succèdent de nouveau les frissons et les songes. Le poète de la peur a des frémissements devant les trous noirs des ravines, les échevèlements des arbres dans la nuit, les formes qui se penchent aux bords des chemins creux, les bruits qui sortent des bois et les lueurs qui surgissent des marais. Il tressaille à tous les tournants de route, il écoute le lamento des tourterelles, il écrit : *Où vais-je ?* où sont exprimés tous les mystères, tous les vertiges de la campagne à minuit.

Voilà donc une œuvre intéressante en ce qu'elle analyse les sensations de l'homme moderne aux champs, en ce qu'elle montre un état particulier d'esprit très complexe, — et très personnel, quoi qu'on en ait dit : chez Baudelaire, admirable psychologue, épris des circonvolutions de la cervelle humaine, les choses de la nature tiennent moins de place. Quand ce livre n'aurait contenu que cette pièce de vers très achevée et très belle : *Les Cheveux*, il eût mérité d'être signalé. Et ce livre a paru depuis six ans, et il a fallu le bruit fait par les *Névroses* pour qu'il fût réédité et discuté ! En 1877, la Critique n'en dit pas un mot. A quoi donc cette dame revêche était-elle alors occupée, qu'elle ne vit pas qu'il y avait là un poète qui méritait d'être signalé ? Les violents et les sincères ne sont pas si communs qu'on doive ainsi les dédaigner. Un écrivain soucieux du mouvement littéraire et curieux des manifestations artistiques, n'aurait-il pas pu, dès lors, prévoir les *Névroses*, et signaler à l'auteur, comme un écueil pour son talent, comme un dissolvant de sa pensée, la fréquentation de la muse macabre des cimetières. N'aurait-on pu, au moins, lui savoir gré d'avoir repris et rajeuni cette jolie forme du rondel, et d'en avoir tiré des effets nouveaux ? Pas un mot n'a été dit. On a laissé la Réclame, l'abominable Réclame qui règne aujourd'hui, faire le travail de la Critique inactive.

XIV

Livres de demain.

21 juin 1885.

Jeudi, il a été beaucoup parlé de l'Histoire, à la parlotte académique, entre l'universitaire et l'évêque. M. Duruy a fait un cours, et M. Perraud un sermon. Tous deux montés en chaire, tous deux paraphrasant des textes connus, et laissant au complaisant auditoire l'impression d'une leçon déjà entendue et d'un Avent déjà suivi. Exorde de lycée et péroraison de prêche, biographie d'apparat et polémique de salon, avare filtration d'idées et maigre floraison de style, tout se mêle, se confond et s'égale chez le professeur et chez l'ecclésiastique. La discussion sur Rome finissante aux prises avec le christianisme ne parvient pas à passionner la séance, réglée comme une cérémonie de théâtre. Comme tout le reste, ce dissentiment n'est qu'apparence. M. Duruy aurait reçu M. Perraud que les réserves et les épigrammes auraient eu le même son et la même portée. L'ardeur des convictions n'y est pour rien. Le prélat aurait écouté, comme l'historien, la réprimande sans broncher, et s'en serait allé occuper son fauteuil, ainsi qu'un élève retourne à son banc avec un prix de bonne conduite et une exhortation.

C'est la capitulation intellectuelle. Les réceptions de l'Institut font songer à ces anciens tableaux, où le général vaincu apporte, un peu incliné, les clefs d'une ville à un vainqueur qui fait un pas en avant en ouvrant à demi les bras. Tous deux sourient.

L'occasion était si belle pour dire autre chose que ce qui se dit d'habitude ! Quoique les idées, soumises à toutes les visites et à toutes les censures, n'entrent jamais entières et ne sont montrées qu'emperruquées, et fagotées du lourd drap à palmes vertes, on pouvait, après les révérences forcées et les formules de tradition, tenter cette chose nouvelle de parler littérature à propos de travaux historiques. Oui, les volumes de l'honnête Mignet, les pages consciencieuses sur Charles-Quint et sur Marie Stuart, devaient être à un historien un thème suffisant pour expliquer la construction d'un livre d'histoire. L'intérêt eût été grand d'écouter sur ce sujet un de ceux qui sont admis parmi les explicateurs autorisés du passé. On ne se fût pas lassé à l'entendre dire, avec la précision de détails et le bel enfièvrement cérébral de ceux qui parlent de l'occupation de leur vie, — comment on entre et comment on se promène dans un siècle disparu, — comment du cimetière, où tout tombe, on se transporte tout à coup au milieu d'une foule à jamais écoulée et pourtant redevenue vivante, — comment on peut vivre des jours et des années dans l'intimité d'un être dont la poussière a été emportée par tous les vents.

C'eût été trop sortir, sans doute, de l'habituel programme. On parle bien à l'Académie d'art et de littérature, mais on en parle comme de choses lointaines, laissées à la porte, et bonnes tout au plus à occuper les passants. On n'aime pas le mouvement et le bruit, et l'on se garde bien de lâcher sous la coupole des mots vivants qui iraient voletant et se cognant au dôme comme des oiseaux trop rapides cherchant l'air libre.

Une constatation, déjà cent fois faite, de ce qu'est l'Histoire, — une célébration de la science, de la mise en ordre, de la sagacité, du flair des dates, de l'interprétation des débris, — des tirades un brin philosophiques, — des considérations qui démarquent ou transposent Bossuet, — le vrai, le beau et le bien de Cousin invoqués, — des actes de foi au progrès, des invocations à un idéal non défini, — c'est en vérité tous ces recommencements et toutes ces phraséologies qui font les alinéas des deux discours ajoutés l'autre jeudi aux archives académiques.

Ç'aurait été pourtant une curieuse page que celle-là où auraient été montrés les dessous d'un livre d'histoire, et bien des insuffisances et des manques de réalité auraient été expliqués par l'exposé de la méthode de travail. De solides travaux d'érudition se seraient soudain écroulés, des vides se seraient faits dans des volumes tout en décors et en figurations. L'illusion de vie donnée par des chiffres, des noms de batailles, de villes, de traités, s'évanouirait subitement, — une inquiétude prendrait devant des œuvres de maîtres, faites de considérations sans appui et de documents sans interprétation.

Oui, toute scientifique que soit devenue l'Histoire, de quelques pièces justificatives qu'elle se soit entourée, il lui reste encore à passer par une transformation pour devenir ce que Michelet voulut qu'elle soit : la résurrection du passé. Moins de philosophies tant bien que mal ajustées aux faits, moins de systèmes que l'imprévu met toujours en défaut, moins de programmes, moins de cadres difficiles à remplir, moins de tableaux synoptiques, moins d'humanité cataloguée, — et plus d'art, plus de psychologie, plus de vie.

Il faut attendre, pour avoir ces livres rêvés, le jour où les artistes analystes feront le dernier pas, laisseront là le reste de fiction qu'ils admettent encore, et ne souffriront plus que la convention la plus mince vienne s'interposer entre leur vision et la réalité ! Ce sera fini des platitudes et des fantaisies historiques, des renseignements mis à la suite et des échappées dans le songe. Tout « personnage » deviendra un homme, un ensemble de facultés physiques et morales que l'on voudra voir en exercice dans la vie de tous les jours. On ajoutera de la respiration aux portraits. On regardera dans le cerveau, on recherchera le tour du langage, on reconstruira la maison habitée, on remeublera le logement, non dans une perspective de peinture, mais dans des pages où l'écriture donnera la sensation même des objets et de l'atmosphère. On ne sera pas seulement géographe avec des cartes intercalées dans le texte, mais on ajoutera, à l'exactitude des graphiques, les sensations de sol, de feuillage et d'eaux qu'on ne trouve que chez les paysagistes sensitifs. On montrera les marches de peuples, on fera entendre les bruits de foules, — on donnera toute l'intimité d'une vie.

Ne songez pas à cette fausse signification de fable donnée au mot « Roman » autrefois, et qui a été conservée malgré le profond changement survenu. Représentez-vous quelles œuvres pourraient être écrites sur un Napoléon, sur un Bismarck, sur un Bazaine, sur un Gambetta, par les écrivains qui ont su mettre l'intégrité de la vie sous un titre de fiction. Et dites si le livre de demain ne va pas naître de la fusion du Roman et de l'Histoire, — dernier effort littéraire de ce siècle inquiet de vérité.

POLÉMIQUE

I

Monsieur Schérer.

25 septembre 1882.

Vous connaissez l'écrivain que quelques-uns, un peu bien pressés, proclamèrent l'héritier de Sainte-Beuve, au lendemain de la mort du critique des *Lundis*. C'est M. Schérer — qui, en effet, est sénateur, comme Sainte-Beuve, et publie des articles qu'il réunit en volumes, également comme faisait Sainte-Beuve. Quand on a fait cela avec un sérieux suffisant pendant un certain nombre d'années, quand on s'est ingénié à vouloir apprendre à ses contemporains, qui n'en peuvent mais, ce qu'on pense des *Mémoires de Dangeau* ou des *Lettres de M*^{me} *de Sévigné*, quand on a enfin ajouté à la pile des volumes inviolés une longue table analytique, il se trouve qu'on a obtenu ce résultat que les gens qui ne lisent pas vont répétant partout : « Depuis la mort de Sainte-Beuve, il n'y a plus qu'un critique, M. Edmond Schérer. » — Comment se fait-il que du temps de l'autre, on ne disait jamais qu'il y en avait deux ?

C'est qu'il fallait pour qu'on reconnût une valeur à M. Schérer que la place fût vacante. C'est un critique arrivé à l'ancienneté. Rien à faire à ces choses-là. L'avancement est lent, mais sûr. S'il y a quelque part un jeune homme embarrassé de gagner sa vie, qu'il se mette dans la filière. Le procédé est à la portée de tous. On éteint sa pensée si elle est trop vivace ; on émonde soigneusement les pousses d'originalité qui pourraient se montrer çà et là ; l'observation directe, la recherche un peu passionnée de la vérité doivent être soigneusement interdites ; il faut tout voir à travers les livres. Au bout de quelque temps, si vous consentez à suivre ce régime, vous, Monsieur, qui débutez, les « Revues » vous reconnaîtront un « jugement sûr » et un « style coulant. » Vous n'avez pas besoin d'autre chose. A partir de ce jour-là, vous pouvez publier toutes les semaines, au rez-de-chaussée ou à la troisième page d'un journal, une étude chargée de phrases pesantes, dont les idées nettes seront soigneusement exclues ; quand vous en aurez amassé un certain nombre, trouvez un éditeur qui consente à se faire votre complice, réimprimez, brochez, mettez une étiquette générale, numérotez les séries et dormez tranquille : il se trouvera suffisamment de journalistes étincelants et d'amateurs éclairés pour affirmer avec conviction que, depuis la mort de Schérer, il n'y a qu'un seul critique, et que c'est vous.

Arrivé à ce degré de renommée, on peut alors se permettre toutes les incartades, se passer toutes les fantaisies de ceux qui se débauchent sur le tard.

C'est le cas de M. Edmond Schérer. Sûr de l'impunité, il se livre depuis quelque temps dans son coin, à des exécutions sournoises, qui n'avaient, jusqu'à présent, dérangé personne, mais dont il devient utile de faire le compte-rendu. Le successeur de Sainte-Beuve essaye d'étouffer les livres trop vivants sous des pelletées de phrases.

Il a commencé par Diderot. Puis, ç'a été le tour de Molière ; en trois colonnes, d'un style fait de belge et de génevois, M. Schérer démontrait que le grand écrivain ne savait pas écrire en français. Et avec citations à l'appui, s'il vous plaît ! Le critique intercalait audacieusement, dans son texte à lui, le langage clair et logique que parlait Molière, et il ajoutait d'une plume dédaigneuse: « Que dites-vous de ces formules, de ces répétitions, de ces *qui* et de ces *que* ? » Personne ne dit mot. Ces pénibles annotations ne passionnèrent pas. Si, pourtant, quelqu'un se trouva pour approuver, le seul qui pouvait comprendre M. Schérer, celui que l'on devine, celui qui morigène le théâtre comme M. Schérer inspecte le livre, — M. Sarcey. Et l'on assista au spectacle inoubliable de ces deux bonshommes s'asseyant lourdement sur le *Misantrophe*, et l'écrasant sous le faix de leur bons sens.

Eh bien ! ce n'était pas fini. M. Schérer prend goût au rôle de justicier; cette semaine, en quelques lignes énergiques signées de ses initiales, il a, à propos d'un volume de poésies de M. Paul Bourget, les *Aveux*, pris au collet et remis à leur place Mathurin Régnier, Rabelais, Byron, Gautier, Baudelaire. Ceux qui voudront connaître l'esthétique du critique Schérer n'ont qu'à lire l'article en question ; ils y verront en un instant apparaître la haine de la nature dont Rabelais eut le sens à un si haut point, et la non-compréhension de l'intensité de forme et du raffinement de pensée auquels peut arriver l'artiste moderne. Cela en devient même comique. M. Schérer enrage contre la verve de Régnier, la puissance de Rabelais, la plénitude d'images de Baudelaire; il s'emporte et finit par renvoyer Mathurin au mauvais lieu, Rabelais au pot de chambre, et par proclamer que Baudelaire n'a ni esprit, ni talent.

Ce n'est pas la peine, n'est-ce pas ? de défendre des livres qui se défendent tout seuls. Laissons M. Edmond Sarcey envoyer ses félicitations à M. Francisque Schérer.

II

L'abbé Halévy.

19 avril 1883.

Après *l'abbé Constantin*, *Criquette*. Holà et hélas! M. Ludovic Halévy s'applique à réaliser l'horoscope tiré par la critique aimable. Il se montre digne du rôle de vengeur qui lui a été confié par les éplorés et les gémissants qui errent sous les portiques de l'Institut et dans les couloirs des revues bien pensantes, criant que la littérature se déprave, que le réalisme déborde, que tout est perdu, si quelqu'un d'autorisé ne vient pas remettre tout en ordre, punir le vice et faire triompher la vertu.

Certes, un des derniers auxquels on aurait songé pour en faire l'ange gardien chargé de défendre le paradis littéraire contre les naturalistes, c'était bien M. Ludovic Halévy. Il était le collaborateur de Meilhac, — il avait signé les grandes opérettes où la satire cascadait, où l'esprit était allumé par une fièvre d'ivresse, — il était l'un des auteurs de la *Belle Hélène* et de la *Grande-Duchesse*, — il avait ouvert aux curiosités la porte du Grand-Seize, — il avait mené Toto chez Tata, — il avait mis en scène les vivants tableaux du *Réveillon* et de la *Mi-Carême*, des *Sonnettes*, de *Madame attend Monsieur*, — il avait jeté la *Boule* dans les jambes de la magistrature, — il s'était laissé nommer après la comique et effroyable scène du *Roi Candaule !* Et comme s'il ne se trouvait pas suffisamment compromis, comme s'il voulait prouver que sa perversité l'emportait sur celle de son collaborateur, il publiait tout seul les *Petites Cardinal*, *Monsieur et*

Madame Cardinal, l'histoire naturelle d'une famille d'actrices, un récit calme, gai, ironique, où des mots sonnent comme des mots de Gavarni, où des monstres rampent sous des phrases placides, où l'on trouve des dialogues comme celui-ci entre la mère des petites Cardinal et un ami de la famille : « — Et Pauline, quel âge a-t-elle maintenant ? — Elle va sur ses quinze ans. — Quinze ans, je n'en reviens pas. Et rien encore, j'espère, rien, n'est-ce pas, madame Cardinal ? — Oh ! non, rien, rien. Ah ! mon Dieu, c'est pas faute de propositions... Mais je n'ai pas le courage de la brusquer, et puis, voyez-vous, ce n'est pas là le rôle d'une mère. — Vous avez de bons sentiments. — Oh moi, pour les sentiments !... D'ailleurs, à quoi bon se presser, la petite sera encore plus jolie l'année prochaine que maintenant. »

Il n'y avait pas, dans ces livres, ni dans les pièces signées avec Meilhac, toute la réalité montrée, toute la vérité dite ; des scènes étaient esquivées ; les lignes simples se terminaient parfois en arabesques fantaisistes ; une inspiration bizarre laissait à l'auteur incarner le règne de la démocratie dans Monsieur Cardinal, alors que le contraire est vrai, Monsieur Cardinal s'épanouissant surtout dans les sphères meublées et chauffées qu'habitent les protecteurs d'actrices ; et le récit se ressentait de ce manque de proportions, de cette prétention au pamphlet, de cette douteuse bonne foi de l'artiste. Mais le ton général était vrai et personnel ; une philosophie curieuse et sceptique, cruelle et souriante, se dégageait ; en somme, ces notes sur la vie émanaient d'un esprit à peu près libre ; au milieu des superficielles études sur le même monde qui éclosent chaque jour, ces observations frappaient par la dose de vérité qu'elles contenaient, par leur mélange d'acuité et de bonne humeur.

Et voilà que tout à coup M. Halévy se sépare de M. Meilhac, renonce au théâtre, publie l'*Abbé Constantin*, où tout le monde est bon, où toute vertu triomphe, l'*Abbé Constantin*, une humanité de moutons, une bergerie autour de laquelle ne rôde aucun loup, dans laquelle paissent ces personnages connus : le bon prêtre échappé des gravures à la manière noire, le vertueux officier qui révèle la sublimité de son caractère et la pureté de son âme en épluchant une salade, salade où n'entrera sans doute ni vinaigre ni poivre, la sentimentale et excentrique Américaine, riche à millions, qui distribuera sous forme de lingots des prix à tout le monde, conclusion qu'on peut se permettre de trouver immorale.

Le changement était prompt. Le temps de changer de plume, et le philosophe de la *Vie parisienne* devenait le Berquin du roman moderne, le fournisseur acclamé des pensionnats religieux où les petites filles dont on « coupe le pain en tartines », rêvent d'artilleurs vertueux ou de millions américains ; le confident de Madame Cardinal posait, par un coup de maître, sa candidature au prix Montyon. Quelque chose comme une entrée dans les ordres, comme une pénitence imposée, et pour longtemps. Car *Criquette* a suivi, *Criquette*, l'apologie de la fable, du romanesque, *Criquette*, où l'arrangement, le convenu, le mensonge de la vie, sont arrivés à un point que l'auteur lui-même aura de la peine à dépasser. Quel admirable sujet, l'histoire de la petite fille qui débute au théâtre à huit ans, l'auteur a gâté avec ses histoires d'amours malheureuses, de zouaves pontificaux, d'ambulancières sentimentales. Et comme cette volte-face ne lui a pas porté bonheur ! Comme on sent l'effort pour faire accepter ce conte fait de pièces et de morceaux, de choses vues et d'inventions banales, de milieux exacts et de personnages faux ! Comme le style sans accent, sans dessous, fait songer à une tâche faite au jour le jour sans enthousiasme et sans entraînement, et non à une œuvre d'art dans laquelle on s'est mis tout entier ! Ceux qui méprisent la vérité, tournent le dos à la vie, sont ainsi punis par où ils pèchent : le livre qu'ils produisent n'est pas viable ; né avant terme, insuffisamment nourri, il restera toujours mal bâti et anémié.

On peut commencer à croire, en effet, à la mission de M. Ludovic Halévy. Il n'est pas possible qu'on n'ait pas un but en faisant sur son talent un pareil coup d'état littéraire. Venger les mœurs outragées par Goncourt et Zola ne constitue pas une occupation suffisante. Mais se créer des titres si éclatants qu'ils fassent remettre les anciens péchés ! Mais se rendre possible dans le monde où l'on coud des palmes vertes aux habits, où l'on rembourre les fauteuils d'académiciens ! Mais faire un jour tuer le veau gras sous la coupole de l'Institut ! Voilà qui expliquerait la souffrance intellectuelle que M. Halévy s'est imposée en écrivant l'*Abbé Constantin* et *Criquette.*

Henri Meilhac aura peut-être un jour une jolie comédie à faire.

III

Un document.

24 janvier 1884.

Tout le monde a lu maintenant la lettre adressée à Gustave Flaubert par M. Maxime Ducamp, en 1856, lors de la publication de *Madame Bovary* dans la *Revue de Paris*; M. Guy de Maupassant, qui l'a publiée dans la *Revue politique et littéraire*, a raconté en même temps les épisodes qui ont précédé et suivi son envoi. Il y eut brouille entre M. Ducamp et Flaubert, puis réconciliation. M. Maxime Ducamp sembla regretter son attitude, il ne fut plus question de la brutale opinion émise autrefois, et l'ancien rédacteur de la *Revue de Paris* parut vouloir se joindre à la foule des admirateurs de *Madame Bovary*. Il n'en était rien ; M. Ducamp n'avait rien appris, et surtout n'avait rien oublié ; à mesure que le livre sur lequel il avait commis une tentative d'assassinat s'affirmait comme une œuvre significative, solide comme un monument, durable comme la langue, le dégoût de lui-même devait envahir celui qui avait conçu, écrit, signé, et envoyé à Flaubert cette lettre stupéfiante sur laquelle le maître-écrivain avait écrit ce seul mot : *Gigantesque !* La poche à fiel du critique se gonflait chaque jour, son ressentiment ne désarmait pas : aussi se jeta-t-il sur Flaubert mort, rouvrit-il la polémique avec l'adversaire qui ne pouvait plus rien écrire en marge de ses livres et au dos de ses lettres. On se souvient de l'émotion causée par les étranges *Souvenirs littéraires* de M. Ducamp. Flaubert et Emma Bovary semblaient être devenus les personnages d'une cause célèbre sur laquelle la vérité n'avait pas encore été complètement dite. M. Ducamp instruisait le procès avec complaisance, affectait l'impartialité, semait les épigrammes, souriait et mordait : on eût dit un président de cour martiale, haineux et plaisantin à la fois, s'égayant de l'accusé avant de le condamner à mort ; le réquisitoire était long, mais l'exécution était sommaire. Ce qui ressortait du rapport publié par M. Maxime Ducamp, c'est que Flaubert avait bien, pendant un moment, donné des promesses de talent, mais que les attaques d'épilepsie auxquelles il était sujet avaient vite atteint ce talent dans sa source même ; à mesure que ces attaques se multipliaient, la dégénérescence littéraire de Flaubert s'accusait davantage. Critique littéraire inattendue : *La Tentation de saint Antoine*, *Salammbô*, *L'Éducation sentimentale*, marquaient les étapes d'une décadence !

On a aujourd'hui l'explication de ce volume de *Souvenirs* : il est tout entier sorti de la lettre écrite en 1856. C'est ce souvenir-là qui était surtout présent à l'esprit de M. Maxime Ducamp ; il devait le poursuivre, le hanter, s'incruster dans sa pensée pendant des heures entières de jour et de nuit ; chaque sottise, chaque abomination, chaque phrase, chaque ligne de cette lettre immortelle devalent resplendir ironiquement devant ses yeux, le chef-d'œuvre de Flaubert ne pouvait être évoqué sans qu'il ne lui apparût traînant sans cesse cette note à jamais sauvée de l'oubli. Oui, le 14 juillet 1856, M. Maxime Ducamp avait demandé à Flaubert de le laisser « *maître* » de son roman; il lui avait conseillé, avec un joli ton de bourru bienfaisant, d'ami sincère qui ne sait pas équivoquer, d'abandonner ce livre mal venu pour que lui, Ducamp, y fît les « coupures indispensables; » sans cela, Flaubert se « compromettait », il débutait par « une œuvre embrouillée », sans « intérêt ». Et l'opérateur faisait valoir son « expérience acquise de ces sortes de choses » et son « affection »; le roman était « enfoui » sous un « tas de choses bien faites », mais ces « choses » étaient « inutiles », mais le travail à faire était « facile », mais il y avait une « personne exercée et habile », qui consentait à ne pas « ajouter » à la copie de Flaubert, qui ne ferait qu' « élaguer ». Et avec quel art! Quel élagueur! il n'y en avait pas un pareil. Ça aurait coûté cent francs à Flaubert. Ah! dame, il fallait y mettre le prix! On ne peut pas, pour rien, faire sortir un chef-d'œuvre d'un bouquin incompréhensible. Il faut être juste, n'est-ce pas? et toute peine mérite salaire. Mais après ce travail, quel livre! Flaubert aurait publié une « chose vraiment bonne. » Enfin, il ferait ce qu'il voudrait, mais son « vieux Maxime » aurait, du moins, la consolation d'avoir rempli son devoir, et justice lui serait un jour rendue!

On connaît des détails. Flaubert a indiqué, dans une note également publiée par M. de Maupassant, quelques-uns des passages « biens faits, mais inutiles », dont on demandait la suppression. Le « vieux Maxime » n'y allait pas par quatre chemins; il parlait de retrancher *toute* la noce, de supprimer ou d'abréger la description des *Comices*, l'épisode du *Pied-Bot*, enfin tous ces détails typiques qui tiennent à la vie même des personnages étudiés, et sans lesquels le livre ressemblerait à un corps amputé!

Oui, la vengeance posthume exercée par M. Ducamp sur Flaubert dut avoir ce chiffon de papier pour cause principale. Quiconque a écrit une lettre semblable ne pardonne pas aisément à celui qui l'a reçue ?

Mais c'est assez s'arrêter sur ce fait, révélé d'hier, qui restera comme l'un des plus instructifs sur les conditions de début de l'homme de lettres. Tous ceux qui sont épris d'art et de vérité applaudiront M. Guy de Maupassant, le jeune écrivain qui donne une si belle revanche au grand écrivain mort. Mais il faut faire mieux encore. Il faut que dans la prochaine édition de *Madame Bovary*, on trouve cette pièce à conviction. La lettre de M. Maxime Ducamp ne doit pas plus périr que le réquisitoire de M. Pinard.

IV

La liberté du livre.

Le droit de poursuivre. — La mort de Louis Desprez.

1er septembre 1884.

I

La nouvelle est confirmée, pour parler le style des agences: la magistrature, à peu près impuissante contre la presse politique, s'avise, en son désœuvrement, de mettre le nez dans les livres et d'y chercher matière à procès. Les bonshommes qui se promènent dans les salles et dans les couloirs du Palais de Justice, en costumes ridicules, une robe rouge, bordée de peau de lapin jouant l'hermine, passée par dessus leur gilet et leur pantalon, un bonnet carré sur la tête, les bonshommes dont les faces portent encore les marques des coups de crayon de Daumier, — les bonshommes à côtelettes et à lunettes, à paperasses, à dossiers, à maniés, à solennités, à lieux-communs, se sont tout à coup préoccupés des destinées de la littérature et des périls courus par la morale. Les procureurs et les substituts qui se reposent volontiers de la littérature vertueuse dans les salons de la rue Chabanais se sont tout à coup souvenus que quelques-uns, parmi leurs prédécesseurs, s'étaient couverts de gloire en citant à comparaître des poètes et des romanciers. Les arrêts de confiscation, les pièces d'instruction qui montrent quelques-unes des grandes œuvres de ce siècle traitées comme des filles emmenées dans une rafle, les réquisitoires et les interrogatoires qui ressemblent à de bêtes introductions de spéculums, les sous-entendus et les indignations de présidents stupéfiants et d'avocats généraux inénarrables qui se figurent véritablement avoir à juger un outrage aux mœurs, un attentat contre nature, un viol de la pudeur publique, — tout cela qui se résout pour l'avenir en un document à joindre au livre poursuivi, tout cela représente encore le code littéraire pour les robins de 1884 : magistrats assis et debout lisent toujours sympathiquement l'ordre de saisie des *Fleurs du mal* et la lamentable prose du monsieur qui demanda la condamnation de *Mme Bovary*.

Cette fois, ce n'est pas contre l'un des écrivains qui sont à la tête du mouvement littéraire, et que le succès semblerait désigner à l'attaque d'adversaires courageux, qu'une assignation est lancée. On a fait un essai de répression, à propos de ce pauvre livre, *Sarah Barnum*, qui a sûrement été plus lu par les magistrats que par les hommes de lettres. On a commencé, puis abandonné une action contre M. Paul Bounetain. Enfin, on s'en prend définitivement à l'œuvre de début de deux jeunes gens, un roman très étudié et très écrit que l'on ne pourra jamais, quelque effort d'éloquence que l'on déploie, faire passer pour une spéculation d'écrivains en quête de scandale et de gros sous. *Autour d'un clo-*

cher, le livre de MM. Henry Fèvre et Louis Desprez qui a attiré l'attention du parquet de Paris ne met, en effet, qu'incidemment en scène l'acte accompli journellement par l'humanité toute entière et sans lequel il n'y aurait ni écrivain à poursuivre, — ni juges pour condamner. Notre morale hypocrite admet bien qu'on l'accomplisse, cet acte, mais elle n'admet pas qu'on en parle ; de là, l'indignation contre des écrivains qui se permettent de mettre en scène et d'expliquer la passion amoureuse comme ils montrent, comme ils analysent toutes les autres passions, dans leurs causes et dans leurs effets.

C'est à dessein que sont rapprochés ici des livres d'inspirations différentes. Mais cet article aurait pu tout aussi bien être écrit à propos de *Sarah Barnum*. Il n'y a pas à être embarrassé par les titres des volumes, par les descriptions qu'ils renferment, par les noms de leurs auteurs. Défendre une œuvre qui serait préférée, qui se réclamerait de théories artistiques ou sociales acceptées, est une besogne, en vérité, trop aisée. Mais il faut précisément empêcher que la question se pose ainsi. Quels que soient le livre et l'écrivain traduits devant un tribunal, tous ceux qui ont souci de la liberté de penser, c'est-à-dire de la liberté de parler et d'écrire, doivent juger les juges et faire casser le verdict par l'opinion. Le journaliste doit se refuser à lire, en compagnie d'un magistrat, un livre dénoncé, doit décliner une discussion de littérature ou de morale avec le monsieur qui est sûr de clore la controverse en énonçant seulement le numéro d'un article du Code. Il ne s'agit pas ici de critique littéraire. Pourquoi examiner l'œuvre poursuivie, fournir des explications sur les passages soulignés par la censure judiciaire, demander des circonstances atténuantes ? ce serait reconnaître le bien fondé de procès de ce genre, ce serait consentir à distinguer, à admettre des cas, des moments et des circonstances. C'est précisément ce droit de distinguer entre les manifestations littéraires qu'il faut dénier à la magistrature de notre pays, c'est le droit de contrôler la production intellectuelle qu'il faut lui arracher, si tant est qu'elle le possède. Si on a le malheur de laisser déposer un livre devant un tribunal, comme une pièce à conviction, tous les livres parus et à paraître, tous ! les latins et ceux du Moyen-âge, ceux de la Renaissance et ceux du xviii° siècle, les français et les étrangers, ceux de l'époque romantique, ceux d'aujourd'hui, ceux de demain, seront passibles des peines infamantes édictées contre les outrages aux mœurs et les attentats à la pudeur. Approuvez ou accueillez seulement avec indifférence un verdict, et vous serez impuissants pour discuter et désapprouver le second. N'oubliez pas que c'est avec les mêmes arguments, au nom de la même morale, qu'il a été requis contre *Sarah Barnum* et *Madame Bovary!*

Quand un livre est poursuivi, toute la littérature est en cause. On s'en prendra aujourd'hui à l'ordure dénuée d'intérêt, on condamnera demain l'étude sévère sérieusement pensée et scientifiquement écrite ; devant les mêmes juges comparaîtront la platitude de style du pornographe et le travail consciencieux de l'artiste.

Qui établira un code spécial pour résoudre la question ? Qui fera les distinctions nécessaires ? Quel est le juge fin critique qui saura analyser rigoureusement l'œuvre suspecte et dire avec infaillibilité où la littérature finit, où la pornographie commence? Quel Index laïque veut-on créer et que restera-t-il des œuvres de nos écrivains et des œuvres des écrivains de tous les pays, quand les nouvaux censeurs auront accompli leur travail de classement ? Conserverons-nous beaucoup de romans de Balzac? N'aurons-nous plus qu'un Michelet expurgé? Faudra-t-il nous contenter d'un abrégé de Shakespeare ? Et La Fontaine ? Et Rabelais ? Et Boccace ? Et Aristophane ?

Les questions valent qu'on les pose. N'y a-t-il pas, à la fin de *Madame Bovary*, un intéressant document qui mérite d'être consulté : le compte-rendu du procès qu'on osa intenter au pauvre et grand Flaubert, accusé d'attentat à la pudeur ? Messieurs du parquet feront bien d'y songer ; ils peuvent, en un jour de mauvaise inspiration, ajouter à l'œuvre glorieuse d'un écrivain une pièce justificative qui leur donnerait l'immortalité du ridicule. Ignore-t-on ce fait monstrueux : d'admirables pièces de Baudelaire sont encore arrêtées, à la frontière, comme si l'on voulait affirmer qu'il n'y a pas prescription pour les délits constatés par les juges d'instruction dans les livres des hommes de génie. Ne sait-on pas que M. Jean Richepin a été privé de ses droits civiques et que sa *Chanson des Gueux* a été raturée pour des vers dont on trouvera les équivalents dans maints poètes français considérés comme classiques ? Pendant la période du 24 mai, la magistrature ne fit-elle pas condamner un éditeur coupable d'avoir publié une édition très luxueuse, partant peu abordable au public, des *Contes* de La Fontaine ? Qu'on ne vienne donc pas dire qu'on poursuivra la pornographie mal écrite et qu'on respectera le chef-d'œuvre qui aura donné au libertinage le cachet exquis de l'art. Il n'y a pas à avoir confiance. Quoique aucune confusion ne paraisse possible, mettons-nous en garde contre les appréciations du jury qui sera chargé d'absoudre ou de condamner, récusons le robin qui aura le pouvoir d'exiler de la littérature la *Maupin* de Théophile Gautier ou les romans de Zola.

L'ouvrage menacé par le parquet, et qui inspire ces réflexions : *Autour d'un clocher*, rentre précisément dans la catégorie des œuvres d'art très étudiées à propos desquelles il est impossible d'établir une confusion. Les auteurs sont deux jeunes gens qui débutent et qui sont estimés dans le monde des lettres. L'un, M. Louis Desprez est l'auteur d'un livre de critique, *L'Evolution naturaliste*, qui a été fort'bien accueilli, et dans lequel on trouverait facilement les raisons esthétiques et philosophiques desquelles procède le roman incriminé. L'autre, M. Henry Fèvre, a écrit dans différents journaux littéraires des articles qui dénotent un esprit sérieux. Tous deux aiment la littérature et veulent vraisemblablement en faire l'occupation de leur vie. Leur roman est une étude de mœurs rurales, vigoureuse et serrée, un récit très poussé d'une lutte entre un Conseil municipal de village et un curé. Quelques pages sur les amours de l'ecclésiastique avec l'institutrice sont suffisamment nettes ; ce sont elles, sans doute, qui ont alarmé la pudeur de la magistrature ; mais il n'y a pourtant là rien de plus que dans nombre de livres qui ne seront pas nommés, dans la crainte de les voir lacérer par le « glaive de la loi ».

Quelle signification auraient donc ces poursuites ? Il y a longtemps que l'idéalisme ne gouverne plus le domaine de l'art et que l'étude des réalités a été abordée sans faiblesse ; toutes les passions humaines ont été reconnues intéressantes, et on n'en est plus à proclamer la noblesse des fonctions et la vulgarité des organes. Cette thèse n'a pas besoin d'être défendue, il n'y a pas à prouver que *Autour d'un clocher* est une œuvre littéraire sans analogies avec les niaiseries, ornées de dessins dignes d'illustrer des cartes transparentes, qui s'imposent aux yeux à tous les étalages des libraires. Le roman poursuivi appartiendrait à cette catégorie d'œuvres malpropres qu'il faudrait protester encore contre la mesure dont il est l'objet. Il est facile d'en donner les raisons.

La principale de ces raisons a été indiquée : c'est l'impossibilité de s'arrêter dans cette voie, c'est l'impossibilité, pour le juge, de tracer une ligne de démacation entre la spéculation et l'œuvre d'art. Mais il est une autre distinction que l'on peut faire, une distinction équitable et nette, à laquelle il faudra bien en revenir et se tenir.

La question est simple, comme toutes celles dans lesquelles le droit individuel est en jeu. Est-il possible de la dégager de tous les dégoûts, de toutes les colères, de toutes les fausses interprétations qui l'obscurcissent.

Oui, rien n'est plus loin de la gaieté et du style que

toutes les histoires racontées et illustrées par la phalange des pornographes. Il suffit d'un coup d'œil jeté sur les plaquettes qui se répandent par les rues comme une nuée de mouches cantharides, pour se convaincre qu'il ne se dépense pas là-dedans des trésors d'invention et d'esprit et qu'il ne s'agit que de gains à réaliser. Mais qui oserait prétendre que cette école d'écrivains n'a pas le droit de jeter sur le papier ces imaginations de collégiens sadiques?

C'est là une forme que peut prendre la liberté de penser et d'écrire et c'est attenter à cette liberté que de vouloir punir la mise en vente d'écrits ou de gravures, quels qu'ils soient. Et s'il existe un public pour ces productions ? Et si ce public veut entretenir cette littérature ? De quel droit viendriez-vous vous mettre entre l'offre et la demande, au nom d'une morale supérieure ? De quel droit reprenez-vous la thèse catholique qui distingue entre la liberté du bien et la liberté du mal.

Ce que l'Etat a le droit d'empêcher, c'est l'affichage d'images obscènes, c'est la distribution de prospectus, c'est le cri sur la voie publique. Ici, ce sont les écrivains pornographes, leurs distributeurs et leurs crieurs, qui violent la liberté du passant. On n'a pas le droit de mettre sous les yeux ou dans les mains de ce passant ce qu'il ne veut ni voir ni prendre, on n'a pas le droit de lui crier aux oreilles ce qu'il ne veut pas entendre. Il est inadmissible qu'on donne, au coin des rues, d'ignobles papiers à la femme et à l'enfant qui passent, il est insupportable que l'ouvrière qui va à son travail, l'apprenti qui flâne cinq minutes après son déjeuner, soient en butte à l'invite crapuleuse de l'affiche ou du prospectus.

Donc, pas d'équivoque. Liberté de la rue pour le passant. Mais aussi, droit absolu d'écrire, droit absolu d'acheter. L'Etat intervient assez souvent où il n'a que faire pour qu'il n'intervienne pas encore dans les questions de goût littéraire ou pornographique : Qu'il laisse chacun libre de manger ce qu'il aime, — quitte à se donner une indigestion ; qu'il laisse chacun libre de lire ce qu'il veut, — quitte à se donner la nausée.

Nous demandons qu'on ne crée pas un Saint-Lazare pour la littérature.

II

9 décembre 1885.

Deuil pour les lettres ! diront les formules des articles lacrymatoires et des notices nécrologiques. Deuil pour les lettres ! diront les conversations de boulevard et de bureaux de rédactions. Il se trouvera cette fois que la phrase toute faite aura raison, et que nuls mots, mieux que ces mots clichés pour toujours, ne pourront exprimer davantage l'amère sensation éprouvée aujourd'hui à l'annonce de la mort du pauvre Louis Desprez.

La même note, publiée par la plupart des journaux, raconte cette mort et dit la cause qui l'a amenée. Desprez a été emporté par la maladie de poitrine dont il souffrait depuis plusieurs mois, et qui fut aggravée par l'emprisonnement d'un mois subi à Sainte-Pélagie pour la publication de *Autour d'un clocher*. En sortant du sale cachot dans lequel on osa l'enfermer, le jeune écrivain dut s'aliter. Il se releva quelques jours, puis se recoucha. C'était la fin. Desprez est mort à Rouvres, dans le département de l'Aube, au milieu des champs qu'il aimait. Le malheureux garçon s'en va ainsi, à vingt-quatre ans, en pleine progression intellectuelle, en plein espoir littéraire. Son automne est venu bien vite.

Louis Desprez, absurdement condamné pour pornographie, fut en réalité un artiste croyant, respectueux du travail auquel il s'était donné. Peut-être y eut-il de lui un livre de toute jeunesse dont le souvenir échappe, — mais les deux volumes qui le firent connaître suffisent à le faire classer. Le premier, un livre de critique, *L'évolution naturaliste*, très systématiquement conçu, témoignait au moins d'une rare curiosité pour toutes choses, depuis l'art du vers jusqu'à la politique, jusqu'à la science. Le second volume, écrit en collaboration avec M. Henry Fèvre, était ce roman, *Autour d'un clocher*, qui réveilla la pudeur des juges et mit le feu aux indignations des procureurs.

On se souvient de cette émotion. On se souvient aussi de la stupéfaction éprouvée à la lecture du livre, à la recherche du corps du délit. On se trouvait en présence d'un roman rural, ni plus ni moins hardi que les études de mœurs paysannes signées Zola, Cladel, Lemonnier, Dodillon. C'étaient les scènes vues par tous ceux qui ont vécu quelque temps au hameau, dans la forte atmosphère chargée de l'odeur de la terre et des feuilles. C'était la poursuite de la spéciale et comique animalité qui peut marquer l'homme du labour et de l'étable. C'était une humanité bien regardée, mais poussée à la caricature villageoise. Et la transformation de la chose vue en chose écrite se voyait à merveille, et les juges qui poursuivirent et les jurés qui jugèrent sont impardonnables de ne pas s'être aperçus de ce travail de transformation, qui suffisait à indiquer la signification du livre incriminé et à prouver la sincérité de l'artiste cité à comparaître. Il était si visible pourtant, ce travail ! Autant l'observation était nette et simple, autant la note primitivement prise était exacte, — autant la contexture du récit était compliquée, ouvragée. Desprez s'était plu à attifer ce gros et raillard récit de toutes les phrases ajourées en broderies et de toutes les épithètes envolées en rubans. Les procédés courants, les assemblages de mots où se complaisent les stylistes actuels, n'avaient pas suffi, avaient même été écartés. L'écrivain en quête de la forme avait vu l'union possible du langage moderne avec nombre de tournures ou de mots de la langue du seizième siècle, et il avait bravement arrêté et exécuté ce programme, autrement difficile à établir que l'ordinaire réquisitoire qui sert depuis le procès de *Madame Bovary*.

Il ne fallait pas être grand clerc ni regarder de bien près pour se rendre compte de l'intention. Quelques pages, quelques lignes suffisaient pour prouver jusqu'à l'évidence l'effort artistique et la sincérité philosophique. Les pages les plus osées du livre, — les festins d'amour les plus goulus, les ripailles de vins et de viandes les plus forcenées, — ces pages-là surtout étaient tout enguirlandées d'énumérations, toutes fleuries de mots comme il en déborde, comme il en jaillit du *Gargantua* et du *Pantagruel.* On était amené, en lisant, à des songes de haute-graisse où un bouquet apparaissait, fiché dans une platée de tripes comme dans une fine pâtisserie.

Ce fut ce livre qui fit mettre Louis Desprez en prison.

La sympathie n'allait pas seulement à l'écrivain et à l'artiste, elle allait à l'homme. Desprez fut un courageux et un loyal. Ceux qui assistaient à la séance de la cour d'assises se souviennent encore sans doute de la défense de sa littérature qu'il lut lui-même à la Cour et au jury stupéfaits. Dans ces quelques pages, tout était dit et bien dit, avec éloquence parfois, avec un joli ton narquois, bien français, le plus souvent. Ce plaidoyer a été publié sous ce titre : *Pour la liberté d'écrire*, et pourrait bien prendre bonne place parmi les pamphlets littéraires inspirés par la magistrature. Cette gloire aura été achetée cher. On usa envers Desprez de représailles extraordinaires. Le malheureux, malade, infirme, fut mis au secret. Et quelle prison on lui donna ! On osa enfermer cet honnête garçon, ce lettré, avec les grinches et les escarpes, on lui imposa la souffrance de tous les contacts, de toutes les odeurs, l'ignominie de tous les spectacles. Quand, enfin, quelques-uns purent le voir, ils furent effrayés, firent démarches sur démarches. D'abord, inutilement. Croira-t-on jamais que M. le préfet de police d'alors ne prit pas le temps de répondre à une lettre d'Alphonse Daudet ? Enfin, sous la menace des journaux avertis, de l'opinion saisie, on donna une chambre au romancier, dans le quartier des « politiques. » C'est là que ses amis le retrouvèrent, dans cette grande chambre nue, glaciale, à peine éclairée par d'étroits vasistas qui laissaient passer un rais de lumière. Lui, prenait gaîment la chose, raillait les visiteurs suffoqués par l'étrange sensation de « renfermé » qui s'emparait d'eux au seuil de la porte. Il faisait des projets, des plans de livres, cherchait une langue nouvelle pour son œuvre prochaine, une langue sans affiquets, précise et artistique. Et il lisait à voix haute, discutait, il s'asseyait, fatigué, à la table minuscule sur laquelle étaient posés un bouquet de violettes et une orange.

On ne devait le revoir qu'une fois, à Paris, chez Edmond de Goncourt, après la sortie de prison. Il était méconnaissable, amaigri, chancelant. Seuls, ses yeux agrandis de malade avaient gardé leur douceur et leur intelligence. Hélas ! ils sont maintenant fermés pour toujours. Celui qui rêvait de philosophie et de littérature est couché à jamais dans le petit cimetière de village. — Et voilà qu'avec la pitié, la colère vous prend à la pensée que l'absurde jugement et l'odieux traitement ont, peut-être, causé la mort, et sûrement, hâté la fin de l'écrivain de vingt-quatre ans, — du bon camarade de lettres.

V

Le pornographe Diderot.

3 mars 1886.

Le pornographe Diderot ! Le mot a été, ces jours-ci, écrit et imprimé. Non pas solennellement, avec un luxe de raisons et de pièces à l'appui. Mais en passant, tout naturellement, comme s'il s'agissait d'une chose admise, et sur laquelle il n'y a pas à revenir. A quoi bon nommer l'auteur responsable de ce « Pornographe Diderot? » Il est bien évident qu'il ne s'agit pas seulement ici d'une opinion individuelle, mais du credo philosophique et littéraire de toute une classe. Le journaliste qui a écrit cette phrase, qui l'a signée, est un critique dramatique très goûté, un moraliste considéré, un érudit apprécié des bibliophiles. Il s'adresse à un grand nombre de ceux qui s'intéressent aux thèses et aux formes d'art du théâtre, et il exprime sans doute fidèlement des opinions qui agréent. Voilà pourquoi, rendant compte de l'à-propos écrit par M. Renan pour l'anniversaire de Hugo, il a négligemment fait une allusion à l'encyclopédiste du XVIII° siècle, en mentionnant M. le sociétaire qui avait bien voulu se charger de porter la parole au nom de ce mort conspué. « M. Un tel, qui représentait le pornographe Diderot... » Il n'y en a pas plus.

On lit, on relit, on n'en croit pas d'abord ses yeux. On cherche une faute d'impression possible. Mais non, c'est bien cela qu'on a voulu dire, et c'est bien cela qu'on a dit. L'épithète a été avec soin ajoutée au nom, et le tout a été livré à la publicité avec une tranquillité qui stupéfie. Certes, celui qui a mis son nom au-dessous d'un tel arrêt, devrait être prêt à fournir les considérants qui l'ont motivé. Mais il n'aura pas à le faire. Le moment où nous vivons ne se réclame que de la veulerie littéraire et de l'indifférence pour les idées. Les quelques-uns qui parlent haut et ironiquement passent pour des ennuyeux et des systématiques. On les traite de « raseurs » et de pessimistes, et c'est une affaire faite. La vieille gaieté française continue à râler ses vingt-cinq mille calembours pour un sou, et le défilé des vieux coq-à-l'âne se promène entre les mêmes vieux décors rapiécés. Il paraît qu'il n'y a plus qu'à suivre le monde et qu'à enregistrer les bonnes blagues. Suivons, et enregistrons.

C'est peut-être vrai qu'il n'y a plus guère que cela à faire. Il y a longtemps qu'on ne réclame plus à ceux qui écrivent pour le livre, le théâtre ou le journal, une justification de leurs opinions. Il n'y aura donc aucune polémique autour de ce « Pornographe Diderot. » Et pourtant, si une mêlée générale d'opinions s'était produite à l'apparition de ce mot vraiment extraordinaire, il aurait pu être dit, d'un côté et de l'autre, des choses significatives. Des fonds de pensée seraient apparus, toute la haine du mouvement commencé au XVIII° siècle, et non encore terminé aujourd'hui, aurait surgi, les oppositions faites à l'évolution philosophique et littéraire se seraient subitement précisées. Qu'on pense à l'œuvre de Diderot et à la basse injure qui vient d'être écrite en travers de son titre par la plume d'un lettré ! Qu'on se représente l'effort d'intelligence, le courage individuel, la persistance de volonté de l'homme qui a dressé en vingt ans le monument encyclopédique, qui a alimenté la foule des esprits de son temps, qui a jeté son génie en cris éloquents, qui l'a dispersé en rumeurs de conversations, qui a payé un mot de trois mois de forteresse, qui a vécu sous la menace de la privation de sa liberté, de la saisie de son œuvre ! Qu'on vive la vie de l'écrivain, — qu'on ouvre surtout ses livres. On y trouvera peu de chose : la progression perpétuelle d'une intelligence qui commence au doute, traverse la critique des religions, se vérifie par le scepticisme, aboutit à l'observation. On n'y trouvera que le *Neveu de Rameau* et *Jacques le Fataliste*, le *Supplément au voyage de Bougainville* et le *Rêve de d'Alembert*, les *Pensées sur l'interprétation de la nature* et les *Pensées philosophiques*; on n'y trouvera que la critique d'art abordée, le drame bourgeois deviné, le mysticisme dénoncé, le travail manuel glorifié; on n'y trouvera que le transformisme, la concurrence vitale, la perpétuité de l'évolution, la nouveauté géologique et physiologique; on n'y trouvera qu'un grand artiste épris de justice et d'humanité. Et cela suffirait, et il serait à peine utile de dresser une liste des ouvrages du philosophe sous cet écriteau : « *Le pornographe Diderot* », libellé par un critique du xix° siècle.

Tout s'éclaire ainsi, l'état d'esprit et la forme de la colère, à une simple inspection du rôle de Diderot dans le monde. On lui en veut des *Bijoux indiscrets ?* Même pas. De la *Religieuse ?* Peut-être. On lui en veut de tout, de son libre esprit, de sa haine des sectes, de son perpétuel en-avant, de son dégagement des conventions morales, de sa science démolisseuse. On lui en veut de cet admirable mot, profond et large, allant bien au delà de la raillerie anti-religieuse, — ce mot prononcé le jour de sa mort : « Le premier pas vers la philosophie, c'est l'incrédulité ». Et lui en voulant de tout cela, on traite de « Pornographe » le brave homme que ses ennemis se contentaient d'appeler le « Philosophe ».

Donc, c'est convenu, les tristes spéculateurs de la plume et du crayon, les crieurs de scandales, les gazetiers de lupanars, les littérateurs qui agrémentent de style le tribadisme et la scatologie, tout ce monde-là a pour ancêtre ce Denis Diderot, dont la statue a été dressée sur le pavé de Paris, auprès de cette rue Taranne, où l'homme de lettres pauvre habitait un cinquième étage. Est-ce cela qu'on a voulu dire ? Ou bien est-ce à l'art qui a voulu la vérité, est-ce à la littérature préoccupée des constatations de la science, qu'on a essayé de s'en prendre ? Enveloppe-t-on sous la même réprobation la *Justine*, de de Sade, et les *Liaisons dangereuses*, de Laclos, les commerciaux délires érotiques et les romans qui admettent la physiologie ? — Il serait intéressant de le savoir. On pourrait alors se rendre un compte exact des haines armées en guerre, des jugements méfiants des choses de l'esprit révélés par ce « Pornographe Diderot » qui aurait dû être l'événement littéraire de la semaine.

CHOSES ACADÉMIQUES

I

Monseigneur.

7 décembre 1882.

Le quai Conti offrait, dès six heures, hier matin, un tel spectacle de robes noires, blanches et brunes, allant et venant parmi les sergents de ville et les gardes républicains qu'on se serait cru à l'époque lointaine de l'application des décrets. Ce n'était pas, pourtant, d'une expulsion qu'il s'agissait. Ce que les curés de toutes les paroisses, les moines de tous ordres préparaient, c'était l'entrée triomphale de Mgr Perraud, évêque d'Autun, à l'Académie française.

Les portes étaient ouvertes à midi. A midi cinq toutes les places étaient occupées. Il serait difficile de dire quel littérateur est Mgr Perraud, mais à coup sûr jamais auteur dramatique n'a su « faire une salle » comme lui. Jamais on ne vit réunis tant de prêtres « romains ». Ils étaient échelonnés en tirailleurs le long des gradins, massés en corps d'armée dans les tribunes. Des évêques donnaient le signal des applaudissements, le nonce du pape souriait à MM. Mac-Mahon et Buffet.

Naturellement, on avait donné à ces dévoués les places ordinairement réservées aux journalistes qui viennent, forcés par le devoir professionnel, regarder si les feuilles poussent sur les habits d'académiciens. Après inspection des huissiers, ascension par un escalier étroit comme un tuyau de cheminée, noir comme une cave, frais comme une tombe, on se trouvait donc enfermé dans un des cachots pratiqués contre les voûtes, derrière une haie de prêtres qui parlaient du récipiendaire avec des sourires entendus. De là, on parvenait, de temps à autre, à glisser un regard dans la crypte académique.

C'est toujours le même froid tableau : des vieillards moroses, des toilettes de carêmes, des statues de mausolées qui ont l'air de grelotter dans leurs niches. Cela s'anime un peu à deux heures, quand un susurrement de voix annonce que M⁵ʳ l'évêque est monté en chaire et prononce son homélie sur Auguste Barbier. C'est bien le morceau que l'on attendait, sans grand accent, sans grandes hardiesses, un mélange de phraséologie normalienne et de diplomatie catholique. C'est l'éloge au rebours des terribles *Iambes* dont le prélat n'ose faire de citations complètes, les expurgeant, les taillant, mettant un vers en lumière, rejetant l'autre comme il aurait repoussé avec horreur un ouvrage condamné par le tribunal de l'Index ; ce sont des félicitations adressées au poète désespéré de l'inutilité des efforts plébéiens, des avortements qui suivent les jours de combat ; c'est surtout l'éloge du second Barbier, sous lequel disparut si vite le premier. C'est aussi de temps à autre des allusions aux hommes et aux choses de la politique d'aujourd'hui, allusions furtives qui font se pâmer les dames et applaudir les prêtres.

A la longue ce petit jeu comporte une certaine lassitude. Le discours d'Académie est une belle chose, mais trop semblable à elle-même. Il semble que c'est une œuvre unique qui sert à tous les nouveaux venus, avec les compliments à l'Académie, le couplet d'opposition, le mot pour rire, arrivant toujours à la même place, à la même heure. Mᵍʳ Perraud semble installé pour longtemps. M. Camille Rousset, celui qui a découvert que les volontaires de 92 étaient une légende, M. Camille Rousset a devant lui un manuscrit d'apparences redoutables. On sent, à travers les fenêtres grillagées, que le printemps rayonne sur la ville. Il faut l'avouer, cela fait fuir l'illustre Compagnie. On cherche à tâtons la lourde porte, l'escalier à vis, on dégringole dans l'ombre jusqu'à ce que l'on aie trouvé de l'air et du soleil.

Un huissier qui ressemble à un académicien se tient à la porte, grave comme s'il était chargé, lui aussi, de faire l'éloge d'un évêque. Il lui est demandé doucement, avant de prendre congé, quels sont les titres du nouvel immortel. Il consent à répondre que « Monseigneur » a écrit une composition intitulée : *L'oratoire de France au dix-septième siècle et au dix-neuvième siècle*, a publié des discours sous ce titre : *Les Paroles de l'heure présente*, et enfin, a prononcé l'*Éloge funèbre du général Changarnier*.

C'en est assez. A pas pressés, on consomme son évasion, sans retourner la tête, sentant peser sur soi la commisération de l'excellent homme nourri dans le sérail.

II

Double élection.

21 avril 1883.

Demain aura lieu à l'Académie la double élection qui donnera des successeurs à MM. Charles Blanc et de Champagny. Au printemps, on avait déjà fait effort pour remplacer M. Charles Blanc, mais des deux candidats, MM. Pailleron et de Mazade, aucun ne voulut céder le pas à l'autre ; on eut beau voter et revoter, scrutiner et pointer, l'auteur dramatique le plus en faveur au Théâtre-Français et le bulletinier de la *Revue des Deux-Mondes* s'obstinaient à arriver «*dead heat*», avec chacun seize voix. On remit la chose à l'automne, escomptant vaguement la vieillesse, la maladie de quelques immortels mûrs pour la tombe. Justement, M. de Champagny mourut. MM. Edouard Pailleron et Charles de Mazade vont pouvoir entrer.

Il n'y a pas d'autres amateurs. On a bien vu un M. de Cosnac rôder sur le pont des Arts ; on a bien parlé, dans quelques cercles et bureaux de rédaction, des candidatures possibles de M. de Lesseps, de M. Gounod, de M. Lavigerie. Mais il était difficile de s'imaginer M. de Lesseps expliquant les rapports que ses grands travaux ont avec la littérature, M. Gounod chantant son discours de réception au piano, et M. l'évêque Lavigerie enseignant à l'assemblée l'art de se faire allouer des indemnités d'exception pour frais de propagande religieuse en Tunisie. Ces petites manifestations extra-littéraires ont été remises à des jours meilleurs : on s'occupera de procurer des titres à ces candidats inattendus.

MM. Pailleron et de Mazade ont, d'ailleurs, la parole de l'Académie. Ils sont tout désignés pour aller s'asseoir sous la grise coupole ; les palmes vertes percent déjà de bourgeons hâtifs le drap de leurs redingotes. Tous deux de la *Revue des Deux-Mondes*. M. de Mazade y écrit. M. Pailleron en est propriétaire, pour un quart. M. Pailleron, de plus, donne des dîners « académico-littéraires » — ainsi s'expriment les journaux — dont les menus doivent être absolument convaincants. M. Pailleron s'est bien permis de railler l'Académie dans la personne d'un académicien, mais le péché n'est pas gros. Voltaire n'a-t-il pas dit que l'Académie était « une maîtresse contre laquelle les gens de lettres font des chansons et des épigrammes jusqu'à ce qu'ils aient obtenu ses faveurs. » Et M. Caro, caricaturé sous les traits du professeur Bellac, n'a-t-il pas une vengeance toute prête : voter pour M. Pailleron.

L'auteur des *Faux ménages*, de l'*Autre motif*, du *Dernier quartier*, du *Monde où l'on s'amuse*, du *Monde où l'on s'ennuie*, devait fatalement aller rejoindre M. Feuillet, M. Sardou et M. Dumas fils ; son théâtre contient juste la dose de littérature suffisante pour que l'Académie s'enorgueillisse de l'élection d'un « homme de lettres ». Le *Monde où l'on s'ennuie*, par exemple, ce triomphe de M. Pailleron et de M. Perrin, est la pièce-type de ce théâtre où l'on ne met ni étude, ni caractères, ni style, mais qui joue la vie par l'accumulation des « mots de la fin » qu'il contient, par le ton vif des conversations, par la rapidité des entrées et des sorties, par le côté spirituel de la mise en scène, par l'abus des quiproquos, par un certain groupement des personnages. Ce sont là, qui pourrait aller contre ? des qualités inférieures qui peuvent amuser et séduire des contemporains pendant un instant, comme le font le bavardage d'un Courrier de Paris, l'indiscrétion d'un article de reportage, le mot piquant d'une nouvelle à la main. Mais toutes ces choses sont condamnées à disparaître avec la minute qui les a vues naître ; elles sont inhérentes à une mode fugitive, à un goût passager ; elles ne comportent pas un caractère de vérité générale qui puisse intéresser la génération prochaine ; les hommes de demain ne se soucieront de nos tics et de notre argot qu'autant qu'ils leur révéleront une somme d'humanité. Le devoir de l'Académie serait de rechercher et de consacrer ces œuvres qui représenteront notre époque dans tous les pays et dans tous les temps ; elle préfère déclarer immortelles les chroniques en trois actes de M. Edouard Pailleron ; puis, ayant ainsi réglé son compte à la littérature, elle retourne comploter une élection d'évêque ou de politicien vidé. Pauvre vieille !

A M. de Mazade comme à M. Pailleron, on pourrait appliquer le mot de Guizot, parlant d'un candidat : « Pour moi, je lui donne ma voix ; je lui trouve les qualités d'un véritable académicien. D'abord, il se présente bien ; il est très poli, décoré, n'a pas d'opinion ; je sais bien qu'il a écrit des ouvrages, mais on n'est pas parfait. » C'est une des grandes injustices de ce siècle que M. de Mazade n'ait pas été depuis longtemps élu par l'Académie. Quels passe-droits, quelles intrigues, n'a-t-il pas fallu employer pour l'empêcher d'aller occuper plus tôt sa place naturelle, le fauteuil qui a évidemment été construit pour son séant.

Un journaliste déjà ancien dans le métier disait hier que pendant longtemps on nia l'existence de quelqu'un sous ce Ch. de Mazade, qui revenait, comme un visa, à la fin de la « Revue » ; on prenait ce nom pour une signature passepartout imaginée par M. Buloz et servant pour les articles de remplissage, tant M. de Mazade écrivait de façon uniforme sur des sujets divers. Mais enfin, il fallut bien se rendre à l'évidence, de Mazade existait, de Mazade était l'informateur, l'humoriste de la maison, de Mazade écrivait la « Quinzaine politique et littéraire. » Il était l'Ariel de la *Revue des Deux-Mondes*, le papillon de ce parterre de soucis.

Et lui seul n'était pas de l'Académie ! Il faut vite réparer cet outrage. Il ne faut pas qu'il ait à rougir devant ses collaborateurs.

III

M. de Mazade s'appelle Percin.

10 décembre 1883.

Parlons-en, puisque tout le monde en parle aujourd'hui, puisque dans trois jours il serait trop tard. Les événements académiques ont ceci de particulier qu'ils n'intéressent personne, en dehors des académiciens et des candidats à l'Académie. Et pourtant, trois jours avant un vote ou une réception, des notes paraissent dans les journaux, on se dispute les places aux jours de séances, on s'écrase dans les couloirs étroits et les escaliers à vis de l'Institut pour contempler M. Cuvillier-Fleury et entendre M. Camille Doucet, pour voir passer un sourire sur les lèvres de M. Renan, et perler une larme dans l'œil de M. Jules Simon ; les lendemains, pas un journal ne manque de donner un compte-rendu de la « cérémonie » à laquelle il manque un Molière comme historiographe, on publie tout ou partie des discours auxquels quelques spécialistes consacrent des études... Et tout retombe dans le silence; l'élu nouveau examiné, pesé, discuté, épluché, enregistré, s'endort dans son immortalité comme un mort dans son cercueil.

C'est là un des plus éclatants exemples de la bonne foi et de la naïveté de ce Paris qui passe surtout pour sceptique, désabusé, irrespectueux. N'aura-t-on jamais l'idée d'analyser la convention parisienne ? ne démêlera-t-on pas un jour les éléments dont elle est faite ? ne dira-t-on pas de quelles bizarres satisfactions d'amours-propres, de quelles erreurs volontaires, de quelles stupéfiantes candeurs, de quelles puérilités, est composé le code liturgique de cette religion qui n'a plus ni influence, ni sens, passé les fortifications ? Ce ne serait pas trop d'une existence consacrée à comprendre et à exprimer cet esprit inconsistant qui se manifeste avec solennité. Il est temps de scalper la tête de cette poupée chatoyante et capricieuse que ses habilleurs veulent faire passer pour la Muse parisienne. La fragile personne ne se contente pas d'inventer la mode, elle rend des arrêts sur tout et à propos de tout. Qu'on montre donc de quel carton elle est faite et quel vide il y a derrière ses yeux clairs et sous sa chevelure envolée. La jolie étude à faire, et le beau service à rendre ! Il n'y a qu'un forçat du plaisir parisien, demi-mondain, demi-homme de lettres, très indépendant, philosophe inspiré par une tristesse gaie, — il n'y a qu'un monsieur enfermé dans son habit noir comme dans une armure, ayant passé sa vie en chapeau haut de forme, qui pourrait entreprendre une pareille œuvre et la réaliser. Il doit exister, ce moraliste obligé, par sa situation et par des Convenances plus fortes que le plus inflexible caractère, à chanter *Tout à la joie* du matin au soir et du soir au matin, ce prêtre sceptique et fidèle d'un culte illusoire ! Qu'il fasse donc de son observation vécue un document qui traverse les âges, qu'il écrive le catéchisme railleur où seront consignés nos dogmes et nos habitudes !

C'est la réception académique d'avant-hier qui suggère ces réflexions. L'engouement et l'affluence pour entendre M. de Mazade célébrer M. de Champagny ont été les mêmes que s'il se fût agi de l'invraisemblable réception d'un vrai poète par un profond philosophe. Qu'est-ce à dire ? Les mêmes ! Ils ont été bien plus considérables qu'ils ne le seraient sans doute, l'enthousiasme pour les futilités et l'indifférence pour les choses significatives étant précisément les signes révélateurs de cet esprit particulier dont quelques effets viennent d'être signalés.

On aurait beau jeu à essayer de deviner, à travers les discours prononcés par M. de Mazade et par M. Mézières, quelles raisons littéraires ou politiques ont guidé le choix de l'Académie. Quoique M. Mézières ait affirmé au récipiendaire que ses « Quinzaines politiques » étaient goûtées en Océanie et dans les deux Amériques, la perplexité ne fait qu'augmenter. M. de Mazade s'est pourtant sacré académicien en aiguisant contre lui-même une épigramme que M. Mézières a dû lui envier. « Comme La Bruyère entrant à l'Académie, dit le chroniqueur bulozien, je pourrais à mon tour vous dire: « A qui me faites-vous succéder ! A un homme qui avait de la vertu... » La Bruyère remplaçait l'abbé Cureau de la Chambre, M. de Champagny équivalait peut-être à cet abbé Cureau de la Chambre. Mais, avouez-le, monsieur, La Bruyère manque un peu.

Et que devient-on quand l'on s'aperçoit que M. de Mazade, dont l'existence a été niée pendant si longtemps, ne s'appelle même pas de Mazade.

C'est la grave révélation qui survivra à cette séance : M. de Mazade s'appelle Percin !

IV

M. Pailleron a discouru.

18 janvier 1884.

C'est maintenant définitif. M. Pailleron est pour toujours le collègue de M. Caro. Le bourreau et la victime cohabitent en immortalité. M. Pailleron n'est plus, depuis hier, l'auteur du *Monde où l'on s'ennuie*, il est passé à l'état de personnage de la pièce, quelque chose comme le suppléant du professeur Bellac. Il a été amené à la barre académique par ses parrains comme un coupable condamné à la réclusion perpétuelle est conduit au greffe. Le directeur de la Centrale littéraire dont les murailles se dressent, dont la coupole s'arrondit au bout du pont des Arts, M. Camille Rousset, a fouillé le prisonnier, a dressé un inventaire de ce qu'il a trouvé sur lui, a lu un dossier très complet où rien de désagréable n'était oublié, où le signalement moral était établi sans omission d'aucun signe particulier. Pour terminer, quelques paroles, rudes et paternelles à la fois, semonce pour le passé, avertissement pour l'avenir, ont été adressées au nouveau venu qui est à présent costumé, encellulé, surveillé. S'il se conduit mal, s'il a, dans le préau, des discussions avec M. Caro, on lui infligera deux heures de Dictionnaire, ce chausson de lisière des académiciens.

Tout s'est passé, en somme, de la manière annoncée par la presse spéciale qui connaît longtemps à l'avance les péripéties de ces luttes oratoires, les phases de cette tempête dans deux verres d'eau, les émotions qui agiteront les cœurs des assistants. Un journal n'avait-il pas calculé la longueur de la séance : quarante-deux minutes pour le discours de M. Pailleron, quarante minutes pour le discours de M. Camille Rousset, cinq minutes pour les applaudissements : total, une séance de une heure et demie. N'est-ce pas attendrissant et significatif? Les invités de M. Pingard iraient à l'Institut pour se faire guillotiner qu'on ne s'ingénierait pas davantage pour leur prouver que ce n'est qu'un moment à passer et que l'opération se fait sans douleur. Il en a été ainsi. Le discours de M. Pailleron a été fort court. Très célébré à l'avance, il s'en faut de beaucoup que ce discours ait tenu les merveilles que nous promettait tous ceux qui l'admiraient avant même qu'il ne fût écrit. C'est l'article nécrologique spécial à l'Académie. Ce n'est pas seulement son siège que lègue l'académicien qui meurt à l'académicien qui naît ; il lui lègue aussi le procédé pour faire un discours qu'il a reçu de son prédécesseur. Aussi qui en connaît un les connaît-il tous, et si M. Renan ne s'en mêle pas, ne surgit-il jamais de l'inattendu de cette parlotte réglée comme une discussion de la conférence Molé. C'est d'abord le salut obligé à la « Compagnie », à la « noble maison » ; c'est un aveu d'indignité, le même qui a été fait, dans les mêmes termes, par tous ceux qui ont des sourires de ravissements, des pâmoisons de surprise discrète, des murmures de protestation délicate, comme s'ils entendaient ces paroles exquises pour la première fois de leur vie. Puis, c'est la biographie du défunt, un souvenir donné à ses proches, des politesses faites à tous les titres de ses livres. Le tout parsemé de formules de manuels, — desséchées, pâlies comme les fleurs d'un herbier, — d'épigrammes politiques, — usées comme de vieilles monnaies tant elles ont été repassées de mains en mains, — de sous-entendus, de mots qui ont eu déjà deux cents représentations. Et cela finit naturellement par un procès de tendance fait à la littérature qui n'est pas de l'Institut.

M. Pailleron n'a pas bronché une seule fois. Il a exécuté scrupuleusement le programme comme M. de Mazade l'avait fait avant lui, comme M. About le fera après lui. L'éloge de Charles Blanc a été mitigé, le blâme a été aimable. La République a été houspillée, l'esthétique idéaliste a été glorifiée, le réalisme a été conspué. Les honnêtes « misères à soulager » ont été mises en regard des affreux « appétits à satisfaire », comme si ces termes différents ne désignaient pas le même état de choses. A quoi bon s'appesantir sur tout cela ? A quoi bon prendre au sérieux ces apparences solennelles ? On rirait, si l'on voyait un naïf prendre corps à corps un discours académique. M. Pailleron a loué Charles Blanc et la critique d'art spiritualiste, il a condamné la littérature naturaliste à laquelle il reproche ses « observations médicales ». Il est bien clair que compliments et reproches auraient une valeur et appelleraient la discussion s'ils étaient formulés au nom d'une philosophie et d'une forme d'art. Mais quoi ! le candidat à l'Académie ne s'engage-t-il pas, par le fait de demander un fauteuil, à livrer une apologie de son prédécesseur, quel qu'il soit, à railler en l'ignorant ce qui vit en dehors de l'Académie, ce qui passe à côté d'elle. C'est joli, un verre d'eau sucrée devant un monsieur en habit enguirlandé de vert. Mais la Seine qui passe devant l'Institut, emportant tout, roulant ses flots vers la grande mer, n'est pas non plus un spectacle à dédaigner.

V

Par acclamation,

22 février 1884.

Pour se rendre compte de la place énorme que l'Académie française tient dans les préoccupations, il faut se représenter l'amas de papier noirci et la longueur des conversations tenues pendant huit jours, à propos de l'élection d'hier. Mais l'étonnement se change en stupeur si, après avoir constaté la quantité des phrases écrites et des paroles prononcées, on cherche à interpréter les textes et à dégager l'opinion du monde littéraire. On se demande bientôt si l'on ne rêve pas, s'il est possible que la niaiserie puisse affecter des allures aussi solennelles, si les faits sont les faits et si les mots sont les mots. On en arrive à croire que le même mal, — le mal du respect quand même, — va gagner tout le monde, et que ceux qui échapperont à la contagion deviendront des objets de curiosité et de risée.

C'est ainsi. A l'heure actuelle, les littérateurs français et les journalistes parisiens sont presque tous à genoux sur le pont des Arts, glorifiant l'Académie, les encensoirs s'élèvent en cadence vers la coupole, un encens d'épithètes laudatives flotte dans l'air.

Qui a fait ce beau miracle ? qui a transformé comme par un coup de baguette, en un chœur uniforme et bien réglé, les clameurs anarchiques de la République des lettres ? Quel est l'orateur commandant aux flots, le poète dompteur de monstres, qui n'a eu qu'à paraître pour faire succéder un hymne d'allégresse aux cris de la polémique ?

Que dites-vous là, et quelle est votre erreur ? Vous avez pu croire que c'était à propos d'un écrivain que l'on menait tout ce tapage, que l'on parlait d'un vote par acclamation, d'un fauteuil spécial, de la suppression des visites académiques ! C'est alors que vous ne connaissez plus la manière de faire de ceux qui décernent les prix de popularité et de patriotisme et font intervenir la France dans la moindre discussion d'arrière-boutique, si vous supposez qu'une agitation pareille a pu être créée, autour de l'Académie, à l'occasion d'un simple homme de lettres, qui ne serait que cela et ne voudrait être que cela. C'est de M. de Lesseps qu'il s'agit, du canal de Suez et de l'isthme de Panama, et pas d'autre chose. D'avance on peut prédire que la constatation ainsi faite sera interprétée de travers par tous ceux qui regardent la nomination de M. de Lesseps comme une victoire et une revanche. Victoire remportée sur qui et sur quoi ? Sur la littérature ? Sur les isthmes ? Revanche de quoi ? De l'occupation de l'Egypte par l'Angleterre? Qu'on ne rie pas : un journal qui n'est pas tintamarresque a découvert cette portée inattendue de l'élection Lesseps. Ceux qui ne se montreront pas suffisamment convaincus seront accusés d'insulter à une gloire nationale, de nier le progrès, de servir les intérêts anti-français. Il faut en prendre son parti. Aussi n'y a-t-il pas à insister outre mesure sur l'estime qui peut être ressentie pour le caractère de M. de Lesseps, sur l'admiration volontiers éprouvée pour son œuvre, — estime et admiration plus calmes que celles des faiseurs de dithyrambes qui ne peuvent rester cinq minutes sans parler du « Grand Français », en prodiguant les majuscules et en rappelant Christophe Colomb. La question ainsi posée ne supporte pas l'examen, l'œuvre de M. de Lesseps n'est pas en jeu, et il ne sera pas ici usé de moyens factices pour faire accepter une opinion littéraire sur un vote qui ne l'est pas.

C'est bien cela, s'écrient ceux qui ont aidé à administrer à la littérature moderne la correction qu'elle a reque dans la journée d'hier, les voilà, les contempteurs de l'Académie, les littérateurs envieux qui font semblant d'ignorer l'utilité et la grandeur de l'institution cardinalesque. Comme s'il n'y avait que la littérature ! Comme si, à côté de la littérature, il n'y avait pas de magnifiques travaux, de sublimes spectacles honorant l'humanité tout autant qu'un poème ou un roman ! Comme si le savant, le voyageur, l'inventeur ne faisaient pas montre de puissance cérébrale aussi bien que l'auteur dramatique et le feuilletoniste théâtral !

Oui. Mais qui songe à nier cette vérité élémentaire que tout effort humain doit être étudié et honoré ? Qui n'est prêt à admettre que, dans le cas présent, réunir deux mers constitue une occupation supérieure à la confection de tels romans et de telles comédies, ces comédies et ces romans fussent-ils signés de noms d'académiciens.

Alors, triomphent les faiseurs d'immortels, de quoi vous plaignez-vous ? L'Académie n'a pas été créée uniquement pour recueillir et faire siennes les gloires littéraires seulement, mais toutes les gloires. Il lui faut, avec les écrivains, les orateurs, et aussi les savants, et aussi les grands capitaines, les princes et les ducs, et les cardinaux et les évêques ; il lui faut tous les éminents et toutes les Eminences ; il lui faut même les hommes qui ont marqué dans l'histoire de leur pays par leur politesse irréprochable, par leur gigantesque distinction. L'Académie doit être, en même temps que la Salpêtrière des lettres et la Sainte-Périne des sciences, le Temple du Goût, le Salon de conversation de la France. Voilà pourquoi on devait nommer M. de Lesseps qui a percé un isthme et qui est un causeur charmant, et lui offrir, avant même qu'il l'ait demandé, le fauteuil qui n'a pas été offert à Molière et qui a été refusé à Balzac.

Que répondre ? Qu'il y a des sections à l'Institut, qu'il n'y a pas plus de raisons pour envoyer M. de Lesseps siéger parmi les littérateurs que pour l'envoyer siéger parmi les musiciens, que s'il n'y a pas de section pour les grands ingénieurs, il faut en créer une...

Ma foi non ! Tout est bien ainsi. Il plaît à l'Académie de donner raison à ceux qui affirment qu'elle est une institution anti-littéraire. Libre à elle. Elle veut se donner cette fête d'entendre M. Pailleron louer M. de Lesseps de la forme magistrale donnée aux rapports adressés aux actionnaires du canal de Suez. Va pour la fête. Mais pourquoi s'arrêter en si beau chemin. Si l'Académie doit être un résumé de la société, si elle doit échantillonner les plus remarquables représentants des forces sociales, que ne laisse-t-elle entrer chez elle S. M. l'Argent, en la personne de M. de Rothschild ? Que n'acclame-t-elle le maréchal de Mac-Mahon ? Que n'ouvre-t-elle au hasard l'*Annuaire du Grand monde parisien* pour y chercher un représentant autorisé de la politesse française ?

VI

Force de l'habitude.

25 juillet 1883.

De temps à autre, quand la mort a fauché l'un des Quarante, quand le char funèbre est remisé, quand l'éditeur de l'immortel décédé a fait passer dans les feuilles quelques réclames désespérées pour les satires en vers et les Essais qui avaient justement rapporté un siège d'académicien à leur auteur, un frisson à peine perceptible court le monde où l'on s'ennuie. On se passionne dans des coins de salons, on pointe des voix dans quelques bureaux de journaux et de revues. Des femmes politiques et littéraires vont visiter des doctrinaires cravatés de blanc sale avec une sorte d'ardeur amoureuse. On chuchote faubourg Saint-Germain, on discute chez les princes, on dit son mot à l'archevêché. Il s'agit de désigner un candidat.

La rumeur ne dépasse guère les confins de ce monde spécial. Le public est d'ordinaire insensible à ces allées et venues. Quant aux hommes de lettres, ils quitteront peut-être l'œuvre commencée pour aller voir se coucher le soleil, du haut du pont des Arts, mais ils s'en reviendront sans avoir jeté un coup d'œil sur le terne couvercle de l'Institut. Parfois, on en signale pourtant quelques-uns qui arrivent doucement, regardant bien s'ils sont seuls, et qui viennent frapper à l'huis en demandant poliment quel jour l'Académie reçoit. Le guichet se referme souvent sans réponse, et c'est bien fait. A d'autres il est dit : Vous repasserez. D'autres enfin se sont à peine montrés qu'ils sont happés par la vieille et emportés dans son lit-tombeau, et c'est encore bien fait.

Cette fois, on signale trois postulants : un poète, un écrivain qui a fait des farces à la littérature et des agaceries à la politique, et un *essayist*-traducteur : MM. François Coppée, Edmond About et Emile Montégut. La candidature de M. Hervé a été également posée. Le directeur du *Soleil* a démenti pour son compte. L'immortel auteur de l'*Œil crevé* n'a encore rien dit : peut-être négocie-t-il en ce moment et fait-il pressentir M. Camille Doucet.

Il n'y a pas lieu d'étudier les œuvres des trois concurrents déclarés. M. François Coppée est le poète favorisé qui a donné la note jeune et charmante du *Passant* au milieu des essoufflements des chercheurs des rimes ; il est surtout l'analyste des *Intimités*, l'écrivain pénétrant et condensé qui a su, à une certaine heure de sa vie littéraire, faire tenir une foule de visions exactes, de sensations vécues, dans un vers d'une musique subtile. C'était l'œuvre d'un réaliste qui ne reculait devant aucune des vulgarités qu'il rencontrait, c'était en même temps l'œuvre d'un poète qui, avec une habileté prodigieuse, trouvait pour célébrer le charme de toutes choses une langue faite de banalités et de simplicités nuancées à l'infini; des strophes, des vers, des mots même font songer à des gouttes d'eau limpides dans lesquelles rayonnent les sept couleurs du prisme. Malgré le stationnement de la muse de M. François Coppée, malgré les erreurs théâtrales du poète, il faudrait se souvenir des *Intimités* et ne pas envoyer leur écrivain aux galères académiques.

Pour M. About, au contraire, il n'y a pas à hésiter. Le cotillonneur de Compiègne, le journaliste qui fut le rabatteur de l'armée de Versailles pendant la semaine de Mai, est tout désigné par son passé politique pour aller retrouver M. Maxime du Camp et M. Dumas fils à l'Institut. Il y a longtemps qu'il est brouillé avec les Lettres ; les romans qu'il a laissés, — car on peut parler du romancier que fut M. About comme d'un disparu, — ces romans sont choses creuses, sans observations qui comptent, sans trouvailles de style, et ne supportent pas une seconde lecture. A part le début de *Madelon*, qui est une fort belle chose, les livres publiés par M. About n'ont pas plus d'importance dans notre histoire littéraire qu'une mode avortée n'en a dans l'histoire du costume. C'est quelconque, c'est intéressant pendant quelques mois, on en parle comme de l'article bien fait qui correspond à un état passager de l'esprit. Ce sont les œuvres d'art éphémères classées par Taine, qui ne sont pas plus viables que le milieu qui les a inspirées ; elles cessent d'être comprise et d'être lues quand une nouvelle génération ou simplement une nouvelle couche de lecteurs est survenue. L'étiage est ainsi établi. D'autres œuvres vivent un siècle, — d'autres ne disparaissent qu'avec un peuple,— d'autres vivront aussi longtemps que l'humanité.

Reste l'esprit de M. About. Oui, M. About en a eu et de l'excellent; clair, rapide et malicieux. Mais cet esprit lui-même est-il viable ? Qu'est-ce que l'esprit qui n'est au service de rien, qui ne défend ni n'attaque rien et tourne à tous les vents ? L'esprit de Voltaire subsiste, parce qu'il était en même temps une arme pour attaquer et un outil pour fonder. L'esprit de Courier subsiste parce qu'il a accompli une œuvre. De même pour l'esprit de l'écrivain des *Lanternes* dont l'action a été décisive. Mais sous quelle forme l'esprit incontestable de M. About peut-il arriver à la postérité ? Quel est le pamphlet de l'auteur de la *Grèce contemporaine* qui corresponde à un ordre de faits, au triomphe ou même à la défaite d'une idée ? A l'Académie, M. About !

A moins que l'Académie ne préfère M. Emile Montégut. M. Montégut est presque de la maison, puisqu'il critique dans la *Revue des Deux-Mondes* depuis de longues années. Il faut reconnaître qu'à l'encontre de beaucoup de ses condisciples, il le fait avec sincérité et talent. Il y a de lui des pages sur Shakespeare, sur le xvie siècle, sur l'art des Pays-Bas, sur le roman anglais, qui sont d'un intérêt incontestable. Enfin, il est l'auteur d'une traduction de Shakespeare qui témoigne d'un travail et d'une conscience extrêmes. Cette seule traduction a mis M. Emile Montégut en bonne place dans l'estime des lettrés: elle pourra lui nuire auprès des Trente-Neuf.

Ainsi, voilà où en est une partie du monde des lettres. En 1883, on postule encore pour entrer à l'Académie, et il se trouve bon nombre d'esprit distingués, d'hommes de goût, pour applaudir à cette ambition de maniaques. C'est le même cas que pour les médailles du Salon et les prix de Rome, c'est le même amour des estampilles et des consécrations. L'Académie n'a aucune influence littéraire, aucune importance sociale; elle n'est pas parvenue, elle ne parviendra jamais à faire le Dictionnaire que Littré a fait à lui tout seul; elle est une épave monarchique, un débris du naufrage de l'ancien monde, échoué au milieu des hommes et des choses modernes; elle a dédaigné la littérature en la personne de Molière, de Balzac, de Michelet... — la liste serait longue ! N'importe, on va encore lui demander un brevet et un panache, les écrivains tiennent à fraterniser avec les grands seigneurs.

C'en est à rêver d'une insurrection d'hommes de lettres partant pour prendre et raser l'Académie, comme on a pris et rasé la Bastille. Cette révolution littéraire ne laisserait pas que d'être féconde en intéressants épisodes : l'arrestation de M. Pingard dans le vestibule, l'envahissement de la salle des séances, la violation de la tribune par un réaliste. On pourrait même, pour l'exemple, fusiller quelques habits d'académiciens dans la cour de l'Institut.

Le malheur est, qu'aussitôt dans la place, les occupants jetteraient par les fenêtres les listes d'une académie provisoire !

VII

Histoire d'un fauteuil.

26 janvier 1881.

L'Académie française a donné un remplaçant à M. Jules Sandeau. C'est M. Edmond About qui a été proclamé immortel. MM. François Coppée, Emile Montégut, l'abbé Petit, le comte de Cosnac, Renauld et Michiels ont été ajournés. Le détail des scrutins a été publié, les personnes qui s'intéressent aux luttes qui ont lieu de temps en temps, au Grand-Hôtel, entre MM. Slosson et Vignaux, ont bien voulu accueillir avec leur bienveillance habituelle le récit des péripéties de ces carambolages académiques. La curiosité s'arrête là. A quoi bon juger le choix qui a été fait ? Quelque estime que l'on ait pour les travaux de M. Emile Montégut et les vers de M. Coppée, aucun regret ne peut surgir parce que l'auteur du *Nez d'un Notaire* prend la place de l'auteur de *Mademoiselle de la Seiglière*. Il est impossible de ne pas prendre indifféremment ces sortes de choses, l'Académie ne peut faire naître que l'étonnement profond de voir encore debout, en plein XIX° siècle, cette vieille machine risible et démodée, aux ressorts grinçants et détraqués.

M. About a été nommé. L'article fait contre Manet, le jour de l'ouverture de l'exposition des Beaux-Arts, a sans doute décidé de la victoire. M. About, qui est, en somme, un raté, qui n'a eu, sans cesse, que des faux départs, qui a voulu d'abord être le Voltaire de poche de ce siècle et qui, plus tard, réduisant chaque fois ses ambitions, se serait contenté d'être député du centre ou ambassadeur, qui s'est rabattu sur l'Académie parce qu'il n'a pu entrer au Sénat, M. About a appelé Edouard Manet un raté, a parlé d'avortement devant l'œuvre du peintre d'*Olympia*, cet œuvre fécond en résultats qui a été le point de départ d'une évolution de l'école française. Du coup, l'Ecole, l'art officiel, les pri Rome, la littérature honnête, étaient vengés ! L'Académie ne pouvait rester insensible à cette protestation ; elle a reconnu bien vite en M. About l'un des siens ; elle l'a voulu ; elle l'a.

Mais M. About apparaîtra mieux en lumière, comme académicien, le jour où il sera accueilli par M. Rousse. L'élection d'hier ne peut être qu'un prétexte à un intéressant travail depuis longtemps médité. N'est-ce pas résoudre un curieux problème historique que de rechercher qui, avant M. About, avant Jules Sandeau, a occupé le fauteuil qui vient d'être adjugé ? On a fait l'histoire du 41° fauteuil ; — c'est l'histoire du 3° fauteuil qui doit être, cette fois, écrite. Dans le fauteuil imaginaire se sont assis tous les hommes qui ont été la gloire de leur siècle, les écrivains qui ont fait la langue française ; — il est bon, il est utile de savoir quels poètes, quels prosateurs, quels orateurs se sont carrés dans ce fauteuil réel, se sont prélassés sur ces coussins somnifères avec des attitudes de dieux figurant au centre d'une apothéose !

Voici la liste des hommes de génie qui ont précédé MM. Sandeau et About dans le troisième fauteuil, avec la date de leur élection : Philippe Habert (1629), Jacques Esprit (1637), l'archevêque Colbert (1678), Fraguier (1707), l'abbé Rothelin (1728), l'abbé G. Girard (1744), Paulmy d'Argenson (1748), J.-B d'Aguesseau (1787), Brifaut (1826).

Ici, l'embarras est grand. Les points d'interrogation s'accroissent, l'inquiétude s'empare de l'esprit. Eh quoi ! depuis 1629, ces grands esprits avaient incarné en eux l'art de bien penser et de bien dire, avaient représenté la littérature nationale, et c'est à peine si les noms de quelques-uns sont vaguement connus ! et nulle ligne de leurs beaux ouvrages n'est venue jusqu'à nous ! En proie à tous les doutes, honteux d'une aussi invraisemblable ignorance, le chercheur fait ses aveux à des lettrés, à des érudits, entreprend de se renseigner auprès de quelques encyclopédistes. Quelle n'est pas sa stupéfaction en voyant les gens surpris des questions, croire à une mystification, chercher dans leur mémoire, n'y trouver que des souvenirs vagues, des dates inexactes, et finalement avouer que pour eux aucun événement littéraire ne se rattache bien exactement à aucun des noms cités. Il fallut alors faire appel à des amitiés dévouées pour mener à bien le labeur colossal imprudemment entrepris, la besogne dut être partagée entre des collaborateurs innombrables, le temps dut être méthodiquement employé pour qu'à la fin de la journée les documents fussent rassemblés, dépouillés, mis en ordre. C'est fait. Compilations de dictionnaires, recherches biographiques, examen des écrivains contemporains, mots examinés à la loupe, interprétation de textes, comparaison de dates, tout a été employé pour arriver à la vérité. On a vu les travailleurs, inquiets et persistants, partout où il y a des livres sur des rayons, à la Bibliothèque nationale, à Sainte-Geneviève, à l'Arsenal, chez le libraire et chez l'amateur; la poussière des in-folios a été analysée pour y découvrir un vestige, une trace. L'œuvre réparatrice a été menée presque à bien. De même qu'une mâchoire, un tibia, un fragment d'os suffisaient à Cuvier pour reconstituer le type d'une espèce disparue, une ligne, un mot, une date, aident à remettre sur pied l'académicien fossile dont les siècles ingrats ont perdu le souvenir; la lumière se fait subitement, les titres tombés dans l'oubli reprennent leur éclat, tout s'enchaîne logiquement, tout s'explique, et le scepticisme se change en foi.

Lisez, vous qui avez parfois blasphémé le saint nom de l'Académie et parlé irrévérencieusement des Quarante, lisez cet impartial résumé.

Philippe HABERT (1603-1637) fut le premier académicien qui s'assit dans le troisième fauteuil, en 1629. Admirable et significatif début. Philippe Habert est un symbole, le modèle qu'il faut désespérer d'atteindre. La nomination d'Habert est un coup d'essai qui est un coup de maître et qui jamais ne sera égalé. Habert n'est pas un académicien, c'est l'Académie ! Ecoutez cela, vous autres, qui concourez pour les prix de Poésie, qui écrivez des pièces morales et publiez des volumes vertueux, écoutez la biographie d'Habert : Aucun titre littéraire, aucun ! Est-ce beau ? Et n'êtes-vous pas découragés ? Habert fut un commissaire de l'artillerie, protégé par le maréchal de la Meilleraye. « Tout en suivant la carrière des armes, dit un biographe, il cultiva les lettres. » Mais il eut soin de garder pour lui les résultats de sa culture. Comme il fréquentait les salons de Conrart, il fut, avec toute la chambrée, envoyé à l'Académie, et tomba dans le troisième fauteuil qu'il ne quitta guère que pour aller accomplir des actions d'éclat. Mourut écrasé par la chute d'un pan de muraille au siège d'Emerick. Aucun titre littéraire, encore une fois, insistons-y. On ne peut pas compter, n'est-ce pas ? le poème en trois cents vers qu'il mit trois ans à composer, — cent vers par an, huit par mois, un tous les quatre jours, — et qui est intitulé le *Temple de la Mort* (Paris, 1637, in-8°). Outre que ce poème a paru huit ans après la réception académique de Philippe Habert, un an après sa mort, il est clair qu'il ne s'agit pas là d'un travail d'écrivain, mais d'un délassement d'ancien militaire, identique à ces traductions d'Horace qui occupent les commandants en retraite dans les petites villes de province. Non, Habert n'a pas voulu donner, par ce poème posthume, un démenti à toute sa vie et au fondateur de l'Académie. La gloire d'Habert est pure !

En 1629, en même temps qu'Habert, vivait un certain Agrippa d'Aubigné, qui a écrit ce livre : *Les Tragiques*.

En 1637, Jacques Esprit succéda à Habert. Il y a déjà une décadence. Esprit (Jacques) (1611-1678), a écrit. Il a écrit des *Maximes politiques*, il les a même mises en vers. Il a écrit la *Fausseté des vertus humaines*; c'est du La Rochefoucauld édulcoré, du Pascal étendu d'eau. D'ailleurs, ça n'a paru qu'après la mort de l'auteur. Les ouvrages qui ont mené Esprit à l'Académie, les seuls qui aient été publiés de son vivant sont : *Paraphrase de quelques psaumes*, deux rondeaux imprimés dans le recueil de Cottin, et des vers sur la paix, cités par Loret. Autres titres, les véritables, les seuls : Obtient du chancelier Séguier une pension de 500 écus et un brevet de conseiller d'État ; disgracié pour n'avoir pas révélé les amours de la fille du chancelier avec Guy de Laval, — (quelles drôles d'obligations avaient les académiciens en ce temps-là !) — il reçoit de Mme de Longueville une pension de 2,000 livres et la place de précepteur de ses neveux. Bon choix, en somme. Bon académicien.

Quand Jacques Esprit fut reçu académicien, Descartes n'avait encore écrit que le *Discours sur la Méthode*.

A la mort d'Esprit, un archevêque s'installe dans le fauteuil, l'archevêque COLBERT (Jacques-Nicolas) (1654-

1707). Ses titres? Fils de son père, archevêque de Rouen. Il fut tolérant envers les protestants, mais cela ne devait pas constituer un titre en 1678, quoique cette tolérance valût mieux qu'un mauvais livre. Il doit y avoir autre chose.

Oui, la voici, la raison sans réplique. En 1678, un écrivain existait et publiait des pages d'un esprit délicieux. Que faire? Il fallait pourtant l'éviter, ce Saint-Evremond. L'archevêque Colbert sauva la situation. La littérature était encore une fois heureusement vaincue.

En 1707, c'est FRAGUIER qui apparaît. Ici, aveu d'impuissance. Aucun renseignement sur Fraguier. Son dossier porte ce seul mot: Néant. On n'est pas même fixé sur son nom. Quelqu'un l'appelle l'abbé Fraguin. Habert est dépassé, Fraguier ou Fraguin est l'académicien idéal.

Ne cherchez pas le pourquoi de l'élection de cet anonyme. S'il n'avait pas été là, au bon moment, il aurait peut-être fallu, — on en frissonne! — élire Regnard qui s'était permis d'écrire les *Ménechmes*, le *Joueur*, le *Légataire universel*. Alors, vous comprenez quel service a rendu Fraguier ou Fraguin, en 1707!

Après cet abbé dont l'état-civil est si difficile à reconstituer, autre abbé. L'abbé ROTHELIN (Charles d'Orléans de) (1691-1744), est nommé en 1728. Celui-ci descendait du beau Dunois. Il n'y avait donc pas de contestation possible. Il avait perdu sa mère à dix ans et ce n'est qu'à trente-sept ans qu'il trouva l'Académie! L'abbé Rothelin travaillait dans un genre de littérature tout spécial: il collectionnait des médailles. Il collectionnait aussi des livres, ceux qui traitaient de numismatique. « Il fut reçu, dit un de ses historiens, plutôt à titre d'ami des lettres qu'à titre de littérateur. » Publia — après son élection — quelques livres dont il ne reste pas trace. On ne sait pas comment il écrivait le français, mais il écrivait avec pureté l'italien. Ce trait est cueilli dans l'éloge qui fut fait de lui après sa mort par M. Weiss.

Pendant que l'abbé Rothelin nettoyait et classait ses médailles, un livre intitulé *Gil-Blas* et signé Lesage paraissait. Comme toujours, l'Académie fit son devoir.

En 1744, à la mort de l'abbé Rothelin, un quatrième ecclésiastique surgit : l'abbé G. GIRARD (1677-1748). L'abbé Girard est l'auteur des *Synonymes français*, travail bien fait de grammairien, bon livre qui a certainement aidé à fixer le sens des mots. L'Académie, d'ailleurs, ne nomma pas le linguiste, mais l'aumônier de la duchesse de Berry et le secrétaire interprète du roi.

L'abbé Prévost était ainsi évité, cet abbé qui avait eu l'audace d'écrire *Manon Lescaut*. Vite, faites entrer l'auteur des *Synonymes*.

En 1748, PAULMY D'ARGENSON (Antoine-René-Voyer, marquis de) (1722-1787), apparaît. Ministre de la guerre, ambassadeur en Suisse, en Pologne et à Venise, il représente la politesse de l'Académie envers les pouvoirs établis. Paulmy d'Argenson avait une belle bibliothèque ; il en profita pour publier 65 volumes intitulés : *Mélanges tirés d'une grande bibliothèque*.

En 1748, quand ce marquis fut nommé, un philosophe qui sentait le roussi et que l'on surveillait de près, un nommé Denis Diderot, né à Langres, avait publié quelques mauvais bouquins qui ne disaient rien de bon : un *Essai sur le mérite et la vertu*, des *Pensées philosophiques*, et d'autres de cet acabit. L'élection de M. le ministre Paulmy-d'Argenson aurait dû faire réfléchir cet ennemi de l'autorité !

Après d'Argenson, mort en 1787, J.-B. D'AGUESSEAU. Néant. Portait un nom illustre. Donc, surabondance de titres.

En 1775, on avait joué une pièce : le *Barbier de Séville* ; en 1784, une autre : le *Mariage de Figaro*. L'Académie s'en aperçut-elle ? Non, elle s'aperçut de l'existence de J. B. d'Aguesseau.

En 1826, BRIFAUT (1781-1857), un censeur, monte en grade et est nommé académicien. Brifaut est surtout célèbre pour avoir écrit *Ninus II* et *Jane Grey*, et pour avoir, en qualité de censeur, trouvé ridicules les vers d'*Hernani*. Il rima aussi des cantates en l'honneur de Napoléon I*er*, du roi de Rome, de Louis XVIII. Il écrivit la *Journée de l'hymen* (1810, in-4°) et le *Droit de vie et de mort*, poème (1820, in-8°). C'était plus qu'il n'en fallait.

En 1826, Stendhal n'avait encore publié que les *Lettres sur Haydn*, la *Vie de Mozart*, les *Considérations sur Métastase et la musique en Italie*, l'*Histoire de la peinture en Italie*, *Rome, Naples et Florence*, et enfin l'*Amour*. Aussi quelle majorité eut Brifaut !

Enfin, en 1857, quand Jules SANDEAU fut élu, quelques historiens, quelques poètes, quelques romanciers, donnaient des espérances de talent. Entre autres, Michelet, Quinet, Louis Blanc, Théophile Gautier, George Sand, Leconte de Lisle, Théodore de Banville, Charles Baudelaire, Louis Bouilhet, Vacquerie, Paul de Saint-Victor, Gustave Flaubert.

Telle est l'histoire du troisième fauteuil. Elle est dédiée à ceux qui concèdent que, certainement, aujourd'hui, l'Académie n'a pas grande raison d'être, puisqu'elle représente le passé, mais que ce passé a été glorieux, qu'il y aurait injustice à condamner ce qui fut grand autrefois, que ce débris doit être respecté à cause des services qu'il a rendus jadis, et que 98,000 francs sont bien employés à entretenir ce qui fut une gloire nationale.

La vérité, c'est que l'Académie a toujours été un instrument de réaction, l'asile des niaiseries littéraires, les Invalides des politiques fourbus, des radoteurs des salons doctrinaires. Il y a trois portes qui donnent accès dans la salle des séances académiques. Au-dessus des portes sont écrits les mots: *Sciences, Lettres, Arts*. Il y a longtemps qu'un spirituel écrivain a fait remarquer que la porte des « Lettres » était barrée par le bureau, que cette porte était, inexorablement, à jamais, condamnée !

VIII

A Monsieur le Duc de Noailles.

3 décembre 1884.

C'est à vous, Monsieur, qu'il convient de s'adresser en ce péril qui menace l'illustre Compagnie à laquelle vous appartenez de par votre naissance et selon les quelques convenances sociales encore respectées. Les feuilles qui ont publié, ces jours-ci, des pronostics sur les élections académiques de demain ont, en effet, laissé entendre qu'une transaction était sur le point de s'accomplir, et que l'Académie des ducs et des amateurs, la vôtre, Monsieur, la seule, la vraie, allait pactiser avec les fauteurs de désordre littéraire. Ce n'est pas en désignant d'avance M. Victor Duruy pour occuper le fauteuil d'historien de M. Mignet et M. Joseph Bertrand pour représenter la science après M. Dumas, ce n'est pas en désignant ces noms qui sont sur toutes les lèvres que les journaux bien intentionnés ont pu alarmer l'opinion publique, si prompte à s'effaroucher pour tout ce qui touche au grand corps qui garde intact le dépôt de la langue et de la vertu nationales. Mais n'a-t-il pas été annoncé, affirmé par tous que le siège de M. d'Haussonville allait échoir sans conteste à M. Ludovic Halévy ! Avez-vous, du fond de votre retraite, prêté quelque attention à ce bruit que mènent des gens qui semblent s'attacher à compromettre l'Académie ? Il apparaît, en tous cas, que vous seul êtes capable, de par la triple autorité de votre nom, de votre âge et de votre passé, pur de toute compromission avec la littérature, de déranger ce qui se prépare et d'empêcher ce que quelques-uns considèrent comme un fait accompli.

Il n'y a pas d'hésitation possible : c'est à vous que la pensée va presque immédiatement. Ce n'est pas, Dieu merci ! que les ducs manquent à l'Académie. Notre féodalité finit là, coiffée de plumes, brodée de vert, somnolant à la lecture des pièces de concours, usant ses dernières forces dans des tentatives d'établissement de dictionnaire. Mais la magnifique aventure qui vous illustra sans troubler un instant votre aristocratique sérénité ne fait-elle pas de vous l'Académicien destiné à remettre toutes choses en place, à trouver le digne successeur de M. d'Haussonville, à renvoyer M. Halévy retrouver M. Meilhac sous le péristyle des Variétés ? N'est-ce pas vous, Monsieur, qui autrefois avez bien consenti à publier un livre sous votre signature, puisque cette vaine formalité était nécessaire pour vous donner une place qui, en réalité, vous était due comme votre siège de la Chambre des Pairs, mais qui avez bien marqué la supériorité de votre dédain en n'écrivant pas vous-même le travail de croquant qui vous était demandé. C'est de l'*Histoire de madame de Maintenon et des principaux événements du règne de Louis XIV* qu'il s'agit. Peut-être vous souvenez-vous de ce titre un peu long, si vous avez toutefois consenti à regarder la couverture du volume ou à écouter le discours qui a salué votre réception. Le livre, quoi qu'il en soit, fit grand bruit, votre secrétaire, au lieu de vous livrer un travail original, s'étant avisé — à académicien, académicien et demi — de copier les livres de Lavallée et autres consciencieux. Cela ne vous empêcha pas, d'ailleurs, monsieur le duc, d'être nommé à la place de Chateaubriand, qui n'était que vicomte et qui écrivait ses livres lui-même.

Et c'est vous, Monsieur, qui laisseriez s'établir un ordre de succession qui donne la place de M. d'Haussonville à M. Ludovic Halévy ! Mais vous ignorez donc les antécédents du candidat, vous n'avez donc pas pris connaissance du déplorable casier littéraire de l'écrivain converti qui vous demande votre voix. Sans doute, on ne vous a prudemment mis sous les yeux que l'*Abbé Constantin* et *Criquette*, ces édulcorations qui ont succédé aux poivres longs et aux rouges piments de la cuisine première, vous n'avez, Monsieur, jamais été au théâtre du Palais-Royal, vous n'avez jamais lu la *Vie parisienne*. Vous ne vivriez pas, sans cela, dans l'inconscience du danger qui menace, de la catastrophe qui se prépare. Vous sauriez que rien de ce que les voix éloquentes de vos collègues MM. Boissier et Pailleron ont flétri sous les noms de réalisme ou de naturalisme n'approche des égrillardes descriptions et des saveurs faisandées qui ont fait la réputation de M. Halévy ; vous sauriez qu'usant d'un incontestable et d'autant plus coupable talent, l'écrivain avait su mettre en scène, avec des gentillesses qui révélaient le plaisir intime qu'il y trouvait, les singularités de notre époque décadente. C'était le tableau le plus hideux, le plus effrayant de nos décompositions sociales, et c'était en même temps une jolie désinvolture, des sourires entendus, une façon neuve de parer le vice tout en le raillant. Tout cela a changé ; les livres nouveaux venant s'ajouter aux anciens font songer à un Berquin racontant ses histoires dans un mauvais lieu. Et c'est cette occasion, Monsieur, que quelques-uns des vôtres ont choisie pour accorder à l'écrivain leur estime littéraire, jusque-là refusée, alors que ceux qui tiennent pour l'observation, aussi cruelle qu'elle soit, lui retiraient cette estime jusque-là acquise.

Il fallait pourtant que toute la vérité fût dite sur le cas actuellement soumis à l'Académie. A vous maintenant, Monsieur, de dire si la candidature de l'homme d'esprit qui a fait cascader sur les planches la Grèce antique et la gloire militaire est seulement patronée par l'abbé Constantin, ou si vous acceptez le témoignage de Tricoche et Cacolet mis à la scène avec leurs rouflaquettes et leurs foulards rouges, de madame Cardinal trafiquant de ses filles avec les derniers représentants de la noblesse française !

IX

Trois lettres.

2 novembre 1881.

Oui, en effet, le moment serait peut-être venu de ne plus s'occuper de l'Académie. Toutes les modes passent, toutes les épigrammes se démodent, et les plaisanteries sur les Quarante sont peut-être bien près de ne plus amuser personne. Mais ceux qui demandent la cessation des hostilités contre la coupole grise et les palmes vertes doivent aussi demander la fin des apologies. Si Théophile Gautier pouvait déjà, en 1844, se plaindre avec raison de la place que tenait le nez d'Hyacinthe dans les compte-rendus de ses confrères en critique dramatique, et partir de là pour protester contre les tirades et les jeux d'esprit qui s'usent à circuler, évidemment l'article sur l'Académie est aujourd'hui une vieille chose trop sue, trop dite et trop redite, et qui disparaîtrait de la civilisation sans laisser de regrets éternels. Mais s'il n'est plus de bon goût de prendre le nez d'Hyacinthe pour prétexte à railleries, il ne faudrait pas non plus s'aviser de découvrir à ce nez des qualités insoupçonnées, et le célébrer comme une institution. Délaissons les accessoires comiques qui ont fait rire nos pères, et ne discutons plus sur les fondations littéraires du cardinal de Richelieu.

Au surplus, épigrammes, pamphlets, réquisitoires et défenses n'y feront bientôt plus rien. L'Académie se chargera bien de prouver elle-même, par la comédie de son recrutement, des visites, des réceptions, qu'elle est un non sens dans la société actuelle. Pas plus que notre morale, que notre politique, que notre philosophie, les conditions de notre vie littéraire ne peuvent être aujourd'hui les mêmes qu'au xvii⁰ siècle. Il y a une part d'erreur et une part plus grande encore de mystification dans l'existence de ce comité qui prétend à régenter l'esprit français, et qui a tout juste autant d'importance, dans la présente mêlée intellectuelle, qu'une société d'amateurs réunis à jour fixe, dans un café de sous-préfecture, pour déchiffrer des logogriphes.

Que quelques-uns se refusent à parler le langage vague, qui ménage et qui quémande, à prendre la lâche attitude de prudence et d'expectative qui ont été jusqu'à présent le langage et l'attitude des hommes de lettres et des auteurs dramatiques qui ont joué la brouille, qui ont joué le dépit, qui ont joué le raccommodement avec la caduque Marinette du Pont-des-Arts, — et l'erreur et la mystification apparaîtront à tous. Que les écrivains désignés, attendus, guignés, passent devant la porte sans remettre leurs placets, et les murs de la vieille Jéricho doctrinaire se lézarderont d'eux-mêmes, la coupole se crevassera sans qu'on y touche, les palmes se dessècheront et seront bientôt choses bonnes à mettre en herbiers. Ce n'est pas pour rien que la Seine passe au pied du monument. Rien n'est plus ordinaire qu'une ruine écroulée dans l'eau.

Justement, voici qu'une pierre vient de se détacher.

Trois lettres viennent d'être publiées à propos des prochaines élections académiques. Il convient de les rapprocher, de les faire se commenter l'une par l'autre ; la vie factice et la décrépitude réelle de l'Académie vont apparaître clairement à la simple lecture des textes.

Voici d'abord la lettre adressée par M. P.-J. Barbier au secrétaire perpétuel de la « Compagnie » :

Monsieur le secrétaire perpétuel,

Le mot de Beaumarchais : *Ce qui ne vaut pas la peine d'être dit, on le chante,* — semble avoir jeté sur les poèmes d'opéra une défaveur qui n'existait pas du temps de Quinault, puisqu'en 1670, malgré les sévérités de Boileau, l'Académie l'admettait dans son sein. C'est contre cette proposition, passée en aphorisme, que je tente de réagir, en vous priant d'ajouter mon nom à ceux des candidats qui se présentent pour le fauteuil de M. d'Haussonville. En réalité ce n'est pas le fauteuil de M. d'Haussonville que j'ambitionne, mais celui de Quinault. L'Opéra et l'Opéra-Comique, si noblement encouragés et subventionnés par l'Etat, méritent peut-être, après les autres théâtres, d'être représentés à l'Institut par leurs poètes, comme ils le sont déjà, avec plus de raison sans doute, par leurs musiciens.

Veuillez agréez, etc.

P.-J. Barbier.

M. P.-J. Barbier est le candidat croyant, celui qui est persuadé que rien ne manque à la gloire quand elle a reçu la consécration académique.

M. P.-J. Barbier est un fabricant de livrets d'opéras-comiques.

La seconde lettre a été écrite par M. Joséphin Soulary, un doux tourneur de sonnets qui, au milieu de la cacophonie des journaux et des insinuants chuchotements des salons, a fini par reconnaître qu'il avait eu tort de quitter son établi à rimes.

Sa lettre vaut mieux que celle de M. P.-J. Barbier. L'hostilité s'accentue :

Monsieur le secrétaire perpétuel,

Prévenu que ma candidature dérangerait les combinaisons de l'Académie, je m'empresse de la retirer.

Agréez, monsieur le secrétaire perpétuel, etc.

Joséphin Soulary.

M. Soulary est le candidat désabusé. Il a pu retourner à Lyon en se répétant à satiété un de ses vers, un de ceux sur lesquels il avait le plus particulièrement compté pour séduire l'Académie :

Tout bonheur que la main n'atteint pas n'est qu'un rêve

Enfin, la troisième lettre a été écrite par l'auteur du *Nabab*, des *Femmes d'artistes*, de *Jack*, de *l'Evangéliste*, de *Sapho*, par M. Alphonse Daudet, que l'on s'obstine, méconnaissant à la fois son caractère et son talent, à présenter comme un candidat perpétuel.

La voici, cette lettre de quatre lignes, adressée à M. Philippe Gille, la voici concise, loyale, honnête :

Mon cher ami,

Rendez-moi le service d'annoncer ceci dans un de vos échos : je ne me présente pas, je ne me suis jamais présenté, je ne me présenterai jamais à l'Académie.

Votre bien dévoué,

ALPHONSE DAUDET.

Paris, 31 octobre 1884.

Ce n'était pas la première fois qu'on essayait de faire d'Alphonse Daudet un candidat malgré lui ; il était un de ceux que l'on aurait voulu détacher du groupe des littérateurs indépendants qui combattent pour l'art et pour la vérité en dehors des coteries mondaines et officielles. L'écrivain de *Sapho* vient de signifier qu'il restait avec les bafoués et avec les exclus, qu'il préférait la société des hommes de lettres à celle des ducs et des faiseurs littéraires.

Et maintenant, on peut nommer qui on voudra, M. P.-J. Barbier, M. de Bornier, M. Grenier, M. Halévy. Les lauriers sont coupés. Balzac a été vengé par un de ses fils intellectuels.

X

Prix de vertu.

I

18 novembre 1883.

« *Catherine-Nicaise-Elisabeth Leroux, de Sassetot-la-Guerrière, pour cinquante-quatre ans de service dans la même ferme, une médaille d'argent — du prix de vingt-cinq francs!*

« — *Où est-elle, Catherine Leroux?* » *répéta le Conseiller.*

Elle ne se présentait pas, et l'on entendait des voix qui chuchotaient : — *Vas-y!* — *Non.* — *A gauche!* — *N'aie pas peur!* — *Ah! qu'elle est bête!* — *Enfin, y est-elle! s'écria Tuvache.* — *Oui!... la voilà!* — *Qu'elle approche donc!*

Alors on vit s'avancer sur l'estrade une petite vieille femme de maintien craintif, et qui paraissait se ratatiner dans ses pauvres vêtements. Elle avait aux pieds de grosses galoches de bois, et, le long des hanches, un grand tablier bleu. Son visage maigre, entouré d'un béguin sans bordure, était plus plissé de rides qu'une pomme de reinette flétrie, et des manches de sa camisole rouge dépassaient deux longues mains, à articulations noueuses. La poussière des granges, la potasse des lessives et le suint des laines les avaient si bien encroûtées, éraillées, durcies, qu'elles semblaient sales quoiqu'elles fussent rincées d'eau claire; et, à force d'avoir servi, elles restaient entr'ouvertes, comme pour présenter d'elles-mêmes l'humble témoignage de tant de souffrances subies. Quelque chose d'une rigidité monacale relevait l'expression de sa figure. Rien de triste ou d'attendri n'amollissait ce regard pâle. Dans la fréquentation des animaux, elle avait pris leur mutisme et leur placidité. C'était la première fois qu'elle se voyait au milieu d'une compagnie si nombreuse ; et, intérieurement effarouchée par les drapeaux, par les tambours, par les messieurs en habit noir et par la croix d'honneur du Conseiller, elle demeurait tout immobile, ne sachant s'il fallait s'avancer ou s'enfuir, ni pourquoi la foule la poussait et pourquoi les examinateurs lui souriaient. Ainsi se tenait, devant ces bourgeois épanouis, ce demi-siècle de servitude. »

Il est impossible de ne pas songer à cette admirable page de *Madame Bovary* en assistant à la représentation académique dans laquelle sont distribués les prix de vertu. C'est la même scène, c'est le même décor, c'est la même affirmation d'une morale bourgeoise toute en apparat, en jolies phrases, en déclarations solennelles, en silences égoïstes. Dans la salle de l'Institut comme sur l'estrade élevée au milieu de la place de la petite ville normande, c'est le même auditoire souriant et décoré. Établis commodément dans leurs fauteuils, chaudement pelotonnés dans leurs habits à galons, les ministres et les prétendants en retrait d'emplois, les ducs sans littérature, les littérateurs sur le retour regardent passer, aux sons de la musique des phrases de l'orateur, le lamentable défilé des pauvresses charitables, des meurt-de-faim héroïques. La forme varie ; le couplet sentimental alterne avec la doucereuse épigramme ; l'académicien joue du sujet récompensé, l'expose dans des lumières différentes, le dresse comme un contempteur inconscient des fausses joies mondaines, le prend sous sa protection, s'en sert comme d'une massue pour pulvériser un gouvernement, une doctrine, un ennemi de l'Académie. Mais, en réalité, c'est toujours Catherine-Nicaise-Elisabeth Leroux qui est debout, dans son attitude embarrassée, ses dures mains empêtrées dans les lacets de son tablier bleu, hébétée par l'ennui qui tombe de la coupole, et ne sachant ce que ces messieurs souriants lui veulent. Quand le dernier mot a été dit, quand l'orateur a fini de parler de la vertu comme d'une personne de sa connaissance intime, on lève la séance, on donne sa médaille d'argent à la bonne femme, on la renvoie à Sassetot-la Guerrière, et les Quarante, devisant doucement entre eux, s'en vont avec la conviction qu'ils ont résolu, au moins pour un an, cette terrible et pressante question sociale dont on parle tant dans les journaux.

C'est la caractéristique de tout un monde que cet égoïsme naïf solennisé dans la réunion automnale de l'Académie. Cette aristocratie de la littérature s'imagine avoir réparé les inégalités sociales, remis le Bien à sa place et dit son fait au Mal, en une heure, avec un discours et quelques médailles de vingt-cinq francs. La vertu devient une chose à encourager, comme l'art officiel et la littérature bien pensante ; et c'est l'Académie qui est chargée de distribuer les primes et les félicitations. Trouvez-lui quelque part une pauvre créature dont la vie tout entière n'ait été que sacrifice et abnégation, qui ait aimé, secouru, par une impulsion naturelle, tous ceux qui passaient à sa portée ; que ce misérable qui a aidé de plus misérables soit arrivé à la fin de sa carrière faite de longs jours de travail et de maux obscurément soufferts, et vite l'Académie entre en scène et avec elle le « Monde », c'est-à-dire l'élite civilisée qui met une élégance et une intention morale dans chaque mot, c'est-à-dire la socité dirigeante qui prétend résumer en elle une nation et représenter l' « ordre éternel ». C'est à ces rats retirés dans l'idéal comme dans un fromage, c'est à ces discrets réformateurs, qu'appartient le pauvre sublime qui a fait l'aumône à des pauvres ; ils lui remettent un certificat de bonne vie et mœurs et une gratification, et du même coup ils ont payé leur dette à la société, expliqué la misère, flétri le vice et révélé la vertu. Le reste ? Fadaises. Que l'organisation sociale comporte, à côté des salons et des académies, ou plutôt au-dessous, des enfers et des géhennes ! Que tous les problèmes se posent à la fois ! Que les conditions du travail écrasent le travailleur, que la prostitution dévore la femme ! On l'ignore à l'Institut. Pangloss académicien trouve que tout est pour le mieux tant qu'il y a une phrase bien filée à applaudir et un vertueux à récompenser. S'il existe des hommes qui luttent pour l'avènement de la justice, ce sont des « rêveurs », et leurs « théories » sont des « théories menteuses ».

Ces médecins Tant-mieux qui chloroforment la souffrance auront-ils toujours raison ? Ces tristes remèdes qui prolongent la faible vie du malade et qui, jamais, ne le guériront : l'aumône, la charité, ne deviendront-ils pas des mots sans signification, que l'on ne trouvera plus que dans le dictionnaire retardataire de l'Académie ?

II

21 novembre 1884.

La Bourgeoisie a encore tenu ses grandes assises charitables. La vertu a été récompensée et le vice puni à l'Institut ; les traits habituels, ceux qui servent depuis la fondation et qui sont conservés dans le vestiaire académique, avec les habits brodés et les parapluies des immortels, ont été lancés contre l'athéisme, le scepticisme, la politique, le naturalisme, et aussi contre l'impressionnisme, M. Pailleron ayant cru devoir rendre un solennel hommage à la mémoire d'Édouard Manet. Cette exécution faite, le penseur qui a écrit le *Monde où l'on s'ennuie* a donné le même odieux et agaçant spectacle, subi chaque année, d'un monsieur s'ingéniant à faire de l'esprit, deux heures durant, à propos, et même aux dépens, de la lamentable foule des pauvres diables qui font le bien, sans préoccupation des palmarès et des bourses académiques.

Tous, on les exhibe, les humbles, les sacrifiés volontaires. Voici les vieilles filles qui s'en vont trottinant dans les rues désertes d'une ville de province, ramassant des croûtes pour nourrir des plus vieux qu'elles ou des tout petits sans famille. Voici celles qui accomplissent un long apostolat à travers la vie, celles qui ne s'arrêtent pas aux pauvres, mais qui vont au secours des vicieux, qui cherchent à décrasser les intelligences, à prévenir le crime, à créer des hommes. Voici les admirables simples d'esprit qui pansent les plaies, qui soignent les maladies contagieuses, plus beaux, plus héroïques dans les chambres sans air, auprès des lits puants, que l'homme qui brave la mort dans l'affreuse gloire du champ de bataille. Voici les domestiques qui nourrissent leurs maîtres. Voici les sauveteurs, ceux qui se jettent à la tête des chevaux emportés, ceux qui passent à travers l'eau, à travers le feu.

Les héroïsmes défilent, les actions d'éclat s'accumulent, les grandeurs ignorées surgissent, et toujours l'académicien va son train. Il dit les hauts faits de la vertu, il célèbre la morale mise en action avec la voix d'un acteur qui récite un monologue. C'est plein de nuances, de mots soulignés ; la voix de tête qui rit succède à la voix de poitrine qui s'indigne ; la physionomie exprime à une seconde d'intervalle la malice de l'homme bien disant qui parle à un auditoire de mondaines et la gravité d'un professeur qui déclame pour la France chrétienne, « la vraie, messieurs !... » Tout ce qui peut être dit de galant à une dame patronesse cohabite, dans une même phrase, avec les considérations les plus élevées et les plus ennuyeuses sur le malheur des temps et la décadence de l'esprit français ! La vie discrète du pauvre hère amené en pleine lumière est racontée comme un scénario, agencée comme une pièce en quatre actes ; dans la série des jours monotones passés à élever des enfants et à soigner des malades, la « scène à faire » est mise en lumière ; bien mieux, elle est faite comme si elle était attendue par M. Perrin ou par M. Koning ; l'inépuisable charité devient productrice d'allusions, de finesses, d'épigrammes, de solennités et de mots de la fin. L'orateur tire des feux d'artifice dans les taudis et fait de la haute voltige autour des fenêtres à tabatière des mansardes.

Dans la salle, on se pâme, on s'extasie. Les ducs approuvent, et les dames ont des jolis rires. Il y avait longtemps qu'on ne s'était autant amusé.

Ce n'était pas là pourtant le plus intéressant. Et si les auditeurs avaient eu la liberté d'esprit nécessaire pour faire un rapprochement entre les prix de vertu célébrés par M. Pailleron et les prix de littérature distribués dans la même séance, ils auraient pu véritablement passer une assez bonne après-midi. Car entre autres prix longs à énumérer, il y a des prix Montyon pour la littérature. La séance annuelle de l'Académie est aussi bien consacrée aux lettres qu'on protège qu'à la vertu qu'on récompense. Mlle Clémentine Ryder, qui mendiait pour pouvoir venir en aide aux mendiants, la veuve Chicot, qui est devenu aveugle au chevet d'un malade atteint d'ophtalmie purulente, ont bien reçu, la première 3,000 francs, et la seconde 1,500 francs. Mais il y a quatre prix Monthyon, de 2,000 francs chacun, destinés aux ouvrages « les plus utiles aux mœurs », donnés à des messieurs qui ont étudié la situation des classes ouvrières et qui ont écrit des essais sur l'Education morale et civique ! Et il y a les *Lettres d'un dragon*, pour lesquelles il est remis 1,000 francs ! et une dame auteur des *Lettres D'Isabelle*, qui reçoit également 1,000 francs ! et M. Antonin Lefèvre-Pontalis qui est lauréat, avec une histoire de Jean de Witt, et qui reçoit 1,500 francs ! et M. l'abbé Théodore, avec une traduction de Cornélius Népos, qui reçoit 1,000 francs ! et M. Vitu, avec un ouvrage sur le *Jargon du xv*{e} *Siècle*, qui reçoit aussi 1,000 francs ! et M. Mistral et M. Gustave Droz, qui se partagent le prix Vitet, de 6,250 francs ! et M. Leconte de Lisle, qui reçoit le prix Jean Renaud, de 10,000 francs !

Que les discoureurs sur la vertu se bornent donc à lire une liste qui serait plus émouvante que leurs effets d'auteurs dramatiques. Ou bien, il sera impossible, après avoir écouté l'énumération faite par M. Pailleron des abcès, des plaies, des ulcères, soignés par cette extraordinaire dame Pecqueur, à laquelle il est alloué 1,500 francs, de songer sérieusement au prix de même valeur décerné à M. Antonin Lefèvre-Pontalis !

THEÂTRE

LES PIÈCES

I

Le Théâtre et le Roman.

20 avril 1884.

En l'espace d'une quinzaine, plusieurs documents, à l'aide desquels on peut essayer d'expliquer la situation théâtrale actuelle, ont vu le jour. Ce sont, par ordre de date, — la lettre de M. Dumas fils à M. Paul Alexis, à propos de la *Dame aux Camélias*, — les lettres de MM. Dumas fils, Emile Augier, Victorien Sardou, Labiche, Legouvé, Camille Doucet, Gondinet, Théodore de Banville, Dennery, Emile Zola, Pailleron, adressées à M. Abraham Dreyfus, qui avait entrepris d'expliquer humoristiquement « comment se fait une pièce de théâtre », avec des renseignements demandés à des auteurs dramatiques, — la préface des *Annales du théâtre et de la musique* écrite, cette année, par M. Charles Garnier, sur ce sujet : le « Tout Paris des premières ».

Ces écrits très différents, dont les auteurs ne se sont pas concertés, sont surtout intéressants parce qu'ils donnent tous la même impression, qu'ils fournissent tous le même renseignement. De la lettre de M. Dumas fils, des lettres adressées à M. Dreyfus, de la peinture aimable du Tout-Paris esquissée par l'architecte de l'Opéra, il ressort que nous assistons à la décadence de la littérature dramatique, ou tout au moins à un temps d'arrêt dans la production d'œuvres significatives.

M. Dumas fils essaye en vain de transposer les termes de la question, prenant à partie les écrivains qui ont fait du roman la forme d'art supérieure du dix-neuvième siècle, essayant de leur prouver qu'ils sont les plus malheureux des hommes, parce qu'ils n'ont pu apprendre les formules à l'aide desquelles on produit des pièces à succès. La supériorité qu'il cherche à établir en faveur du théâtre actuel sur le roman moderne ne tient pas devant les faits, si l'on passe à la comparaison des œuvres, si l'on recherche quelle dose de vérité particulière à notre siècle et de vérité générale commune à tous les âges de l'humanité contiennent les pièces jouées et les romans publiés depuis vingt ans. Maintenant, que les romanciers qui ont écrit la *Comédie humaine*, *Madame Bovary*, *Germinie Lacerteux*, l'*Évangéliste*, l'*Assommoir*, aient tenté de créer un théâtre nouveau, qu'ils aient cru à la possibilité de détruire la convention scénique dont M. Scribe est le plus illustre représentant, qu'ils aient voulu une mise en scène plus vraie des passions et des sentiments, qui songe à le nier? Oui, ils ont essayé ces transformations, et la critique influente, et le public du Théâtre-Français, du Vaudeville et de la Renaissance, ont estimé qu'ils n'avaient pas réussi. Mais cela ne prouve toujours pas que tout soit dit, et que M. Scribe soit le Shakespeare définitif. La question reste entière, et si ceux qui ont employé leur force intellectuelle à incarner la société d'aujourd'hui dans le Roman qui est devenu un livre de philosophie, d'histoire et d'art, si ceux-là n'ont pas créé un Théâtre équivalant à ce Roman, il en viendra d'autres qui, soit habilement, soit violemment, résoudront la question. La brèche sera ouverte, et tout le monde passera, et si M. Sardou est encore là, comme il faut l'espérer, il se mettra à la mode du jour, et M. Sarcey trouvera que la « scène » est « faite ».

C'est ici que M. Dumas fils triomphe et raille la « révolution » qui ne se fait pas et le « révolutionnaire » qu'on « attend toujours. » Eh bien ! si la révolution ne se fait pas, ce sera tant pis. Pièces à thèses, pièces à ficelles, pièces à trucs, pièces à femmes, pièces à toilettes, se succèderont, culbuteront les unes sur les autres, l'art théâtral deviendra de plus en plus une chose anti-artistique réglée entre le directeur, le machiniste et l'auteur, que Théodore de Banville définit avec une si haute raison : « L'homme de théâtre, c'est-à-dire, en bon français, l'homme illettré n'ayant pas étudié ailleurs que sur les planches. » On continuera à jouer la pièce qui est la singerie de la réalité, la pièce aux situations immuables, la comédie réglée comme une partie d'échecs — et la pièce sans fantaisie dont les principaux rôles sont joués par des maillots et des effets de lumière électrique, la pièce qui est « l'absinthe du mauvais lieu », suivant l'admirable mot cynique de Suzanne Lagier.

Si l'on croit le tableau poussé au noir, si l'on se refuse à voir que la fabrication actuelle mène tout droit à la faillite, qu'on relise les lettres adressées à M. Abraham Dreyfus. Lettres plaisantes, billets ingénieux ! écrits par des hommes d'esprit pour se tirer d'affaire ! Que nenni ! Des hommes d'esprit qui ont quelque chose de sérieux à dire le disent, et avec empressement. Mais rien, dans ces papiers, rien, en dehors des consultations brutales données par Théodore de Banville et Emile Zola, rien ne vient indiquer que parmi ces auteurs dramatiques applaudis il s'en trouve un seul qui soit inquiet des destinées de son art, qui soit prêt à oublier les recettes apprises, les moyens de succès vulgaires, qui veuille mettre sur la scène l' « âpre vérité » qu'invoquait Stendhal. Voyez, relisez. M. Dumas fils parle de la « grâce » nécessaire au dramaturge. M. Emile Augier ose écrire : « Imbibez votre cinquième acte de douces larmes, et saupoudrez les quatre autres de traits d'esprit ». M. Sardou, le fugace et ficellier M. Sardou parle sans rire des « règles invariables, précises, éternelles, » de l'art dramatique. M. Labiche se recommande à la Providence et proclame l'excellence des bonnes digestions. M. Camille Doucet, avec une franchise dont il faut le louer, avoue qu'il n'est plus de ce monde. M. Gondinet est convaincu qu'il faut sans cesse faire assister le public au « mariage d'Arthur et de Colombe ». M. Dennery affirme gravement qu'il est nécessaire de « prendre un point de départ intéressant », et corrige cette hardiesse en recommandant « le sujet ni trop neuf ni trop vieux, ni trop banal ni trop original ».

Et M. Charles Garnier arrive, qui conclut au bon goût et à l'équité du « Tout-Paris », qui trouve le « Tout-Paris » digne des œuvres qu'on représente devant lui. Alors nous sommes bien perdus et M. Dumas fils peut rire. Les populations départementales, les familles qui vivent dans les bonnes villes paisibles de nos provinces peuvent continuer à prendre le train, à débarquer tumultueusement à Paris, à dîner dans les établissements de bouillon des boulevards et à se rendre solennellement au Gymnase. On jouera encore longtemps le *Maître de forges.*

Est-il possible, après avoir constaté l'état de la littérature dramatique, de rechercher les causes de la maladie aiguë dont elle souffre ? Il en est beaucoup, et de toutes sortes, et il faut renoncer, non-seulement à les étudier, mais à les énumérer.

Il y a d'abord, évidemment, la tournure d'esprit spéciale aux hommes de théâtre. Les habiles gens, pressés de produire et de triompher, ont presque tous remplacé le souci de l'observation vraie, l'effort artistique dans l'exécution, par une mise en œuvre plus ou moins ingénieuse des recettes connues, cataloguées, qui constituent ce mystérieux « art théâtral », dont quelques pontifes du drame, du vaudeville et de la critique, discourent avec les façons d'affiliés empêchés par un serment. Parlez, à qui touche de près ou de loin au théâtre, de la pièce qui réussit et de celle qui ne réussit pas, de la vulgarité acclamée et de la hardiesse tombée à plat dans le silence d'une salle vide, votre interlocuteur donnera bientôt des signes d'impatience dédaigneuse, et si vous le pressez, il consentira à vous expliquer qu'il y a des pièces qui sont « scéniques » et d'autres qui ne sont pas « scéniques »; que les lois qui régissent le théâtre, pour n'avoir jamais été formulées, sont pourtant des lois inviolables; qu'enfin, un drame, une comédie, un vaudeville doivent être faits d'une certaine manière, — qui est la manière autorisée, la manière acceptée, la manière qui a du succès, — et jamais d'une autre. Vous en concluez, comparant des choses opposées, que Scribe et M. Sardou étant « scéniques », Shakespeare ne l'est pas, vous vous rappelez que Musset ne l'a pas été jusqu'au jour où on a consenti à jouer ses pièces, vous songez aux gros succès d'aujourd'hui et aux chutes d'hier, et vous remerciez celui qui a bien voulu vous dévoiler les secrets de cette esthétique théâtrale courante, au nom de laquelle on proclame qu'un sujet de pièce est un problème à résoudre, une partie à jouer en trois, en quatre ou en cinq situations, une succession d'explosions déterminées par des jeux de portes, de fenêtres ou d'armoires, par une lettre perdue et retrouvée, par un quiproquo.

C'est là une des raisons principales de la décadence actuelle du théâtre. Il en est quantité d'autres, accessoires, touchant aux habitudes directoriales, aux habitudes des artistes, aux habitudes de la critique et aux habitudes du public. Mais chacune de ces professions, chacun de ces états d'esprit devraient être observés de près, analysés avec rigueur, pour fournir les notes d'un procès-verbal complet et fidèle. On peut s'en tenir à la constatation de cette cause immédiate, fatale, de l'anémie théâtrale: l'état de santé florissant du roman.

Le roman ! le roman tel que l'ont créé Stendhal et Balzac, tel que l'ont développé les psychologues et les artistes qui sont venus depuis, c'est là ce qui a prouvé d'irréfutable façon, qu'on le veuille ou non, l'insuffisance de la forme théâtrale décidément adoptée par les écrivains dramatiques. Le public s'est habitué aux études complètes d'un être et d'un milieu. Il s'est habitué à la documentation exacte, à l'étude physiologique des tempéraments, à l'analyse rigoureuse des états d'âme les plus nuancés, des motifs d'action les plus secrets ; il a accepté le roman comme l'histoire des mœurs et de l'esprit d'une époque ; il a même accepté que ce roman, agrandissant chaque jour son action, vînt nous raconter la nature et les objets mêlés à l'existence de l'homme. Et c'est alors que l'on s'est avisé de comparer la pièce coupée en actes réguliers, où la vérité était forcément défigurée ou restreinte, au livre où toutes les libertés de vision extérieure et d'investigation morale étaient affirmées. L'art théâtral apparut alors comme un art puissant, mais incomplet, fait d'action, se refusant à traduire complètement tout le drame qui se joue dans une cervelle humaine, ne mettant guère sur la scène que la gesticulation de la vie.

Le roman et la pièce de théâtre sont allés ainsi, accentuant de plus en plus leur antagonisme, le roman se faisant toujours plus pénétrant, plus raffiné, plus humain, le théâtre restant ce qu'il était : scénique !

Et pourtant, quels efforts auront été faits pour empêcher la faillite. On sait quelle place tient le théâtre dans les préoccupations du public parisien, on sait quelle place il tient dans le journal : pas une pièce, aussi banale qu'elle soit, quelque part qu'elle soit jouée, qui ne soit racontée, commentée, jugée par tous les journaux, toutes les revues, sans exception. Echos de théâtre, soirées parisiennes, feuilletons dramatiques, tous les genres d'informations sont au service non seulement de la comédie distinguée, du drame bien versifié, mais du mélodrame stupide, du vaudeville niais, de l'opérette lamentable. Pour le livre, il est loin d'en être ainsi. Combien de journaux publient régulièrement un feuilleton littéraire ? Combien même publient des articles de critique littéraire ? Le malheureux livre paraît, on lui consacre quelques lignes sans l'avoir lu, quand on ne se borne pas à insérer une réclame quelconque envoyée par l'éditeur, qui connaît son monde.

Et malgré ces inégales conditions de lutte, cette distribution injuste de terrain et de soleil, le roman devient de jour en jour plus complet, plus savant, plus artiste, le théâtre nous fait assister, à chaque nouvelle représentation, à cet éternel « mariage d'Arthur et de Colombe » célébré par M. Gondinet.

II

Psychologie théâtrale.

30 janvier 1885.

Sera-t-il permis, maintenant que dans les compte-rendus la *Denise* de M. Alexandre Dumas fils a été racontée, analysée, commentée, discutée, maintenant que tout a été dit sur la contexture de la pièce, sur la vraisemblance des situations, sur les caractères des personnages, sur le bien ou le mal fondé de la pièce, sera-t-il permis d'indiquer ici quelques réflexions sur l'insuffisance psychologique du théâtre actuel, — sur l'évidente supériorité du livre.

C'est une discussion à côté qui va être soulevée, — ou plutôt, une discussion à la suite. Denise est mariée : l'acte d'amour accompli avec un autre, les ivresses anciennes acceptées avec joie, l'enfant né de l'étreinte du premier possesseur, tout cela est non avenu, oublié, effacé ; il y a eu erreur de personnes, et tout vient seulement de rentrer dans l'ordre ; les deux époux vont de nouveau épeler la vie, cette vie qu'ils ont trop connue ; lui, est un Daphnis avide de découvertes, elle, une ingénue Chloé que tout va surprendre. Le rideau tombe. La pièce est finie.

Non, la pièce commence.

Elle commence, de l'aveu de tous. C'est au dernier acte que le drame moral se noue. C'est après le mariage que les pensées, les tristes et tragiques pensées, vont devenir les personnages principaux de l'action intime engagée entre l'homme et la femme. Il ne se passe plus rien, aucune indécision ne règne plus, aucune interrogation n'est plus à résoudre. Lui, l'amant, raisonneur et savant, il a voulu épouser. Elle, l'amoureuse réfléchie, elle a accepté. Ils peuvent se séparer du monde, mettre entre eux et le reste de l'univers, qui ne leur est plus rien, toutes les murailles et tous les abîmes, ils peuvent avoir le plus beau et le plus légitime dédain philosophique pour les conventions sociales, les plus irréfutables railleries contre les préjugés, — en vérité, ils n'ont rien résolu, et les thèses ne seront jamais que les thèses. La question n'est pas à juger entre le monde et les époux, elle est entre eux deux, et rien qu'entre eux deux. Les théories de l'auteur et les applaudissements de la salle auront beau leur donner raison, théories et applaudissements ne prouveront rien, s'il subsiste un dégoût, une révolte, une jalousie. Ah ! le drame n'est plus sur la scène, maintenant, entre les pans coupés d'un salon, autour des guéridons et des fauteuils arrangés par le metteur en scène, dans les pointes des hommes d'esprit et les ripostes des moralistes ! Voici seulement qu'il s'affirme chez ces deux êtres qui n'oseront peut-être plus, jusqu'à la fin de leur vie, parler ensemble de ce qui les torture. Ce drame, il est derrière leurs yeux profonds et navrés, éloquents et muets, il est dans leurs cerveaux troublés. Où est-il, l'auteur dramatique qui mettra cela en scène, qui découpera les tortures morales en trois actes, qui découvrira la scène à faire au milieu des ténuités psychologiques ? où est-il le grand homme qui fera quelque chose de scénique avec les nuances d'un état mental mal défini, changeant et complexe, qui intéressera une salle de spectacle avec la monotone obsession qui torture l'esprit d'un passionné !.. Il faut bien le dire : ceux qui passent pour les maîtres de la scène se récusent, ils posent la question à l'heure où tout le monde va se coucher, et ils font comme tout le monde ; les audacieux annoncent qu'il va enfin se passer de grandes choses, et l'annonce faite, ils font baisser la toile. On croirait un régisseur venant informer le public que l'auteur est indisposé et ne pourra pas faire sa pièce ce soir-là.

Tant pis pour le théâtre. Si les essais des plus forts aboutissent au point d'interrogation posé par Denise, si les tentatives, vraiment psychologiques et vraiment hardies, celles-là, de M. Henry Becque, sont condamnées sans jugement, alors, c'est que c'est fini, c'est qu'il n'y a plus rien d'inattendu à espérer de l'art dramatique, c'est que le théâtre va être tué par le livre. Ne voit-on pas déjà que tout s'en va et que les romanciers sont désignés comme les syndics de la faillite ? Qu'on donne ce sujet de *Denise*, esquivé par un habile, à un observateur sagace, à un artiste pénétrant, et il écrira un livre complet et définitif là où on n'a trouvé à faire qu'une pièce ressemblant à une équation pas résolue. Belle chose qu'une thèse exposée, attaquée, défendue pendant trois actes ! et comme l'opinion du sermonneur nous préoccupe ! Ce qui nous arrêterait net, ce qui nous passionnerait, ce serait si l'écrivain nous montrait le dedans humain, l'intérieur cérébral d'un stoïque ou d'un souffrant, d'un tranquille ou d'un exaspéré. Dites, si au lieu de terminer des perplexités par un mariage, il ne serait pas d'un plus grand art et d'une plus haute intelligence de nous montrer l'homme qui a épousé Denise, — ou absolument heureux, sans ressouvenirs, sans inquiétudes, — ou irrémissiblement malheureux par ce qui a été et qui ne peut plus être effacé ! Et si vous avez encore des doutes sur la résolution de cette question d'art soulevée à propos d'un homme de théâtre, allez voir *Denise*, et relisez ensuite un chapitre de *Manon Lescaut* ou de *Sapho*.

« La Patrie en danger. »

13 août 1883.

On annonce qu'il va être représenté au théâtre Baumarchais un drame nouveau en cinq actes et sept tableaux intitulé : *La Patrie en danger*. Et personne n'a songé à faire remarquer qu'il existait déjà une pièce portant ce titre : *La Patrie en danger*, écrite par deux hommes qui occuperont probablement une certaine place dans l'histoire de la littérature du xix° siècle, une pièce qui n'a jamais été représentée !

C'est une des stupéfactions de tous ceux qui aiment les lettres, de ne pouvoir trouver qu'enfermées et cadenassées dans un livre, mises en interdit et surveillées par tous les directeurs de théâtres, qui ont peur de les voir s'échapper, les deux pièces qui constituent le théâtre d'Edmond et Jules de Goncourt.

Une sorte de fatalité semble avoir pesé sur toutes les tentatives des romanciers de *Germinie Lacerteux* pour aborder la scène. Dans la préface attristée qu'Edmond de Goncourt, songeant aux projets et aux espérances de son frère, mit en tête du volume qui réunit les deux pièces, sont contées toutes les déconvenues, toutes les mésaventures d'auteurs à leurs débuts, portant des manuscrits de vaudevilles, de proverbes, de comédies, dans les cabinets des directeurs et chez les acteurs en vedette, puis l'odieux accueil fait à *Henriette Maréchal*, en 1865, et la lecture inutile de la *Patrie en danger* devant le comité du Théâtre-Français, en 1868. Il y avait là de quoi décourager les plus forts. Les deux écrivains remirent leurs pièces dans le carton et attendirent qu'on vînt les chercher. Personne n'y a encore songé.

Nous y avons certainement perdu un théâtre personnel, vivace, mordant, qui aurait mis en lumière une autre humanité que celle des pièces à tiroirs et à ficelles qui mènent leurs auteurs à l'Académie. « Nous rêvions, dit Edmond de Goncourt, une suite de larges et violentes comédies, semblables à des fresques de maîtres, écrites sur le mode aristophanesque, et fouettant toute une société avec de l'esprit descendant de Beaumarchais et parlant une langue ailée, une *langue littéraire parlée* que je trouve, hélas ! manquer aux meilleurs de l'heure présente : des comédies enfin où une myope Thalie ne serait plus cantonnée à chercher dans un petit coin avec une loupe. Parmi ces comédies, nous avions commencé à en chercher une dans la maladie endémique de la France de ce temps, une comédie-satire qui devait s'appeler *La Blague* et dont nous avions déjà écrit quelques scènes. » Qui oserait nier que la rapidité du trait, la spécialité de vision, la vie intense des mots qui animent les scènes dialoguées de *Charles Demailly*, de *Renée Mauperin*, n'auraient pas fait aux Goncourt mettre leur marque sur le théâtre comme ils l'ont mise sur le roman.

La *Patrie en danger* est un drame historique. L'action va de 1789 à 1793, et nous montre dans des scènes rapides, très concentrées et très synthétiques, les diverses formes prises par la lutte entre Français. Le passé est représenté par la famille des Valjuzon : — la chanoinesse de Valjuzon, une inflexible faisant de son monarchisme un acte de foi, irrémédiablement fermée à toutes les idées en contradiction avec les chartes royales et les parchemins seigneuriaux, — le comte de Valjuzon, en lequel s'incarnent l'esprit et la joie de vivre des gentilshommes sceptiques du dix-huitième siècle, — Blanche de Valjuzon, une jeune fille, jouet des événements, brisée par eux, sans avoir pu faire entendre, au-dessus de la tempête qui emporte tout, la voix d'amante et de femme qui chante en elle, dans le plus profond de son cœur. En face de ce groupe, deux républicains : Perrin, le jeune chef d'armée né du péril national, et Boussanel, l'ancien prêtre devenu le révolutionnaire inflexible. Perrin et Boussanel ont été, le premier recueilli et élevé par la famille de Valjuzon, le second professeur du comte comme le Cimourdain de Hugo a été professeur chez Lantenac. Il y a, d'ailleurs, plus d'un rapport entre Boussanel et Cimourdain, entre la *Patrie en danger* et *Quatre-vingt-treize*. Même humanité, même vue d'ensemble. Mais le drame des Goncourt a été imprimé avant le roman de Victor Hugo.

Les deux premiers actes de la *Patrie en danger* se passent à Paris, l'un le 14 juillet 1789, l'autre dans la nuit du 9 au 10 août 1792 ; le troisième acte se passe à Verdun ; le quatrième, dans un village près de Lyon, à la fin de l'insurrection lyonnaise ; le cinquième, à Paris, dans le préau de Port-Libre. A travers tout cela, les personnages vont à des buts opposés, s'exaltant de plus en plus dans la lutte, se trouvant face à face aux moments décisifs. Perrin sauve les Valjuzon au 10 août, les retrouve à Verdun poussant à la capitulation, les rencontre de nouveau à Lyon, puis dans un préau de prison ; ils sont tirés de là le même jour, tous les Valjuzon, Perrin, Boussanel, les conspirateurs royalistes, les révolutionnaires suspectés, et marchent ensemble à la guillotine. A ce moment là seulement, Blanche parle et avoue son amour à Perrin. Tel est l'ossature, trop simplifiée, de la *Patrie en danger*.

Faut-il dire maintenant avec quelle science, quelle connaissance du langage humain, sont établies les gradations de sentiments, sont amenées les explosions de passions? Faut-il dire avec quelle sûreté les deux écrivains, qui connaissent le dix-huitième siècle comme une époque dans laquelle ils auraient vécu, ont placé leurs héros dans le milieu matériel et moral qui convenait à chacun? Le ton de conversation, les habitudes de certaines phrases, de certains mots, de certains gestes, donnent aux personnages l'allure de gens qui ont existé. La douairière, qui fait embrasser à sa nièce le dessous de son menton pour ne pas déranger son rouge, n'a pas seulement les idées de sa caste sur l'éducation à donner aux jeunes filles, sur le mariage, sur Rousseau, sur les gens qui l'entourent, égaux et inférieurs, mais elle emploie encore très exactement la façon de s'exprimer des grandes dames de la fin du siècle, ankylosées dans les conventions et les préjugés de la cour bourbonienne. Le comte est, de la tête aux pieds, le courageux, léger et spirituel viveur qui sera chevalier du poignard et gazetier des *Actes des apôtres*. Le commandant Perrin dans sa harangue à la population de Verdun parle la prose classique de la Révolution, — Boussanel, le lyonnais révolutionnaire, déclame et menace dans le langage enflammé et mystique de Chalier. Et dans tout cela, des mots qui éclairent un caractère, qui illuminent un horizon, des phrases superbes comme celles-ci: « Nous ne souffrons plus des choses... » « Il y a dans ce temps-ci je ne sais quoi qui vous donne le goût du sacrifice... » et de l'éloquence contre l'étranger, et de l'esprit au pied de la guillotine, et ce dialogue dans la prison, au milieu des détenus royalistes, entre Perrin et Boussanel, sur la Révolution qui tue ses serviteurs. En quelques mots, cette Révolution est jugée et glorifiée par ces deux hommes qui lui ont donné leur vie et qui la voient de haut, qui ne regrettent rien et meurent satisfaits, leur rôle étant joué et leur tâche remplie. Cette fin de drame qui est une sorte d'hymne farouche à la mort qui délivre, qui unit, qui descelle les bouches et en fait sortir la vérité, est une des plus grandes et plus belles choses de la littérature dramatique.

On ne saurait reprocher à la *Patrie en danger* d'être animée de l'esprit réactionnaire. Les écrivains n'ont rien exagéré ni rien atténué. Ils ont pris dans les partis en présence les êtres les plus nobles et les plus passionnés et les ont jetés dans la mêlée les uns contre les autres. Ils ont montré les royalistes appelant l'étranger, et là ils se sont prononcés pour ceux qui défendaient le territoire de la patrie. D'un bout à l'autre de l'œuvre règne la haute impartialité du philosophe et de l'artiste.

Ne jouera-t-on jamais cette œuvre dans laquelle Jules de Goncourt a mis les derniers efforts de sa vie ? Ne donnera-t-on pas cette joie à celui qui reste, à ce travailleur fier et silencieux qui est l'honneur des Lettres ?

La *Patrie en danger*, sous la menace de la censure impériale, n'a pu voir le jour en 1868. Il appartient à la République de faire jouer, sur son théâtre ordinaire, l'œuvre écrite à la gloire de la nation française. Trouvera-t-on cet admirable drame digne de faire les lendemains de M. Pailleron et de M. de Massa ?

IV

Histoire d'une pièce.

Henriette Maréchal.

22 avril 1885.

Voilà qu'après trois représentations du *Divorce de Sarah Moore* on reprend *Henriette Maréchal*. La pauvre fille aura eu des fortunes diverses, et 1885 la venge du mieux qu'il peut de 1865. La pièce des Goncourt ayant cinquante soirées ! et à l'Odéon ! C'est là un phénomène autrement intéressant que les représentations sans nombre des *Maîtres de forges* dans les Gymnases habituels. Et puisqu'il a été quelquefois dit que les compte-rendus des premières étaient insuffisants, arrêtons nous sur les perpétuels avant-dernières de cette *Henriette*, sifflée il y a vingt ans au premier Théâtre français et applaudie aujourd'hui au second.

On n'a pas, en quelques pages, la possibilité de raconter par le détail l'histoire des fluctuations du sentiment public autour d'une œuvre. Ce serait entreprendre un récit côtoyant vingt années d'histoire littéraire, et il y aurait trop d'événements et trop de pièces de procédure à faire tenir en un étroit espace. Il ne peut être question que de quelques annotations rétrospectives.

Il y a deux opinions en face d'une œuvre théâtrale : celle de la critique, celle du public. Opinions parfois contraires, plus souvent identiques. Il n'était point besoin des tardives et trop courtes révélations de M. Sarcey sur le syndicat dramatique pour savoir quels rapports il y a entre le sort d'une pièce et le ton du journalisme de théâtre. Les journaux boulevardiers ont fait le succès des machines que l'on sait, et ont tué sans autres préliminaires *Thérèse Raquin* et l'*Arlésienne*, les *Corbeaux* et la *Parisienne* : ce sont là basses et courantes besognes. Pour quelques pièces, pourtant, il en a été autrement ; il n'est pire règle qui n'admette quelques infractions. Des affaires ont échoué malgré des déploiements inusités de publicité, quelques œuvres ont vaincu le parti de la réclame, une division de jugements s'est produite çà et là. Il en a été ainsi, à deux reprises différentes, pour *Henriette Maréchal*.

En 1865, cabale avérée dans la salle, presse indécise, mais plutôt sympathique. Gautier, Janin, Saint-Victor, Vallès écrivent de belles pages compréhensives Le public reste neutre, laisse les siffleurs s'imposer, est insensible à la belle littérature de ceux qui défendent les auteurs dramatiques nouveaux venus. Un malentendu s'est établi, la pièce est prétexte à manifestation politique. On dit les deux frères protégés par une princesse impériale ; on ne songe pas que cette princesse est mal vue de la famille régnante, et bien vue du républicain Charles Blanc, que nombre de ses amis personnels, Dumas, Augier, Labiche, Emile de Girardin même, sont des hommes de théâtre, et que jamais les sifflets n'ont condamné leurs relations ; ne se rappelle pas la *Dame aux Camélias*, jouée de par l'influence de M. de Morny, les *Lionnes pauvres*, imposées par le prince Napoléon, ainsi qu'il appert de la dédicace de 1858 ; on fête le *Demi-Monde* et le *Fils de Giboyer* ; on ne veut pas entendre que deux lettrés, un poète et un directeur de théâtre, Théodore de Banville et Edouard Thierry, sont seuls responsables de l'apparition d'*Henriette Maréchal*. La légende de Pipe-en-Bois est aujourd'hui tombée ; un monsieur Dupuy, un siffleur de 1865, a revendiqué, cette année, dans le journal *Le Gaulois*, la responsabilité de la chute pour les réactionnaires d'autrefois ; M. Yveling Rambaud a laissé prévoir, dans le *Fi-*

garo, de curieuses révélations sur l'auteur de la fameuse brochure : *Ce que je pense d'Henriette Maréchal et du théâtre de mon temps* ; enfin, M. Ranc a des souvenirs très nets sur le rôle nullement offensif joué par Georges Cavalier. Quoiqu'il en soit, par le fait de cette cabale mal définie, et sur un ordre venu des Tuileries, malgré des recettes allant dans les 4,000 francs [1], malgré une critique attentive, la pièce tombe et les Goncourt renoncent au théâtre, ce qu'il est peut-être permis de regretter au temps de M. Georges Ohnet et de M. Sardou.

En 1885, public curieux, jeunesse admirative, et presse renfrognée, chercheuse de réticences, trouveuse de banalités. Pour quelques feuilletons intelligents, tenant compte de la date où s'est produite la pièce et mettant en lumière sa nouveauté significative, que d'insignifiances et de perfidies, que de lenteurs à reconnaître une qualité, que d'ardeurs empressées à dénoncer une erreur d'optique scénique. Il y a eu même, à la honte de la critique actuelle, d'hypocrites appels à la moralité. Un feuilletonniste commence ainsi : « Les honnêtes gens écoutaient, muets et consternés... » Un autre, doucereux anti-clérical, qui n'a sans doute jamais dénoncé *Phèdre*, parle d'inceste, apostrophe la conscience publique, et écrit cette confession : « Mais je suis un être moral, moi spectateur, quand je suis au théâtre tout au moins. »

Quelques-uns ont l'extraordinaire impudeur de nier la cabale de 1865, et de parler avec des rages sourdes de « coterie », de « meneurs », d' « applaudissements irritants », en 1885 ; on signale avec ennui « certaines personnalités marquantes faisant rage ». Des conclusions amusent, celle-ci, par exemple : « MM. de Gon-

---

[1] Voici les chiffres, relevés par M. H. C. sur les registres du Théâtre Français, et publiés dans l'*Intermédiaire des chercheurs et des curieux*, des six représentations de 1865 : Le 5 décembre : 2,306 fr. ; le 7 : 3,639 fr. 50 ; le 9 : 4,200 fr. 50 ; le 11 : 4,284 fr. 50 ; le 13 : 3,997 fr. 50 ; le 15 : 3,901 fr. Chiffres considérables pour le Théâtre-Français de 1865, — et même d'aujourd'hui.

court, en travaillant et en se surveillant beaucoup, auraient pu obtenir au théâtre des succès d'estime. »

Nulle part, on ne voit mise en valeur la délicate analyse des quatre amours qui sont toute la pièce. Tous passent sans le voir devant le curieux sujet d'études offert par les Bréville, reproduisant, ainsi que l'a avoué Edmond de Goncourt, les dissemblables « attitudes morales » des deux frères. On ne voit pas davantage le charme d'esquisse et la profondeur de sentiment de cette Henriette mise en scène avec un goût et une discrétion sans pareilles, de cette Henriette presque muette, ne s'exprimant que par quelques gestes tardifs, et pourtant si complète et si tragique, — de cette Henriette qui est une création d'un art si concentré et si inattendu. M. J. J. Weiss excepté, on est insensible à l'enveloppe mystérieuse et à l'intimité de ce troisième acte qui est du grand théâtre.

Vraiment, Henri Céard n'a rien exagéré, en montrant, dans la hautaine préface qu'il a écrite pour les *Lettres de Jules de Goncourt*, les consciencieux et solitaires écrivains « vilipendés par le journal, dénoncés par l'envie, sifflés au théâtre, poursuivis sans relâche par toutes les inventives lâchetés des inimitiés littéraires... »

Il y aurait une rubrique à créer dans les journaux indépendants et dans les revues ennemies du solennel, et sous cette rubrique : « La critique des critiques », ne pourrait-on, de temps à autre, rire des trop grandes mystifications et remettre un peu les choses en place.

V

« Les Rois en exil. »

8 décembre 1883.

Le tapage continue au Vaudeville. Sur les conseils de leurs écrivains d'habitude, les jeunes gens qui fréquentent les turfs et les cercles, après avoir, comme tout le monde, déjeuné et dîné dans les bouillons Duval, s'en vont discuter les *Rois en exil*, avec une clef ou un sifflet dans la poche de leur habit. C'était hier comme avant-hier, comme les jours précédents: les jolis messieurs qui se coiffent à la chien et s'habillent comme des larbins se déclaraient blessés dans leur âme monarchique, se répandaient dans les couloirs en proclamant que c'était « idiot. » Et, dans la salle, c'étaient, à chaque instant, des grognements, des rires stupides, des coups de sifflets. Le roi et la reine dans une dramatique dispute, incarnent en chair et en os la situation des princes exilés ; l'une défend sa foi monarchique, l'autre dit ses tristesses d'homme échoué à la côte : sifflets. Pour acheter des armes, la reine veut engager les diamants de sa couronne : sifflets. Le roi arrive, débraillé, ivre au milieu de la jeunesse illyrienne exaltée par l'hymne national : sifflets. Le duc de Rosen, le vieux courtisan dégoûté, ruiné, réclame à sa bru la dernière lettre de son fils trahi par le roi et mort pour lui, offrant en échange la correspondance du royal amant de Colette ;

une morne tristesse sort des quelques mots échangés entre ce vieux, — auquel on a tout pris : son argent, son honneur, son fils, — et cette veuve adultère : rires. Et toujours ainsi.

L'incident est significatif, les manifestations du théâtre étant accompagnées d'une campagne obstinée faite dans la presse boulevardière contre l'œuvre de MM. Alphonse Daudet et Paul Delair, et cette double action des siffleurs des journaux et des siffleurs de la salle ayant été précédée d'une condamnation en règle, à peu près générale, prononcée par la critique. Voici donc une pièce exécutée comme pièce, puis flétrie comme une mauvaise action commise par un homme de parti.

Il n'y a évidemment pas à s'occuper outre mesure des écrivains qui protestent, dans leur langue spéciale, au nom du « chic », qui lancent des mots d'ordre dans les feuilles, clignant de l'œil aux boudinés, leur affirmant qu' « il est du dernier *pchutt* d'aller siffler au Vaudeville la pièce de M. Alphonse Daudet. » Vous comprenez bien qu'il est impossible de résister à des appels conçus en ces termes, et que tout ce qui traîne dans les cercles, entre deux et trois heures du matin, en quête d'un louis, et dans les restaurants de nuit, en peine d'une soupe et d'une fille, ne se fait pas attendre au rendez-vous. Peut-être tout ce monde y vient-il même avec des billets donnés par la direction du Vaudeville aux camarades des journaux. Là-dessus, le critique écouté du Tout-Paris revient à la rescousse : « Il faut faire tomber la pièce, » s'écrie-t-il. Et bientôt, ne se connaissant plus, il brandit sa plume et appelle aux armes les gâteux qui ne savent que répéter : « Ah ! cher, c'est idiot, c'est épatant ! » « C'est par le sifflet qu'on commence, c'est par une autre arme qu'on finit, » écrit tragiquement l'un de ceux qui feignent d'ignorer que l'armée du Vaudeville ne résisterait pas à l'ombre de quatre hommes et d'un caporal. Laissons aussi de côté cette perfidie : l'annonce que des explications seraient demandées par l'ambassadeur d'Espagne sur l'abus fait du nom de Bourbon. Négligeons ces drôleries : l'accusation portée contre la direction du Vaudeville de flatter « les plus vils instincts de la populace démagogique », et la demande de mise en interdit du théâtre par le Jockey-Club et le Cercle Impérial ! Il y a plus intéressant.

La critique sérieuse ! Que dit-elle, cette personne sévère ? Quels arrêts laissent tomber les juges en art dramatique, les gardiens farouches des conventions ? Presque partout, c'est la même note. Les sentences littéraires et les considérations politiques ont été habilement mélangées ; l'un a découvert, devant le décor instructif des Tuileries brûlées, que « l'histoire ne confirme pas le pronostic de M. Daudet ; la marche générale de la civilisation, au contraire, élimine les républiques et les remplace par les monarchies ; » un autre a mené à grand fracas « les funérailles de l'hospitalité française » ; l'un dit que Christian n'est pas un portrait, que l'on n'a pas le droit de montrer sur la scène un roi qui n'a pas existé ; un autre, qui aurait bien fait de s'entendre avec le précédent, dit que tout le monde a connu le « pitoyable personnage » qui a « posé pour cette figure ». Et tous, avec ensemble, déclarent que ces cinq actes sont ennuyeux, qu'on ne peut rien y comprendre si on n'a pas lu le livre, et que « ça n'est pas du théâtre. » Voilà le grand mot lâché.

Ne cherchez pas ailleurs, M. Alphonse Daudet Ces simples mots, qui n'ont l'air de rien, sont tout un programme. Pour la douzaine de monarchistes qui vous insulte et qui vous siffle, vous n'avez pas fait « du théâtre », vous avez fait un pamphlet, une mauvaise action, une vilenie, parce que vous avez fait vrai. Pour la critique, aussi sincère qu'elle soit, habituée à une coupe de pièces et à un langage scénique qui sont les mêmes ici et là, dans la revue de Chose, dans la comédie de Machin, dans le drame d'Un tel, vous n'avez pas non plus fait « du théâtre », parce que vous avez fait vrai. Vous n'avez pas compris ce qu'il y avait à tirer des éléments dont regorgeait votre livre. Ah ! si vous aviez été trouver un de ces bons fabricants, travaillant sur commande dans tous les genres, au lieu de confier votre œuvre à un écrivain presque inconnu qui a eu l'honnête souci de respecter votre pensée dans chaque scène, dans chaque mot qu'il écrivait, et qui a *préféré* être battu avec vous que vainqueur contre vous. Ah ! si vous aviez voulu trouver les « scènes à faire » et les situations à « effets ! » Si, par exemple, vous aviez, au lieu de ces trois mots qu'échangent la reine Frédérique et le bohème Elysée Méraut, au lieu de ce silence qui se fait ensuite entre eux, scène exquise, délicate et tendre où tout se sent, où rien ne se dit, et qui est plus belle et plus poignante que tous les trémolos des soupirs et des déclarations, si au lieu de cela vous aviez franchement mis en scène l'amour d'Elysée pour la reine, une intrigue entre eux. Si vous aviez accumulé, autour de ces deux êtres devenus passionnément intéressants, les incidents, les surprises, les coups de théâtre ! Si vous aviez continué dans cette voie, tournant le dos à l'art et vous amusant du public, inventant des viols, des enlèvements ! Si vous aviez, par exemple, fait entrer le roi au moment où Elysée Méraut fait sauter les diamants de la couronne, et si ce roi s'était écrié, s'adressant à la reine : « Cet homme est votre amant, et cet homme est un voleur ! » Si vous aviez fait surgir Elysée, devenu votre héros, par toutes les fenêtres et par tous les placards indispensables à la comédie moderne ! Si vous aviez fait de Zara un enfant trouvé qui tour à tour serait roi, et ne serait plus roi ! Si vous aviez mis un duel dans votre dernier acte ! Oh alors ! quel concert de louanges ! quelles acclamations ! Salut, grand homme, génie, demi-dieu, Scribe !

Mais rien de tout cela n'a été admis. Les grandes lignes du livre subsistent dans la pièce, l'action se déroule simplement, en quelques tableaux dans lesquels rien n'est inutile. Pas de surprises, pas de changements à vue dans l'action. Ici, sur la scène, on n'a, comme dans le livre, que l'étude d'un milieu et des passions que ce milieu a fait naître. L'écrivain a vu le monde monarchique comme il voit tout pullulement humain ; très froidement, très impartialement, il a regardé, observé, noté, et il est venu dire la vérité devant tous. Il a vu ce que devenaient en exil, livrés à eux-mêmes, sans l'apparat royal, les monarques jetés à bas du trône, il les a vus vivre à Paris comme s'ils étaient dans la maison honteuse de l'Europe, il les a vus souper à l'auberge comme les rois de *Candide*, il a lu le récit de leurs aventures dans les journaux mondains et dans la *Gazette des Tribunaux*, il n'a pas séparé le roi qui fait la fête de ses compagnons de plaisir. Il a voulu tout connaître, il a voulu peindre toutes les variétés de l'espèce : il a constaté, au milieu des viveurs et des sceptiques, la présence de maniaques et d'extatiques, et il a peint cet illuminé : Méraut, cette folle de pouvoir : Frédérique. Il a voulu représenter par des êtres vivants les sentiments affaiblis, les maladies de l'esprit, qui errent encore parmi nous comme des anachronismes symbolisés, il a voulu raconter, par une œuvre d'observation et d'art, la fin d'un phénomène historique. C'est là, à n'en pas douter, l'œuvre de l'écrivain, philosophe et non homme de parti, se tenant en dehors de la mêlée, et essayant d'en dégager la signification..... Ecoutez ! Sifflets à la cantonade.

Au moins, le monde littéraire appréciera l'effort artistique tenté pour sortir le théâtre du moule banal et usé dans lequel il s'éternise. On sera soulagé en écoutant une pièce simple, humaine, dans laquelle les passions, les caractères ne seront pas devenus les pièces d'un échiquier destinées à préparer des coups. On sera heureux de voir un audacieux ne pas imiter Ponsard, M. Camille Doucet et M. Georges Ohnet, et déclarer que s'il faut absolument imiter quelqu'un, il vaut mieux imiter Shakespeare et s'appliquer à faire passer la vie sous les yeux du spectateur par tableaux, par scènes, et non par machines en cinq actes, devenues aussi absurdes, aussi conventionnelles que la tragédie et ses trois unités..... Ecoutez : « Ça n'est pas du théâtre ».

Pour ceux qui ont écouté les *Rois en exil* en dehors de toute préoccupation politique, qui ont essayé de juger l'œuvre d'un artiste sincère se réclamant de la vérité, ils seront convaincus que la pièce d'Alphonse Daudet est une œuvre élevée et sérieuse, et qu'un grand pas vient d'être fait en avant, — qu'il y ait trois cents représentations ou qu'il n'y en ait que dix. L'écrivain s'est emparé d'un terrain qu'on lui contestait, il a fait entrer un chapitre de l'histoire contemporaine dans les dialogues d'une comédie, il a mis une faillite royale sur les planches de la scène. Ce n'est pas là de la polémique, ce n'est pas là l'œuvre d'un homme de parti. Tant pis pour les monarchistes si les observateurs et les artistes se déclarent contre eux.

Et tant mieux pour Alphonse Daudet, si le Boulevard se déclare contre lui. Tant mieux s'il est injurié, tant mieux s'il est sifflé ! Qu'il persiste ! qu'il ose davantage ! qu'il réveille l'esprit littéraire à Paris. Les bravos auront un jour raison des coups de sifflet.

VI

« Germinal » interdit.

I

28 octobre 1885.

C'est en fait de *Germinal*, la pièce tirée du beau roman de M. Emile Zola par M. Busnach pour le théâtre du Châtelet. La censure a condamné, le sous-secrétaire d'Etat, un ministre, puis tous les ministres, ont approuvé. Tous, depuis le plus petit jusqu'au plus grand, ont déclaré inadmissible qu'on pût voir, sous la République, les gendarmes et les soldats tirant sur le peuple. M. Zola a fait doucement observer que l'action de son drame se passait sous l'Empire : on l'avait oublié, — ou on l'ignorait. Rien n'y a fait ! L'arrêt est rendu, il sera exécuté. Les fonctionnaires qui siègent sur des ronds de cuir dans le bureau de l'esprit public ne reviennent pas sur leurs décisions.

Ainsi, il y a vraiment une censure. Ce n'est pas un thème à tirades, à dissertations, à plaisanteries faciles. Dans un coin du Paris républicain se tiennent, immuablement tapis, comme aux jours du Paris impérial, quelques bonshommes au nez chaussé de lunettes, aux mains allongées de ciseaux et de tenailles. Tout le jour, ces personnages, qui sont pour la plupart de très anciens hommes de lettres manqués, sont penchés sur les œuvres qu'on jette en leur cage poussiéreuse, et ils ne cessent de trouer, briser, couper tout ce qui leur paraît doué d'un semblant de vie. Ils nouent les artères, crèvent les yeux, cassent les dents, arrachent les langues, évident les crânes, remplacent la chair par de la ouate, mettent des béquilles à la place des membres, — et rendent à la circulation un être couvert d'emplâtres, boiteux, aveugle, impuissant à mordre et à parler, ligotté, pansé, raturé. Impuissants devant le papier blanc, ils triomphent sur la page écrite par d'autres. Ils ignorent sûrement les lois mystérieuses du style, mais ils savent tuer les mots et les phrases sous les rayures et les sabrures à l'encre rouge. Ils pénètrent difficilement les textes, mais ils savent écrire en marge de ridicules remontrances copiées dans un manuel du bon ton. On ferait des volumes lamentables et cocasses avec les jugements dont ils se sont soulagés sur les œuvres des écrivains de ce siècle, depuis Beaumarchais jusqu'à Baudelaire.

Aujourd'hui, ils exercent une action en partie double sur la production contemporaine. Ils sont chargés de sauvegarder la morale au café-concert et dans les boîtes à musique, et de défendre les principes sociaux dans les théâtres où l'on ne joue pas de ritournelles et où l'on ne prend pas de bocks.

On sait de quelle façon extraordinaire ils s'occupent de la première partie de leur tâche. Les faiseurs de chansons, de farces, d'opérettes et de vaudevilles sont bien au courant des habitudes censoriales. La besogne se fait au juger. Sur dix obscénités, huit sont coupées, deux restent. Il suffit d'en mettre la quantité suffisante pour avoir son compte. Pour les gestes, pour les costumes, même exagération. Après atténuation de la mimique, allongement de l'étoffe, il y a juste en scène ce que le public consent à supporter. S'il est possible d'aller plus loin, les acteurs qui ont de la pratique se chargent d'arranger l'affaire. Donc, inutilité absolue du censeur. Mais, et ceci est plus grave, que l'auteur se hasarde hors de la grivoiserie, qu'un mot s'attaque à un préjugé officiel, à la politique, à l'arrangement social, à une esthétique religieuse, l'auteur est rembarré, le mot est coupé. Alors, le malheureux renonce à être aristophanesque, et il invente des maillots, il perfectionne les échancrures des corsages, il ajoute du sel et du poivre, et du vinaigre et du piment, et on entend davantage de stupidités, on ne voit plus couler que des eaux grasses, il n'y a plus sur la scène que des mollets, des cuisses, des dessous de bras, des gorges, des dos.

La censure est donc en train de tuer la chanson française, la fameuse chanson française! Le censeur est l'adversaire du Béranger du square du Temple et du Désaugiers du Caveau.

Pour les œuvres d'un autre ordre, pour celles qui essayent de mettre sérieusement en scène les questions sérieuses, pour celles où l'écrivain s'est acharné de tout son art et de toute sa conscience à exprimer l'humanité qu'il a observée, pour celles-là, le censeur est plus impitoyable encore. Chaque scène est torturée, chaque phrase éventrée, chaque mot scruté, interprété comme une indéchiffrable inscription par ces Champollion de la sottise. A quoi bon chercher des exemples au théâtre, dans le livre, dans le journal? Les noms des œuvres arrêtées au passage sont dans toutes les mémoires, comme si la niaiserie persécutrice était devenue un irrécusable certificat de talent ou de génie pour les persécutés.

L'article de journal, le dessin jeté sur une feuille volante, le livre, ne sont plus soumis à l'estampille gouvernementale. Ils peuvent circuler sans laissez-passer, sans maculation de timbre. Ils peuvent être poursuivis, s'ils ont servi à commettre un délit de droit commun, — mais personne n'a exigé le dépôt préalable du dessin et du manuscrit, personne n'a été regarder par dessus l'épaule de l'artiste et de l'écrivain. Pourquoi donc le théâtre, seul, est-il soumis à une législation spéciale, à une inspection honteuse? Et dans le cas qui occupe aujourd'hui Paris et qui pourrait bien le passionner demain, en quoi *Germinal* qu'on a laissé paraître sous la forme du livre, alors que M. Emile Zola était seul à répondre des audaces de son observation et de l'amertume de sa philosophie, en quoi *Germinal* devient-il subitement dangereux parce que l'inoffensif M. William Busnach y a mis la main pour charpenter des actes et dialoguer des scènes ? Il est pourtant bien visible pour tous que la libre circulation du livre constitue une attestation de bonnes mœurs donnée à la pièce. Alors, quoi ? Répondra-t-on qu'un lecteur isolé n'est pas dangereux, que mille auditeurs réunis dans une salle trop chaude constituent un péril ? Mais c'est simplement supprimer le droit au théâtre. Il faut bien en prendre son parti, admettre que tout ne peut plaire à tous. Les uns applaudiront, les autres siffleront, d'autres encore resteront chez eux. Si les actionnaires des mines d'Anzin viennent manifester aux fauteuils d'orchestre, les électeurs de Basly en seront quittes pour applaudir plus fort, et tout sera dit. *Germinal* interdit pour empêcher la représentation des grévistes fusillés par la troupe, cela n'empêche pas les répressions ensanglantées d'Aubin et de la Ricamarie d'avoir eu lieu. On veut donc à la fois supprimer de la littérature et supprimer de l'histoire.

Il faudrait que cet acte d'arbitraire fût le dernier. Des écrivains n'ont pas évidemment la folle prétention de mettre en échec un cabinet sur une question littéraire. Mais ils peuvent assez faire pour qu'un ordre du jour supprimant la censure soit voté par la Chambre. Que M. Emile Zola ne consente à aucun marché, qu'il se refuse à installer le mensonge sur la scène, qu'il défende les droits de la pensée violés en lui à cette heure, et on verra bientôt sauter en l'air les ronds de cuir, les encres rouges, les lunettes, les ciseaux, et ceux qui s'en servent.

II

30 octobre 1885.

L'inadmissible, dans l'affaire, c'est que *Germinal* soit interdit sans que personne sache pourquoi. On a bien appris que le manuscrit de la pièce avait été examiné, qu'il y avait eu des coupures faites, des observations mises en marge. On a su que le drame, diminué par ces coups de ciseaux, augmenté par ces notes, avait circulé de bureaux en bureaux, de sous-secrétariat en ministère, qu'il avait été une première fois rendu aux auteurs, puis repris par l'« Administration », et qu'enfin la décision définitive portait suppression pure et simple. Mais la raison de tout cela, la raison de ces hésitations, de ces revenez-y, de ces voyages à travers la paperasserie, la raison de l'arrêt brutal rendu enfin au bout de huit jours, voilà ce qu'il serait utile de connaître, et voilà ce qu'on ne connaît pas.

Après l'article que M. Emile Zola vient de publier, le cas est plus obscur encore. Rien ne reste plus des prétextes invoqués par les rares défenseurs de la décision de la Censure, dite Commission d'examen. Toutes les grosses objections disparaissent comme des ombres de gaze que disperserait un machiniste. Seulement, au lieu de l'éblouissante et irréfutable lumière attendue, on n'aperçoit que la morne, l'indéchiffrable bouteille à l'encre. On peut se pencher sur le goulot, essayer de pêcher quelque argument du bec de la plume, on ne retirera que des choses opaques, sans forme et sans consistance, dont il sera joliment difficile de faire la toilette.

On, — le « on » insaisissable qui est peut-être le principal personnage de l'universelle comédie, — on a dit d'abord que des attentats aux mœurs avaient été signalés dans la pièce de MM. Emile Zola et William Busnach par les moralistes qui veillent sur la pudeur des consommateurs du café-concert et des habitués de l'opérette. Il n'en était rien. Alors, on a affirmé que les craintes de la censure, des bureaux, du gouvernement, portaient uniquement sur le dernier tableau du dernier acte, où l'on voyait la troupe et la gendarmerie faire feu sur les mineurs en grève. Placée là, cette fusillade donnait sa signification à l'œuvre, en faisait une arme dangereuse de combat anti-social. Enfin, on savait à quoi s'en tenir, la discussion était circonscrite. Et pas du tout, voilà que ce matin, on apprend par M. Emile Zola, auquel on devrait au moins avoir fait la grâce de le renseigner, voilà que l'on apprend que ce tableau, hélas ! trop souvent exact de la répression bourgeoise, n'est pas à la fin de l'œuvre, mais au milieu, — que les gendarmes ne font que traverser la scène, — que les coups de feu sont tirés dans la coulisse, — et même que ces coups de feu partent tout seuls, dans le désordre d'une foule. Toutes précautions prises, d'ailleurs, chaque acte entouré d'explications, « ni les mineurs, ni les gendarmes ne se détestant, » présentés comme étant, « de part et d'autre, les victimes d'une fatalité. » Ce n'est pas tout : l'écrivain consent à une modification, croit qu'on le tiendra quitte après un nouvel arrangement de ce seul tableau sur lequel ont porté les critiques. Eh bien ! non. Sans raisons nouvelles, le ministre s'en tient à la décision prise par ses employés. L'impartialité artistique est reprochée à Zola plus vivement qu'une opinion. Sur l'offre de changer le titre de la pièce, d'indiquer son vrai caractère en l'appelant : *Pitié !* refus immédiat, ce titre est considéré comme une aggravation. Enfin, l'interdiction pure et simple.

Tout cela, vraiment, est pauvre, et il faut bien compter que quelques-uns trouveront les explications insuffisantes, et l'interdiction incompréhensible. On ne condamne pas, on ne supprime pas, sans alléguer un motif. Les auteurs de *Germinal* ont droit à des considérants. Qu'on sache, une bonne fois, si la « Commission d'examen » est un Conseil des Trois ou un Conseil des Dix qui juge sans examiner, condamne sans écouter, et ne doit nul compte à l'opinion de sa férocité anti-littéraire et de sa fantaisie bureaucratique.

Un renseignement, s'il vous plaît, mes bons messieurs. Il ne suffit pas de répondre aux interrogations par l'obstiné « Parce que » des enfants, des femmes et des gouvernants.

VII

Marionnettes.

27 février 1885.

C'était hier soir une « première » de marionnettes au théâtre Baumarchais, près la Bastille. C'est loin du « boulevard, » mais les cochers consentent encore à aller jusque là, et il y a une ligne d'omnibus. Les fantoches sont des parents des Holden ; des aînés ou des cadets, peu importe : tous ceux qui sont fatigués de la musique et de la littérature des faiseurs à la mode trouveront à voir ces exercices automatiques un immense repos intellectuel.

Le spectacle est coupé comme au Vaudeville et il y a des ballets comme à l'Eden. Mais la ressemblance s'arrête là. Sur la scène restreinte, installée comme un grand Guignol sur la véritable scène, la comédie bourgeoise issue de M. Scribe et l'apothéose de la danseuse-étoile ne sont pas admises. Les pantins à têtes de bois et à membres rembourrés de son ne peuvent inspirer que d'idéales et artistiques passions aux amateurs de l'orchestre. Si le jeu de la jeune première devient par trop séduisant, si ses jupes voyantes découvrent des épaules et des jambes d'une trop élégante gracilité, il ne s'ensuit pourtant ni bouquets, ni missives, ni offres d'hôtel et de coupé, la poupée inerte affaissée dans la coulisse contre un portant ne reçoit aucune visite pendant l'entr'acte. L'acteur est là ce qu'il doit être, il ne joue pas en dehors de la pièce. Rendu à lui-même, il ne fait aucun tapage par la ville et ne confie aucune lamentation à aucun reporter. Le rôle est bien appris et bien joué, et c'est tout. C'est donc sans pensées étrangères à l'art qu'on regarde manœuvrer les marionnettes, l'esprit n'est pas préoccupé d'aventures, et le cœur bat régulièrement. Et pourtant les ficelles sont si bien tenues et les personnages si obéissants que l'illusion s'en mêle, qu'un brin de rêve envahit le cerveau et qu'on regarde bientôt la troupe comme une humanité spéciale en action, une humanité consciente et railleuse, animée d'une vie passagère aussi réelle que la nôtre. La représentation prend le caractère d'une lecture d'Hoffmann, la précision des gestes fait oublier leur raideur, les mouvements des jambes, des pieds, des bras, des mains, sont si justes, si nuancés, si lents ou si précipités, qu'ils communiquent une vie factice aux traits immobiles. Sur les fonds simples, coloriés comme des images d'Epinal, les silhouettes marchent, courent, dansent, tombent, se relèvent, passent à travers les maisons, luttent avec des animaux fantastiques, enfourchent des locomotives, et les excentriques actions font songer à l'agitation des vivants. Il y a des amoureux et des amoureuses, des Cassandres et des intrigants, les caractères et les professions sont clairement indiqués par les détails des costumes et les airs des visages. Les poèmes sont courts, facilement compréhensibles, mais les situations variées à l'infini, et les fabricants patentés y trouveraient facilement matière à quantité de drames et de vaudevilles.

L'action se passant n'importe où, la critique de M. Darcel n'aurait pas de prise sur les décors, qui sont absolument délicieux. Ce sont des vues de mers avec des vagues en accents circonflexes, comme dans l'*Angélique* de M. Ingres, des intérieurs sous marins habités par des fleurs arborescentes et des poissons mécaniques, des rues avec des maisons de tous les styles qui sont des fruiteries et des épiceries, des salons à portiques et à colonnades qui ressemblent à des pâtisseries montées, des embarcadères de chemins de fer d'où l'on part pour des pays d'apothéoses. Et là dedans, au bruit d'une musique enragée de monotonie, aigre et saccadée à évoquer tous les concerts de Londres, les marionnettes savent se montrer supérieures aux acteurs du Gymnase et même aux sociétaires de la Comédie-Française : dans la coulisse, on prononce pour elles quelques interjections anglaises ; mais elles, elles n'ouvrent pas la bouche, ces intelligentes marionnettes, elles s'abstiennent de dire du Sardou ; elles n'ont pas appris Georges Ohnet, elles ignorent Pailleron !

GENS DE THÉÂTRE

—

I

Le Tout-Paris des premières.

28 août 1881.

Dans trois jours, c'est le 1ᵉʳ septembre, et c'est la réouverture des théâtres. Il est généralement admis qu'il n'y a personne à Paris pendant les mois d'été, mais que tout le monde revient pour les spectacles d'automne. La mer et la forêt n'ont pas d'attraits qui tiennent devant les décors peinturlurés et les visages maquillés. Le recommencement de la saison dramatique est vraiment un événement aussi considérable que l'annuelle réunion de Longchamps pour le grand prix de Paris. On en parle dans les bureaux de rédaction des journaux qui vont dans le monde, dans les clubs où la littérature fait bon ménage avec le « pschutt », dans les cafés qui ont la sonnette de l'entr'acte, dans tous les théâtres où il y a un monsieur en habit à l'orchestre. Les articles qui ont déjà paru réapparaissent, à cette heure attendue qui sonne régulièrement tous les ans. De même qu'il est fait de la philosophie, à chaque retour de saison, sur les dernières violettes et sur les premières hirondelles, sur le jour des

Morts et sur le Carnaval, sur la saint-Sylvestre et sur le jour de l'an, de même les critiques inoccupés se reprennent à dénombrer, à expliquer, à louer, à attaquer, le Tout-Paris, — le Tout-Paris des premières.

Il y a plus d'apologistes que de détracteurs. Pour un cri de colère ou une parenthèse sceptique, il y a cent, il y a mille litanies boulevardières où le public des premières représentations est adoré avec les adjectifs les plus inattendus. Quelqu'un se permet-il une apparence de réserve, aussitôt les différents messieurs de l'orchestre entreprennent des séries d'articles nocturnes pour démontrer que le Tout-Paris est un grand calomnié, et que l'assemblée où la littérature est représentée comme se résolvant en commérages est en réalité un couvent de fidèles fanatiques agenouillés devant l'Art.

L'architecte qui a cru élever un monument définitif à la société qu' assiste aux premières représentations et aux répétitions générales, M. Charles Garnier, n'a pourtant rien célé de la vérité, le jour où il s'est essayé à célébrer ces fêtes intellectuelles. Un académicien quelconque, donneur de prix de vertu, avait cru pouvoir se permettre un mot léger à l'adresse des occupants de l'orchestre. Le constructeur de l'Opéra ne fit qu'une bouchée de l'immortel. En un instant, il le rassit sur son fauteuil, lui renfonça son bicorne sur la tête. Il lui prouva, clair comme le jour, qu'il ferait mieux de s'en tenir à l'éloge de la vertu, que cet exercice modéré était seul de son ressort, que terrasser le vice était pour lui un travail trop considérable, qui demandait d'autres muscles. Le vice se rebiffait et disait en substance au monsieur en habit vert:

« Le Tout-Paris des premières représentions théâtrales, mais c'est le Tout-Paris des premières représentations académiques, c'est celui qui est devant vous, c'est celui auquel vous décochez des férocités et qui les applaudit comme des épigrammes. Hélas ! il faut en prendre votre parti : vous n'avez pas un autre auditoire que celui de Léa d'Asco et de l'homme à la tête de veau ;

le public qui vous fait des ovations à l'Institut est le même qui fait des ovations à Brasseur aux Nouveautés ! »

Il y avait du vrai dans ces commentaires, mais la documentation s'arrêtait là, et c'était sur le mode lyrique habituel qu'était faite l'énumération des possesseurs de loges et de fauteuils des jours des premières. Dans ces sortes d'exaltations, les « représentants de la presse parisienne, » les directeurs, acteurs et actrices, les députés, les sénateurs, les ministres viennent en ornements de premier plan. Derrière tout ce monde il n'y a plus qu'une masse confuse dans laquelle personne n'est distingué. C'est à peine si une rapide allusion est faite aux quelques « déclassés » qui errent par les couloirs. Mais aucun historiographe ne s'arrête à décrire et à classer ces figurants. Tous jettent le regard à vol d'oiseau sur l'orchestre, alignent une rangée de gens distingués au balcon et proclament: « Vous avez vu le Tout-Paris. »

Non, il y a autre chose. Il y a autre chose que des sénateurs des centres, des critiques influents, des journalistes pressés de s'en aller. Se borner à cette nomenclature, c'est ouvrir et fermer les yeux à volonté sur les gens qui apparaissent dans le rayon de la lorgnette. Il y a des blancs sur la liste, et peut-être serait-il possible d'en remplir quelques-uns.

Une salle de première, ce qui s'appelle une belle salle, un soir d'hiver où le rideau va se lever, au milieu d'un silence ému, sur une œuvre nouvelle de M. Ohnet, ou sur la romance bêtement grivoise de l'opérette inédite, une salle, ces soirs-là, c'est dit-on, le rendez-vous de toutes les intelligences, de toutes les célébrités nées de savoir, du talent et du travail.

Oui, certes, il y a dans un coin un écrivain qui s'ennuie par métier, ou un brave homme que tout distrait et qui observe. Mais Paris est aussi représenté par la prostitution cotée et la banqueroute admise qui viennent se pavaner, ramasser des saluts et laisser tomber des sourires. La critique! il n'en est pas question, c'est l'accessoire. Le vrai public, régulier, despote, qui fait la loi, crée les réputations, acclame ou assassine une pièce, ce public-là, c'est cette bande de vieilles gueuses suantes sous le rouge et le blanc de céruse, tassées dans les fauteuils, étalées dans les loges, comme au temps où elles faisaient tapisserie dans les salons du quartier de l'École militaire; c'est le monsieur qui pèse lourdement sur son siége comme un sac d'écus et qui tend machinalement vers la scène une face brutale ; c'est l'amant de cœur en cravate blanche et en gants blancs; c'est la fille qu'on lance, escortée de sa mère, de ses frères, de ses fournisseurs, de tout ce qui vivra de son alcôve et de son cabinet de toilette ; c'est le financier qui s'est embusqué tout le jour à la Bourse comme un carnassier et qui vient se reposer du tracas des affaires ; c'est le rastaquouère qui a des diamants à tous les doigts, des dents de nègre, des cheveux bleus à force d'être noirs.

Et le fretin, tout ce qui touche de près ou de loin à l'Argent et à la Galanterie, tout ce qui s'impose aux directeurs de théâtre, tout ce qui est en tête de la liste des billets de faveur, tout ce qui vient là en propriétaire, tout ce qui a déjà son coupon en poche avant qu'on ait seulement songé à envoyer une place à un écrivain ! Y est-il, ce public-là? Vous a-t-il fatigué de ses rires, écœuré de ses applaudissements ? Vous est-il apparu, certains soirs, encombrant, grouillant, insolent, faisant une ovation à la niaiserie, exécutant, en une heure, l'œuvre qui représente un travail de pensée et d'art de plusieurs années ? Avez-vous assisté à la première représentation des *Corbeaux* ou des *Rois en exil ?* Avez-vous contemplé tels accès de patriotisme et de morale, telles crises d'admiration devant un dialogue écrit en mauvais français, telles indignations devant une allusion à un vice ?

C'est le 1er septembre qu'il faudrait quitter Paris. On

a bien le temps d'aller au théâtre avec le Tout-Paris des dernières.

II

Le Monsieur de l'orchestre.

4 janvier 1885.

C'est un deuil « parisien », dans le sens que les intéressés se sont appliqués, depuis plusieurs années, à donner à ce mot, que la mort de M. Arnold Mortier. A ce titre, la notice biographique peut servir de prétexte à quelques observations. Mais ces observations ne portent pas directement sur le journaliste qui vient de mourir, ni même sur la tournure qu'il lui avait plu de donner à ses articles. Chacun défriche à sa manière, avec les outils qu'il a pu se façonner, ce champ aride que représente une feuille de papier blanc, et le métier est trop dur pour qu'un labeur consciencieux soit tourné en dérision quand l'homme qui a consacré sa vie à ce labeur doit être enterré le lendemain. On dit que M. Arnold Mortier, après des débuts difficiles, après des années de misère courageusement acceptées, accomplit toujours avec un grand souci de bien faire le travail dont il s'était chargé. On ajoute qu'il a été mal récompensé par la vie des périodes pénibles qu'il eut à traverser : il est mort jeune après avoir longtemps souffert. C'en est assez pour qu'une critique sans intérêt ne soit pas faite. Il est, d'ailleurs, assez difficile d'établir une appréciation des fugaces « Soirées parisiennes. » Ce n'est donc pas d'une œuvre personnelle qu'il peut être question, mais d'un genre, non de M. Arnold Mortier, mais du « Monsieur de l'orchestre », et de tous les « Messieurs », du balcon, des loges, des baignoires et des strapontins.

Si la « Soirée parisienne », ce récit d'une première représentation fait au sortir du théâtre, n'était que ce qu'elle doit être, c'est-à-dire un article d'information renseignant le lecteur, avant la venue du feuilleton, sur le sort d'une pièce, l'importance des décors, le jeu des acteurs, l'attitude du public, il faudrait prendre son parti de la coutume ; elle ne serait, en vérité, ni bonne ni mauvaise. Mais nous sommes loin de compte. Sous couleur d'impression fugitive, ce que la « Soirée » donne, dans les feuilles autorisées du Boulevard, c'est le jugement sérieux, le vrai, le définitif. Là où le feuilleton du lundi n'existe pas, il y a à la fois, sur la même page, l'article de critique sérieuse et la frivole « Soirée ». Ainsi, les effets produits par les mauvaises pièces et les mauvaises interprétations, ces effets peuvent être facilement corrigés par l'ingénieux système du compte-rendu en partie double. A côté du critique assermenté qui déplore et qui morigène, le Monsieur de l'orchestre ou du balcon s'amuse, fait des mots, détourne l'attention du mauvais style ou de la voix fausse en décrivant un bras, une gorge, un costume, une toile de fond, ou en narrant mystérieusement le plus banal des incidents de coulisse, l'incident qui n'amuse plus le pompier depuis des années ! Et c'est le « Monsieur » qui a finalement raison. On s'en moque pas mal, du critique qui a fouillé dans des dictionnaires pour faire un article intéressant ; ça n'est pas « parisien » ; en voilà, un empêcheur de danser en rond, avec ses considérations historiques et ses études de caractères! Le « Monsieur », à la bonne heure ! Celui-là ne perd pas son temps au théâtre. Il parle de la noblesse des premières représentations comme un almanach Gotha, il disserte sur les toilettes comme un couturier, il découvre vingt scandales d'un seul coup de lorgnette, et quand il n'en découvre pas, il en invente. Il ne sait peut-être pas si l'auteur et l'actrice ont du talent, mais il sait si bien comment le salon du premier est meublé et quels mots il fait après dîner, et il est si au courant des peines de cœur de la seconde ! Voilà qui est bien. Et on ne lit pas la prose de l'érudit, et on se pâme sur les alinéas du « Monsieur » qui fait la loi. Ce n'est pas de la « bonne réclame » qu'un article étudié, tandis que tel détail bien placé dans une « Soirée » fait courir Paris, la province et l'étranger. C'est la « Soirée », faite d'une certaine façon, qui devient la « grande attraction » des journaux et la fortune des théâtres. C'est le « Monsieur » qui décide de l'avenir des pièces, qui fait la loi aux auteurs, aux artistes et aux directeurs. Il est le machiniste et il est le poète, il est l'ancien plaisant du parterre passé à l'orchestre, et il est le chef de claque ; tout vient de lui et tout vient à lui, il a charge d'intérêts et il garde sa bonne humeur, il règne et il gouverne par des calembours et par des à-peu-près.

Le genre survivra donc à celui qui l'a inventé et qui a excercé sa fonction, de l'aveu de tous, plus sincèrement et plus joliment que ses imitateurs. Le Tout-Paris a trouvé le genre de critique qui lui convient : le « Monsieur de l'orchestre » n'est pas près d'être dépossédé de son fauteuil.

III

Morts d'actrices.

Mlle Dica-Petit — Mlle Thuillier.

I

10 avril 1885.

Les nécrologies ont raconté hier la mort subite d'une comédienne qui connut et l'applaudissement et l'oubli de Paris. Mlle Dica-Petit est morte en wagon, allant de Paris à Compiègne. On ne sait pas le nom de la maladie qui l'a tuée. Quelques-uns parlent de suicide. Le corps, ramené à Paris, a été transporté de la gare à l'église. Un service funèbre auquel personne n'avait été convoqué a eu lieu, puis l'enterrement. Et c'est fini. Le médecin qui a constaté la mort, songeant sans doute au procès fait au docteur Watelet, ne s'est pas laissé circonvenir par les reporters habituellement bien informés. Ces messieurs se perdent en conjectures.

L'enquête pourrait être close. Le mal qui a frappé Mlle Dica-Petit n'a pas besoin d'être connu davantage, et si l'actrice lasse de la vie a trouvé bon d'opérer la sortie définitive, celle qui n'est suivie ni de rappel ni de rentrée, il serait bien de ne rien faire pour connaître le secret possible de cette disparition. L'existence artistique de cette enterrée d'hier appartient seule, en fait, à ceux qui ont pour métier de tout savoir et de tout dire.

Elle est intéressante à plus d'un titre, cette existence. On put croire, par moments, que Dica-Petit serait l'interprète intelligente d'une nouvelle littérature. Les débuts avaient été les débuts de toutes. Le Conservatoire, puis l'Odéon. Le Théâtre-Français fermé. Et alors, les théâtres du boulevard, le drame, — et le mélodrame ! Et l'ennui, pour cette Hollandaise qui aimait la prose française, de remâcher continuellement la lourde rhétorique des faiseurs dramatiques, de redire sans cesse les phrases banales coupées d'interjections convenues. C'était à regretter l'Odéon où les débuts avaient eu lieu dans le *Célibataire marié.* Toujours des *Jeunesse des mousquetaires !* des *Quatre Henri !* des *Richelieu à Fontainebleau !* Des capes et des épées, des poignards et des poisons, des mères perdues et des filles retrouvées, des trahisons à trémolos et des sauvetages à apothéoses ! Toujours, et toujours, les mêmes directeurs, les mêmes auteurs, la même claque, — et la même presse indifférente ! A peine une pièce de Touroude : *La Charmeuse,* une de Becque ; *Michel Pauper,* et plus tard, la *Thérèse Raquin* de Zola. Tout cela sans succès, sans encouragement pour un jeu nerveux, sobrement passionné. C'était vraiment à aller demander aux Russes les rôles refusés ici. Dica-Petit partit pour Saint-Pétersbourg. Au retour, il fallut encore jouer des « duchesses de Guise » et faire trembler la voix dans des pièces à grand spectacle. Enfin, on annonçait l'entrée de la comédienne au Gymnase. Hélas !

Il est devenu d'une phraséologie vulgaire, — tant de fois le sujet a été déclamé et pleuré ! — de s'apitoyer sur le sort de l'acteur qui ne laisse rien qu'un lointain son de voix dans la mémoire de quelques-uns. La destinée des diseurs de beaux vers et de forte prose, mourant tout entiers, alors que l'écrivain laisse son livre, le peintre son tableau, le musicien sa musique, cette destinée a été plainte par les réfléchis et les sensitifs auxquels la pensée du total évanouissement de l'être donne un frisson. Il reste pourtant la beauté lapidaire des dédicaces et des préfaces des grands écrivains admirateurs de leurs interprètes, il reste quelques portraits en pied, quelques beaux croquis faits par les poètes réduits aux rôles de feuilletonistes. — Mais, qu'elle est pénible entre toutes, la fin d'une délicate comédienne qui a manqué sa vie d'actrice, qui n'a pu que furtivement, au hasard d'une pièce mal accueillie, donner son vrai geste, son vrai regard, le vrai accent de sa voix !

II

2 août 1885.

On en aura un peu parlé, de cette Marguerite Thuillier qui vient de mourir dans un hameau du Morvan, après avoir fait les belles soirées des Variétés et de l'Odéon. On a pour elle pratiqué des recherches dans les anciens articles, on a exhumé des vieux papiers biographiques, on a réédité des souvenirs. Ceux qui, autrefois, avaient vu jouer l'actrice, se sont essayés à dessiner un portrait, ceux qui n'avaient rien vu ont fait de même. On a ranimé la morte, on a fait répéter la comédie au cadavre de la vieille femme, on a fait passer des lueurs dans les yeux pour toujours éteints, et forcé à sourire les lèvres pâles sur les dents serrées.

Il serait intéressant de savoir combien, du groupe des amis et du troupeau des applaudisseurs, ont trouvé le temps d'aller enterrer celle qu'ils célèbrent et qu'ils plaignent dans des articles lacrymatoires, — combien ont quitté leur coin de plaisir et leur table de café pour suivre le cercueil de sapin raboté par un menuisier de village pour l'ancienne triomphatrice, le cercueil accueilli par le tranquille cimetière de Châtillon-en-Bazois.

Personne, sans doute, n'a fait le voyage. Tout s'est passé en échos et en racontars, en probabilités et en cancans. Et même cette besogne inférieure a été mal conduite, — les souvenirs n'ont pas été datés, — les documents ont été produits au petit bonheur de la rencontre. Aucun contrôle, aucune exactitude. Personne n'a donné les causes de la retraite de l'actrice quittant Paris et le théâtre en plein succès. Personne sans doute ne les connaît. Aussi, la chronique bat la campagne, et le reportage se trompe de chemins. Ici, c'est un insuccès passager qui est donné comme la raison de la définitive abdication. Ici, la fuite en province est l'épilogue douloureux et tragique d'une vie traversée de tristes amours. Là, c'est le charmant et mélancolique visage mordu par un dévorant ulcère qu'il a fallu cacher aux yeux curieux et soustraire aux apitoyants commentaires. Presque partout, c'est la conversion de la femme de théâtre qui est admise, — un élan subit vers le dieu mystérieux qui apparaît comme un œil ou comme un triangle dans les peintures à nuages des plafonds d'églises, vers les vierges en plâtre bleu et doré des chapelles obscures, vers les saints rébarbatifs et les séraphins extasiés des porches de cathédrales.

Que croire de tous ces renseignements en désordre ? Lequel choisir, de tous ces chapitres biographiques sans certitudes et sans explications ? Ah ! la précision de nos informations sur ces choses d'hier est faite pour donner une haute d'idée du véridique et du prouvé de l'Histoire, — et des aventures de ce genre peuvent donner à réfléchir à ceux qui philosophent sur les faits et qui déchiffrent les caractères à quelques siècles de distance. Ne voit-on pas là clairement comment la cristallisation se produit, — comment la légende commence, — comment le récit s'impose ? Il est sûr qu'au vingtième siècle il viendra un monsieur qui entreprendra d'écrire une histoire de notre théâtre, et qui voudra dessiner des médaillons, modeler des statuettes d'actrices. Arrivé à Marguerite Thuillier, si le monsieur est un consciencieux à la façon des Goncourt, et qu'il veuille s'en tenir au certain, il se contentera de citer quelques dates, de publier les lettres dont il aura retrouvé les autographes, un portrait dont il connaîtra la provenance. Pour le reste, il ajoutera un point d'interrogation et ce sera tout. Mais s'il est l'Érudit forcé et le Compilateur quand même, il ne s'en tiendra pas là : il lira tous les journaux, il découpera tous les articles, il les collera tous les uns à la suite des autres, il fera des raccords à toutes les histoires, il trouvera des explications à toutes les obscurités, il admettra tout, tout ce qui aura été imprimé, — l'insuccès, le succès, la maladie, les amours malheureuses, la conversion. Il inventera un commencement, un milieu et une fin, il construira son affaire comme un roman, il aura des pièces justificatives qui seront la nécrologie de « un tel », les révélations de Chose, et la chronique de Machin. Il ajoutera des eaux-fortes, un plan de l'Odéon et une vue du tombeau, — et il numérotera ses pages.

Ce n'est pas que tout ne soit pas possible dans ces fins de vies descendues des planches. Toutes les raisons peuvent être admises, et toutes les hypothèses peuvent être discutées, quand une diseuse de prose et de vers renonce aux inquiétudes et aux batailles de sa profession, aux bravos de la salle et aux hommages des coulisses, aux rumeurs des foules et aux clartés du lustre. Peut-être tout est vrai : — le découragement du métier, le mal rongeur du visage, le drame amoureux. Peut-être la religiosité subite est-elle vraie aussi. Peut-être Mlle Thuillier est-elle entrée au couvent en 1868, — même sur ce point on n'est pas fixé ! — peut-être celle qui fut la Petite-Fadette et Mlle de Saint-Geneix, Mimi et Carmosine, a-t-elle un moment changé les costumes de ses rôles contre les bandelettes blanches, les voiles noirs, la robe bleue de la carmélite. Ce ne serait pas là un phénomène inexplicable, un revirement inattendu de comédienne. Il n'y a pas si loin qu'on le croit de la loge de l'actrice à la cellule de la nonne. Ceux qui risquent chaque soir leur réputation, leur avenir, leur vie, sont des joueurs qui ont tous les effrois et toutes les superstitions du joueur. La défaite est à chaque instant possible, et le triomphe est toujours à reconquérir. On appelle les fétiches au secours et on implore les puissances inconnues. Cette tragédienne entre prier à l'église en allant au théâtre. Cette cantatrice fait le signe de la croix avant d'entrer en scène. Cette danseuse, blessée au pied, envoie en ex-voto ce pied, moulé en argent, à la Vierge de Barcelone. Thuillier, vaincue par l'art ou par la vie, a pu, de protestante devenir catholique, passer par le couvent avant de mourir dans la solitude.

Mais qu'importe ! Qu'il y ait eu blessure d'orgueil ou mal physique, agonie amoureuse, perte de voix ou ulcère à la face, le triste et l'attendrissant, c'est ce dénouement d'existence de la distinguée comédienne ! Autrefois, fêtée, applaudie, — encensée avec des paroles qui tremblent, des voix qui désirent, — parée avec tous les bijoux, — fleurie avec toutes les fleurs, — c'était la frêle idole d'une ville d'intelligence et d'art. Et puis, dix-sept ans de silence, — vivant d'aumônes, — inscrite pour une pension dans un ministère, — cette pension reprise et rendue, les derniers sous discutés, — cachée dans une maison de village où les pluvieux automnes et les froids hivers sont durs aux vieilles femmes, — la beauté s'en allant un peu chaque jour, les mains se décharnant, le visage se ridant, — toutes les tristesses de la vieillesse, toutes les hideurs de la pauvreté, — des visions qui font mal, des souvenirs auxquels répondent des sanglots, — ç'a été la vie de cette femme oubliée, morte là-bas, pauvre et défigurée, dans le village du Morvan.

Ce ne sont pas des racontars qu'il faut rééditer, ce ne sont pas les échos de 1868 qu'il faut changer en chroniques de 1885, c'est cette agonie en province qu'il faudrait dire, — l'agonie de cette reine de théâtre recevant des secours de George Sand, et soignée jusqu'en ses derniers jours par la camarade bonne fille qui s'est exilée comme elle et pour elle, — Alexandrine, ancienne actrice des Funambules.

IV

L'auteur-acteur.

31 décembre 1883.

L'événement parisien, celui qui est commenté, discuté, loué, décrié, celui qui enchante quelques-uns, fait faire la moue à presque tous, c'est le brusque début de M. Richepin au théâtre de la Porte-Saint-Martin, dans sa propre pièce : *Nana-Sahib*. Ç'a été un coup de théâtre, non dans la salle, où le public a tranquillement pris la chose, mais hors du théâtre, dans les cafés littéraires et les salons artistiques. Tout en criant au cabotinage, en se répandant en lamentations sur l'excentricité du poète et l'attentat aux mœurs mondaines commis par lui, bien vite on court retenir sa place, on braque sa lorgnette, et on n'a plus d'yeux et d'oreilles que pour M. Richepin. Des autres interprètes, du drame, des vers, on ne s'occupe pas plus que si tout cela n'existait pas ; la façon même dont l'écrivain comprend ce rôle qu'il a écrit, parle cette langue qu'il a travaillée, importe peu ! Ah ! il est bien question de cela ! Belle fichaise, vraiment ! Ce qui est intéressant, c'est la voix de M. Richepin, c'est son nez, c'est sa chevelure, ce sont ses dents, ses yeux... Le cabotinage est peut-être sur la scène, mais il est sûrement dans la salle.

Avec nos affectations d'audace, nos proclamations de libertés et notre scepticisme, nous sommes en réalité les êtres les plus méthodiques, les plus méticuleux, les plus paperassiers ! Notre esprit est assis sur un rond de cuir et ne sait lire que dans les registres verts, à coins de cuivre, que l'on replace dans le casier où on les a pris, après avoir calligraphié quelque chose dans une colonne préparée d'avance. Au fond, nous sommes tellement administratifs, bureaucrates, notables commerçants, que nous en usons avec les productions intellectuelles et les manifestations artistiques comme avec les marchandises tarifées et le papier à encaisser. Nous avons décidé que la poésie serait détaillée aux amateurs de la même façon que le fromage de gruyère : il y aura quelqu'un qui la produira, quelqu'autre qui la coupera et la pèsera, et un troisième qui recevra la monnaie. Nous faisons semblant de distinguer entre un théâtre et une épicerie, mais nous ne distinguons pas, et au lieu de demander au débitant de mettre de l'imprévu et de la poésie dans son négoce, nous exigeons que la vie littéraire soit organisée comme un magasin de denrées coloniales. Nous réussissons, d'ailleurs.

Aussitôt qu'un nouveau venu se produit, choisit un genre, indique seulement une préférence, il est aussitôt saisi, vêtu en fonctionnaire de sa fonction, classé, numéroté, on l'enferme dans son vaudeville, dans son drame, dans son roman, dans son volume de vers, dans son article politique, dans son discours, dans son sonnet ou dans son quatrain, il est verrouillé, cadenassé, l'opinion monte la garde à la porte pour l'empêcher de sortir. Et s'il a des aptitudes diverses, s'il veut se distraire d'un pôle en courant à l'autre pôle, s'il aime, après avoir creusé un sujet, à en effleurer un autre! Tant pis : c'est défendu. Tu as fait un vaudeville, malheureux! tu feras des vaudevilles pendant toute ta vie; tu as fait un roman, tu en feras toujours; tu as fait un discours, parle sans cesse ou tu es perdu; tu as fait un bon article, donne-nous en encore un aujourd'hui, et demain, et après demain, et sans cesse, jusqu'à ce que tu deviennes fou; tu as fait un sonnet ou un quatrain, produis-en chaque année une quantité énorme, si tu ne veux pas qu'on t'oublie; et surtout, ne produis que cela.

Garde-toi bien de sortir du coin dans lequel on t'a parqué, ne tente pas d'excursions sur les terrains avoisinants. Quelle clameur tu entendrais ! Quel haro ! Quelle lapidation avec les éternelles phrases toutes faites. Les entends-tu siffler dans l'air, ces phrases, s'amonceler et crever en orage sur ta hardiesse vaniteuse : « Les romanciers ne réussissent pas au théâtre... Un vaudevilliste ne peut être un homme politique... Un homme politique ne saurait faire un vaudeville... Un poète ne sait pas écrire en prose... Un orateur ne sait pas écrire... »

Et la suite. Il y en a comme cela des quantités que tout le monde répète sans savoir pourquoi, ou plutôt en sachant très bien pourquoi. On veut, et c'est là le fond de nos préférences et de nos haines, qu'il n'y ait partout que des employés ponctuels et empressés : des employés au Roman, qui nous apportent leur livre tous les ans, à la même heure, des employés-acteurs qui fassent tous les soirs le même geste et disent les mêmes mots, des employés-vaudevillistes, chargés de nous faire rire, des employés-dramaturges chargés de nous faire pleurer, des employés-poètes chargés de nous idéaliser, et des employés à la Politique chargés de nous faire nous entretuer avec les Chinois, avec les Allemands, avec n'importe qui !

Que l'un de ces imprudents, qui ont commis la faute de laisser mettre leur nom en vedette, essaie de changer l'affiche, de dire autre chose que ce qu'il a déjà dit, de chanter dans un autre ton, et vous verrez la belle dispute qu'on lui cherchera, et comme on le fera bien vite rentrer dans le rang. En France, un ministre des affaires étrangères comme Disraëli, écrivant des romans tout en traitant avec l'Europe, n'en aurait pas pour vingt-quatre heures.

Le cas de M. Richepin vient prouver, une fois de plus, la vérité de ces réflexions. Y a-t-il déchéance, pour un littérateur, à monter sur les planches? N'en aurions-nous pas fini avec les métiers dignes et les métiers indignes? Qu'on ose donc alors dire que le comédien est un être inférieur et doit être traité en paria. Mais les mêmes qui ont réclamé la croix pour les sociétaires du Théâtre-Français s'indignent contre M. Jean Richepin et affec ent des haut-le-cœur. C'est donc le goût de la hiérarchie, la manie de la spécialisation qui triomphe. On cite Shakespeare et Molière avec des airs entendus, on insinue que *Nana-Sahib* ne valant ni *Hamlet* ni *Tartuffe*, M. Richepin n'a pas le double droit de faire des pièces et de les jouer lui-même.

Eh ! si. Il a même le droit d'être complètement shakespearien ou moliéresque. Nous n'avons, nous, à discuter que son talent de comédien. Ce talent est-il médiocre ? disons-le et engageons M. Richepin à rentrer dans la coulisse. Ce talent est-il grand, au contraire ? applaudissons et conseillons au poète de faire des pièces qui soient dignes de l'interprète. La question n'est pas plus compliquée.

Il se trouve précisément que M. Jean Richepin est excellent dans le rôle de Nana-Sahib, qu'il y met toute l'élégance, toute la sauvagerie et toute la passion nécessaires, — ce qui n'a pas surpris ceux qui ont eu la bonne fortune de lui voir jouer le rôle du fou dans l'*Etoile*, ce drame bizarre, d'une forme exquise, fait en collaboration avec André Gill et représenté une fois au théâtre de la Tour-d'Auvergne, en 1872. Il y a là un grand sujet de satisfaction pour les lettrés, pour tous ceux que le fade débit et le jeu convenu de nos comédiens ordinaires exaspère. Quelle chance inespérée qu'un vrai poète consente à dire des vers devant tous, à les expliquer à la foule par des gestes et des inflexions de voix qu'il n'aura pas appris dans un Conservatoire, mais qui lui seront, comme sa phrase écrite, dictés par sa volonté créatrice ! Supposez que l'écrivain fasse demain un chef-d'œuvre : viendrez-vous vous plaindre de voir ce chef-d'œuvre interprété par lui. Que M. Richepin laisse donc clabauder : le jour où il viendra dire des phrases immortelles devant le trou du souffleur, la protestation des femmes du monde et des gommeux étiques qui ne dédaignent pas de figurer dans des tableaux vivants ne sera pas entendue.

En attendant, l'auteur de la *Chanson des Gueux* se ferme les portes de l'Académie, et fait un pied de nez à la Normale. C'est très brave. Mieux vaut courir le cachet que de recevoir d'abominables, d'odieux Prix de Poésie des mains de M. Camille Doucet et de M. de Mazade-Percin.

V

Folie

7 décembre 1884.

Voilà qu'on reparle de M. Richepin et de Mme Sarah Bernhardt. Non pas qu'il soit question d'un livre de l'écrivain ou d'un rôle de l'actrice. C'est de l'homme et de la femme qu'il s'agit, de leurs personnes, de leurs sentiments intimes, des choses secrètes qui d'ordinaire ne se crient pas sur les toits et ne s'impriment pas dans les feuilles. Il paraît qu'il se passe des événements très importants, qui seront demain de l'Histoire, et qu'il faut être très attentifs. Quoi donc?

Des dépêches venant d'Alger, rédigées par on ne sait qui, tombent dans les journaux, ces dépêches annoncent que M. Jean Richepin est atteint d'une fièvre diphtérique compliquée d'accès tétaniques, l'apparition de l'aliénation mentale est signalée, le poète a demandé asile aux trappistes de Staouëli et, sur leur refus de le recevoir, est parti pour le désert, — destination vague. Le lendemain, autre chanson. Rien de vrai dans la dépêche. Jamais M. Richepin n'a été plus raisonnable, il est en promenade avec sa femme et son fils, il n'est pas en Algérie, ou plutôt, il n'est nulle part, puisqu'il cache soigneusement son adresse, un seul de ses amis, qui n'habite pas le Boulevard, mais l'Auvergne, sait où il est et communique avec lui. Une dépêche rassurante pour la santé du corps et de l'esprit de l'auteur de la *Chanson des gueux* est venue démentir la fausse dépêche qui avait mis, non tout Paris, mais le Tout-Paris, en émoi. Et l'on commence à parler d'obsessions, de persécutions, de vengeance de femme, d'expédients employés pour découvrir la retraite du poète fugitif. La toile se relève sur le drame intime qui a déjà fourni tant de copie aux gazetiers. Vous allez voir qu'il y en a bien encore pour cent représentations, et qu'on ne va pas s'occuper d'autre chose d'ici l'année prochaine.

C'est le goût du jour, contre lequel rien ne prévaudra. Tous les gens que cela ennuie, qui n'en peuvent plus d'être forcés d'entendre ces inutiles ragots et ces plats commérages, qui sont las de la cuisine fabriquée et vendue dans les boutiques d'esprit, qui voudraient s'enfuir bien loin, aller habiter les trous où on sonne encore le couvre-feu et où on ne joue jamais de revues de fin d'année, tous ceux-là auront beau dire et beau faire, ils n'empêcheront pas que c'est comme cela et que cela ne sera plus autrement. Chaque fois qu'un monsieur, vrai ou faux écrivain, vrai ou faux artiste, sera attristé de voir qu'on ne fait pas assez attention à lui, et se mettra à faire des cabrioles aux portes des cafés littéraires et dans les boudoirs de verre des actrices, chaque fois, le même fait se produira. La presse, enchantée de trouver une besogne facile à faire, laissera dans son coin l'écrivain qui ne crie pas sa littérature par les rues, l'actrice qui ne se donne en représentation que sur la scène, et ne s'occupera plus que de ceux qui opèrent en place publique. Et le public suit. Et ces habitudes sont de mise dans tous les milieux, dans tous les ordres d'idées, en politique comme en littérature, en philosophie comme en art. C'est le farceur habile au boniment, c'est l'écrivain, c'est l'artiste avides de relations avec les reporters, c'est le creux philosophe pour dames, qui tiennent toute la place, qui sont décrits, choyés, célébrés par tous les porte-plumes parisiens. Il est facile, en effet, de raconter aux populations comment le grand homme passe ses journées et ses nuits, de dire ce qu'il mange, ce qu'il boit, s'il trompe sa femme, s'il lâche sa maîtresse ; c'est même beaucoup plus facile, incontestablement, que de dire ce qu'il y a dans un livre, que d'expliquer un tableau, que d'analyser une pensée. Ce sont les hypocondriaques, ce sont les « raseurs » qui s'attardent encore à ces besognes dédaignées. Être journaliste et ne donner au racontar, au détail de vie privée que la stricte importance qu'il doit avoir dans l'explication d'un homme et d'une œuvre ! Être journaliste et vouloir être encore un artiste et un psychologue, et s'essayer aux travaux qui prennent toute la pensée, qui emplissent toute la vie ! Mais c'est le vieux jeu, mais c'est fini, mais ça ne rapporte pas d'argent, mais c'est un genre qui n'est pas admis à la première page d'un journal qui se respecte !

Et c'est vrai : les naïfs qui croient encore à la littérature, à l'art, au bien penser et au bien dire sont forcés de se réfugier dans les journaux démodés et dans de vagues revues. Le roi de Paris, c'est celui qui a des entrevues avec Sarah-Bernhardt, — c'est celui qui découvrira demain la retraite de Richepin.

UN PEU DE MUSIQUE

I

L'Opéra

16 novembre 1884.

Depuis la mort de M. Vaucorbeil, la question de l'Opéra est livrée à la dispute publique. Racontars, arguments, solutions, courent les journaux, les couloirs des Chambres, les ministères. Un spectacle curieux a été donné : au début de l'agitation, des armées de candidats défilaient, leurs noms remplissaient les colonnes des feuilles informées. C'étaient d'abord les anciens directeurs de l'Opéra qui ont survécu à leur gestion, puis les directeurs de théâtres de Paris et des départements, puis des chanteurs retirés, puis des chanteurs en activité, puis des échotiers, des boulevardiers, tout le monde, quoi ! On ne pouvait faire deux pas sans rencontrer un candidat, chaque café, chaque journal avait le sien, on en aurait trouvé dans tous les omnibus, les trains de banlieue en apportaient tous les jours des nouveaux.

Cependant, les études et les critiques allaient leur train, les curieux fouillaient dans tous les coins du monument, mettaient leur nez dans les archives, poussaient des excursions jusque dans le magasin de décors de la rue Richer. Les défectuosités signalées, les chiffres exhibés, les impossibilités démontrées, les faillites annoncées avec autorité donnaient probablement à réfléchir aux aspirants directeurs, et les conditions faites par le ministère achevaient sans doute de jeter le trouble dans les idées des hommes de bonne volonté qui croyaient toujours le grand escalier d'une facile exploitation. Toujours est-il qu'on les vit s'esquiver un à un en emportant les plans de réformes économiques et les projets de révolutions artistiques dont ils avaient fait tapage. Les candidats qui faisaient queue aux portes de l'Opéra se dispersaient sans bruit. Il n'en reste peut-être pas un à l'heure actuelle. On parle d'aller chercher un directeur à l'étranger.

Ce sauve-qui-peut silencieux n'est pas pour surprendre. Il y a beau temps que ceux qui savent un peu les choses ne se laissent pas prendre aux promesses en façade, au geste bénisseur et triomphateur du porte-lyre, à l'or relevé en bosse, aux festons et aux astragales de la bâtisse de M. Charles Garnier. Mais on n'avait pas encore dit, aussi haut et aussi unanimement, que le monument avait été surtout élevé à la gloire de la Mosaïque et de la Polychromie, et que la boîte à musique fonctionnait mal. Et aujourd'hui qu'il est prouvé qu'on ne peut arriver à nouer les deux bouts en faisant 15,000 francs de recette par représentation, que la subvention de 800,000 francs tombant dans la caisse ne donne que la sensation du vide, comme la chute d'une pierre dans un trou très profond, que les bénéfices possibles sont absorbés par les frais qui vont jusqu'à dépasser 4 millions par an, que 303,000 francs dépensés à allumer le gaz ne suffisent pas à éclairer convenablement la salle, que l'annexe de la rue Richer est pour la maison-mère une maladie quasi-mortelle, aujourd'hui il ne se trouve personne pour prendre des charges et accepter des responsabilités.

On formerait un comité de ténors, de barytons et de

chefs d'orchestre, et on ferait présider ce comité par M. Charles Garnier lui-même, on réunirait des congrès, des conférences et des conciles, que la question ne serait pas résolue pour cela. Et elle ne le sera évidemment jamais si on s'obstine à vouloir continuer le *modus vivendi* d'hier et d'aujourd'hui.

Sans être chargé de découvrir l'homme extraordinaire qui fera la révolution réclamée, sans avoir un nom de candidat à mettre en circulation, on a le droit de demander au ministre des beaux-arts et au directeur de demain, si c'est décidément une utopie que de vouloir un « Grand-Opéra », et un « Opéra populaire. » Que l'Etat et la Ville de Paris entrent, s'il le faut, en collaboration, qu'on trouve une combinaison de jours, qu'on distribue les rôles en double, ou en triple, qu'on organise de nouvelle manière les chœurs et l'orchestre, qu'on fasse ce qu'on voudra, — mais qu'on ne ferme pas l'Opéra à ceux qui donnent pour l'entretenir, huit cent mille francs par an, et qui n'ont pu y entrer jusqu'à présent qu'une fois l'an, après une nuit d'attente passée dans la rue ! Sinon, qu'on mette la clef sous la porte.

II

La « Damnation de Faust. »

28 décembre 1882.

La nouvelle génération venge magnifiquement Berlioz des dédains et des humiliations dont il fut l'objet, le nom de l'auteur bafoué des *Troyens* sur une affiche de concert fait prendre la salle d'assaut par une foule ardente, passionnée, nerveuse, qui vient apporter ses bravos et ses acclamations à l'œuvre autrefois accueillie par des haussements d'épaules et des éclats de rire. Le progrès est immense. La *Symphonie fantastique*, *Roméo et Juliette*, la *Damnation de Faust* ont presque autant de succès que la *Mascotte* et les *Cloches de Corneville*.

Mais il y a quelque chose de funèbre dans l'hommage rendu à ce grand disparu, il y a ironie à poser la couronne de vert laurier sur cette tête décharnée. Il faut que les exemples de l'histoire et les raisons de la philosophie viennent en aide pour faire comprendre et accepter la fatalité qui pesa sur la vie de Berlioz, et la haute justice de ce triomphe posthume. Il en a toujours été, et il en sera toujours ainsi. Il n'est pas un homme ayant annoncé une idée nouvelle, ayant apporté la formule d'un art nouveau, qui n'ait été accueilli par des insultes et des quolibets. Balzac a été dédaigné. Delacroix, Courbet ont été niés par la critique et le public ; on a traité le premier de sauvage, on a laissé le second mourir en exil. Flaubert a été traîné en police correctionnelle. Il a fallu que l'un des Goncourt mourût pour que l'on consentît à prêter quelque attention à leurs livres.

Ceux qui savent résumer leur époque dans une œuvre, qui ont la vision nette du présent et l'inquiétude de l'avenir, alors que leurs contemporains sont encore empêtrés dans la tradition, ne peuvent recevoir un autre accueil. Une idée, une œuvre d'art originales ne peuvent se faire accepter sans bataille. Pour féconder les esprits, il faut les violer.

Les penseurs et les artistes puissants sont les victimes de cette injustice inconsciente de la foule, de cette irrémédiable fatalité qui s'attache à leurs œuvres. Usés par la lutte, par la misère, par les petites avanies et par les grandes déceptions, ils ne peuvent vivre un siècle pour assister à leur triomphe, pour entendre prononcer un jugement définitif par la génération qu'ils ont préparée, mais qu'ils ne connaîtront pas.

Personne n'a subi cette cruauté du sort comme Hector Berlioz. Sa vie a été un combat perpétuel, chaque jour lui apportait une nouvelle défaite. Depuis sa mort, on porte ses partitions en triomphe, on fait ovations sur ovations à son ombre irritée.

Dimanche, au concert Colonne, à l'audition de cette belle et terrible *Damnation de Faust* dont la musique douloureuse donne la fièvre, la pensée venait d'une suprême réparation à donner au musicien.

A n'en pas douter, la symphonie mêlée de chants sera une des formes triomphantes de l'art musical de demain. Les grands airs sans raison, l'invariable distribution des rôles, ne suffiront plus à nos raffinements. Pourquoi donc laisser au second plan ce qui a passé insensiblement au premier ? Pourquoi réserver les splendeurs de la mise en scène aux œuvres creuses dont il ne restera que les décors ? Il faut réclamer pour Berlioz, — et pour d'autres, — une scène profonde, l'illusion des costumes et de la peinture décorative.

Devant l'orchestre entassé sur la scène, le ténor et le baryton en habits noirs, la cantatrice en robe de soirée, on rêve à l'exécution idéale qu'un directeur artiste nous donnera peut-être un jour, en montant cette admirable *Damnation de Faust* comme une pièce à succès, on cherche en vain quel opéra pourrait lutter de poésie et de pittoresque avec elle [1].

On objectera que ce n'est pas une « pièce en cinq actes », que les scènes sont trop courtes, les changements de lieux trop fréquents, que le fantastique intervient trop dans l'action. Eh bien ! on changera dix fois de décor, les scènes rapides nous ouvrant des échappées sur la nature et sur la vie remplaceront les actes sans fin où tout

---

(1) Depuis, un directeur de théâtre, M. Duquesnel, a, dit-on, eu l'idée de mettre ainsi en scène la *Damnation de Faust*, avec des décors et des costumes.

se passe, contre toute vraisemblance, dans le même vague salon, dans le même immuable paysage. Shakespeare, un auteur dramatique que M. Sardou n'a pas encore réussi à remplacer, ne comprenait pas le théâtre autrement. Le fantastique de Berlioz consolera des féeries sans esprit et fera triompher une fois de plus les sylphes du corps de ballet et les machinistes.

Au début, Faust est seul, au milieu des plaines de la Hongrie. Une toile de fond suffit. Faust dira ses quelques phrases sur le charme mélancolique de la solitude, et l'on écoutera la description musicale de Berlioz qui se déroulera librement, exprimant le chuchotement des plantes et le bruissement des eaux. Cela formera un magnifique tableau. Ne restons-nous pas de longs instants devant les toiles sur lesquelles Delacroix a représenté Hamlet ou Faust?

Et l'acteur? L'acteur fera comme le public; il regardera le paysage en écoutant la musique. Si les ténors à cent mille francs par an ne veulent pas jouer ce rôle sacrifié, on trouvera sans peine un brave garçon possesseur d'une voix suffisante, et qui satisfera notre œil sous le costume. N'avez-vous pas assez de ces « troubadours abricot Malek-Adel », comme les appelait Gautier, qui viennent beugler des morceaux de bravoure ou soupirer des cavatines devant le trou du souffleur, les yeux retournés et les bras arrondis? Et n'est-il pas temps de faire jouer à l'homme dans les drames lyriques le rôle qu'il joue réellement dans la nature. D'ailleurs, Faust ne sera pas toujours seul. Les paysans viendront danser une ronde et chanter un chœur. Les Hongrois passeront aux sons de la marche de Rakoczy, ils s'éloigneront pour revenir encore, pendant que l'air guerrier, pris, repris, adouci, renforcé par le musicien, sanglotera, hurlera au milieu du paysage.

Toutes les scènes se prêteraient ainsi à cette interpréation artistique. Quelle belle tablée on installerait dans la taverne d'Auerbach, et comme la fugue bouffonne et religieuse sur le thème de la chanson de Brander y retentirait superbement, avec ses *Amen* diaboliques et disloqués ! Quel effet exquis produirait la chanson du roi de Thulé chantée par Marguerite seule dans sa chambre. L'autre jour, c'était déjà charmant au milieu des musiciens et des choristes, le visage de la jeune chanteuse disait à merveille à quoi elle pensait en soupirant sa chanson, ses lèvres laissaient tomber machinalement les mots, et ses yeux voyaient l'amant. Quelle lueur passerait donc sur sa physionomie si on ajoutait à son chant le mystère amoureux et le silence de la ville endormie.

Le menuet des follets, grave et fantaisiste, correct et fou, réaliserait, avec le ravissement de l'oreille, l'enchantement des yeux. La sérénade de Méphistophélès et le chœur de voisins dans la rue achèveraient de donner sa signification sarcastique à ce drame profondément humain.

La *Course à l'abîme* peut paraître difficile à réaliser. Cela serait singulier à l'époque où la terre et les planètes viennent cascader dans les soixante tableaux dont se compose toute pièce scientifique qui se respecte. Laissez faire les fabricants de trucs et les metteurs en scène, et les paysages défileront avec une rapidité vertigineuse, et les chevaux noirs comme l'Erèbe franchiront les espaces sous le « Hop » strident de Méphisto.

Le jour où l'on exécutera dans ces conditions l'œuvre de Berlioz, justice définitive sera rendue au musicien. On verra combien son génie le portait à l'action, aux conceptions claires, et comment, avec son intelligence nette de Français, il a su résumer le double drame qui est la grande expression de la rêverie allemande.

III

Richard Wagner à Paris.

19 mars 1884.

Après les trois superbes auditions du premier acte de *Tristan et Yseult* que M. Lamoureux a données au théâtre du Château-d'Eau, après l'accueil fait au drame lyrique du maître allemand, on peut espérer que la « question Wagner », cette question qui était en litige depuis la guerre, est résolue, et bien résolue, comme elle devait l'être.

Pourquoi a-t-il fallu plus de douze années pour en arriver à cet apaisement, pourquoi ce qui est acclamé aujourd'hui était-il sifflé hier ? C'est là un problème de psychologie qui peut être maintenant facilement abordé ; les colères que cet essai peut soulever, les injures qu'il peut provoquer n'auront guère qu'une valeur d'anachronismes.

Après les événements de 1870, il s'était formé trois partis en face des œuvres de Wagner qui apparaissaient, avec une fréquence dont il faut tenir compte à M. Pasdeloup, dans les programmes des concerts du Cirque d'hiver. La fraction du public qui avait en horreur ce qu'on appelait avec des ricanements la « musique de l'avenir », qui repoussait toute formule inédite, tout renouvellement musical, avait trouvé, du premier coup, un prétexte pour se boucher les oreilles et répondre à l'orchestre par des coups de sifflets : Wagner était allemand, Wagner, pendant le siège de Paris, avait publié une brochure, une sorte de farce dans laquelle la grande ville était injuriée et ridiculisée en argot tudesque, les soldats qui mouraient de froid aux avant-postes et les femmes qui mouraient de faim dans la rue recevaient en plein visage la lourde volée des calembours et des onomatopées ineptes du grand homme en goguette. Donc, il fallait se venger de l'insulteur sur le musicien, siffler son génie, proscrire ses partitions ; l'heure de la justice sonnait, la morale reprenait ses droits ; de l'art, il ne devait pas être question. A ces adversaires perfides se joignit l'armée des gens de bonne foi qui n'avaient aucun parti-pris contre les œuvres, mais ne pouvaient se résoudre à accepter leur auteur, qui auraient cru commettre un crime de lèse-patrie s'ils avaient applaudi la *Marche nuptiale* de *Lohengrin* ou l'ouverture de *Tannhauser*. Ceux-là étaient les violents, les sincères qui ne pardonnaient pas la blessure faite traîtreusement après la bataille, ceux-là aussi refusaient d'entendre une note de la musique détestée, déclaraient n'avoir pas un jugement artistique à prononcer, mais une exécution à faire, et formaient une sorte de ligue des patriotes contre l'homme de génie, parce que cet homme de génie était l'ennemi de la France. Enfin venaient les partisans de l'art nouveau, ceux qui croient que l'esprit humain ne doit pas rester stationnaire, que chaque société doit se résumer dans une littérature, dans des arts plastiques, dans une musique, qui représentent les pensées dont elle a vécu. Ces derniers refusaient d'entrer en discussion sur le caractère et les actes de Richard Wagner ; ils réclamaient le droit d'avoir une opinion sur l'homme et une autre opinion sur le compositeur, ils ne voulaient pas être distraits de l'étude des drames lyriques du musicien par le ridicule pamphlet qui ne tiendra certainement pas tant de place devant la postérité que le *Vaisseau-Fantôme*.

La lutte devint de plus en plus ardente entre ceux qui voulaient prendre une revanche de 1870 contre l'orchestre Pasdeloup et ceux qui s'obstinaient à vouloir juger Wagner en dehors de toute préoccupation étrangère à l'art, en dehors du temps, comme une simple formule mise en discussion. Les premiers l'emportèrent longtemps, les auditions se terminaient en charivaris, les effets harmoniques avortaient au milieu du bruit grandissant des invectives, les tentatives faites pour jouer sur une scène quelconque ces admirables drames dans lesquels tout concourt à l'action, échouaient toutes misérablement.

Force fut donc de batailler sur le nom de l'homme, de prêcher les circonstances atténuantes, d'expliquer avant de flétrir. Hélas! si Wagner fut inepte en 1870, avant 1870, Paris avait été odieux. La colère aveugle de l'artiste avait éclaté après quinze ans de luttes pénibles et d'outrages prodigués. L'homme fêté, arrivé, vainqueur, n'avait pas su imposer silence à sa haine, et, toutes les souffrances ressenties, toutes les amertumes dévorées, tout le fiel amassé pendant la triste existence du compositeur à Paris, lui étaient remontés du cœur aux lèvres et étaient sorties en un cri grossier comme un vomissement. On rappela tout, on dit la vie précaire menée par Wagner, les mépris qui l'accueillirent, les basses besognes qu'il dut accepter, on montra cet orgueilleux qui avait l'amour de son art, forcé, pour vivre, d'arranger la musique des autres, on rappela ce fait monstrueux : le directeur de l'Opéra refusant l'admirable partition du *Vaisseau-Fantôme* et faisant faire sur le livret une musique quelconque par le maître de chapelle Dietsch, on raconta les trois représentations du *Tannhauser*, les petits bancs jetés sur la scène, les sifflets et les huées, le chef-d'œuvre tombant sous une cabale *parce qu'il ne contenait pas de ballet!*

Et qu'on lise, après avoir énuméré ces faits, la cruelle, ironique et poignante nouvelle autobiographique publiée par Richard Wagner sous ce titre : *Un musicien étranger à Paris*, on comprendra par quelles alternatives d'enthousiasme et de désespérance a passé le musicien avant d'arriver à écrire le sot factum qui a été, pendant de longues années, le prétexte invoqué pour refuser d'entendre les œuvres. Dans cette nouvelle, qui met en présence un musicien parlant de son art en mystique et un interlocuteur qui raille et qui décourage, la gloire de Paris est d'abord célébrée. Paris est la « capitale du monde », le « centre commun où vient aboutir l'art de toutes les nations, où les artistes de tout pays rencontrent la juste considération qui leur est due. » A Paris, règne « une presse puissante qui ne fait grâce à aucun abus ni à aucun scandale et les rend par cela même impossibles. » Et l'ami sceptique de répondre : « Ce n'est pas la concurrence des talents contre laquelle tu auras à combattre, mais bien celle des réputations établies et des intérêts particuliers. » La suite de la nouvelle réalise ce pronostic. « De doux et pacifique qu'il était naturellement », le musicien devient « d'une roideur et d'une opiniâtreté à toute épreuve. » Il se heurte à tous les obstacles, subit tous les outrages, meurt fou, phtisique et désespéré. Wagner ne mourut pas, mais son esprit reçut une blessure inguérissable.

Aujourd'hui que l'homme est mort, personne ne se préoccupe plus de ces misères. Pas plus qu'on n'est distrait de la comtemplation d'une aiguière de Benvenuto par la pensée des violences homicides commises par l'artiste du seizième siècle, on ne songe maintenant, en entendant une de ces œuvres qui faisaient naître autrefois la fureur d'un auditoire, à l'attitude de Wagner en 1870. La question d'art, difficile à discuter il y a seulement cinq ans, est seule en jeu aujourd'hui. On peut analyser *Tristan et Yseult* sans être traité de Prussien par les Italiens de la musique.

IV

Le premier acte de « Tristan et Yseult ».

28 mars 1884.

Il y a eu quatre auditions du premier acte de *Tristan et Yseult* au concert Lamoureux. L'hiver prochain, *Lohengrin* apparaîtra sur les planches de l'Opéra-Comique. Au concert du Château-d'Eau, chaque fois qu'on lui a fait entendre le premier acte de *Tristan et Yseult*, le public a acclamé l'œuvre et les interprètes. Les journaux annoncent sans protestation que *Lohengrin* va succéder aux *Diamants de la Couronne*. L'expérience qui s'est renouvelée pour tous les artistes originaux touche à sa fin pour Richard Wagner : bafoué vivant, l'auteur de l'*Anneau du Nibelung* est définitivement passé grand musicien depuis sa mort. Le caractère de l'homme, les turpitudes commises par lui, ne nous occupent plus et ne doivent plus nous occuper ; nous avons seulement devant nous le compositeur de génie qui a su développer l'art musical dramatique avec une logique incounue et une magnificence nouvelle.

Le fait, venu à son heure, qui a précipité ce mouvement aboutissant à la représentation à Paris des œuvres de Wagner, est certainement la parfaite exécution du premier acte de *Tristan et Yseult* par l'orchestre de M. Lamoureux. Sans le prestige de la mise en scène, sans le décor, sans le costume, sur cette scène encombrée par les choristes et les instrumentistes en habits noirs, on a vu, on a réellement vu, se dérouler l'action depuis la première note du prélude jusqu'à la dernière note du finale. On a bien été forcé alors de reconnaître la vérité et la puissance de cette musique qui donnait l'illusion de la scène, de la toile de fond, des mouvements des masses, et des acteurs jouant leurs rôles. On a dû avouer que cet art, qui passait pour charivarique et compliqué, était avant tout dramatique et clair, puisqu'on pouvait, dans les conditions les plus défectueuses, suivre le récit du poète, commencé par le musicien, sans que l'intérêt subit un temps d'arrêt. Qu'est-ce donc que cette nouvelle forme musicale? En quoi consiste l'action du drame wagnérien? Il peut être répondu à ces questions par l'analyse fidèle du premier acte de *Tristan et Yseult*.

Il n'y a pas à entreprendre de noter, dans tous leurs détails, la progression des sentiments, le mouvement continu de la mélodie; c'est l'impression générale qui reste dans le cerveau, après le dernier son entendu, qui sera à peu près fixée ici. Ce n'est qu'après un long commerce avec une œuvre de cette taille qu'on peut y découvrir les beautés fondues dans l'ensemble. Avant de rechercher les variétés de feuillages qui composent une forêt, avant de regarder les fleurs qui poussent dans l'herbe, on s'abandonne à l'impression de mystère et de trouble qui vous prend au milieu de la solitude chuchotante des bois; on ne s'arrête pas tout d'abord, devant l'Océan, au bris de la lame sur un rocher, on reste muet, le regard perdu au loin, dans la contemplation de l'infini de la mer et du ciel. La musique doit être ainsi, profonde et attirante, une grande ligne doit se dégager du tumulte de la symphonie et du drame. C'est une de ces grandes sensations qu'on emporte de l'audition de *Tristan et Yseult*.

L'œuvre frappe par la hardiesse et la solidité de la construction. Le thème que le musicien a voulu développer est l'état de trouble et de souffrance de deux êtres qui se recherchent et que tout sépare. Chaque note concourt à donner au spectateur l'illusion complète de ce drame intérieur.

Wagner fut épris des mythes et des légendes. « Le myte, dit-il, est le poëme primitif et anonyme du peuple. » *Lohengrin*, *Tannhauser*, le *Vaisseau-Fantôme*, les *Niebelungen*, composent une sorte de « Légende des siècles » musicale; le compositeur ne crut pouvoir peindre les passions de l'humanité qu'en les plaçant dans le monde mystérieux où vivent les héros et les enchanteurs, les vierges enchaînées et les faiseuses de philtres, les chevaliers surnaturels, les sirènes, les oiseaux et les monstres.

Tristan et Yseult est une légende celtique. Tristan vient à la cour de son oncle, Marke, roi de Cornouaille. La Cornouaille paye, tous les ans, tribut à l'Irlande. Morold, neveu du roi de ce pays, vient chercher ce tribut. Tristan défie Morold, le tue et envoie sa tête, en signe de défi, à la cour d'Irlande. Mais Tristan a été blessé, et à la suite d'aventures dont il serait imprudent de tenter le récit, il vient échouer, dans une mauvaise barque, sur les côtes d' Irlande. Il est recueilli par Yseult, fille du roi et fiancée de Morold, qui possède des baumes merveilleux et guérit sa blessure. Yseult découvre pourtant que Tristan est le meurtrier de Morold, mais elle a pitié du blessé, ne peut se résoudre à le frapper et le laisse partir. Revenu en Cornouaille, Tristan célèbre la beauté et les mérites d'Yseult, le roi Marke conçoit l'idée d'une alliance entre les deux pays, Tristan doit partir en ambassadeur, et négocier le mariage de Marke avec Yseult. Il y réussit, et ramène, sur le navire royal, Yseult, humiliée et désespérée.

C'est à ce moment que le poète-musicien fait commencer le drame. Il va prendre le côté humain et dramatique de cette légende et faire se dresser sur la scène deux êtres vivants, passionnés, en proie à toutes les tortures de l'amour qui ne peut être avoué. Quand la toile se lève, le pont d'un navire apparaît. Sous une tente aux lourdes draperies, Yseult est couchée sur un lit de repos; sa suivante Brangaine regarde la mer. Un prélude mélancolique et tourmenté se fait entendre ; c'est une plainte monotone et entrecoupée de cris de douleur, à laquelle répond la plainte continue de la mer; les flots accourent de l'horizon et viennent jeter leurs clameurs à ce navire sur lequel, loin l'un de l'autre, Yseult et Tristan sont en proie aux mêmes obsédantes pensées. La voix d'un matelot retentit dans les vergues, son chant est un chant d'amour, les paroles tombent dans le silence, sans accompagnement :

> Adieu, ma belle, et pour toujours.
> Ainsi finissent nos amours...

Yseult croit qu'on la raille, se lamente et se désespère ; la colère s'empare d'elle. La suivante écarte les draperies de la tente ; le navire apparaît tout entier, avec les matelots au travail ou en repos, et Tristan debout au gouvernail. Yseult ordonne à Brangaine d'aller chercher Tristan qui fuit son regard, Tristan s'y refuse, et les matelots chantent la défaite de Morold et la gloire du héros, en quelques phrases brèves, saccadées, pleines d'une joie brutale. Yseult raconte tout à sa suivante et réclame d'elle le poison qui mettra fin à sa souffrance. A ce moment, les voix des matelots signalent la terre, les commandements s'entrecroisent, un matelot vient annoncer à Yseult que le voyage est terminé. Yseult réclame de nouveau la présence de Tristan, qui consent enfin à venir. Une sorte d'accalmie coupe le drame, et l'orchestre fait entendre un hymne triste, majestueux et terrible, dont chaque note marque l'approche de l'amant, scande sa marche. Il paraît, — un long moment se passe, pendant lequel aucune parole n'est prononcée ; mais les instruments parlent, et, avec des accents admirables, disent toute la solennité de l'entrevue et toute la gravité des aveux échangés. L'entretien s'engage. Tristan est respectueux et froid

Yseult, irritée et menaçante. La jeune fille jette le nom de Morold dans le débat et reproche sa mort à Tristan. Tristan tire son épée, la tend à Yseult en lui disant de frapper; Yseult refuse et lui demande de boire avec elle à l'oubli et à la réconciliation. Tristan et Yseult boivent, croyant tous deux trouver la mort dans la coupe apportée par Brangaine, mais la suivante leur a versé un philtre amoureux, et voici que leurs regards se troublent, que leurs mains et leurs lèvres se cherchent, pendant que la musique les enveloppe de ses phrases languissantes, de ses caresses charnelles. Leur passion éclate enfin, et un duo comme il n'en existe pas un autre s'engage entre les deux amants ; les voix et les instruments se confondent pour exprimer la passion ardente, la joie du désir avoué, l'ivresse de l'extase amoureuse ; ce sont des phrases vives et pressées qui se suivent, s'étreignent, expirent ensemble dans un infini de bonheur ; ce sont des cris où éclatent et s'épanouissent le ravissement et la tendresse, le plaisir et la douleur d'aimer. Les chants et les cuivres retentissent sur le rivage, les officiers commandent les manœuvres, les matelots s'envoient les appels. Qu'importe ! les deux amants se font entendre au-dessus des clameurs de la foule, des bruits de l'équipage, du fracas de la mer, ils crient leur passion avec une voix qui domine tous les bruits, qui s'élève sans cesse, jusqu'au moment où leurs yeux qui ne voyaient plus que leur rêve réalisé, s'ouvrent sur les choses qui les entourent. Ils se séparent ; Yseult, évanouie, est entraînée vers le roi qui s'avance au son des fanfares.

Tel est ce drame. Tel est le sentiment qui plane au-dessus de toutes ces scènes à peine esquissées ici. Il faudrait insister sur les difficultés acceptées par le musicien, sur cet éternel duo entre deux voix de femmes semblables, sur l'absence de toute diversion, il faudrait montrer quelles beautés le compositeur a trouvées, par un effort génial, dans la simplicité voulue de ce drame interne, dans cette analyse ininterrompue de deux états d'esprit. Ecrit à la même époque que la Tétralogie, *Tristan et Yseult* est réellement, ainsi que l'a écrit M. Charles Lamoureux, « l'expression la plus fidèle et la plus vivante des idées théoriques de Richard Wagner ». Nulle part l'idée mélodique n'a été conduite d'un bout à l'autre d'un acte avec une plus sévère méthode, avec une plus savante logique ; nulle part l'union de l'art symphonique et de l'art dramatique n'a été faite plus admirablement et plus complètement. C'est là surtout ce qui frappe l'esprit à l'audition de ce chef-d'œuvre : les êtres, les choses sont, du commencement à la fin, dans l'atmosphère indiquée au début du livret. Ce n'est pas le navire de l'*Africaine* que nous avons devant nous, le navire dont le pont n'est que le plancher de la scène, le navire de convention sur lequel ténor, baryton et chœur chantent de beaux airs, mais qui ne laisse pas un instant deviner la présence de la mer. Le navire de *Tristan et Yseult* fend l'air et baigne dans les flots ; de la première mesure à la dernière, il reçoit l'assaut rythmé des vagues ; ses cordages et ses voiles frémissent sous les souffles qui passent ; il apparaît, à travers les effets harmoniques, tout enveloppé d'eau et de vent...

Qui fera connaître, maintenant, les deux autres actes de *Tristan et Yseult* ?

V

Au concert populaire.

5 février 1884.

Il est arrivé quelquefois à des écrivains socialistes de partir en guerre, une plume chargée à mitraille au poing, contre les manifestations artistiques de tous ordres. Rien ne trouve grâce devant ces apôtres atrabilaires mal inspirés. Ils passent avec des airs bourrus devant les portes des musées et des bibliothèques, regardent de loin, en haussant les épaules, la foule qui assiége les guichets des Expositions ou envahit les couloirs des salles de Concerts. N'apportant aucun tempérament dans leurs jugements, ignorants des circonstances atténuantes, ils condamnent en bloc tout ce qui ressemble à un rythme, à un son, à une couleur. Devant leur tribunal, les accusés comparaissent pêlemêle, égaux devant l'accusation et la condamnation : l'opérette dégénérée et le prélude de Chopin sont déclarés bons à rejoindre le sonnet d'Oronte, — et le sonnet de Baudelaire, et le sonnet de Soulary, et le sonnet d'Arvers, et tous les sonnets ; Rembrandt et la petite demoiselle qui reproduit des Cabanel sur des assiettes sont renvoyés dos à dos.

On ne reconnaîtra donc pas une bonne fois que l'Art est simplement en train de prendre la place de la Religion. Il y a eu en Grèce, et pendant le Moyen-âge, alliance entre l'art et la religion. Depuis le quinzième siècle, il y a antagonisme ; l'art chrétien est mort et enterré, les sculpteurs et les peintres n'ont plus la vision des enfers romans et des paradis gothiques, la pierre s'anime, rit, pleure et pense comme l'humanité, la nature tout entière est exprimée par les lignes, les couleurs et les sons ; le poëte, le statuaire, le peintre et le musicien élèvent autel contre autel, parlent avec plus de tendresse et d'autorité que le religieux, — le comédien sert la messe.

Du premier coup l'Eglise comprit que le théâtre était l'ennemi, le prêtre flaira un concurrent redoutable dans le comédien, dans cet homme qui, comme lui, revêtait des vêtements spéciaux, comme lui inventait des jeux de physionomie et des intonations, comme lui montait sur des tréteaux pour parler au peuple.

Et que disait-il, cet acteur, cet histrion grimé qui entrait dans toutes les peaux et jouait tous les rôles ?

Il ne parlait pas du ciel, d'une vie extra-terrestre, il respectait l'affiche de la maison de Dieu, exploitait un répertoire particulier, ne s'occupait que des choses de la terre, du train ordinaire de la vie, des tristes ou comiques réalités. Il glorifiait les beaux sentiments, les grandes actions, mais des sentiments nés des rapports des hommes entre eux, des actions inspirées par ces sentiments. Enfin, il riait. Cela, c'était terrible. Car il riait de tout et de tous, il riait du pauvre et du riche, de l'exploité et de l'exploiteur, il riait du seigneur et du roi, il riait du prêtre.

Alors, le prêtre déclara la guerre au comédien, le déclara indigne, l'excommunia, refusa de bénir son cadavre. Et cette guerre s'est continuée, se continue encore aujourd'hui. Au dix-septième siècle, en face de Bossuet déclamant en chaire, se dresse Molière jouant *Tartufe*. Figaro est un des personnages de la Révolution. Giboyer polémique avec Veuillot.

Et même quand il n'y est pas livré une bataille d'idées, le théâtre combat l'influence de l'église. L'opéra et la comédie, le drame et le vaudeville, l'opérette et le ballet, les exercices des clowns et des dompteurs, la chanson et la pantomime, font concurrence aux messes chantées, aux saluts célébrés dans les ténèbres, aux stations du Chemin de la croix, aux cérémonies du « mois de Marie ». Le père noble récolte plus de respects que le père éternel, les souffrances du Christ pâlissent auprès de la douleur du jeune premier, la prima-donna, la tragédienne, la ballerine rivalisent avec la Vierge et les martyres. Que les comédiens le veuillent ou non, ils officient et vaticinent pour la libre-pensée. Vallès avait raison de célébrer Schneider.

A Paris, le théâtre l'emporte ; le jour du repos, ce n'est pas dans les troncs de Notre-Dame et de la Trinité que la foule va mettre des sous. Elle les porte aux guichets du Français et de la Porte-Saint-Martin. Elle préfère les comédies et les drames de la passion et de l'intérêt à l'invariable histoire qui berce tous les jours, aux mêmes heures, le public des églises. Elle trouve Taillade supérieur au P. Monsabré, elle délaisse le P. Vallée pour Lassouche. Elle va au concert comme elle allait à vêpres. Le jour où un peuple comprend la variété, la profondeur, la puissance des maîtres qui font chanter et gémir toutes les passions humaines, toutes les voix de l'air, des eaux et des bois, sur les cordes et dans les cuivres de leurs instruments, ce jour-là, ce peuple, bercé jusqu'alors par le tintement des cloches, l'hymne latin et les répons monotones, change de religion, et après avoir répondu : *Amen* à l'officiant, bat des mains à Beethoven et à Berlioz.

On peut sourire du fanatisme musical des foules qui envahissent les salles où Lamoureux et Colonne battent la mesure, conduisent l'exécution d'une symphonie ou d'un drame lyrique. Ce n'en est pas moins là un fait significatif, résultat de siècles de propagande philosophique et artistique ; c'est un déplacement de sentiment, un changement d'idéal qui s'accomplissent, pour ainsi dire, sous les yeux de l'observateur ; l'évolution humaine est ici perceptible, peut être saisie sur le fait. Si l'on songe, en effet, qu'il y a quarante ans, vingt ans même, les œuvres acclamées aujourd'hui se produisaient au milieu de l'indifférence et de l'hostilité, on comprend toute l'importance des nouvelles habitudes et quels changements de l'esprit public elles préparent.

Jamais croyants massés dans une nef de cathédrale ne furent plus silencieux et plus attentifs que les amoureux de bonne musique attendant que les premiers essaims des gammes s'envolent de l'orchestre. Tous les gens rassemblés sont bien les fidèles d'un nouveau culte, tous comprennent la langue mystérieuse que parlent les violons et les flûtes, les hautbois et les cors, les harpes et les bassons. Les maniaques se pâmant aux difficultés instrumentales, aux solos pénibles, aux virtuosités agaçantes, sont certainement en bon nombre, mais les auditeurs épris de grand art, ceux qui demandent aux maîtres le repos de l'esprit, l'équilibre de la pensée, ne sont pas rares non plus. Toutes les classes confondues, toutes les préférences pouvant s'affirmer, chacun ayant droit à l'applaudissement et à la protestation, une sélection se fait parmi les œuvres produites ; les unes persistent, s'affirment, triomphent enfin ; d'autres succombent ; pour d'autres encore, l'issue de la bataille paraît indécise ; mais pour ces dernières, le doute n'est pas possible : l'œuvre qui supporte plusieurs assauts est assurée de la victoire ; il en a été ainsi pour Berlioz, il en sera ainsi pour Wagner et pour les maîtres qui apporteront demain une formule nouvelle.

Tous les habitués des Concerts l'ont constaté, le « peuple » a souvent raison des amateurs dans ces batailles musicales. Que de fois on entend tomber du paradis le mot vainqueur arrivant au but comme une flèche, ayant raison du « chut ! » distingué, émis par un mélomane effrayé à l'audition d'un accord imprévu ou d'une sonorité inédite. L'intolérance n'est-elle pas le propre des religions, et les haines entres les sectateurs d'une foi nouvelle ne sont elles pas les plus féroces ? Décidément, le catholicisme n'a qu'à se bien tenir !

VI

Silhouettes féminines

6 février 1884.

Nulle part, les femmes ne se montrent plus charmantes que dans les salles de concerts, pendant les après-midi dominicales de l'hiver parisien. A l'Opéra ou aux Italiens il semble qu'il s'agisse surtout de fêtes luxueuses données en leur honneur, de cérémonies qu'elles doivent présider avec l'impassibilité d'idoles parées, dorées, illuminées par les feux des pierres précieuses. C'est le sacrifice au plaisir de convention, à l'inexorable code mondain. Il est accepté sans révolte, mais voyez quelle froideur, quelle tristesse hautaine sur les visages de celles qui, à jour fixe, dans la même loge, se tiennent droites et résignées, sous leurs dentelles et leurs diamants, comme le soldat sous les armes. Les femmes n'entrent pas au Concert du dimanche avec la même lenteur triomphale, elles vont là comme à un plaisir discret qu'elles ont le droit de goûter tout à leur aise, sans affectation et sans fatigue, elles savent qu'elles subiront un délicieux ébranlement de leurs nerfs, qu'elles pourront s'exalter, se souvenir et rêver à loisir dans un coin de la salle, que le jeu des lorgnettes ne les tiendra pas en alerte, que leurs bras et leur gorge ne seront pas commentés.

La Parisienne s'asseoit dans son fauteuil, en une attitude imperceptiblement abandonnée. Sa toilette est sombre, faite de nuances éteintes, à peine éclairée par un peu de violet ou de gris-clair, les manches sont collantes, le col hermétiquement fermé, un brin de voilette tremble au mouvement des cils. La chevelure se montre à peine sous la capote, attachée par un nœud de velours ou de soie sur le côté du visage, seule coquetterie avouée, seule irrégularité dans le correct et savant costume. Rien à reprendre dans l'installation de la mélomane, les coudes bien appuyés, les pieds bien posés sur le petit banc, le bout des doigts gantés caché dans la soie du manchon. Sur les genoux sont le fin mouchoir, l'éventail, le programme, un bouquet de violettes, de ces violettes d'hiver qui répandent un si doux et si pénétrant parfum de printemps.

C'est alors un joli spectacle que de voir cette femme s'animer peu à peu sous l'assaut des ondes harmoniques, sans que rien trouble le repos de son corps, sans une déviation de la ligne serpentine qui court de la fleur de son chapeau à sa bottine. A peine un mouvement de la main, à peine un frisson des épaules. Mais la chair délicate du visage parle, et parle clairement. Aucun arrêt dans les confidences ; la volonté ne peut intervenir et imposer silence à cet épiderme révélateur et à ces yeux bavards ; des rougeurs de fièvre montent aux joues, des pâleurs qui blanchissent jusqu'aux lèvres passent subitement sur les traits immobilisés ; l'horreur qui sort de l'orchestre avec des éclats terribles, des appels désespérés, des écroulements de sons qui font songer à une catastrophe irrémédiable, la tristesse qui tombe lentement en notes espacées et lugubres, glacent d'effroi la spectatrice, la suspendent au-dessus d'abîmes sans fond. Elle appartient alors tout entière à la musique, dans son cœur résonnent les cris des cuivres, ses nerfs vibrent sous l'archet comme les cordes des violons. Aussi quelle détente de l'esprit, quel repos délicieux de tout le corps lorsque la furieuse bataille des instruments s'apaise et se résout en un hymne de douceur et de joie. Des sourires apparaissent vaguement, les yeux brillent dans l'ombre ; à l'énervement, à l'irritation physique réellement éprouvés, succède une sorte de rêve bercé par le mouvement des mélodies. Elle semble immobile, cette femme attentive et silencieuse ; en réalité, tout son être chante, valse, se meut avec une grâce légère dans une atmosphère lumineuse et parfumée, dans une contrée bleue et rose qui s'évanouira subitement avec les dernières mesures. Immédiatement, la spectatrice, tout à l'heure joyeuse et toute secouée par le rythme d'une marche de Berlioz, troublée par les sanglots d'une symphonie de Beethoven, redevient la dame perspicace et réservée qui voit tout sans rien regarder, et marche au milieu de la foule comme dans son salon. La fête intime qu'elle s'est offerte à elle-même est terminée. Elle s'en va, ayant retrouvé les mouvements réguliers de son petit cœur, les tempes rafraîchies, et se félicite intérieurement de l'émotion sincère qu'elle vient d'éprouver.

Celle-là, c'est la passionnée, celle qui ne complique pas son plaisir, qui n'y ajoute ni un ennui, ni un ridicule. Combien d'autres seraient intéressantes à observer pendant ces demi-journées musicales ! Combien variés, nuancés et puérils sont les sentiments que la musique fait naître et développe chez les jeunes filles, les vieilles dames et les femmes d'âges intermédiaires ! Quelles éclosions de pensées de keapsake, fleuries comme des lis, ailées comme des chérubins bêtas, et quelles singulières perversions du goût et des sens !

Le plus triste, n'est-ce pas ? c'est encore le spectacle de la grande demoiselle qui vient, avec sa mère ou sa gouvernante, soucieuse comme si elle allait à son cours, chargée de rouleaux de cuir et de partitions. La tête penchée sur son papier rayé de portées, hérissé de clefs, de dièzes, de bémols, de bécarres, de triples croches, criblé de notes, la pauvre enfant doit, à n'en pas douter, passer des heures pénibles à déchiffrer la partie de piano du concerto joué sur la scène, le morceau odieux, obsédant, interminable, le seul morceau du programme pour lequel on l'ait amenée. Eh bien ! non, elle ne souffre pas, elle est au contraire heureuse, elle l'adore, ce concerto, elle vient l'entendre avec l'ambition de le loger dans sa mémoire, d'en faire passer les difficultés dans ses doigts. Revenue chez elle, elle l'apprendra, le jouera, le rejouera sans cesse, et quand elle aura fini, elle recommencera, et partout, et pendant toute sa vie, chez elle, chez ses parents, chez ses amis. Voilà pourquoi la jeune fille amenée par sa gouvernante est si douce et si impénétrable, paraît si insensible aux tortures infligées par la musique difficultueuse. Elle est sûre d'une revanche certaine, elle sait, d'une manière absolue, qu'elle se servira un jour de l'instrument de son supplice pour supplicier les autres, elle sait qu'après avoir été victime, elle sera bourreau, et pour toujours ! De là, son sourire énigmatique.

FIN

TABLE

VIE

POUR LA VÉRITÉ

I.	— La Parisienne.	3
II.	— Communiantes.	9
III.	— Démolitions.	13
IV.	— Vivre vieux.	18
V.	— Le cas de M. Pierre Loti.	22
VI.	— M. le comte Horace de Viel-Castel.	25
VII.	— Cachez ce sein.	30
VIII.	— La vie acceptée.	33

APPARENCES

I.	— Vie Parisienne.	37
II.	— Le Boulevard.	42
III.	— Haute noce.	45
IV.	— Jouets.	49
V.	— Mardi gras.	52
VI.	— Bals masqués.	55
VII.	— Le chapeau haut-de-forme.	61
VIII.	— Catégories.	64
IX.	— Miss Booth.	67
X.	— Ceux qui s'en vont.	70

AUTOUR DU CRIME

I. — Aux assises.	75
II. — Fausse science.	78
III. — Père inconnu.	83
IV. — Mort de fille.	85
V. — Maison de campagne.	90

MORTS ET STATUES

I. — *In memoriam*.	93
II. — Sous l'Arc de Triomphe.	96
III. — La Foule.	99
IV. — Une statue à Balzac.	104
V. — La statue d'Alexandre Dumas.	111
VI. — Auguste Barbier.	117
VII. — Béranger.	120
VIII. — Aux Jardies.	123
IX. — Le « Vieux ».	126

LITTÉRATURE

CRITIQUE

I. — Tentative	133
II. — Les Goncourt.	138
III. — Alphonse Daudet.	167
IV. — Emile Zola.	185
V. — Gustave Flaubert.	206
VI. — Jules Barbey d'Aurévilly.	215
VII. — J. K. Huysmans.	229
VIII. — Henry Céard.	242
IX. — Madame Alphonse Daudet.	249
X. — « Ludine ».	256
XI. — Ernest Renan.	260
XII. — Madame Louise Ackermann.	267

XIII. — Maurice Rollinat.	278
XIV. — Livres de demain.	292

POLÉMIQUE

I. — Monsieur Schérer.	296
II. — L'abbé Halévy.	299
III. — Un document.	302
IV. — La liberté du livre.	305
V. — Le pornographe Diderot.	315

CHOSES ACADÉMIQUES

I. — Monseigneur.	319
II. — Double élection.	321
III. — M. de Mazade s'appelle Percin.	324
IV. — M. Pailleron a discouru.	327
V. — Par acclamation.	330
VI. — Force de l'habitude.	333
VII. — Histoire d'un fauteuil.	337
VIII. — A monsieur le duc de Noailles.	345
IX. — Trois lettres.	348
X. — Prix de vertu.	352

THÉÂTRE

LES PIÈCES

I. — Le théâtre et le roman.	361
II. — Psychologie théâtrale.	367
III. — « La Patrie en danger ».	370
IV. — Histoire d'une pièce.	375
V. — « Les Rois en exil ».	379
VI. — « Germinal » interdit.	385
VII. — Marionnettes.	391

GENS DE THÉATRE

I. — Le Tout-Paris des premières.	394
II. — Le Monsieur de l'orchestre.	398
III. — Morts d'actrices	401
IV. — L'auteur-acteur.	407
V. — Folie.	411

UN PEU DE MUSIQUE

I. — L'Opéra.	414
II. — « La Damnation de Faust ».	416
III. — Richard Wagner à Paris.	423
IV. — Le premier acte de « Tristan et Yseult »	425
V. — Au Concert populaire.	430
VI. — Silhouettes féminines.	435

FIN DE LA TABLE

Imprimerie de DESTENAY, à Saint-Amand (Cher).

BIBLIOTHÈQUE CHARPENTIER
13, RUE DE GRENELLE, PARIS
à **3 fr. 50** le volume.

EXTRAIT DU CATALOGUE

ŒUVRES JUDICIAIRES ET DE PHYSIOLOGIE SOCIALE

DESMAZE
La Médecine légale........................ 1 vol.
Les Crimes et la Débauche à Paris....... 1 vol.

MAXIME DU CAMP
L'Attentat Fleschi........................ 1 vol.

LÉON GAMBETTA
Discours et Plaidoyers choisis avec notice biographique par J. Reinach........... 1 vol.

YVES GUYOT
La .... 1 vol.
La Pr.................................... 1 vol.
La Traite des Vierges à Londres.......... 1 vol.

CHARLES LACHAUD
Plaidoyers recueillis par M. F. Sardnier......

CLÉMENT LAURIER
Plaidoyers et Œuvres choisies avec une introduction par Aurélien Scholl, et une étude par G. Lé...

G. MACÉ
Le Service de la Sûreté................... 1 vol.

OCTAVE NOEL
Études sur l'Organisation Financière......

JOSEPH REINACH
Les Récidivistes..........................

www.ingramcontent.com/pod-product-compliance
Lightning Source LLC
Chambersburg PA
CBHW071102230426
43666CB00009B/1800